STADT IN DER GESCHICHTE

Band 7

Stadt in der Geschichte

Veröffentlichungen
des Südwestdeutschen Arbeitskreises
für Stadtgeschichtsforschung

Band 7

Begründet von
Erich Maschke und Jürgen Sydow

Jan Thorbecke Verlag Sigmaringen
1980

Bürgerschaft und Kirche

17. Arbeitstagung in Kempten
3.–5. November 1978

Herausgegeben von
Jürgen Sydow

Jan Thorbecke Verlag Sigmaringen
1980

CIP-Kurztitelaufnahme der Deutschen Bibliothek

Bürgerschaft und Kirche: in Kempten, 3.–5. November 1978 / hrsg. von Jürgen Sydow. – Sigmaringen: Thorbecke, 1980.
(... Arbeitstagung / Südwestdeutscher Arbeitskreis für Stadtgeschichtsforschung; 17) (Stadt in der Geschichte; Bd. 7)
ISBN 3-7995-6407-1

NE: Sydow, Jürgen [Hrsg.]

Gesamtherstellung: M. Liehners Hofbuchdruckerei KG, Sigmaringen
Printed in Germany · ISBN 3-7995-6407-1

Inhaltsübersicht

Vorwort

In der Reihe seiner jährlichen Arbeitstagungen hat der Südwestdeutsche Arbeitskreis für Stadtgeschichtsforschung 1978 einen Themenkreis angesprochen, der für jeden, der sich mit der Geschichte unserer Städte befaßt, von Wichtigkeit ist; denn bei der engen Einbindung des gesamten Lebens der Vergangenheit in kirchliche Ordnungen kann dieser kirchengeschichtliche Bereich nicht ausgespart werden. Dabei versteht es sich von selbst, daß ein stadtgeschichtlich motivierter Arbeitskreis sich solchen Themen eben mit stadtgeschichtlichen Fragestellungen nähern muß und das Hauptinteresse auf die städtische Seite des Begriffspaares »Stadt und Kirche« zu richten hat.

Schon in seiner ersten Arbeitstagung 1962 in Freiburg hatte der Arbeitskreis das Thema »Stadt und Stadtkirche« behandelt, doch ist über diese Tagung keine Veröffentlichung erschienen. Nunmehr wurde diese Thematik erneut aufgegriffen und unter den Titel »Bürgerschaft und Kirche« gestellt. Es sollte dabei versucht werden, die zahlreichen wechselseitigen Verbindungen und Beeinflussungen an einzelnen ausgewählten Beispielen deutlich zu machen und zu zeigen, daß Stadt und Kirche nicht nur durch die Institutionen, z. B. der Pfarrei usw., miteinander verbunden waren, sondern daß auch noch auf anderen Ebenen Stadtbevölkerung und Kirche im gegenseitigen Austausch standen.

Dabei war es von vornherein klar, daß man sich dabei nicht nur auf das Mittelalter beschränken dürfte, sondern daß auch die Entwicklungen in der Neuzeit, und zwar sowohl auf evangelischer als auch auf katholischer Seite, verfolgt werden mußten. Schließlich hat sich der Arbeitskreis auch dem schwierigen und heute oft emotionell behandelten Thema des Problems von Arbeiterschaft und Kirche im 19. Jahrhundert gestellt, und er glaubt, mit den vorgelegten Referaten, die einmal mit stadtgeschichtlichen Methoden erarbeitet wurden, dazu einen guten Beitrag zu liefern. Daß in einer Tagung, deren zeitliche Ausdehnung natürlich immer beschränkt ist, nicht alle Probleme, die sich aus dem Gesamtthema ergeben, behandelt werden können, dürfte auf der Hand liegen.

Der Organisator einer Tagung und der Herausgeber des Bandes, der dann die erzielten Ergebnisse vorlegt, hat die gern geübte Pflicht, allen zu danken, die am Gelingen beigetragen haben. Hier ist zunächst der Stadt Kempten und ihrem Herrn Oberbürgermeister Dr. Höß für die liebenswürdige Einladung und die organisatorische, aber auch finanzielle Unterstützung am Ort zu danken; unser Kemptener Kollege Dr. Haberl hat sich zudem große Verdienste durch die Übernahme der notwendigen organisatorischen Hilfen verdient. Ebenso hat der Bezirk Schwaben dazu beigetragen, die aufgetretenen Lücken in der Finanzierung der Tagung auszugleichen, und auch ihm muß unser Dank gelten. Seit vielen Jahren unterstützt der Württembergische Sparkassen- und Giroverband, Stuttgart, durch seine jährlichen Spenden die Tätigkeit unseres Arbeitskreises, die ohne diese Hilfe zweifellos schon längst zum Erliegen gekommen wäre; der Arbeitskreis ist dem Präsidenten dieses Verbands, Herrn Landrat a. D. Stolz, immer erneut zu herzlichem Dank verpflichtet. Ohne den Zuschuß des Ministeriums für Wissenschaft und Forschung des Landes Nordrhein-Westfalen hätte die Tagung nicht durchgeführt werden können, so daß ihm ein aufrichtiger Dank auszusprechen ist. Zu danken haben wir schließlich ganz herzlich dem Verein für Augsburger Bistumsgeschichte, Augsburg, dem Erzbischöflichen Ordinariat Freiburg i. Br., dem Bischöflichen Ordinariat der Diözese Rottenburg-Stuttgart, dem Evangelischen Oberkirchenrat Stuttgart sowie den Stadtarchiven München und Ulm für die gewährten Druckkostenzuschüsse.

Eine Tagung »lebt« durch ihre Referenten. Ihnen allen habe ich als Geschäftsführer sehr herzlich zu danken für die Bereitschaft, mit der sie sich zur Verfügung gestellt und ihre Forschungsergebnisse vorgetragen haben. Daß das Thema Resonanz bei den Teilnehmern gefunden hat, läßt sich zweifellos aus der sehr regen Diskussion herauslesen, deren weiterführende Anregungen und Ergänzungen, bereits stark gekürzt, im Anhang beigefügt werden. An dieser Stelle habe ich auch meinem Ulmer Kollegen und Freund, Herrn Stadtarchivdirektor Dr. Hans Eugen Specker, zu danken, weil er sich um die Gewinnung einiger Referenten bemüht hat.

Vorbereitung der Tagung und Herausgabe dieses Bandes lag in meinen Händen, wobei ich mich, wie auch bereits in früheren Jahren, auf die Mithilfe meiner Frau stützen konnte. Es ist verständlich, daß der Südwestdeutsche Arbeitskreis für Stadtgeschichtsforschung sich darüber freut, daß unsere Veröffentlichungsreihe immer mehr einen zeitlich vertretbaren Abstand zwischen Tagung und Veröffentlichung gewinnt. Hier ist auch unserem Verlag, und gerade auch dem sich persönlich engagierenden Verleger, Herrn Georg Bensch, und seinen Mitarbeitern ein ehrliches Wort des Dankes auszusprechen.

Tübingen, im September 1980 *Jürgen Sydow*

Bürgerschaft und Kirche im Mittelalter Probleme und Aufgaben der Forschung

VON JÜRGEN SYDOW

*Papst Johannes Paul II. am Tage seiner Wahl gewidmet**

Als ich vor einigen Jahren beim Historischen Verein für Württembergisch Franken in Schwäbisch Hall einen Vortrag über »Stadt und Kirche im Mittelalter« hielt, der dann später in der Festschrift für Gerd Wunder gedruckt worden ist[1], bezeichnete ich dies von vornherein als einen »Versuch« oder, wenn man will, als eine Art Essay. Es war damals und ist sicher auch heute unmöglich, im Rahmen eines Vortrags die vielfältigen Berührungspunkte und Verbindungslinien zwischen beiden Institutionen auch nur einigermaßen vollständig nachzuzeichnen, selbst wenn man sich zunächst einmal vor allem auf die verfassunggeschichtlichen Verflechtungen von Stadt und Kirche beschränkt, wie ich es seinerzeit getan habe.

Schon in meinem Haller Vortrag wies ich aber auch darauf hin, daß man eigentlich bei dieser verfassungsgeschichtlichen Betrachtung nicht stehen bleiben dürfe. Wenn ich den Einleitungsvortrag der Tagung in Kempten unter das Thema »Bürgerschaft und Kirche im Mittelalter« stellte, so wollte ich damit andeuten, daß ich im Sinne meiner damaligen Bemerkungen meinen Haller Vortrag fortführen und versuchen wollte, wenigstens andeutungsweise einmal der Frage nachzugehen, ob und wie wir mit den Mitteln unserer Wissenschaft Erkenntnisse über die Geschichte der Frömmigkeit und Spiritualität im städtischen und bürgerlichen Bereich erarbeiten können[2]. Dabei ist es mir völlig klar,

* Das Manuskript für diesen Vortrag wurde am 16. Oktober 1978 nachmittags fertiggestellt, als der Erzbischof und Metropolit von Krakau, Karol Kardinal Wojtyła, zum neuen Papst gewählt wurde. Unter diesem Eindruck und im Gedenken an einen schönen und sehr harmonischen Aufenthalt in Krakau im September 1975 beschloß ich daher, dem neugewählten Papst die vorliegende Arbeit zu widmen. Seine Heiligkeit Papst Johannes Paul II. hat mir mit Schreiben der Secretaria Status vom 21. November 1978 mitteilen lassen, daß er diese Widmung annehmen wolle. Durch die langwierigen Arbeiten für die Drucklegung dieses Bandes kann sie erst jetzt verwirklicht werden. Angesichts der bekannten Tübinger Vorgänge im Dezember 1979 (sog. »Fall Küng«) ist es mir ein Bedürfnis, ausdrücklich festzustellen, daß diese Widmung auch jetzt mit denselben Gefühlen erfolgt.

1 Jürgen SYDOW, Stadt und Kirche im Mittelalter, Ein Versuch. In: WürttFrank 58 (1974), S. 35–57.

2 Zur Problematik vgl. Hansgeorg MOLITOR, Frömmigkeit im Spätmittelalter und früher Neuzeit als historisch-methodisches Problem. In: Festgabe für Ernst Walter Zeeden. ReformationsgeschichtlStud. Suppl. 2. 1976, S. 1–20. Sehr wichtig jetzt auch Hans PATZE, Bürgertum und Frömmigkeit im mittelalterlichen Braunschweig. In: BraunschwJb 58, 1977, S. 9–30.

daß wir hier sehr schnell auf einem recht schwankenden Boden stehen können, und es leuchtet auch ein, daß eben, wie der Zusatztitel des Referats sagt, beim heutigen Forschungsstande eigentlich nur über »Probleme und Aufgaben der Forschung« gesprochen werden kann. Man möge mir also die Lückenhaftigkeit meiner Bemerkungen nachsehen. Um außerdem die Fülle der hier anstehenden Probleme nicht völlig unübersichtlich werden zu lassen, soll auch nicht der Versuch gemacht werden, nun die gesamte irgendwie einschlägige Literatur zu verarbeiten, sondern ich beabsichtige, vor allem Hinweise aus Veröffentlichungen, die in den letzten Jahren erschienen sind, aufzugreifen[3].

Wenn man allerdings sich die Untersuchungen, die in den letzten anderthalb bis zwei Jahrzehnten zur mittelalterlichen Kirchengeschichte einzelner Städte erschienen sind, ansieht, so wird man rasch feststellen, daß sie im wesentlichen doch an der Verfassungsgeschichte des Verhältnisses von Stadt und Kirche ein Genüge finden und erst seit recht kurzer Zeit auch sozialgeschichtliche Gesichtspunkte berücksichtigen, die Fragen der Spiritualität aber weiterhin meistens eher am Rande behandeln oder sogar mehr oder minder ausklammern[4].

3 Insofern sollte der Vortrag vor allem Anregung und Stoff zur Diskussion sein. Auch er stellt also wiederum einen »Versuch« dar, der keinen Anspruch auf Vollständigkeit erhebt. Daher war ich auch bestrebt, den Anmerkungsapparat, den man natürlich stark ausbauen könnte, nicht unnötig anschwellen zu lassen. Reine Nachschlagewerke, wie z. B. das LThK, das selbstverständlich immer wieder herangezogen wurde, sind nicht eigens angeführt. Für unser Thema seien noch folgende zusammenfassende Darstellungen genannt: Bernd Moeller, Spätmittelalter. In: Die Kirche in ihrer Geschichte. Hg. Kurt Dietrich SCHMIDT und Ernst WOLF. Bd. 2, Lief. H. 1966. S. 32–44 (neben weiteren Untersuchungen dieses Verf.); Handbuch der Kirchengeschichte. Hg. Hubert JEDIN. Bd. 3. 1968. S. 676–697. Sodann ziehe ich die vervielfältigten Zusammenfassungen der Referate heran, die dem 1978 in Warschau abgehaltenen Kongreß der Commission Internationale d'Histoire Ecclésiastique Comparée in Vervielfältigung vorlagen, und zwar bei der Sektion II: La vie religieuse des élites et des masses dans la chrétienté du XVe siècle – entre le moyen âge et l'époque moderne; man wird später den Volldruck dieser Referate benützen müssen, sobald die Bände des Tagungsprotokolls vorliegen. Ich verdanke die Übersendung dieser anregenden Broschüre rechtzeitig vor Abschluß meines Vortragsmanuskripts der Liebenswürdigkeit von Frau Doz. Dr. habil. Elżbieta Dąbrowska-Zawadzka, Warschau/Lublin.

4 Vor allem aus dem deutschen Südwesten nenne ich aus letzter Zeit: Paul ADAM, Histoire religieuse de Śelestat. 1 (Des origines a 1615). Sélestat 1967; Albrecht ENDRISS, Die religiös-kirchlichen Verhältnisse in der Reichstadt Wimpfen vor der Reformation. VeröffKommGeschichtlLdKdeBadWürtt B 39. 1967; Wolfgang MÜLLER, Mittelalterliche Formen kirchlichen Lebens am Freiburger Münster. In: Freiburg im Mittelalter. Hg. Wolfgang MÜLLER. VeröffAlemannInst 29. 1970. S. 141–181; Rolf KIESSLING, Bürgerliche Gesellschaft und Kirche in Augsburg im Spätmittelalter. AbhhGStadtAugsb 19. 1971; Gottfried GEIGER, Die Reichsstadt Ulm vor der Reformation. ForschGStadtUlm 11. 1971; Wolfgang MÜLLER, Die Kirchengeschichte Villingens im Mittelalter. In: Villingen und die Westbaar. Hg. Wolfgang MÜLLER. VeröffAlemannInst 32. 1972. S. 100–126; Karl TRÜDINGER, Stadt und Kirche im spätmittelalterlichen Würzburg. Spätmittelalter und Frühe Neuzeit 1. 1978. Was dagegen bei einer durchaus vergleichbaren Quellenlage tatsächlich für unser Thema zu erarbeiten ist, zeigte vor kurzem vorbildlich (trotz den unten von Antoni Czacharowski geäußerten Bedenken) Hanna ZAREMSKA, Bractwa w średniowiecznym Krakowie (Bruderschaften im mittelalterlichen Krakau). Wrocław 1977. Vgl. auch Henryk Samsonowicz, Mieszczańska dobroczynność prywatna w Polsce późnego średniowiecza (Private bürgerliche Wohltätigkeit im spätmittelalterlichen Polen). In: Cultus et Cognitio (Fs. Aleksander

Aus all den bisherigen Bemerkungen dürfte hervorgehen, daß ich also nicht den Ehrgeiz habe, nun ein abschließendes Bild zu entwerfen, sondern einige Punkte ansprechen will, wobei ich mir der Gefahr einer Willkürlichkeit der Auswahl ohne weiteres bewußt bin. Der Mut, diesen Versuch trotzdem zu wagen, ist mir nicht zuletzt bei der nochmaligen Lektüre des sicherlich auch unvollständigen, aber doch sehr anregenden Aufsatzes von Jappe Alberts über Sakralisierung und Desakralisierung in der mittelalterlichen Stadt der Niederlande gekommen, wo der Verfasser doch sehr eindrucksvoll die untrennbare Vermengung von geistlichen und weltlichen Elementen im Alltagsleben des mittelalterlichen Bürgers aufzeigt[5].

Unabdingbar für die geistliche Betreuung der Bevölkerung, und damit auch der städtischen Bürgerschaft, ist natürlich die Pfarrseelsorge. Daß dies im Mittelalter als ausgesprochenes Desiderat empfunden werden konnte und auch betont wurde, hat erst jüngst Willibald Katzinger an einem Beispiel aus Oberösterreich gezeigt[6]; um dem *gepresten* abzuhelfen, daß sie keinen Priester in der Stadt haben, zeigen die Bürger von Braunau sich 1336 zu weitgehenden Versprechungen und Absicherungen der kirchlichen und materiellen Stellung des Pfarrers bereit. Gerade eine solche Äußerung veranlaßt uns aber auch, diesen Teil städtischer Kirchengeschichte des Mittelalters, der natürlich auch seine sehr starken institutionengeschichtlichen Bezüge hat, wenigstens zu streifen.

Für den Bereich des Bistums Konstanz liegt bekanntlich seit mehr als einem Jahrhundert das Einheberegister des päpstlichen Kreuzzugszehnten von 1275 in einer alten Ausgabe gedruckt vor[7]. Hier läßt sich die Pfarreinteilung dieser so großen Diözese in allen Einzelheiten gut studieren, und es sei an dieser Stelle die Anregung gegeben, doch einmal die Einkünfte der in der Quelle genannten Stadtpfarreien miteinander zu vergleichen, weil mir scheinen will, daß man daraus auch zum mindesten gewisse Anhaltspunkte für die wirtschaftliche Kraft der einzelnen Städte, aber auch wichtiger ländlicher Gemeinden – ich denke etwa an Weinbaugemeinden – gewinnen kann.

Andererseits hat Wolfgang Müller ja in mehreren Arbeiten das Problem der Einbettung einer neugegründeten Stadt in das bestehende Pfarreiennetz behandelt[8]. Er konnte zeigen, daß die Pfarrkirche vielfach zunächst am alten Platz vor den Mauern verblieb, daß dann eine kirchenrechtlich als Filiale anzusehende Nebenkirche in der Stadt

Gieysztor). Warszawa 1976. S. 505-511; Aleksandra Witkowsa, Funkcje praktyk wotywnych w religijności ludowej późnego średniowiecza (Funktionen der Votivpraxis in der Volksreligiosität des Spätmittelalters). In: Sztuka i ideologia XV wieku (Kunst und Geisteswelt des 15. Jahrhunderts). Red. Piotr Skubiszewski. Warszawa 1978. S. 97–110; Urszuła Borkowska, Przykład pobożności mieszczańskiej w XV wieku, Weronika z Krakowa (Ein Beispiel der bürgerlichen Frömmigkeit im 15. Jahrhundert, Veronika aus Krakau). Ebd. S. 111–121.

5 Wybbe Jappe Alberts, Sacraliserung en desacraliserung in de Middeleeuwse stad in Nederland. In: Westfalen 51, 1973, S. 83–91.

6 Willibald Katzinger, Die Märkte Oberösterreichs, Eine Studie zu ihren Anfängen im 13. und 14. Jahrhundert. In: ForschGStädteMärkteObÖst 1. 1978. S. 78f.

7 Liber decimationis cleri Constanciensis pro Papa de anno 1275. Hg. Wendelin Haid. In: FreibDiözArch 1, 1865, S. 1–303.

8 Wolfgang Müller, Pfarrei und mittelalterliche Stadt im Bereiche Südbadens. In: Neue Beiträge zur südwestdeutschen Landesgeschichte, Fs. für Max Miller. VeröffKommGeschichtlLdKdeBad-Württ B 21. 1962. S. 69–80; Ders., Die Stadtpfarreien im Bereich des Bistums Worms. In:

entstand, die oft an Größe und Bedeutung natürlich der alten Pfarrkirche den Rang ablief, bis schließlich die Pfarreirechte auf diese städtische Kirche übertragen wurden.

Freilich geht die Gleichung nicht völlig auf, worauf Wolfgang Müller letzthin selbst hinwies. Natürlich ist es richtig, daß in vielen Fällen der von ihm behandelte Sachverhalt zu beobachten ist, aber es gibt eben auch eine ganze Reihe von Städten, bei denen wir annehmen müssen, daß die Pfarrkirche sich von Anfang an in der neuen Stadt befunden hat. Der Fall, daß ein Stadtgründer in seiner neuen Stadt auch eine neue Pfarrei gegründet hat, dürfte sowohl nach den uns bekannten zahlreichen Beispielen des Verbleibs der Pfarreirechte bei einer älteren Kirche vor der Stadt und auch bei Berücksichtigung der kanonischen Erfordernisse für die Errichtung einer neuen Pfarrei Seltenheitswert besitzen, wenn er überhaupt einmal einwandfrei nachgewiesen werden kann. Wenn sich eine Pfarrkirche von Anfang an in einer neuen Stadt befindet, so kann dies eigentlich nur dadurch erklärt werden, daß eine Vorgängersiedlung mit einer Pfarrkirche in den neuen Stadtraum einbezogen wurde oder daß die Eigenkirche des Stadtgründers, wer immer dies – ein weltlicher Herr oder eine geistliche Institution – gewesen sein mag, ohne Schwierigkeiten zur Pfarrkirche der neuen Stadt wurde[9]. Vom alten Bild der großräumigen Urpfarreien wird man auf jeden Fall zum mindesten für die Zeit der Stadtgründungen im 12. und 13. Jahrhundert, aber wahrscheinlich auch schon früher, Abstand nehmen müssen[10]. Die Aufgliederung des Gebiets einer großen Stadt in mehrere Pfarreien[11] kann uns hier nicht beschäftigen, ebensowenig das Bild der Stadt als »heilige Stadt« bzw. als Nachbildung des irdischen (tatsächlichen) oder himmlischen Jerusalem[12].

Wenn wir den Blick weniger auf die Institutionen als mehr auf die Wirksamkeit der Pfarrseelsorge lenken wollen, so liegt m. E. noch vieles in Visitationsprotokollen, die in dieser Hinsicht bisher wohl noch nicht gänzlich ausgeschöpft sind. Greifen wir dazu für einige Bemerkungen die wohl letzte größere Edition dieser Art heraus, das Protokoll der

ArchMittelrhKG 15, 1963, S. 487–492; DERS., Der Beitrag der Pfarreigeschichte zur Stadtgeschichte. In: HJb 94, 1974, S. 69–88; DERS., Pfarrei und mittelalterliche Staddt im nordbadischen Raum. In: OberrheinStud 3. 1975. S. 199–208. Vgl. außerdem Walter STETTNER, Pfarrei und mittelalterliche Stadt zwischen oberem Neckar und oberer Donau. In: ZWürttLdG 25, 1966, S. 131–181.

9 Das scheint mir z. B. in Tübingen der Fall zu sein; vgl. Jürgen SYDOW, Geschichte der Stadt Tübingen. 1. 1974. S. 47f.

10 MÜLLER, Pfarreigeschichte, wie Anm. 8, S. 74; DERS.,Nordbadischer Raum, wie Anm. 8, S. 200. Vgl. auch Kurt HOLTER, Beiträge zur Geschichte von Wels im Mittelalter. In: JbMusVWels 20, 1975/76, S. 32; Heinrich KOLLER, Hochmittelalterliche Siedlungsplanungen und Städtegründungen im Ostalpenraum. In: ForschGStädteMärkteÖst 1. 1978. S. 23f. und 45.

11 Man sollte jedoch nicht, wie TRÜDINGER, wie Anm. 4, S. 72ff., dann an Anlehnung an den ohnehin schon etwas problematischen Begriff der »Nebenstifte« von »Nebenpfarreien« (neben der Dompfarrei) sprechen; denn schließlich handelt es sich hier um kanonisch voll selbständige Pfarreien.

12 Erich HERZOG, Die ottonische Stadt. 1964; Helmut MAURER, Konstanz als ottonischer Bischofssitz. VeröffMaxPlanckInstG 39. 1973. Vgl. auch KOLLER, wie Anm. 10, S. 25–38. Zum Vorbild Jerusalem Berent SCHWINEKÖPER, Die Problematik von Begriffen wie Stauferstädte, Zähringerstädte und ähnlichen Bezeichnungen. In: Südwestdeutsche Städe im Zeitalter der Staufer. Hg. Erich MASCHKE und Jürgen SYDOW. Stadt in d. Gesch. 6. 1980. S. 148–150, 166, 169f. sowie in der Diskussion S. 201f.

Visitation des Archidiakonats Prag durch den Archidiakon Paul von Janowitz in den Jahren 1379 bis 1382[13], worüber inzwischen einer der Herausgeber, Ivan Hlaváček, auch in deutscher Sprache in der Festschrift für Gerhard Pfeiffer berichtet hat[14]. Für die Stadtgeschichtsforschung ist diese Edition besonders deshalb interessant, weil sie ja eine mittelalterliche Großstadt, eben Prag, umfaßt, dann aber auch eine ganze Reihe von mittleren und kleineren Städten der weiteren Umgebung.

Diese mehrjährige Visitation bringt natürlich ein sehr farbiges Bild vom sittlichen Zustand des Klerus und auch der Bevölkerung in der vorhussitischen Zeit, und das sieht auf weite Strecken tatsächlich sehr trübe aus. Dabei liest sich das Protokoll auf langen Seiten beinahe so lebendig wie ein Roman, angefüllt von Leben und auch von Situationen, bei denen man ein Schmunzeln nicht zu unterdrücken vermag. Freilich sollte man sich, so lustig die Lektüre gerade dieses Visitationsprotokolls ist, nicht allein dabei aufhalten. Zunächst einmal muß man ja zur Quellenkritik sagen, daß es sich hierbei um eine sehr einseitige Quelle handelt. Nicht in dem Sinne, daß die erhobenen Tatbestände etwa nicht richtig wären; sie sind sicher volle Wahrheit, soweit sie sich nicht schon im Laufe der Untersuchung als Geschwätz erweisen – das gibt es auch. Aber man muß sich immer vor Augen halten, daß eine Visitation ja Mißstände aufspüren soll, daß also die Mißstände im Visitationsprotokoll im Mittelpunkt stehen müssen, und daß alle Fälle, wo etwas in Ordnung ist, nur mit der kurzen Note *bene* abgetan werden. Darüber hinaus kommt eine Fülle von Namen vor, und es werden darüber hinaus noch Zahlen von weiteren Priestern genannt, über die überhaupt nichts gesagt wird, bei denen also anscheinend doch wohl nichts Nachteiliges niederzuschreiben war; wenn man das auszählen würde, käme man wahrscheinlich doch auf ein sehr ausgewogenes Verhältnis von Schwarz und Weiß. Was uns im Zusammenhang unserer Tagung aber interessieren sollte, sind die Nachrichten, die wir, gut oder schlecht, aus diesem Protokoll über Art und Durchführung der Seelsorge, und hier eben vor allem der Seelsorge in Prag, gewinnen können; ich habe angefangen, dies einmal systematisch zu sammeln, und hoffe, davon über die bisher vorliegenden Arbeiten hinaus einmal eine Zusammenfassung vorlegen zu können.

Wenn wir weitere Punkte ansprechen, die für unsere Überlegungen wichtig sein könnten, so müssen hier kurz auch die Bruderschaften als typische Form mittelalterlichen religiösen Lebens gerade in den Städten erwähnt werden. Natürlich wollte ich Professor Antoni Czacharowski, der darüber bei unserer Tagung ein eigenes Referat gehalten hat, nicht vorgreifen, sondern nur auf einige Punkte hinweisen, die von der Fragestellung seines Beitrags her sicher nicht zur Sprache kommen konnten. Es geht mir darum, daß schon vor der vollen Ausbildung des Bruderschaftswesens im Spätmittelalter, wie wir es aus einer ganzen Reihe von Quellen kennen, und zwar in Anfängen schon etwa seit dem 8. Jahrhundert, Bruderschaften gerade auch im städtischen Bereich eine

13 Visitační protokol pražskeho arcijáhenství pražského arcijáhna Pavla z Janovic z let 1379–1382 (Protocollum visitationis archidiaconatus Pragensis annis 1379–1382 per Paulum de Janowicz archidiaconum Pragensem factae). Ed. Ivan Hlaváček et Zdenka Hledíková. Praha 1973.

14 Ivan Hlaváček, Beiträge zum Alltagsleben im vorhussitischen Böhmen, Zur Aussagekraft des Prager Visitationsprotokolls von 1379–1381 und der benachbarten Quellen. In: JbFränkLdG 34/35, 1975, S. 865–882.

Rolle gespielt haben. Übrigens könnte man auch daran denken. daß das hochmittelalterliche Bruderschaftswesen gut geeignet war, häretische Strömungen unter den Laien aufzufangen.

Über Spitalbruderschaften[15] wie auch über Brückenbaubruderschaften[16] wurde im jeweiligen Zusammenhang auf früheren Tagungen unseres Arbeitskreises gesprochen. Man wird aber noch einmal die Literatur über das früh- und hochmittelalterliche Bruderschaftswesen, die allerdings wegen der besseren Quellenlage im wesentlichen die Situation in den romanischen Ländern behandelt, durchsehen müssen, und über die speziellen Erkenntnisse, die man aus dem mittelalterlichen kanonischen Recht und der mittelalterlichen Kanonistik über die Bruderschaften gewinnen kann, konnte ich inzwischen vor dem Konstanzer Arbeitskreis für mittelalterliche Geschichte berichten[17].

Immerhin gibt es auch in Deutschland Ansätze des älteren Bruderschaftswesens. Es sei hier auf die 8 Wolfgangsbruderschaften in Regensburg hingewiesen, von denen Nekrolog-Fragmente, die am Beginn des 13. Jahrhunderts einsetzen, erhalten sind. Die Entstehung dieser Bruderschaften ist sicher schon früher anzusetzen, selbst wenn man sie nicht auf den großen Regensburger Bischof Wolfgang zurückführen will. Freilich ist es bisher nicht gelungen, sie eindeutig in die Frühgeschichte der Regensburger Stadtverfassung einzuordnen; was ich vor Jahren darüber geschrieben habe[18], sind lediglich Lösungsvorschläge, aber auch die inzwischen veröffentlichten neuen Thesen[19] vermögen nicht voll zu überzeugen. Man sollte m. E. aber auch in den anderen alten Städten nach Spuren solcher Bruderschaften eines älteren Typus, als er dann im Spätmittelalter und in den katholischen Städten schließlich auch noch in der Neuzeit üblich ist, fahnden[20].

Daß es solche älteren Bruderschaften religiösen Charakters auch in anderen Städten, und zwar durchaus auch in kleineren Städten, gegeben hat, darauf werden wir noch von

15 Jürgen SYDOW, Kanonistische Fragen zur Geschichte des Spitals in Südwestdeutschland. In: ArbKrsSwDtStadtGForsch, Protokoll über die 2. Arbeitstagung »Spital und Stadt« (vervielf.). 1974 (mit Diskussion). S. 4–15; dass. (mit Anmerkungen) in: HJb 83, 1964, S. 54–68, DERS., Spital und Stadt in Kanonistik und Verfassungsgeschichte des 14. Jahrhunderts. In: Der deutsche Territorialstaat im 14. Jahrhundert. Hg. Hans Patze. 1. VortrrForsch 13. 1970. S. 175–195.

16 Erich MASCHKE, Die Brücke im Mittelalter. In: Die Stadt am Fluß. Hg. Erich MASCHKE und Jürgen SYDOW. Stadt in d. Gesch. 4. 1978. S. 33.

17 Erscheint 1981/82 in: VortrrForsch 28.

18 Jürgen SYDOW, Ein Bruderschaftsbuch der Regensburger Wolfgangsbruderschaften. In: OstbairGrenzmarken 9, 1967, S. 174–182. Zu den kirchlichen Bindungen der Gilden Otto Gerhard OEXLE, Die mittelalterlichen Gilden: Ihre Selbstdeutung und ihr Beitrag zur Formung sozialer Strukturen. In: Soziale Ordnungen im Selbstverständnis des Mittelalters. MiscMediaev 12/I. 1979. S. 213–216.

19 Paul MAI, Die acht Regensburger Bruderschaften zum hl. Wolfgang. In: BeitrrGBistRegensb 6, 1972, S. 105–117.

20 Zur Geschichte des Bruderschaftswesens allgemein: LThK Bd. 4, ^{2}1960, Sp. 554f.; Krystyna KUŹMAK, Bractwo kościelne (Kirchliche Bruderschaft). In: Encyklopedia Katolicka. 2. Lublin 1976. Sp. 1013–1016; dazu auch Czesław STRZESZEWSKI, Cechy (Zünfte). Ebd. Sp. 1376–1379. Vgl. auch ZAREMSKA, wie Anm. 4, S. 4–8.

einer anderen Seite her hingewiesen. Ich meine das Wallfahrtswesen. Edith Ennen hat mit Recht betont, daß Wallfahrten im allgemeinen nicht städtebildend gewesen sind[21]. Sie waren aber zweifellos von Anfang an gemeinschaftsbildend und gemeinschaftsfördern. Gerade aus den Forschungen über die im 12. Jahrhundert so mächtig aufblühende Wallfahrt zum Grab des heiligen Apostels Matthias in Trier läßt sich ja sehen, wie die Trierpilger dann auch in ihren Heimatorten Bruderschaften, die bestimmte Verpflichtungen auf sich nahmen, gebildet haben[22]; daß diese Bruderschaften wohl viel stärker, als bisher angenommen worden ist, von den gesellschaftlichen Oberschichten bestimmt wurden, habe ich vor kurzem darlegen können[23]. Sie rücken dadurch wieder in die Nähe der Regensburger Wolfgangsbruderschaften, für die sozialgeschichtlich ähnliches zu sagen ist.

Bruderschaften und Wallfahrten mögen auch kurz unseren Blick auf die Verehrung von Stadtheiligen und Stadtpatronen lenken[24]. Wenn es auch, soweit ich sehe, in Deutschland nicht dazu gekommen ist, daß ein Heiliger eine so überragende Rolle auch für die Stadt errungen hat, wie sie z. B. der heilige Markus in der Geschichte von Venedig ganz besonders spielt[25], so lassen sich Ansätze dafür auch bei uns finden. Es sei z. B. an die heiligen Drei Könige in Köln erinnert[26]. Vom heiligen Lambert von Lüttich wird zwar im allgemeinen angenommen, daß seine Verehrung vor allem vom Adel gefördert wurde[27]. Das mag für die Anfänge der Lambertus-Verehrung richtig sein, es scheint mir aber im 12. Jahrhundert eine zweite Welle zu geben, die doch auch mit dem beginnenden Städtewesen in Verbindung gebracht werden könnte. Wenn man nämlich die Karteneinträge der Kultstätten des heiligen Lambert und anderer Heiliger des Maaslandes näher betrachtet, so fällt auf, daß sie beinahe wie Perlen an einer Schnur längs den großen alten Handelsstraßen aufgereiht sind[28]. Das Maasgebiet ist aber ja bekanntlich einer der wichtigsten Wirtschaftsräume und zugleich ein bedeutendes Zentrum der städtischen

21 Edith ENNEN, Stadt und Wallfahrt in Frankreich, Belgien, den Niederlanden und Deutschland. In: Fs. Matthias Zender. Hg. Edith ENNEN und Günter WIEGELMANN. 1972. S. 1057–1075; auch in: DIES., Gesammelte Abhandlungen zum europäischen Städtewesen und zur rheinischen Geschichte. 1977, S. 239–258.

22 Richard LAUFNER, Die Fragmente des ältesten Pilgerschaftsbruderschaftsbuches von St. Matthias, Trier, zwischen 1150 und 1230. In: ArchMittelrhKG 7, 1955, S. 237–263.

23 Jürgen SYDOW, Stadtgeschichtliche Beobachtungen am ältesten Bruderschaftsbuch von Sankt Matthias zu Trier. In: Geschichtsschreibung und geistiges Leben im Mittelalter, Fs. für Heinz Löwe. Hg. von Karl HAUCK und Hubert MORDEK. 1978. S. 450–467.

24 JAPPE ALBERTS, wie Anm. 5, S. 87.

25 Hans Conrad PEYER, Stadt und Stadtpatron im mittelalterlichen Italien. Wirtschaft–Gesellschaft–Staat 13. 1955. S. 8–24.

26 Matthias ZENDER, Räume und Schichten mittelalterlicher Heiligenverehrung in ihrer Bedeutung für die Volkskunde. 1959. S. 202–206.

27 Ebd. S. 27–60.

28 Jürgen SYDOW, Patrozinienkunde und Handelsgeschichte. Zur Verehrung der hl. Lambertus und Servatius. In: Auf Roter Erde (Münster/Westf.) 17. Jg. 1961, N.F. Nr. 26, S. 1; DERS., Patrozinienkunde und Handelsgeschichte. Zur Verehrung der Heiligen aus dem Maasraum. In: Neue Chronik zur Geschichte und Volkskunde der Innerösterreichischen Alpenländer (Graz) Nr. 66, 1961, S. 1 (nicht identisch mit dem vorgenannten Aufsatz).

Entwicklung in jener Zeit[29]. Gewiß ist der heilige Lambert 1290 nach Freiburg durch den damaligen Bischof von Lüttich, Rudolf von Zähringen, also ein Mitglied der stadtherrlichen Familie gekommen[30], aber Berent Schwineköper hat uns ja den Blick dafür geschärft, wie stark die Verbindungen von Freiburg zum Rheingebiet und damit wohl auch zum Maasraum gewesen sind[31]. Wenn noch Zweifel an der These, daß Lambert eben auch ein Heiliger gewesen ist, der im Wirtschaftsleben eine Verehrung genossen hat, bestehen sollte, so würde wohl ein Blick auf Münster in Westfalen und die dort diesem Heiligen an der ihm geweihten Stadtpfarrkirche, aber auch im dortigen Volksbrauchtum entgegengebrachte Verehrung doch nachdenklich stimmen[32]. Ansätze zu einer Verehrung von Stadtpatronen in der Gestalt großer Bischöfe sind schließlich auch in Konstanz festzustellen[33], während Arno Borst für Nürnberg, wenn auch nicht in allem unwidersprochen, die Schaffung eines Stadtheiligen in der Person des heiligen Sebald geschildert hat[34]. Ein interessantes Beispiel, allerdings aus nachreformatorischer Zeit, bilden die Radolfzeller »Hausherren« Theopont, Senesius und Zeno mit dem noch heute gefeierten »Hausherrenfest«[35].

Über die gewaltig anschwellende Heiligenverehrung des Spätmittelalters braucht an dieser Stelle nicht viel gesagt zu werden; denn diese Erscheinung ist gut genug bekannt. Immerhin sei wenigstens darauf hingewiesen, daß das Phänomen auch eine spezifisch städtische Seite insofern hat, als es ja gerade auch zur Ausbildung der besonderen Berufspatronate der städtischen Handwerke kam, die mit einer engen Annäherung von Bruderschaft und Zunft, oder wie diese Handwerkerverbände sonst heißen (Zeche, Innung, Amt, Handwerk usw.), so weit führte, daß es manchmal schwierig sein kann, eine Korporation, wie immer sie sich selber nennen mag, mehr auf die Seite der Bruderschaft oder diejenige der Zunft zu stellen[36]. Eine Sonderstellung nimmt hierbei

29 Man braucht hier nur an die große Ausstellung »Rhein und Maas, Kunst und Kultur 800–1400« in Köln 1972 zu erinnern. Edith Ennen, Die europäische Stadt des Mittelalters, ^{3}1979. S. 82; Ferdinand Vercauteren, Zur Entstehungsgeschichte der Maasstädte im hohen Mittelalter. In: Altständisches Bürgertum. Hg. Heinz Stoob, 1. WegeForsch 352. 1978. S. 288–303; Hektor Ammann, Huy an der Maas in der mittelalterlichen Wirtschaft. Ebd. 2. WegeForsch 417. 1978. S. 210–248.

30 Zender, wie Anm. 26, S. 45.

31 Berent Schwineköper, Bonn, Köln und Freiburg im Breisgau, Bemerkungen zu den mittelalterlichen Beziehungen der Städte. In: Die Stadt in der europäischen Geschichte, Fs. Edith Ennen. 1972. S. 471–489.

32 Zender, wie Anm. 26, S. 51.

33 Vgl.: Felix Mater Constantia, Die Stadt Konstanz und ihre Heiligen im 10. Jahrhundert. Ausstellung zum 1000. Todestag des hl. Bischofs Konrad von Konstanz (Katalog). 1975; Bernhard Welte, Wolfgang Müller, Helmut Maurer, Walter Nigg, Gestalt und Verehrung des heiligen Konrad. Hg. Joseph Sauer. 1975. Besonders Wolfgang Müller, S. 21–33; Ders., Studien zur Geschichte der Verehrung des heiligen Konrad. In: FreibDiözArch 95, 1975, vor allem S. 149–232.

34 Arno Borst, Die Sebaldlegenden in der mittelalterlichen Geschichte Nürnbergs. In: JbFränkLdForsch 26, 1966, S. 19–178.

35 Franz Götz, Geschichte der Stadt Radolfzell. HegauBibl 12. 1967, S. 30–51.

36 Die allgemeine Literatur und die Behandlung dieses Themas in den lokalen Untersuchungen ist so zahlreich, daß ich mich hier mit diesem Hinweis begnügen zu können glaube.

die Religiösität und Heiligenverehrung der bergbautreibenden Bevölkerung ein[37]. Auch der Kaufmann hatte bekanntlich seine besonderen Schutzpatrone, wie im Bereich der Hanse die Muttergottes sowie die Heiligen Katharina, Nikolaus und Jakob[38]. Daß dabei auch die Kulte noch nicht kanonisierter Heiliger in starkem Maße blühten, darauf wurde erst wieder von Karol Górski hingewiesen[39], und die bereits erwähnte Sebaldus-Verehrung in Nürnberg ist hierfür ja ein weiteres Beispiel.

Die Erwähnung von Patronen der Kaufmannschaft mag überleiten zu einem Problem, das freilich immer wieder erkannt und behandelt worden ist, nicht zuletzt durch Erich Maschke[40], das aber eigentlich, soweit man sieht, noch nirgends der spezielle Gegenstand einer besonderen Untersuchung gewesen ist, da man sich im allgemeinen mit den auf der Hand liegenden Hinweisen begnügt[41]. Ich meine die Spiritualität des mittelalterlichen Kaufmanns in den europäischen Ländern[42]. Es wird deutlich, wie sehr und wie eng auch das sehr profane Streben nach Besitz in der Meinung dieser mittelalterlichen Kaufleute von der Gnade Gottes und der Fürsprache der Heiligen abhing, so daß sie schließlich auch, wie ja bekannt ist, Gott als Inhaber eines Kontos in ihren Geschäftsbüchern führten. Daß dadurch eine gewisse »Rechenhaftigkeit« in die mittelalterliche Frömmigkeit, und nicht nur der Kaufleute, eindrang, muß betont werden und wurde auch vor kurzem wieder von Otto Herding herausgestellt[43]. Daß es dabei schwer war, im weltlichen Leben sich derart herauszuheben, daß der Stand der Heiligkeit entweder von der Kirche durch eine Heiligsprechung förmlich anerkannt oder wenigstens von der Volksmeinung getragen wurde, liegt auf der Hand; eine von Pierre Boglioni vorgelegte Statistik über die Heiligenverehrung im Spätmittelalter[44] zeigt ganz deutlich, daß die erdrückende Mehrzahl der spätmittelalterlichen Heiligen in einem Stande gelebt haben, der entweder geistlich war oder mindestens als halbgeistlich[45] angesehen werden muß.

Einiges über die religiöse Gedankenwelt der Stadtbürger des Spätmittelalters vermögen uns sicherlich auch die ja zu immer größeren Zahlen anschwellenden Urkunden aus

37 Vgl. z. B. Günther Frhr. v. PROBSZT, Die niederungarischen Bergstädte. BuchreiheSüdOstDt-Komm 15. 1966. S. 184–202.

38 Henryk SAMSONOWICZ, Les liens culturels entre les bourgeois du littoral baltique dans le bas moyen âge. In: Studia Maritima 1, Wrocław 1978, S. 22f.

39 Karol GÓRSKI, Méthode comparative et régionalisme. La région de la Baltique. in: La vie religieuse, wie Anm. 3, S. II/R 4.

40 Erich MASCHKE, Das Berufsbewußtsein des mittelalterlichen Fernkaufmanns. In: Beiträge zum Berufsbewußtsein des mittelalterlichen Menschen. MiscMediaev 3. 1964. S. 324–328.

41 Vgl. u. a. auch Jacques HEERS, L'Occident aux XIVe et XVe siècles. Nouvelle Clio 23. 1966, S. 342–351.

42 Dazu zusammenfassend u. a. Jacques LE GOFF, Marchands et banquiers du moyen âge. Que sais-je? 699. 1962 S. 70–98; SAMSONOWICZ, wie Anm. 38, S. 21 ff.; JAPPE ALBERTS, wie Anm. 5, S. 85 (zu dem Brauch des »Gottespfennigs«).

43 Otto HERDING, Frömmigkeit und Rechenhaftigkeit. In: La vie religieuse, wie Anm. 3, S. II/26/38ff.

44 Pierre BOGLIONI, La sainteté des laics à la fin du moyen-âge. Ebd. S. II/3/102–105.

45 Kaspar ELM, Bedeutung, Rechtsstellung und Selbstverständnis des status tertius, medius oder semireligiosus im späten Mittelalter. Ebd. S. II/58/90–93.

dem städtischen Bereich zu liefern. Dabei sind wir uns natürlich der Gefahr, daß hier vieles an formelhaften Wendungen eingeflossen ist, voll bewußt, aber trotzdem sollte das zur Verfügung stehende große Material einmal unter diesen Gesichtspunkten aufgearbeitet werden. Was Heinrich Fichtenau für die Herrscherurkunde sagte[46], daß nämlich selten eine auch formelhafte Wendung in der Arenga völlig gedankenlos niedergeschrieben worden sei, das dürfte wohl auch für die spätmittelalterlichen Urkunden aus dem städtischen Bereich zutreffen, so daß wir sie also für unsere Fragestellungen doch heranziehen dürfen[47]. Es darf wohl außerdem auch nicht außer acht gelassen werden, daß gegen Ende des Mittelalters gerade in den Städten durch den Ausbau des Schulwesens[48] auch die religiöse Bildung der Laien sich nach und nach erweitert und verbreitert hat[49], ganz abgesehen natürlich davon, daß der Anteil von Bürgersöhnen, die ein Universitätsstudium absolvierten, größer wurde[50]; wie in dieser Bildungsbürgerschicht, wenn wir es einmal so bezeichnen wollen, dies seine Wirkung auch nicht auf die weiblichen Familienmitglieder verfehlte, zeigt z. B. ein kürzlich aufgefundener Brief über die junge Caritas Pirckheimer[51]. Hinzu kommt schließlich auch die gegen Ende des Mittelalters zu beobachtende Steigerung der Häufigkeit der Teilnahme an der Messe[52]

46 Heinrich FICHTENAU, Arenga. Spätantike und Mittelalter im Spiegel von Urkundenformeln. MIÖG/ErgBd 18. 1957.S. 8.

47 Nur als Beispiel sei genannt Elmar LUTZ, Die rechtliche Struktur süddeutscher Handelsgesellschaften in der Zeit der Fugger. 1. StudFuggerG 25. 1976. S. 182–187. Interessante Hinweise auf die Verbindungen zwischen Wirtschaftswelt und Kirchenrecht bei Ferdinand ELSENER, Die Exkommunikation als prozessuales Vollstreckungsmittel. In: Tübinger Festschrift für Eduard Kern. 1968. S. 69–86; DERS., Die Censura ecclesiastica (Exkommunikation) in zivilrechtlichen Verträgen auf Grund eines Formularbuches des 15. Jahrhunderts aus Freiburg im Üchtland. In: Fs. Nikolaus Grass. 1. 1974. S. 299–308; DERS., Vom Seelgerät zum Geldgeschäft, Wandlungen einer religiösen Institution. In: Recht und Wirtschaft in Geschichte und Gegenwart (Fs. Johannes Bärmann). 1975. S. 85–97.

48 Edith ENNEN, Stadt und Schule in ihrem wechselseitigen Verhältnis vornehmlich im Mittelalter. In: Die Stadt des Mittelalters. Hg. Carl HAASE. 3. WegeForsch 245. 1973. S. 463–472; Gernot LUCAS, Stadt und Schule. Ing.-Diss. Univ. Stuttgart 1968. S. 84–105.

49 José SÁNCHEZ HERRERO, La enseñanza de la doctrina cristiana en Castilla, siglos XIV y XV. Catecismos y similares, catequesis. In: La vie religieuse, wie Anm. 3, S. II/62/122f.; Urszuła BORKOWSKA, L'etat actuel des recherches sur la vie religieuse de la société du bas Moyen Age en Pologne. Ebd. S. II/4/127.

50 Winfried DOTZAUER, Deutsches Studium und deutsche Studenten an europäischen Hochschulen (Frankreich, Italien) und die nachfolgende Tätigkeit in Stadt, Kirche und Territorium in Deutschland. In: Stadt und Universität im Mittelalter und in der früheren Neuzeit. Hg. Erich MASCHKE und Jürgen SYDOW. Stadt in d. Gesch. 3. 1977. S. 112–141; András KUBINYI, Städtische Bürger und Universitätsstudien in Ungarn am Ende des Mittelalters. Ebd. S. 161–165.

51 Dieter HARMENING, Eine unbekannte Handschrift aus dem Klarakloster zu Nürnberg mit einer Briefnotiz über Charitas Pirckheimer (1481). In: JbFränkLdForsch 32, 1972, S. 45–54.

52 Reinhard VOGELSANG, Stadt und Kirche im mittelalterlichen Göttingen. StudGStadtGött 8. 1968. S. 23f. Vgl. Erwin ISERLOH, Individualisierung und Multiplizierung der Messe im Spätmittelalter. In: La vie religieuse, wie Anm. 3, S. II/28/46f.; DERS., Der Wert der Messe in der Diskussion der Theologen vom Mittelalter bis zum Ausgang des 16. Jahrhunderts. In: ZKathTheol 83, 1961, S. 44–79.

und die davon vielleicht nicht ganz getrennt zu sehende verstärkte Predigttätigkeit, die sich ja auch in der Errichtung eigener Prädikatur-Pfründen zeigt[53].

Es kann an dieser Stelle nicht ausführlich über einzelne Äußerungen der Frömmigkeit, die für das Spätmittelalter besonders typisch sind, gesprochen werden. Es ist z. B. bekannt, daß das Wallfahrtswesen, von dem wir schon einmal gesprochen haben, im Spätmittelalter einen bedeutenden Aufschwung genommen hat, allerdings zugleich mit einer gewissen Akzentverlagerung[54]; denn mit der starken Vermehrung der Wallfahrtsorte, die nun auch in der Nähe des Wohnsitzes lagen, verlagerte sich, im ganzen gesehen, das Wallfahrtsziel eben auch mehr in die Nähe, obwohl die Fernwallfahrten, und ganz besonders die Jakobus-Wallfahrt[55], natürlich ihre Anziehungskraft behielten und andererseits die Rom-Wallfahrten durch die Einführung der Jubeljahre großen Zuspruch fanden[56]. Es genügt hier und heute auch, nur mit einem Wort auf das Prozessionswesen hinzuweisen, das ja ebenfalls einen großen Aufschwung nahm und gerade in den Städten als Zentren mit einer größeren Bevölkerungszahl und einer differenzierteren Bevölkerungsgliederung eine beachtliche Bedeutung hatte[57]. Die historische religiöse Volkskunde hat sich dieser Erscheinungen angenommen, ein Beitrag der Liturgiewissenschaft zu diesen paraliturgischen Formen religiösen Lebens fehlt allerdings in den letzten Jahrzehnten bezeichnenderweise leider fast ganz[58]. Übrigens harrt auch die Frage, wie aktiv oder passiv die Teilnahme des Volkes an der Messe wirklich war, noch weithin einer Erforschung. In der breiten Kontaktzone zwischen Liturgie und Paraliturgie sind übrigens auch die zahlreichen geistlichen Schauspiele angesiedelt, die ebenfalls für das Spätmittelalter bezeichnend sind[59].

53 Julius RAUSCHER, Die Prädikaturen in Württemberg vor der Reformation. In: WürttJbb 1908, H. 2, S. 152–211; Eberhard MOSSMAIER, Die Prädikaturstiftung an St. Peter und Alexander zu Aschaffenburg unter besonderer Berücksichtigung des Predigtwesens Südwestdeutschlands. In: 1000 Jahre Stift und Stadt Aschaffenburg. 2. AschaffenbJb 4. 1957. S. 543–573.

54 JAPPE ALBERTS, wie Anm. 5, S. 89f.; Georg SCHREIBER, Wallfahrt und Volkstum in Geschichte und Leben. 1934; Ludwig SCHMUGGE, Kirche und Gesellschaft im Hochmittelalter. In: JTagBerGörresGes 1976. S. 69–73; für ein einzelnes Bistum Joseph STABER, Volksfrömmigkeit und Wallfahrtswesen des Spätmittelalters im Bistum Freising. BeitrAltbayerKG 20/1. 1955. S. 36–76.

55 Vera und Helmut HELL, Die große Wallfahrt des Mittelalters. 1964.

56 Paolo BREZZI, Storia degli Anni Santi. Roma 1950.

57 JAPPE ALBERTS, wie Anm. 5, S. 86f.; VOGELSANG, wie Anm. 52, S. 21f.

58 An versteckter Stelle erschien die interessante, auch paraliturgische Formen einbeziehende Arbeit von Wacław SCHENK, Der Anteil des Volkes an der Feier der hl. Messe in Polen. Ein geschichtlicher Überblick. In: Unum in veritate et laetitia, Bischof Dr. Otto Spülbeck zum Gedächtnis. Leipzig 1970, S. 61–74; zur modernen Problematik vgl. den bewußt pointierenden Vortrag von Georg WAGNER, Über die Situation und Lebenskraft religiösen Brauchtums im Hinblick auf gegenwärtige Theologie und kirchliche Reformen. In: JTagBerGörresGes 1974, S. 53–67. Für das 11. und 12. Jahrhundert vgl. Enrico CATTANEO, La partecipazione dei laici alla liturgia. In: I laici nella »Societas christiana« dei secoli XI e XII. PubbllCentroStudMedioev 5. Milano 1968. S. 396–423.

59 Aus dem städtischen Bereich zuletzt u. a. Gesine TAUBERT, Spätmittelalterliche Kreuzabnahmespiele in Wels, Wien und Tirol. In: JbObÖsterrMusV 119/I, 1974, S. 53–89.

Die starke Vermehrung der Messen und der paraliturgischen Funktionen, übrigens auch ein Ausdruck der »Rechenhaftigkeit« in der Frömmigkeit, verursachten, gestützt auf eine sich rasch steigernde Zahl von Stiftungen[60], ein starkes Anwachsen der Priesterzahlen, das natürlich oftmals mit einem Absinken der Qualitäten dieses niederen Klerus verbunden war[61]; die Predigerpfründen[62] allerdings, wobei in echt mittelalterlicher Verquickung von der Kanzel auch behördliche Verkündigungen ergingen[63], wurden vielfach mit studierten Bewerbern besetzt[64]. Über das Niveau des niederen Klerus aber informieren uns natürlich außerdem Quellen wie das bereits erwähnte Prager Visitationsprotokoll,aber auch Pastoralhandbücher des Spätmittelalters, deren Erforschung, soweit ich sehe, noch nicht weit vorangetrieben ist[65]; andererseits war die seelsorgliche Betreuung anscheinend in größeren Städten im Stadtkern ungleich besser und dichter als in den städtischen Randgebieten[66]. Daß der Inhalt mittelalterlicher Predigten oft gute Einblicke in das tägliche Leben gerade auch der Städte vermittelt, zeigt schon ein Blick in die Predigten des großen Regensburger Franziskaners Berthold im 13. Jahrhundert[67]. Die vor allem für das 15. und frühe 16. Jahrhundert in zahlreichen

60 Vgl. u.a. MÜLLER, Freiburg, wie Anm. 4, S. 149–159; KIESSLING, wie Anm. 4, S. 245–287; VOGELSANG, wie Anm. 52, S. 94–101; Wolfgang MÜLLER, Die Kirchengeschichte Villingens im Mittelalter. In: Villingen und die Westbaar. Hg. Wolfgang MÜLLER. VeröffAlemannInst 32. 1972, S. 112–120; Hermann TÜCHLE, Die Münsteraltäre des Spätmittelalters, Heilige, Patrone und Kapläne. In: 600 Jahre Ulmer Münster. Hg. Hans Eugen SPECKER und Reinhard WORTMANN. ForschGStadtUlm 19. 1977. S. 126–182; eine interessante Analyse für das frühe 14. Jahrhundert bietet Ileane SCHWARZKOGLER, Geistliche Schenkungen und Stiftungen in der Steiermark 1308–1330. In: BllHeimatkdeSteierm 52, 1978, S. 65–69.

61 Vgl. dazu neben den Angaben in den kirchengeschichtlichen Handbüchern und der dort aufgeführten Literatur auch die Diskussion in: Gesellschaftliche Unterschichten in den südwestdeutschen Städten. Hg. Erich MASCHKE und Jürgen SYDOW. VeröffKomGeschichtlLdKdeBad-Württ B 41. 1967. S. 179ff.; F(rancis) RAPP, Réformes et réformation à Strasbourg. Eglise et société dans le diocèse de Strasbourg (1450–1525). Paris 1974. S. 306–318. Dietrich KURZE, Der niedere Klerus in der sozialen Welt des späteren Mittelalters. In: Beiträge zur Wirtschafts- und Sozialgeschichte des Mittelalters (Fs. Herbert Helbig). 1976. S. 273–305.

62 JAPPE ALBERTS, wie Anm. 5, S. 87.

63 Ebd. S. 85.

64 Zur Bedeutung des Studiums auch RAPP, wie Anm. 61, S. 297f.

65 Marek Tomasz ZAHJKIEWICZ, Tendances réformatrices du clergé paroissal en Pologne à la fin du Moyen Age: nouvelle conception de la pastorale. In: La vie religieuse, wie Anm. 3, S. II/49/132–135.

66 Jacek WIESIOŁOWSKI, L'écologie urbaine et cura animarum. Les remarques sur la ville de Poznań au XVe siecle. In: La vie religieuse, wie Anm. 3, S. II/45/67–72; Eugeniusz WIŚNIOWSKI, Roszwój sieci parafialnej w średnio-wiecznym Poznaniu (Die Entwicklung des Pfarreiennetzes im mittelalterlichen Posen). In: Początki i rozwój Starego Miasta w Poźnaniu w świetle badań archaeologicznych i urbanistyczno – architektonicznych (Anfänge und Entwicklung der Altstadt Posen im Lichte der archäologischen und urbanistisch-architektonischen Forschungen). Red. Włodzimierz BŁASZCZYK. Warszawa 1977. S. 391–404; Jacek WIESIOŁOWSKI, Klasztory średniowiecznego Poznania (Klöster im mittelalterlichen Posen). Ebd. S. 405–419.

67 Zu Berthold zuletzt u.a. Helmuth STAHLEDER, Das Weltbild Bertholds von Regensburg. In: ZBayerLdG 37, 1974, S. 728–798.

Handschriften und Drucken überlieferte Predigtliteratur mit ihren »Exempla« muß aber immer wieder neu befragt werden[68].

Von der Kanzel als einem Ort der Verkündigung weltlicher Verlautbarungen war gerade schon die Rede. Es ist ja im übrigen bekannt, daß die mittelalterliche Kirche ganz allgemein gerade auch in den Städten ein Ort der kommunalen Selbstverwaltung war, wie im übrigen auch die in der Stadt befindlichen Klöster, ganz besonders die Klöster der Bettelorden[69]. Das Verbot des II. Konzils von Lyon 1274, aufgenommen in den Liber sextus[70], das all diese weltlichen Amtshandlungen und Versammlungen in den Kirchen untersagte, war völlig nutzlos. Die Größe einer städtischen Hauptkirche richtete sich eben auch weiterhin nach diesen Aufgaben[71], und ähnlich war es im gesamten Spätmittelalter.

Ein weiterer Komplex, den wir hier mehr unter dem Gesichtspunkt von Bürgerschaft und Kirche als unter dem von Stadt und Kirche betrachten wollen, ist die Rolle der Stadtklöster. Gewiß hat es in den alten Städten seit dem Ausgang des Altertums und dem gesamten Früh- und Hochmittelalter neben den dort befindlichen Kanonikerstiften auch Klöster gegeben, zunächst vor allem in jener Mischregelobservanz, die für die vorkarolingische Zeit bezeichnend ist, dann nach der Regel des heiligen Benedikt lebend, und hierzu sind wohl auch jene Klöster zu rechnen, die unmittelbar vor den Mauern lagen und oft genug im Zuge der weiteren Ausdehnung der Städte in den Mauerring einbezogen wurden. Für die frühe Gruppe dieser Klöster nenne ich nur stellvertretend St. Peter in Salzburg und St. Emmeram in Regensburg, für eine spätere Schicht sei auf die Schottenklöster des Hochmittelalters verwiesen.

Diese Vorbemerkung erschien mir wichtig, damit der Blick nicht zu einseitig auf die seit dem 13. Jahrhundert vor allem in den Städten gegründeten Bettelordensklöster gelenkt wird. Trotzdem wäre es natürlich lächerlich, nicht in den Bettelorden die eigentliche klösterliche Bewegung zu sehen, die bewußt auf die Stadt hin bezogen ist. Der Historische Atlas von Baden-Württemberg bringt eine Übersicht über die spätmittelalterlichen Klöster im Lande und in den angrenzenden Zonen der Nachbarländer[72] und zeigt, wie sich in mittleren und größeren Städten die Klöster drängen, wie aber auch in vielen Kleinstädten wenigstens e i n e klösterliche Niederlassung vorhanden gewesen ist. Dieses Atlasblatt ist sicher sehr aufschlußreich, aber das begleitende Beiwort muß schwer enttäuschen. Wer sich einmal mit der städtischen Klostergeschichte des Spätmittelalters beschäftigt hat, kann sehr gut ermessen, wie viel Arbeit in der Karte steckt, und

68 Für Schwaben zusammenfassend Hermann TÜCHLE, Kirchengeschichte Schwabens. 2. 1954. S. 334–384. Vgl. auch Ernst ENGLISCH, Materialien zur Lebenshaltung aus Wiener religiöser Literatur des späten Mittelalters. In: Das Leben in der Stadt des Spätmittelalters. SbbAkadWien 325. 1977. S. 147–157.

69 Hierzu vor allem Bernhard E. J. STÜDELI, Minoritenniederlassungen und mittelalterliche Stadt. FranziskForsch 21. 1969.

70 c. 2 in VI° III, 23; Corpus Iuris Canonici. Ed. Aemilius FRIEDBERG. 2. 1879. Sp. 1061 f.

71 Dazu für Italien Wolfgang BRAUNFELS, Mittelalterliche Stadtbaukunst in der Toskana. 1953. passim (z. B. S. 147).

72 Historischer Atlas von Baden-Württemberg. Red. Joseph KERKHOFF und Gerd Friedrich NÜSKE. 1972 ff. Blatt VIII, 6 (Beiwort von Walter PETSCHAN).

es ist dann eigentlich unverständlich, warum der Ertrag dieser umfangreichen Forschungen nicht auch im Beiwort niedergelegt worden ist. Eine Karte kann halt nur ein statisches Zustandsbild geben, der Text aber hätte dazu die Erläuterungen bringen müssen, vor allem z. B. über die Entstehungszeit der Klöster. Es ist weder für die Kloster- und Ordensgeschichte noch für die Stadtgeschichte unerheblich, wann ein Kloster entstanden ist. Dabei bin ich mir völlig im klaren, daß bei vielen Klöstern nur eine ungefähre Angabe gemacht werden kann, aber nachdem diese Forschungen ja zur Erstellung der Karte haben durchgeführt werden müssen, wäre es eine verhältnismäßig geringe Mühe gewesen, die gesammelten Daten auch in einer Liste zu bringen. Jetzt aber ist man gezwungen, wieder all diese Daten mühsam in der allgemeinen Literatur und, was noch ärgerlicher ist, in der lokalen Literatur zusammenzutragen.

Was hier versäumt worden ist, wird deutlich, wenn man einen Aufsatz liest, den Jerzy Kłoczowski vor kurzem im Vorgriff auf eine geplante umfangreiche Publikation veröffentlicht hat[73]. Er hat sich dabei beschäftigt mit den Zahlen der existierenden Klöster bis 1300, bis 1400 und bis 1500, und zwar in Polen, in Böhmen und in Ungarn, und dies für alle Formen des Ordenslebens, also für die alten Orden, für die Bettelorden und für die Kanoniker. Über die geographischen Abgrenzungen wird man nicht streiten wollen; denn diese sind auch bei allen unseren historischen Atlaswerken neuzeitlich, und das Bild würde sich auch nicht wesentlich ändern, wenn man sich um streng historische Abgrenzungen bemühen würde. Auch die Zeitgrenzen dürften irgendwie stimmen, zum mindesten, was den städtischen Bereich anlangt; denn bis 1300 ist die große Welle der Stadtgründungen ausgelaufen, um 1400 kann man kirchengeschichtlich einen gewissen Einschnitt setzen, und bei uns müßte man höchstens die Grenze von 1500 auf den Beginn der Reformation hinausziehen. Aus den Tabellen von Kłoczowski zeigt sich aber, daß zwar ein ständiges Ansteigen der Gesamtzahl von Klostergründungen zu verzeichnen ist, daß aber diese Steigerungszahlen sich auch unterschiedlich auf die verschiedenen Ordensformen einerseits, auf die verschiedenen Länder andererseits beziehen; man würde also in einem größerflächigem Vergleich sicher hier zu interessanten Resultaten gelangen.

Die städtischen Klöster sind bekanntlich in vielfältiger Weise mit der Bürgerschaft verbunden[74]. Das betrifft zunächst die familiären Beziehungen. Bei unseren Überlegungen wollen wir an den in unserem Arbeitskreis gefundenen und so intensiv behandelten Begriffen von Oberschicht, Unterschicht und Mittelschicht festhalten[75], auch wenn es

73 Jerzy KŁOCZOWSKI, Le développement de la civilisation en Europe Centrale et Orientale aux XIVe et XVe siècles. In: Quaestiones Medie Aevi 1 (Warszawa 1977), S. 121 f.; DERS., Rozwój środkowowschodniej Europy w XV wieku (Die Entwicklung von Ostmitteleuropa im 15. Jahrhundert). In: Sztuka i ideologia, wie Anm. 3, S. 38.

74 Für die städtische Konvente im Elsaß RAPP, wie Anm. 61, S. 101 ff., 222 ff. und 256 ff. Zusammenfassend neuerdings auch Arno HERZIG, Die Beziehung der Minoriten zum Bürgertum im Mittelalter. In: Die alte Stadt 6 (1979), S. 21–53.

75 Methodisch dazu Erich MASCHKE, Die Schichtung der mittelalterlichen Stadtbevölkerung Deutschlands als Problem der Forschung. In: Méthodologie de l'Histoire et des sciences humaines (Mél. Fernand Braudel). 1972. S. 367–379.

dazu immer wieder einige Kritik gegeben hat[76]; wer aber die vor allem kritisierte »Mittelschicht« als Arbeitsbegriff abschaffen will, der muß uns erst etwas wirklich Besseres liefern.

Bei den Beziehungen der Bürgerschaft zu den Klöstern läßt sich nun ein eigenartiges Auseinanderklaffen feststellen. Bettelordensklöster sind im gesamten Spätmittelalter bevorzugte Begräbnisstätte gerade der städtischen Oberschicht[77]. Es hat aber den Anschein, daß nach dem 13. Jahrhundert, im 14. und noch mehr im 15. Jahrhundert, zwar diese Verbindung und auch die Geneigtheit, Stiftungen zu Gunsten dieser Konvente zu machen, angehalten haben, daß aber Familienmitglieder dieser Schichten, soweit sie in ein Kloster eintreten wollten, dies nun in verstärktem Maße in Klöstern der alten Orden getan haben. Es ist sehr auffällig, wie sich besonders im 15. Jahrhundert Angehörige der städtischen Oberschicht in diesen Klöstern zusammenfinden und wie gleichzeitig der prozentuale Anteil des Adels in diesen Konventen zurückgeht[78]. Freilich ist das auch die Zeit, in der noch eine Reihe von Klöstern der alten Orden beginnt, das Adelsprinzip strikt anzuwenden oder mit Erfolg die Umwandlung in ein weltliches Kollegiatstift anzustreben[79]. Soweit man aus der Literatur über die städtischen Bettelordensklöster[80] sehen kann, hat es dagegen den Anschein, als ob bei ihnen vor allem Angehörige der städtischen Mittelschicht eingetreten sind; m. E. wäre dies eine interessante Forschungsaufgabe, die sowohl für die Kirchengeschichte als auch für die Sozialgeschichte der mittelalterlichen Stadt wertvoll sein könnte.

Schon auf unserer Tagung »Stadterweiterung und Vorstadt« in Konstanz 1967 habe ich den Gedanken geäußert, daß die Randlage der meisten Bettelordensklöster nicht nur und ausschließlich damit erklärt werden sollte, daß hier eben noch Baugrund vorhanden war, sondern daß da auch der Gedanke der Seelsorge an den Randschichten mitgespielt haben könnte[81]. Gewiß habe ich diesen Gedanken leider in der Zwischenzeit nicht weiter nachgehen können, aber sie haben eine unerwartete Bestätigung in Forschungen über Posen erhalten[82], so daß ich meine, daß diese Gedanken weiter zu verfolgen sind.

76 In unserem Arbeitsgebiet z. B. von Hermann SPETH, Thesen zur Wirtschaftsgeschichte der vorindustriellen Zeit und zur Sozialgeschichte der frühen Neuzeit. In: ZWürttLdG 34/35, 1975/1976, S. 213-230.

77 Das ergeben zahlreiche Vermächtnisse an diese Klöster.

78 Sehr deutlich wird sich das in dem von mir im Rahmen der »Germania sacra« vorbereiteten Band über das Zisterzienserkloster Bebenhausen zeigen und ist auch erkennbar bei Klaus SCHREINER, Sozial- und standesgeschichtliche Untersuchungen zu den Benediktinerkonventen im östlichen Schwarzwald. VeröffKommGeschichtlLdKdeBadWürtt B 31. 1964. Für die städtischen Klöster vgl. RAPP, wie Anm. 61, S. 101, 260, 282–288.

79 Klaus SCHREINER, Benediktinisches Mönchtum in der Geschichte Südwestdeutschlands. In: Die Benediktinerklöster in Baden-Württemberg. Bearb. Franz QUARTHAL. Germania Benedictina 5. 1975. S. 64f.

80 Es ist an dieser Stelle unmöglich, die umfangreiche lokale Literatur zu diesem Thema im einzelnen anzuführen.

81 Jürgen SYDOW, Kirchen- und spitalgeschichtliche Bemerkungen zum Problem der Stadterweiterung und Vorstadt. In: Stadterweiterung und Vorstadt. Hg. Erich MASCHKE und Jürgen SYDOW. VeröffKommGeschichtlLdKdeBadWürtt B 51. 1969. S. 107–111.

82 WIESIOŁOWSKI, wie Anm. 66, S. 68–71; DERS., Klasztory, wie Anm. 66; WIŚNIOWSKI, ebd.

Grundsätzlich zeigt sich zunächst, daß die seelsorgliche Betreuung der Bewohner der Posener Vorstädte im Gegensatz zu dem von den Stadtmauern umgebenen Gebiet zweifellos als unzureichend angesehen werden muß. Es kann dann festgestellt werden, daß die Dominikaner, auch wenn sie mit ihren theologisch ausgearbeiteten Predigten natürlich gehobenere Schichten ansprachen, sich zugleich um die Stadtarmut innerhalb der Ummauerung angenommen haben, und zwar vor allem in ihrer Rosenkranzbruderschaft, die für diese Schicht am Posener Kloster gegründet wurde. Für die armen Bewohner der Vorstädte vor den Stadtmauern wurde das 1456 gegründete Kloster der Bernhardiner wichtig, also des Observantenzweiges der Franziskaner, die sich besonders der Seelsorge in diesem Gebiet annahmen. Sie lehrten das Glaubensbekenntnis, das Paternoster und Ave Maria sowie die zehn Gebote, sie lehrten in ihren Predigten die wichtigsten Grundsätze des religiösen Wissens, sie versuchten, dieses auch durch Kirchenlieder zu vertiefen, und schließlich lag ein wichtiger Teil ihrer Arbeit im Beichtstuhl.

Schließlich sei noch ein kurzer Blick auf all jene Gemeinschaften geworfen, die mit dem Sammelbegriff der »Semireligiosen« zusammengefaßt werden können[83], also auf die Beginen und Begarden sowie auf alle jene Drittordensgemeinschaften der verschiedenen großen Orden, die als Bruderhäuser, Nonnenhäuser, Sammlungen, »willige Arme«, Schwesternhäuser usw. die Klosterlandschaft der mittelalterlichen Stadt anreichern. Ihre Geschichte ist im allgemeinen äußerst schwer zu schreiben, da die Quellenlage bei ihnen meistens geradezu verzweifelt ist. Es handelte sich ja auch im allgemeinen nur um kleine Konvente mit wenigen Mitgliedern, die zudem immer wieder ihr Haus gewechselt haben, aber man wird ihre Rolle, nachdem ja vielfach mehrere derartige Konvente nebeneinander in einer Stadt bestanden, im Spätmitelalter nicht gering schätzen dürfen. Vielleicht gelingt es doch einmal, in einer etwas größeren Zusammenfassung diese zweifellos wichtige Erscheinung darzustellen; bisher sind wir im wesentlichen auf hier und dort erschienene Einzeldarstellungen angewiesen. Nicht zuletzt würde natürlich auch die soziale Zusammensetzung dieser Häuser interessieren.

In unseren Bemerkungen haben wir einige Fragen und Probleme aufzeigen (und auf m. E. bestehende Forschungslücken aufmerksam machen) wollen, die sehr wohl zum Verständnis des Lebens in der mittelalterlichen Stadt beitragen können. Es konnte, wie schon eingangs betont wurde, nicht unser Ziel sein, nun einen Gesamtüberblick zu geben; denn das würde die Kraft eines Einzelnen übersteigen und außerdem jeden zeitlichen Rahmen eines Vortrags sprengen[84]. Ich glaube aber, deutlich gemacht zu haben, daß es sich bei unseren Bemühungen wahrhaftig nicht nur um eine wissenschaftliche Bestätigung um ihrer selbst willen handelt. Dazu sind im Mittelalter weltliches und

83 Zusammenfassend ELM, wie Anm. 45. Eine gute Übersicht für eine deutsche Bischofstadt bietet Ludwig FALCK, Mainz in seiner Blütezeit als freie Stadt 1244–1328 (Gesch. d. Stadt Mainz 3). 1973. S. 35–39.

84 Die Vortragsform sollte bewußt hier im wesentlichen beibehalten werden.

religiöses Leben viel zu eng miteinander verbunden, auch wenn man bekanntlich schwer in das Innere eines Menschen, und dazu noch im religiösen Bereich, sehen kann. Andererseits aber hat die enge Verquickung von Welt und Kirche Formen geschaffen, die dann auch nach der Reformation unter verschiedenen Ausprägungen auch in den nunmehr konfessionell getrennten Gemeinwesen weitergewirkt haben, und wohl mindestens bis ins 19. Jahrhundert hinein. Es handelt sich nicht nur um kirchengeschichtliche oder gar theologische Fragen, sondern es dürfte klar geworden sein, welche Fragen auch aus der Sozialgeschichte, und dies dann mit allen Auswirkungen nicht nur auf die Reformation, sondern auch auf die Zeit danach, auch nur in dem kleinen Kreis von Phänomenen, die ich aufgezeigt habe, herauszuarbeiten sind.

Die Bruderschaften der mittelalterlichen Städte in der gegenwärtigen polnischen Forschung

von Antoni Czacharowski

Die sogenannte »städtische Religiosität« interessiert schon seit langer Zeit sowohl die Stadthistoriker wie auch diejenigen, die sich mit der Kirchengeschichte in Polen beschäftigen. Aber sowohl in den zusammenfassenden Arbeiten über die Kirchen- und Stadtgeschichte wie auch in den Monographien einzelner Städte dominierte noch vor einigen Jahren die Tendenz zur ziemlich oberflächlichen, meistens statistischen und organisatorischen Darstellung des religiösen Lebens der Stadtbevölkerung. Auch der Rolle der verschiedenen religiösen Korporationen wurde in der älteren Literatur meistens sehr wenig Aufmerksamkeit gewidmet. In diesen Arbeiten können wir jedoch öfters wertvolle Materialien für weitere Studien finden und auch einen Überblick über die ganze Problematik erhalten[1].

Erst seit einigen Jahren können wir neue Tendenzen in der polnischen Forschung über diese Problematik beobachten. Ergebnisse und Erfahrungen der Studien über die wirtschaftliche, politische und kulturelle Entwicklung der Städte wie auch über die sozialen Strukturen der Stadtbevölkerung werden jetzt von immer mehr intensiven Forschungen über ihre Mentalität und auch Religiosität ergänzt. Richtlinien und neue Aufgaben für diese Studien finden wir hauptsächlich in den Arbeiten von Jerzy Kłoczowski[2], Ewa Wipszycka[3], Bolesław Kumor[4], Eugeniusz Wiśniowski[5] und auch

1 Diecezja chełmińska. Zarys historyczno-statystyczny (Die Diözese Kulm – historisch-statistische Übersicht). Pelplin 1928, S. 80–84; Józef Nowacki, Archidiecezja poznańska w granicach historycznych i jej ustrój (Das Erzbistum Posen in seinen historischen Grenzen und seine Verfassung). 2. Poznań 1964, S. 737–752. In diesen beiden Werken befinden sich zwar reichliche, aber nur statistische Angaben über die Bruderschaften in diesen Diözesen.

2 Jerzy Kłoczowski, Wspólnoty chrześcijańskie, grupy życia wspólnego w chrześcijaństwie zachodnim od starożytności do XV wieku (Christliche Gemeinschaften, Gruppen des gemeinsamen Lebens im westlichen Christentum vom Altertum bis zum 15. Jahrhundert). Kraków 1964; Ders., Współczesna socjologia religii (Zeitgenössische Religionssoziologie). In: Socjologia religii. Kraków 1962; Ders., Dominikanie polscy na Śląsku w XIII–XIV w. (Die polnischen Dominikaner in Schlesien im 13.–14. Jahrhundert). Lublin 1956.

3 Ewa Wipszycka, Świeckie bractwa w życiu religijnym chrześcijańskiego Egiptu (Laikale Bruderschaften im religiösen Leben des christlichen Ägypten). In: PrzeglHist 59, 1968, S. 447–463.

4 Bolesław Kumor, Kościelne stowarzyszenia świeckich na ziemiach polskich w okresie przedrozbiorowym (Die kirchlichen Genossenschaften der Laien in den polnischen Gebieten bis zur Teilung Polens). In: Prawo kanoniczne, 1967, Nr. 1, S. 289–356; siehe auch dasselbe in gekürzter Fassung in: Księga 1000–lecia katolicyzmu w Polsce, Teil I, Lublin 1969, S. 503–545, mit französischer und englischer Zusammenfassung.

5 Eugeniusz Wiśniowski, Bractwa religijne na ziemiach polskich w średniowieczu (Religiöse Bruderschaften in Polen im Mittelalter). In: Rocznik Humanistyczny 17, 1969, H. 2, S. 51–81.

Karol Górski[6]. Als Haupttendenzen können wir die ständige Erweiterung der Forschungsprobleme in Richtung zur Religionssoziologie und auch das steigende Interesse für die Entwicklung und Rolle einzelner Bruderschaften feststellen.

Für die weitere Entwicklung dieser Studien war aber eine neue Diskussion über das Wesen der Korporationen und die Systematisierung der Bruderschaften besonders nötig. In dieser Hinsicht haben eine große Bedeutung für die weitere Erforschung der Bruderschaften die schon erwähnten Artikel von B. Kumor und E. Wiśniowski. Der erste Verfasser gibt uns, auf Grund der bisherigen Forschung, einen Überblick über die Entwicklung der laikalen Bruderschaften in den polnischen Gebieten in der Zeit vor der Teilung Polens. Die entsprechenden Bruderschaften gliedert er in folgende sieben Gruppen ein:

1. Wirtschaftliche Gemeinschaften
2. Sozial-caritative Gemeinschaften
3. Bildungs- und Unterrichts-Gemeinschaften
4. Erziehungs-Gemeinschaften
5. Ständische Gemeinschaften
6. Asketische Gemeinschaften
7. Devotionelle Gemeinschaften

Zu den wirtschaftlichen Gemeinschaften zählt Bolesław Kumor:

a) die Zünfte (Gewerke), die oft als Bruderschaften bezeichnet wurden und eigentlich alle mehr oder weniger einen religiösen Charakter hatten;
b) die kirchlichen Bruderschaften, die sich wirtschaftliche Ziele stellten, z. B. den Bau der Kirchengebäude oder die Bewirtung der Pilger usw.;
c) ähnlichen Charakter hatten auch die weltlichen Verwalter der kirchlichen Güter, die sogenannten *questores seu petitores ecclesiarum, qui vitrici wulgariter nuncupantur.*

Zu den sozial-caritativen Vereinigungen gehörten:

a) Die Spital-Bruderschaften, die im Mittelalter in den polnischen Städten sehr zahlreich waren. Zu dieser Gruppe zählt B. Kumor auch die Elendenbruderschaften, die meistens in enger Verbindung mit den Hospitälern oder Kirchen standen.
b) Die Erzbruderschaften der Barmherzigkeit, die auch zu der Gruppe der sozial-caritativen Gemeinschaften gehören, wurden erst am Ende des 16. Jahrhunderts (1584 Krakau/Kraków) gestiftet.
c) Es gab auch verschiedene andere Typen von Bruderschaften, die sich caritative Ziele stellten, z. B. die Pilgerbruderschaften und die Begräbnisbruderschaften.

In den Bildungs- und Unterrichts-Gemeinschaften sieht B. Kumor eine dritte Kategorie der Bruderschaften. Eine besondere Stellung haben hier:

a) die Schul- und literarischen Bruderschaften erreicht. Die Schulbruderschaften sind nur in Pommern im 14. Jahrhundert bekannt (Stralsund und Stettin/Sczecin). Aber die sogenannten Literarischen Bruderschaften *(fratres literati)* können wir nicht nur in allen großen, sondern auch in einigen kleinen Städten finden.

6 Karol Górski, Od religijności do mistyki (Von der Religiosität zur Mystik). Lublin 1962 (mit einem Résumé).

b) Zu diesem Typ der Gemeinschaften sind auch die Bruderschaften der Christlichen Lehre zu zählen, die sich jedoch erst seit dem 17. Jahrhundert in den polnischen Gebieten entwickelten.

Auch die Erziehungs-Gemeinschaften, die in der von B. Kumor errichteten Systematik an vierter Stelle placiert sind, waren erst seit der zweiten Hälfte des 16. Jahrhunderts bekannt.

Die sogenannten Ständischen Gemeinschaften sind bei B. Kumor in zwei Typen unterteilt:

a) Die Ritter-Bruderschaften, von denen er nur sehr wenige erwähnt hat (z. B. in Pommern 1478 – bei dem Kloster Buckow; in Wągrowiec – zur Verteidigung des Zisterzienserklosters; bei den Domstiften in Pułtusk und Łowicz). Diese Liste könnte auch um die Eidechsen-Gesellschaft im Kulmerland und die verschiedenen Schützenbruderschaften in den Städten ergänzt werden.

b) Den zweiten Typ bilden die Frauen-Gemeinschaften für das gemeinsame Leben. Diese Art der Bruderschaften war in den mittelalterlichen Städten sehr verbreitet.

Zu der Gruppe der Asketischen Gemeinschaften gehörten hauptsächlich verschiedene, klosterähnliche Drittordensgemeinschaften. Überwiegend waren es Zusammenschlüsse von unverheirateten Frauen, die sich zunächst Beginen, später aber auch anders nannten (z. B. in Posen/Poznań 1405: »... Beginen, die sich später Jungfrauen des heiligen Benno und noch später der heiligen Marta nannten«).

Zu der letzten Gruppe der Bruderschaften zählt B. Kumor die rein devotionellen Gemeinschaften, wie die Fronleichnamsbruderschaften, Heilig-Geist-Bruderschaften, verschiedene Marien-Bruderschaften und die vielen Bruderschaften zur Verehrung der Heiligen.

Die Arbeit von B. Kumor gibt uns also einen systematischen Überblick über die Bruderschaften in den polnischen Gebieten im Vergleich mit den Nachbarländern in der Zeit bis zum Ende des 18. Jahrhunderts. In dieser synthetischen Zusammenfassung werden aber die einzelnen Entwicklungsstufen der Gemeinschaften verwischt. Wir finden z. B. nebeneinander die öfters unvergleichbaren Informationen über die mittelalterlichen Bruderschaften und über solche aus der Zeit nach dem Konzil von Trient. Auch die Einteilung einzelner Bruderschaften in die schon erwähnten sieben Gruppen kann ohne weitere Diskussion nicht in allem akzeptiert werden. Hauptsächlich wird hier der sehr wichtige Unterschied zwischen den berufsständischen Organisationen und den geistlichen Bruderschaften nicht genügend präzis hervorgehoben. Diese Arbeit dient aber bis heute als ein guter Ausgangspunkt für neue Forschungen über diese Problematik.

Der im Jahre 1969, in der Zeitschrift der Katholischen Universität in Lublin »Roczniki Humanistyczne«, veröffentlichte Beitrag von Eugeniusz Wiśniowski über die religiösen Bruderschaften in den polnischen Gebieten im Mittelalter hat für diese Untersuchungen eine nicht geringe Bedeutung. Hier finden wir nicht nur eine gründliche Zusammenfassung der bisherigen Forschungsergebnisse über diese Problematik, sondern erhalten auch damit einen neuen Überblick über die Organisation und Rolle der Bruderschaften in der mittelalterlichen Gesellschaft. E. Wiśniowski gibt uns erstens eine kurze Information über den Ursprung und die Entwicklung des Korporationswesens im

Westen im frühen Mittelalter wie auch über die Anfänge der Bruderschaften in den polnischen Gebieten seit dem 13. Jahrhundert. Weiter zeigt der Verfasser an mehreren Beispielen die sehr differenzierte innere Organisation und Verwaltung der Bruderschaften. Sehr interessant sind auch seine Feststellungen über die soziale Zusammensetzung einzelner Typen von Bruderschaften. Die Rechte und Pflichten der Mitglieder wie auch das Vermögen und die Austattung der Kapellen und Altäre verschiedener Gemeinschaften werden in der Arbeit von E. Wiśniowski auf Grund vieler Beispiele sehr plastisch dargestellt. Auch auf die Rolle des geselligen Lebens, das sehr oft die religiösen Ziele mancher Organisationen in den Hintergrund geschoben hat, will uns der Verfasser aufmerksam machen.

Beide Verfasser, sowohl B. Kumor wie auch E. Wiśniowski, sind darin einig, daß die Bruderschaften, besonders in den Städten, während des Mittelalters eine bedeutende Rolle im religiösen Leben der Bevölkerung gespielt haben. Nicht gering war auch die politische, ökonomische und soziale Bedeutung einiger Typen dieser Gemeinschaften. Die Lektüre beider Arbeiten führt auch zum Schluß, daß weitere moderne monographische Forschungen über diese Problematik nötig sind. Wie imponierend die Ergebnisse solcher Studien sein können, zeigt uns die im Jahre 1977 veröffentlichte Dissertation von Hanna Zaremska über die Bruderschaften im mittelalterlichen Krakau/Kraków[7]. Diese Arbeit ermöglicht uns, die Tätigkeit der Bruderschaften in einer mittelalterlichen Großstadt am Beispiel von Krakau näher zu erkennen.

Die Stadt Krakau hat ihr Gründungsprivileg im Jahre 1257 erhalten. Im 14. Jahrhundert entstanden neben der Altstadt zwei weitere Städte: Kazimierz (1335) auf der Weichselinsel bei dem Wawel-Berg und Kleparz am nördlichen Rand der Altstadt. In der Mitte des 14. Jahrhunderts hatte Krakau ca. 12000, Kazimierz ca. 1500 und Kleparz 390 Bewohner. Zwei Jahrhunderte später zählte Krakau ca. 18700, Kazimierz 5000 und Kleparz 2000 Bewohner. Diese Zahlen werden uns zur Orientierung für die Stärke und Position einzelner Gemeinschaften dienen.

In der Arbeit von Hanna Zaremska finden wir zunächst eine Übersicht über die soziale Gliederung der Stadtbevölkerung und auch über die kirchlichen Strukturen. In Krakau hatten am Anfang des 14. Jahrhunderts folgende Orden ihre Klöster eingerichtet: die Dominikaner, die Franziskaner, das Heilig-Geist-Kloster, die Kanoniker von der Buße Heiliger Martyrer (od Pokuty Świętych Męczenników), die Prämonstratenserinnen und die Klarissen. In den zwei Nachbarstädten und in den Vorstädten waren weitere Klöster der Augustiner, der Karmeliter und der Bernardiner. In der Nähe dieser Städte war noch ein Benediktinerkloster in Tyniec und ein Zisterzienserkloster in Mogiła. In dem ganzen Stadtkomplex waren insgesamt 12 Pfarrkirchen. Krakau hatte am Anfang des 14. Jahrhunderts auf dem Territorium zwischen den Mauern 5 Pfarrgemeinden, von denen die größte zur Marienkirche gehörte. Die anderen waren mit der Heilig-Geist-

7 Hanna Zaremska, Bractwa w średniowiecznym Krakowie, studium form społecznych życia religijnego (Die Bruderschaften im mittelalterlichen Krakau, eine Studie über die gesellschaftlichen Formen des religiösen Lebens). Wrocław-Warszawa-Kraków-Gdańsk 1977.

Kirche, St.-Anna-Kirche, St.-Stephans-(Szczepan)Kirche und der Kreuz-Kirche vereint. In der Stadt Kazimierz waren drei Pfarrgemeinden, aber die Stadt Kleparz hatte nur ein Kirchspiel, das zur St.-Florian-Kirche gehörte.

Mit diesen Kirchen und hauptsächlich mit den Pfarrkirchen standen die Bruderschaften in engem Zusammenhang. Sowohl die Zünfte, die dort ihre Kapellen hatten, wie auch die Gesellenbruderschaften und verschiedene andere religiöse, berufliche, soziale oder auch nationale Gemeinschaften hatten in den Kirchen das Hauptzentrum ihrer Tätigkeit. In jeder der drei Städte war eine Hauptkirche, mit der das Patriziat in enger Verbindung stand. Hanna Zaremska hat in ihrer vortrefflichen Arbeit die Art und Weise, in welcher die gegenseitigen Beziehungen der Stadtbehörden, der »Zunftbruderschaften« und der Pfarrkirchen in den mittelalterlichen Krakauer Städten geregelt waren, detailliert geschildert. Sehr wichtig für die weitere Problematik dieser Arbeit ist die Feststellung, daß die sogenannten »Zunftbruderschaften« organisatorisch den Stadtbehörden untergeordnet waren und die Kirche nur deren religiöse Bedürfnisse befriedigt hat. Ganz anderer Art waren die Verhältnisse zwischen den religiösen Korporationen der Laien und den Kirchen. Diese geistlichen Bruderschaften waren organisatorisch mit den Kirchen vereint. Hanna Zaremska beschäftigt sich in ihrer Arbeit hauptsächlich mit der zweiten Gruppe der Bruderschaften.

In den drei Krakauer Städten sind bis zur Hälfte des 16. Jahrhunderts 14 Bruderschaften dieser Art gegründet worden. Im 14. Jahrhundert wurden bei den drei Hauptkirchen, also bei der Marien-Kirche, Fronleichnamskirche und St.-Stephans-Kirche die ersten Bruderschaften gegründet. Im 15. Jahrhundert haben die St.-Jakob- und die St.-Michaelis-Kirche in Krakau ihre Bruderschaften gestiftet. Als letzte hat die Stadtkirche in Kleparz – also die St.-Florian-Kirche – erst im Jahre 1501 ihre eigene religiöse Gemeinschaft organisiert.

Als erste religiöse Gemeinschaft der Laien ist die Bruderschaft des Heiligen Sakraments an der Fronleichnamspfarrkirche in der Stadt Kazimierz im Jahre 1342 erwähnt und im Jahre 1347 mit einer päpstlichen Urkunde bestätigt worden. Mitglieder dieser *confraternitas* konnten sowohl die geistlichen als auch die weltlichen Bewohner des Pfarrbezirks sein. Als Hauptziel ihrer Tätigkeit hatten sie die Verehrung des Heiligen Sakraments. Wahrscheinlich in den sechziger Jahren des 14. Jahrhunderts wurde bei der Marien-Kirche eine Marienbruderschaft gegründet, die in engen Beziehungen zu der Stadtverwaltung stand. Aus diesen Gründen hat, wie es die Verfasserin vermutet, der Krakauer Bischof Peter, der im Konflikt mit dem Rat stand, am Anfang des 15. Jahrhunderts eine neue Bruderschaft bei der St.-Barbara-Kapelle neben der Marien-Kirche bestätigt. Das war während des Mittelalters der einzige Fall, daß in einem Pfarrbezirk gleichzeitig zwei Bruderschaften existierten. In der Stadt Krakau sind auch im 15. Jahrhundert zwei Elendenbruderschaften, bei der Allerheiligen-Kirche und auch bei der Jakobi-Kirche, gestiftet worden.

Sehr wenig wissen wir über die Anfänge von zwei anderen Bruderschaften: über die *fraternitas paupertatis Christi* bei der St.-Florian-Kirche und die *fraternitas Polonorum* bei der Nikolai-Kirche. Bei der Gründung aller dieser religiösen Gemeinschaften haben die Bischöfe eine wichtige Rolle gespielt. Deswegen versucht die Verfasserin eine Antwort auf die Frage: ob in weiterer Entwicklung die Bruderschaften eine größere

Selbständigkeit gegenüber dem Klerus und der kirchlichen Organisation erreicht haben, zu finden. Auch bei den Klosterkirchen werden während des 15. Jahrhunderts Gemeinschaften der Laien gegründet. Nur die Dominikaner und Bernardiner haben in den Krakauer Städten keine Bruderschaften organisiert.

In den weiteren Abschnitten ihres Buches hat H. Zaremska die Stiftungsurkunden und die Statuten einzelner Bruderschaften einer genauen Analyse unterworfen. Es zeigte sich dabei aber, das diese Quellen einen sehr schematischen und allgemeinen Charakter haben. Auf Grund dieser Dokumente können wir jedoch einige Informationen über die Initiatoren der Gründung, über die Bedingungen der Mitgliedschaft (meistens steht nur: *utriusque sexus Christi fideles*), über die organisatorische Struktur, über die Rechte und Pflichten der Mitglieder und letztens über die Verhältnisse mit der entsprechenden Kirche und dem Klerus finden. Die Mitglieder der Bruderschaften sollten einen bestimmten Beitrag zahlen und sich bei entsprechenden religiösen Veranstaltungen beteiligen. Verpflichtend war also die Anwesenheit während der wöchentlichen Andacht in der eigenen Kapelle der Bruderchaft sowie auch die Teilnahme an den Prozessionen und auch an den Bestattungen der verstorbenen Mitglieder der Gemeinschaft. Für Verstöße gegen diese Pflicht wurden meistens Geldstrafen auferlegt. Nur selten mußten sie als Buße *Pater noster* oder *Ave Maria* beten. Zu den Pflichten gehörte auch die Teilnahme an den, meistens 4mal im Jahr organisierten, Mitgliederversammlungen. Öfters fühlten sich die Bruderschaften zur Betreuung ihrer Mitglieder während ihrer Krankheit verpflichtet und sicherten ihnen auch nach ihrem Tode eine feierliche Bestattung. Trotz der engen Verbindung mit der Kirche hatten die Bruderschaften eigenes Vermögen und eigene Kasse. Die Leitung der Gemeinschaften befand sich in den Händen der sogenannten »Ältesten« *(seniores fraternitatis)*, die in der Zahl von 2 bis 6 auf bestimmte Zeit, selten auf Lebensdauer, gewählt waren.

Zwei besondere Kapitel hat die Verfasserin dem sehr wichtigen Problem der sozialen Zusammensetzung der Bruderschaften gewidmet (Kapitel III und IV). Als Quelle zur Erforschung dieser Problematik können jedoch nicht die Statuten dienen, in denen die Mitgliedschaft in keiner Weise sozial beschränkt war. Deswegen versucht sie, auf Grund anderer Überlieferungen möglichst genau die Mitgliederlisten festzustellen und sie danach analytisch zu untersuchen. Die Ergebnisse dieser Arbeit werden mit dem sogenannten soziotopographischen Bild der drei Krakauer Städte verglichen. Anders gesagt, die Verfasserin vergleicht die soziale Zusammensetzung der Bruderschaften mit den entsprechenden sozialen Strukturen der Pfarrbezirke. Das Quellenmaterial, welches der Verfasserin zur Verfügung stand, war leider sehr unvollständig, und deswegen sind auch die Ergebnisse dieser Untersuchung nicht genügend genau. Aber ihre Hauptfeststellung, daß die soziale Struktur der Bevölkerung in dem Bezirk, in welchem die entsprechende Bruderschaft existierte, entscheidend für ihre soziale Zusammensetzung war, ist gut begründet. In den Hauptpfarrkirchen der Städte, bei denen Mitglieder des Patriziats wohnten und wo sie ihre Stühle, Kapellen und auch Grüfte hatten, also in der Marienkirche in Krakau, in der Fronleichnamskirche in Kazimierz und in der St.-Florian-Kirche in Kleparz, war auch die Überlegenheit dieser Elite in den Bruderschaften selbstverständlich. Außer der elitären Marienbruderschaft bei der Marienkirche in Krakau gehörten die Mitglieder anderer Gemeinschaften zu allen möglichen sozialen

Gruppen und Schichten. Die Namen der Bruderschaften geben uns auch meistens keine Hinweise auf ihre soziale Zusammensetzung. Z. B. bestand die Elendenbruderschaft nicht nur aus den Armen und war auch nicht nur aus caritativen Gründen organisiert. Diese Gemeinschaften waren für alle Stadtbewohner offen, also sie waren auch für die Armen zugänglich. Das waren aber auch die einzigen Organisationen, denen die armen Bewohner dieser Stadt angehören konnten.

In einem der nächsten Kapitel (V) hat H. Zaremska das Problem der Religiosität der Bruderschaften betrachtet. Leider hatte sie auch zu dieser Thematik hauptsächlich nur die Statuten als Hauptquelle zur Verfügung. Aus Quellen dieser Art können wir aber nur das, was sein sollte, erfahren und nicht die praktiche Realisation dieses Programms erforschen. Diesen Mangel der Quellen berücksichtigend, hat die Verfasserin zur Ergänzung der vorhandenen Informationen auch die Schutzpatrone der Bruderschaften herangezogen. Trotzdem sind die Ergebnisse dieses Kapitels nicht sehr reichlich. Es zeigte sich, daß trotz verschiedener Namen der Bruderschaften die Devotion einzelner Gemeinschaften nicht voneinander verschieden war (S. 136). Deswegen hat auch die Art der Devotion bei der Eintretung der neuen Mitglieder keine größere Rolle gespielt. Das ist besser verständlich, wenn wir die frühere Feststellung, daß die Mitgliedschaft mit der Pfarrorganisation eng verbunden war, berücksichtigen.

Bei den Archivalien der Bruderschaften können wir meistens eine entsprechend große Menge von Ablaßurkunden, die sehr sorgfältig aufbewahrt waren, finden. Auch in den meisten Statuten der Krakauer Gemeinschaften sind die Indulgenz-Privilegien aufgezählt. Das alles weist einerseits darauf hin, wie sehr die Gemeinschaften um das ewige Leben besorgt waren, aber auch wie man sich um die Anziehungskraft ihrer Organisation kümmerte. Diesen Problemen, so wie auch anderen Formen des Kultus und des öffentlichen Lebens, wie den festlichen Bestattungen, den Fronleichnams- und anderen Prozessionen, hat die Verfasserin ein nächstes Kapitel gewidmet. Die Teilnahme an den öffentlichen Feierlichkeiten gab den Bruderschaften eine Gelegenheit, um ihre Zahlenstärke, ihren Rang und ihre Position in der sozialen Hierarchie zu demonstrieren. Deswegen war die Teilnahme an diesen Veranstaltungen nicht nur für die Mitglieder der Bruderschaften, sondern auch für ihre Familien verpflichtend. Die Korporationen bemühten sich sehr, um während dieser öffentlichen Veranstaltungen mit eigenen Fahnen, entsprechenden Kennzeichen und einheitlicher Kleidung ihre Solidarität zu demonstrieren.

Den letzten Abschnitt ihrer vortrefflichen Dissertation hat H. Zaremska den Frauen und den Familiaren-Gruppen in den Gemeinschaften, den beruflichen, nachbarlichen und nationalen Beziehungen in und zwischen den einzelnen Bruderschaften gewidmet. Das unvollständige Quellenmaterial hat die Verfasserin zur Begrenzung ihres Forschungsprogramms gezwungen. Sie mußte u. a. leider auf die Erforschung der so wichtigen wirtschaftlich-sozialen Tätigkeit der Bruderschaften verzichten. Trotzdem ist dank dieser Arbeit die Rolle der Bruderschaften in den drei Krakauer Städten beser als in irgend einer anderen Stadt in Polen bekannt geworden. Sowohl die Ergebnisse wie auch die methodischen Erfahrungen sind für weitere analoge Studien sehr wertvoll.

Wir können schon heute die Arbeit von H. Zaremska mit der, um zwei Jahre früher veröffentlichten, und ihr unbekannten, Dissertation von Monika Zmyslony, über die geistlichen Bruderschaften in Lübeck, vergleichen[8]. Das sind sicher zwei verschiedene Auffassungen analoger Problematik, wobei die Arbeit von M. Zmyslony, auf einer wesentlich reichlicheren Quellenbasis aufgebaut, vollständiger ist. Sie ist aber in der Konstruktion zu sehr traditionell und schematisch – dagegen präsentiert sich das Buch von H. Zaremska in dieser Beziehung mehr modern. Die methodischen Erfahrungen beider Verfasserinnen werden sicher für die künftigen Forscher dieser Problematik wertvoll sein. Auch was den Untersuchungsgegenstand beider Werke anbetrifft, also die religiösen Bruderschaften in Lübeck und Krakau, sind hier vielseitige Ähnlichkeiten und auch Unterschiede feststellbar. Bemerkenswert ist es z. B., daß es in Krakau im 15. Jahrhundert nur ca. 15 Bruderschaften gab und in der ähnlich großen Stadt Lübeck in der selben Zeit mehr als 70 geistliche Bruderschaften nachweisbar sind. Alles das bildet ein reichliches Material für weitere analytische und später auch synthetische Studien.

Für künftige synhetische Arbeiten über das Korporationswesen ist es unentbehrlich, eine genauere Kenntis der Entwicklungstendenzen der Bruderschaften in verschiedenen Gebieten zu erreichen. Deswegen ist es erfreulich, daß mit dieser Problematik in Polen sich immer mehr, meistens junge, Historiker beschäftigen. Das Hauptzentrum dieser Studien befindet sich an der Katholischen Universität in Lublin, aber auch in anderen Forschungsstellen erscheinen öfters am Rande anderer Problematik analytische Arbeiten und Quellenveröffentlichungen, die das Thema der religiösen Gemeinschaften in verschiedenen Provinzen Polens berücksichtigen[9].

Unsere Kenntnis des Korporationswesens im Deutschordensland Preußen wird, hoffentlich bald, durch eine in Thorn/Toruń vorbereitete Dissertation über die religiösen Bruderschaften erweitert[10]. Wegen der spezifischen Lage der Kirche unter der Herrschaft des Deutschen Ordens, wo das ganze gesellschaftliche Leben stark unter dem Einfluß der Ordensbehörden stand, ist die Rolle, die den Bruderschaften zuteil wurde, besonders interessant. Hauptsächlich möchten wir die Bruderschaften in den großen

8 Monika ZMYSLONY, Die geistlichen Bruderschaften in Lübeck bis zur Reformation. Kiel 1974.

9 Siehe: Jacek WIESIOŁOWSKI, Dominikanie w miastach wielkopolskich w okresie średniowiecza (Die Dominikaner in den Städten Großpolens während des Mittelalters). In: Studia nad historią dominikanów w Polsce. 1. Warszawa 1975. S. 225–227, 265–267; Jerzy FLAGA, Bractwa religijne w archidiakonacie lubelskim do początku XVII wieku (Religiöse Bruderschaften im Archidiakonat Lublin bis zum Anfang des 17. Jahrhunderts). In: Roczniki Humanistyczne 21, H. 2, 1973, S. 141–169; Bolesław KUMOR, Średniowieczne przyczynki źródłowe do dziejów bractwa literackiego NMP w Bochni i do salin bocheńskich (Mittelalterliche Quellenbeiträge zur Geschichte der literarischen Marienbruderschaft in Bochnia und der Bochner Salinen). In: Archiwa Biblioteki i Muzea Kościelne 1, 1960, H. 2, S. 177–195; DERS., Statuty bractwa literackiego nauki chrześcijańskiej przy kolegiacie św. Małgorzaty w Nowym Sączu (Die Statuten der literarischen Bruderschaft der christlichen Lehre bei der Kollegiatkirche der hl. Margarete in Nowy Sącz). In: Archiwa Biblioteki i Muzea Kościelne 2, 1961, H. 1–2, S. 353–389; DERS., Statuty bractwa kapłańskiego oficjalatu pilzneńskiego przy kościele św. Jana Chrzciciela w Pilźnie (Die Statuten der Priesterbruderschaft des Pilzner Offizialats bei der Johannis-d.-Täufer-Kirche in Pilzno). In: Archiwa Biblioteki i Muzea Koscielne 5, 1962, S. 385–392; Stanisław KURAŚ, Statuty i przywileje bractwa kapłanów dekanatu zatorskiego 1378–1525 (Die Statuten und Privilegien der Priesterbruderschaft des Dekanats Zator). In: Polonia Sacra 7, 1955, H. 4, S. 253–275.

10 Ireneusz CZARCIŃSKI, Bractwa duchowne w miastach państwa krzyżackiego (Die geistlichen Bruderschaften in den Städten des Deutschordenslandes) – in Vorbereitung.

Hansestädten des Ordenslandes genauer erforschen. Leider hat man in den bisherigen, in Polen erschienenen, Monographien über die preußischen Städte den religiösen Bruderschaften nur sehr wenig Aufmerksamkeit gewidmet, was man mit der ungünstigen Quellenlage nur teilweise entschuldigen darf. Beispielsweise: in der neu erschienenen umfangreichen Geschichte der Stadt Danzig/Gdańsk im Mittelalter finden wir kaum einige Sätze darüber[11]. In welchem Maße diese Problematik für die Erforschung der sozialen Geschichte dieser Städte wichtig ist, möchte ich am Beispiel Thorns zu zeigen versuchen. Wegen Mangel an Quellenmaterial ist das aber auch in diesem Falle eine nicht leichte Aufgabe.

Die Altstadt Thorn, die ihre Gründungsurkunde im Jahre 1233 vom Landmeister des Deutschen Ordens Hermann Balk erhalten hatte, gehörte während des Mittelalters zu dem einen Pfarrbezirk der Johanniskirche. Außer dieser Pfarrkirche waren im Bereich der Altstadt noch eine Marienkirche, die zu dem Franziskaner-Kloster gehörte, eine Heilig-Geist-Kirche bei dem Benediktiner-Kloster, und außerhalb der Stadtmauern in der Vorstadt waren die St.-Georgs-Kirche und St.-Laurentius-Kirche. In der Neustadt Thorn, die ihre Rechte im Jahre 1264 erhalten hat, diente die St.-Jakobi-Kirche als Pfarrkirche, zu der in der Vorstadt die St.-Katharinen-Kirche als Filiale gehörte. An der Stadtmauer, zwischen der Alt- und Neustadt, befand sich noch, bei dem Dominikanerkloster, die St.-Nikolai-Kirche. In enger Verbindung mit diesen Kirchen existierten hier, ähnlich wie in anderen Städten, verschiedenartige Bruderschaften. Die meisten von ihnen sind uns leider nur aus ganz zufälligen Erwähnungen bekannt. Trotzdem können wir auch hier die religiösen Bruderschaften der Laien von den gewerklichen, oder auch beruflichen Bruderschaften, wie auch von den Regelhäusern, ziemlich deutlich unterscheiden.

In der Altstadt Thorn in der St.-Johannes-Pfarrkirche waren im Mittelalter sowohl die Kapellen verschiedener Gewerke wie auch eine St.-Nikolai-Kapelle, die zu der *erbaren Bruderschaft der Kaufleute* gehörte[12]. Im Jahre 1394 wurde hier auch eine religiöse Fronleichnamsbruderschaft gegründet, die manchmal auch Priesterbruderschaft (1513) genannt wird[13]. Es fehlen uns leider Quellen, aus denen wir etwas Näheres über diese Gemeinschaft erfahren könnten. Es ist höchst wahrscheinlich, daß in dieser Bruderschaft die Mitglieder des Patriziats die führende Stellung hatten, aber daß auch für die anderen Bürger der Altstadt diese Gemeinschaft zugänglich war. Aus zufälligen Erwähnungen wissen wir, daß außer der Fronleichnamsbruderschaft sich auch eine Elendenbruderschaft in dem altstädtischen Pfarrbezirk befand[14]. Diese Elendenbruderschaft hat ein Elendenhaus, d. h. ein Hospital bei der St.-Georgs-Kirche, gestiftet. Das sind praktisch alle Informationen, die wir über diese Gemeinschaften in den Quellen finden können.

11 Historia Gdańska. 1. Gdańsk 1978. S. 462–467.

12 Thorner Denkwürdigkeiten von 1345–1547. Hg. Albert VOIGT. In: Mitteilungen des Coppernicus-Vereins für Wissenschaft und Kunst zu Thorn (weiter: MCV) 13, Thorn 1904, S. 144, 187.

13 Ebd. S. 145.

14 Księga ławnicza Nowego Miasta Torunia 1387–1450 (Das Schöppenbuch der Neustadt Thorn). Hg. Karola CIESIELSKA. Warszawa-Poznań 1973. S. 203, Nr. 1667.

Viel günstiger ist die Quellenlage der im Jahre 1409 gegründeten Marienbruderschaft (oder Liebfrauenbruderschaft) bei der Jakobi-Kirche in der Neustadt Thorn. Zu unser Verfügung steht das vom Rat und dem Pfarrer bestätigte Statut der Bruderschaft aus dem Jahre 1409[15], ein Vermögensregister aus dem Jahre 1435[16] und ein Verzeichnis der Mitglieder aus dem Jahre 1455[17]. Besonders merkwürdig ist das Statut dieser Liebfrauenbruderschaft. Es ermöglicht uns, nicht nur die organisatorische Struktur und die Aufgaben, sondern auch die Sitten und Mentalität der Mitglieder näher kennen zu lernen. Die Leitung der Bruderschaft befand sich in den Händen von 4 »Ältesten«. Außer ihnen wird im Statut ein Schreiber und ein Bote erwähnt. Jeder, der ein Mitglied dieser Bruderschaft werden wollte, mußte »in die Büchse« 9 Scote (eine Witwe 5 Scot), dem Schreiber und dem Boten je einen Schilling geben und das Einverständnis der Mehrheit erhalten. Außerdem mußten die Mitglieder ein sogenanntes »Quatembergeld« zahlen. Daraus können wir schon schließen, daß diese Bruderschaft nur für diejenigen offen stand, die ein entsprechendes Vermögen hatten.

Die im Statut aufgefaßten Aufgaben der Bruderschaft könnte man eigentlich auf zwei Punkte reduzieren: 1. Die Teilnahme an den feierlichen Bestattungen der Mitglieder und ihrer Hausgenossen; 2. das gemeinsame Trinken des sogenannten »Bruderbieres«. Im Statut wird die Pflicht der Mitglieder zur disziplinierten Beteiligung an diesen Veranstaltungen sehr stark betont. Die Statuten geben den Eindruck, daß nicht der religiöse Sinn der kirchlichen Veranstaltungen, sondern das solidare, disziplinierte öffentliche Auftreten der ganzen Bruderschaft besonders wichtig war. Jeder, der die einzelnen Vorschriften der Statute verletzte, wurde meistens mit einer Geldstrafe belegt. Als interessantes Beispiel für die Sitten und Bräuche in der Bruderschaft können folgende Vorschriften dienen:

1. ... *Wenn man Vigilien singet, wer do ... czu spete kommte, alzo noch der ersten lecczen, der vorbusset eynen Schilling, is sy man ader frawe.*

4. *Item, wer den andirn mit snee wirft adir mit graze, wenn man dy leyche czu der kirchen treyt, adir in dem brudirbyre dasselbe thut, der sal gebin czu der busse eyn pfund wachzes.*

11. *Item, kein kynt undir czwelff ioren sal trynkin us deme gevesse, do alde luthe ustrynkin, by eyme schilling.*

12. *Item, welche frawe dy vyer meister hindert an eren gescheffften, dy vorbusset eyn pfund wachses.*

Laut diesem Statut waren die Menschen auch nach ihrem Tode nicht einander gleich. Denn es wurde festgestellt, daß: 7. *dy dinstboten unser bruder ader unser schwester sal man begeen glyche eyme kynde, wen sy en sterben.* Also die Bestattung der Dienstboten der Mitglieder dieser Bruderschaft sollte weniger festlich sein als die ihrer Herren, aber immerhin hat man für sie auch gesorgt.

15 Kirchliches Urkundenbuch der Neustadt Thorn. Hg. Arthur SEMRAU. In: MCV 38, 1930, S. 70, Nr. 19.

16 Ebd. S. 94, Nr. 57.

17 Wojewódzkie Archiwum Państwowe w Toruniu (Staatl. Wojewodschaftsarchiv Thorn), Sign. Kat. II, X, 3, Verzeichnis der Frauenbruderschaft in der Neustadt Thorn.

Die Bruderschaft hatte also trotz ihres offiziellen religiösen Charakters eine größere Bedeutung für die Erziehung der Mitglieder zum genossenschaftlichen Leben als für ihre Vorbereitung zum ewigen Leben. Diese Bruderschaft hat sicher keine geringe Rolle in der Neustadt gespielt. Aus dem schon erwähnten Register aus dem Jahre 1455 wissen wir, daß der Marienbruderschaft 95 Männer und 42 Witwen angehörten. Wahrscheinlich alle von den Männern hatten ihre Familien, die auch der Gemeinschaft angehörten. Sogar die Dientboten waren an dem genossenschaftlichen Leben beteiligt. Sicher waren auch nicht alle Witwen einsam. Deswegen können wir die ganze Bruderschaft auf ca. 500–600 Personen schätzen. Wenn wir diese Zahlen mit der vermutlichen Gesamtzahl der Bewohner der Neustadt Thorn, die auf ca. 1700 Menschen geschätzt wird, vergleichen, dann ergibt sich, daß ein Drittel von ihnen mit der Marienbruderschaft verbunden war. Ein großer Teil der in diesem Register verzeichneten Mitglieder der Marienbruderschaft ist uns auch aus anderen Quellen bekannt. Deswegen wissen wir, daß zu dieser Gemeinschaft vorzüglich die wohlhabenden Bürger der Stadt gehörten. Wir finden hier die Kaufleute, die Handwerksmeister und die Hausbesitzer, die die nicht geringe Mitgliedergebühr zahlen konnten. Die Bruderschaft hat von ihrem Einkommen 10 mrc (ohne 1 frd) jährlich einem Priester gezahlt, der dafür am Altar der heiligen Maria Magdalene die heilige Messe gelesen hat. Außerdem hat man auch dem Schulmeister 1 Mark, dem Glockner 1 Fierdung für das Läuten und 1 Fierdung für das Beleuchten des Altars gegeben.

Soviel erfahren wir aus den erhaltenen Quellen über die Marienbruderschaft in der Neustadt Thorn. Das war aber nicht die einzige religiöse Gemeinschaft, die bei der Jakobi-Kirche existierte; denn schon aus dem Verzeichnis des Vermögens der Marienbruderschaft aus dem Jahre 1435 erfahren wir, daß bei demselben Altar der heiligen Maria Magdalena sich eine Elendenbruderschaft versammelt hat. Über diese Gemeinschaft haben wir leider keine anderen Informationen. Aber bei dieser Kirche war noch eine dritte religiöse *fraternitas* – das war die sogenannte Gelehrten-Bruderschaft, welche sich in der Kapelle des Heiligen Kreuzes sammelte, um ... *do singen in dem Adventum Cristi die messe Unsir Lieben Frauen Gotis czu lobe, Marien der Mutter Gotis zcu eyne wirdigkeit.* Es scheint also, daß diese Gemeinschaft eine Art Sängergemeinschaft bildete. Der Name »Gelehrten-Bruderschaft« stammt wahrscheinlich davon, daß die Mitglieder die Kenntnis des Lesens und Schreibens besaßen und aus Büchern beteten. Das war sicher eine exklusive Gemeinschaft, zu der die vornehmsten Bürger der Stadt gehörten. Darauf weisen auch die im Schöffenbuch eingetragenen reichen Spenden, die wahrscheinlich von den Mitgliedern dieser Gemeinschaft stammten[18]. Unter den Wohltätern dieser Gemeinschaft finden wir einen Priester, der der Kreuzkapelle 4 kostbare Ornate, einen silbernen Kelch, 2 silberne Ampullen, ein Meßbuch und ein Brevier geschenkt hat. Leider können wir auch in diesem Fall die soziale Zusammensetzung der Bruderschaft wegen des Mangels an Quellen nicht genauer erforschen. Aber auch auf Grund des erhaltenen Materials dürfen wir feststellen, daß in der Neustadt Thorn bei der St.-Jakobi-Kirche drei religiöse Bruderschaften der Laien im 15. Jahrhundert existierten, die

18 Schöppenbuch, wie Anm. 14, passim.

wahrscheinlich exklusive Gelehrtenbruderschaft, die zahlenmäßig sehr starke Marienbruderschaft und auch eine Elendenbruderschaft, zu der auch die ärmsten Bewohner der Stadt gehörten.

Wenn wir nun das alles mit den entsprechenden Verhältnissen in Krakau und in seinen Trabantenstädten vergleichen, können wir ohne weiteres deutliche Unterschiede feststellen:

1. Die Regel, daß in einer Pfarrkirche nur eine Bruderschaft existierte, trifft für Thorn nicht zu; denn es waren hier drei Gemeinschaften dieser Art bei der Jakobskirche.
2. In Krakau war die Mitgliedschaft der Gemeinschaften nicht von der sozialen Struktur der Bevölkerung, sondern von der Zugehörigkeit zu entsprechenden Pfarrbezirken abhängig, was für Thorn auch nicht ganz zutrifft.
3. Im Gegenteil zu Krakau sind in Thorn einige Unterschiede in der Art der Devotion zwischen den Bruderschaften (z. B. der Marienbruderschaft und der Gelehrtenbruderschaft) bemerkbar.

Wenn wir nun zuammenfassend auf das, was in der gegenwärtigen polnischen Forschung über die Bruderschaften geschrieben wird, nochmals einen Blick werfen wollen, dann sehen wir, daß diese bis zur letzten Zeit zu sehr traditionell betrachtete Problematik auf immer mehr moderne Weise von neuem angegriffen wird. Heute können wir die ersten wertvollen Arbeiten ankündigen, aber in Vorbereitung sind neue monograpische Studien, die sicher den Weg zu einer modernen Synthese dieser Problematik vorbereiten werden.

Vorstufen der Parität in der Verfassungsgeschichte der schwäbischen Reichsstädte (1555–1648) Das Beispiel Augsburgs*

von Eberhard Naujoks

I. *Religionsfrieden und Parität*

Der Begriff Parität ist uns heute in durchaus verschiedener Bedeutung geläufig; wir sprechen von konfessioneller, staatsbürgerlicher Parität, aber auch von paritätischer Mitbestimmung, Drittelparität oder gar Goldparität. Wer sich den eigentümlichen Verfassungsverhältnissen in den oberdeutschen Reichsstädten seit dem Augsburger Religionsfrieden zuwendet, vergißt deshalb leicht, daß der Terminus Parität für gleiche Behandlung der Konfessionen um die Mitte des 16. Jahrhunderts noch unbekannt war. Erst im Text des Instrumentum Pacis Osnabrugensis von 1648 und in den Vorverhandlungen begegnen wir Verfassungsbestimmungen mit eindeutig paritätischem Inhalt, vor allem aber den Begriffen: *paritas, Parität, Parifiction* selbst. Für das Jahrhundert von 1555 bis zum Westfälischen Frieden wird jedoch in der Forschung darüber gestritten, ob für das Nebeneinanderbestehen von katholischer und evangelischer Religion im Reich überhaupt von Parität gesprochen werden kann[1]. Trotz mancher Vorarbeiten liegt über den entsprechenden Verfassungsproblemen der oberdeutschen Reichsstädte für dieses Jahrhundert noch ein gewisses Dunkel, wie es auch Martin Heckel in seinem grundlegenden kirchenrechtlichen Aufsatz über Parität für die Verhältnisse im Reich konstatiert

*Es handelt sich hier um die erweiterte Fassung meines Vortrags, den ich unter dem Titel: »Simultaneum und Parität in der Verfassungsgeschichte...« am 4. 11. 1978 vor dem Südwestdeutschen Arbeitskreis für Stadtgeschichtsforschung in Kempten gehalten habe.
An dieser Stelle möchte ich dem bisherigen Stadtarchivdirektor Dr. F. Blendinger und seinem Nachfolger Herrn Dr. Baer und nicht zuletzt Herrn Mayer vom Stadtarchiv Augsburg für ihr großes Entgegenkommen und vielfache Hilfe meinen herzlichsten Dank sagen.

1 Zum Begriff: Parität, s. Martin Heckel, Parität. In: Zeitschrift der Savignystiftung für Rechtsgeschichte, Kanon. Abt. 49, 80 (1963), S. 261. »sie (Parität) bedeutet allgemein: Gleichwertigkeit, Gleichrang und Gleichbehandlung verschiedener Bekenntnisse oder Bekenntnisorganisationen in einer politischen Ordnung«; ebd. S. 267 ff. über die Verwirklichung der Parität in der Reichsverfassung seit 1555–1806; ebd. S. 270 ff. Äußerungen der Juristen beider Konfessionen über die Parität seit 1555; Hermann Conrad, Religionsbann, Toleranz und Parität am Ende des Alten Reichs. In: Wege der Forschung 246 (1972), S. 163f. über die Parität seit dem Augsburger Religionsfrieden; Fritz Dickmann, Das Problem der Gleichberechtigung der Konfessionen im Reich im 16. und 17. Jh. In: Wege der Forschung 246 (1972), S. 204–220; Lothar Weber, Die Parität der Konfessionen in der Reichsverfassung von den Anfängen der Reformation bis zum Untergang des alten Reichs im Jahre 1806, jur. Diss. Bonn 1961, S. 5ff. Hier trennt W. die konfessionelle Parität von der modernen staatsbürgerlichen Parität im 19. und 20. Jh.

hat[2]. Obwohl Gerhard Pfeiffer für Biberach in den Jahrzehnten nach 1555 ein »Ringen um Parität« mit Recht konstatiert[3], erscheint es für unsere Fragestellung ungeeignet, das damalige Nebeneinander der beiden Konfessionen als Simultaneum zu charakterisieren[4], weil dieser Ausdruck im Sprachgebrauch gewöhnlich eng mit der gemeinsamen Benutzung von Kirchen durch beide Konfessionen verbunden ist. Wir sprechen daher von Vorstufen der Parität, ohne für alle betroffenen oberdeutschen Reichsstädte von vornherein entscheiden zu wollen, ob trotz des Religionsfriedens der Absolutheitsanspruch der Konfessionen oder der Gedanke der Toleranz gegenüber dem anderen Bekenntnis im Einzelfall dominierten.

Es bedeutet eine Ausnahmeregelung, daß die Reichsstädte durch den Wortlaut des Religionsfriedens zur Duldung der Konfessionen angehalten wurden, während Kurfürsten und Fürsten bekanntlich auf dem Augsburger Reichstag – im Sinne der späteren Devise: *cuius regio eius religio* – die Befugnis erhielten, die Religionsausübung ihrer Untertanen zu bestimmen. Diese reichsrechtliche Entscheidung hatte bedeutsame Konsequenzen für die Zeit von mehr als einem halben Jahrhundert. Da Kaiser und Reich auf die bisherige Bekämpfung des Protestantismus verzichteten und die Stände die Regelung der Religionsfrage im eigenen Machtbereich übernahmen, erlebte das Reich für zwei Menschenalter wenigstens äußeren Frieden, während in Westeuropa der Kampf um die konfessionelle Entscheidung eskalierte: Denken wir an die Auseinandersetzung der französischen Krone mit den Hugenotten oder den Krieg der englischen Königin Elisabeth mit dem katholischen Spanien! Es hing aber mit dem Passus des Religionsfriedens für die deutschen Kommunen unmittelbar zusammen, daß in den Reichsstädten die relative Beruhigung der konfessionellen Gegensätze in geringerem Maße eintrat. Wir müssen es den schwierigen Verfassungsverhältnissen der deutschen Städte und deren Beurteilung durch die höheren Stände zuschreiben, daß im Augsburger Abschied von 1555 den städtischen Magistraten die schon genannte Befugnis von Kurfürsten und Fürsten, die Angehörigen der anderen Konfession vor die Wahl zu stellen, den Glauben zu wechseln oder auszuwandern, nicht gewährt wurde. Fragen wir nach den Gründen, warum den deutschen Kommunen das ius reformandi nicht zugebilligt, sondern die Duldung beider christlichen Bekenntnisse auferlegt wurde, so ergibt der hier ausschlaggebende § 27 des Religionsfriedens keine volle Klarheit; wir treffen nur auf die Bestimmung, es solle in allen Städten, in denen bisher zweierlei Religionen *in Gang und Gebrauch* gewesen waren, künftig auch so bleiben[5]. Wenn wir jedoch berücksichtigen, daß Kaiser und Stände die deutschen Kommunen nicht des Religionsfriedens für *fähig* hielten und den Stadtrepubliken nicht die erforderliche Herrschaftsgewalt und Autorität

2 Gerhard Pfeiffer, Das Ringen um die Parität in der Reichsstadt Biberach. In: Blätter für Württembergische Kirchengeschichte 56 (1956), S. 7. Pf. erörtert hier die Probleme Parität, Toleranz, Simultaneum und Neutralität.

3 Ebd. S. 3/6.

4 Vgl. * Die Titeländerung ergab sich aus der anschließenden Diskussion über meinen Vortrag.

5 »Aller des Hl. Röm. Reichs Ordnungen gehaltener Reichstäge und Abschiedt«, 1560, II 92; C. Lehenmann, De Pacis Religionis Acta, Frankfurt/Main 1707, I 64; Gerhard Pfeiffer, Der Augsburger Religionsfrieden und die Reichsstädte. In: Zeitschrift des Historischen Vereins für Schwaben 61 (1955), S. 219/24 und 244ff.

zutrauten, um ernsthafte Religionsdifferenzen in den eigenen Mauern souverän zu schlichten, so liegt in dieser Haltung der adeligen Vertreter die Erklärung für diesen merkwürdigen Sachverhalt. Deshalb konnte auch König Ferdinand I. auf dem Augsburger Reichstag die für die dritte Kurie ungünstige Entscheidung mit dem Grundprinzip der Stadtverfassungen: bürgerlicher Gleichheit und Gemeinsamkeit begründen. Im Hinblick darauf gab der König den anwesenden Städteboten zu bedenken, daß *gleich über gleich keinen gewalt* habe[6], daß also Bürger über ihre Mitbürger keine Herrschaftsgewalt auszuüben vermöchten. Dieses Problem hatte im Zusammenhang mit dem Anspruch der Städte auf *Stand, Stimm und Session* die Reichstage ohne bleibendes Resultat beschäftigt[7], da die Stände am genossenschaftlichen Charakter des *corpus* der bürgerlichen Stadtgemeinde Anstoß nahmen und demgegenüber auf das herrschaftliche Regiment des Adels und dessen Vorrang verwiesen.

II. *Der Sturz der Zunftverfassung in den oberdeutschen Reichsstädten durch Karl V.*

Eine ungleich härtere Lektion über herrschaftliche Regierungsweise hatte Karl V. auf dem *geharnischten Reichstag* im August 1548 den Stadtregierungen von Augsburg und Ulm, im Jahre 1551/52 weiteren fünfundzwanzig Kommunen des Schwäbischen Kreises erteilt. Im Zusammenhang mit der Einführung des Interim ließ der Kaiser die mittelalterliche Zunftverfassung beseitigen und die numerisch großen Gremien der Zunftmeister und Zunfträte durch ein vorwiegend aristokratisches Regiment mit verringerter Personenzahl ersetzen. Karl V. schrieb nämlich den Handwerkerkorporationen eine unheilvolle Rolle im vergangenen Schmalkaldischen Krieg und überhaupt in den Religionswirren der Reformationszeit zu. Demzufolge wurden im Jahre 1548 bzw. im Jahre 1551/52 im Rat und in den städtischen Ämtern Vertreter der als kaisertreu und geschäftserfahren geltenden – meist katholischen – Geschlechter vom Kaiser in die leitenden reichsstädtischen Positionen eingesetzt[8].

Im Gang unserer Betrachtung werden wir verfolgen, warum es kein Zufall war, daß die im Westfälischen Frieden namentlich angeführten Orte mit paritätischer Verfassung[9] wie Augsburg, Biberach, Dinkelsbühl und Ravensburg ausnahmslos zu den sogenannten ›gemischten‹ Reichsstädten zählten, die seit 1548 vom Kaiser politisch reformiert worden waren. Beim Fürstenaufstand unter Moritz von Sachsen erwies sich im Frühjahr 1552 das neu etablierte Patrizierregiment zunächst nicht als Garant der Zuverlässigkeit gegenüber

6 Ebd. S. 256 über die Resolution Ferdinands I.; Eberhard Naujoks, Obrigkeitsgedanke, Zunftverfassung und Reformation. Studien zur Verfassungsgeschichte von Ulm, Eßlingen und Schwäbisch Gmünd. In: Veröff. Komm. gesch. Landeskde. Baden-Württemberg, Reihe B (Forschungen) 3 (1958), S. 154f.

7 Ebd. S. 112f. als Beispiel der Streit über das reichsstädtische Libell zum Stimmrecht auf dem Speyrer Reichstag von 1544; Weber, wie Anm. 1, S. 50; Hermann Conrad, Die verfassungsgeschichtliche Bedeutung der Reichstädte im Deutschen Reich von 1500–1806. In: Studium Generale 16 (1936), S. 493 u. 495f.

8 Fritz Hartung, Karl V. und die deutschen Reichsstände 1546/1555. In: Historische Studien 1 (1910), S. 32/41; Naujoks, wie Anm. 6, S. 118 passim.

9 Weber, wie Anm. 1, S. 49f. und S. 148 passim.

dem Reichsoberhaupt. Die Bürgerschaft öffnete beim Herannahen des Heeres der evangelischen Fürsten den Gegnern Karls V. die Tore; erst im Gegenstoß vermochte dieser im Spätsommer 1552 die oberdeutschen Kommunen wieder zum patrizischen Regiment zurückzuführen. Daß die Erinnerung an die einstige Freiheit und die Macht der Zünfte nicht so rasch verblaßte, werden wir auch noch in den 80er Jahren für Augsburg zu konstatieren haben. Wer weiß, wie die konfessionelle Entwicklung in jenen Städten verlaufen wäre, und ob nicht jene gemischten Reichsstädte ihre religionspolitische Sonderstellung verloren hätten, wenn nicht von kaiserlicher Seite alle nur erdenklichen Anstrengungen gemacht worden wären, um den bisherigen Status zu erhalten.

Sonst scheint schon vor dem Passauer Vertrag oder zumindest vor dem Augsburger Religionsfrieden in der Mehrzahl der Reichsstädte die Entscheidung zugunsten einer Konfession – meist der evangelischen – gefallen zu sein. Bevor der Augsburger Abschied 1555 und vor allem der § 27 die Duldung der konfessionellen Minorität gebot, hatten sich die Stadtregierungen beeilt, die Minderheit der Andersgläubigen von der öffentlichen Religionsausübung auszuschließen, um den Einfluß dieser Gruppe von Bürgern allmählich in der Stadtgemeinde zurückzudrängen. Eine gewaltsame Vertreibung der konfessionellen Minorität stellte dagegen nicht nur einen Verstoß gegen den Religionsfrieden, sondern auch gegen – genossenschaftliche – Grundprinzipien bürgerlichen Zusammenwohnens und damit der republikanischen Stadtverfassungen dar. Wie oft jedoch mittelbar Druck auf das numerisch unterlegene oder dem Magistrat gefährlich erscheinende Bekenntnis ausgeübt wurde, belegen die Konflikte der Reichsstädte, deren verdrängte Bürger bei glaubensverwandten Nachbarständen gegen das heimische Stadtregiment Unterstützung suchten. Ein Beispiel muß genügen: Als der Rat der katholischen Reichsstadt Schwäbisch Gmünd die vom protestantischen Württemberg unterstützten evangelischen Bürger – um 1570 – zum Verlassen der Stadt zwingen wollte, machte der Magistrat auf den folgenden Städtetagen die Erfahrung, wie entschieden sich die Mehrhheit der – evangelischen – Orte der von Gmünd beabsichtigten Austreibung eigener Bürger widersetzte[10].

Eine Vielzahl von Maßnahmen scheint angewandt worden zu sein, um die konfessionelle Minorität in der Religionsausübung, die nicht öffentlich sein durfte, zu behindern. Der Revers über das Bekenntnis bei Aufnahme von Neubürgern gehörte neben Eingriffen in das Kirchen- und Spitalwesen zum Instramentarium reichsstädtischer Konfessionspolitik. Was die gewaltsame Austreibung von Bürgern und die behördliche Reglementierung des anderen Bekenntnisses für die konfessionelle Gegenpartei an Leiden brachte, sollte sich später in Augsburg zeigen. Auch Ulm hatte seit dem Passauer Vertrag von 1552 der evangelischen Mehrheit die öffentliche Religionsausübung gesichert und die katholische Minderheit, zu der auch angesehene Ratsmitglieder zählten, auf die private Sphäre in der Religonsausübung zurückgedrängt. Das Verbot der katholischen Predigt und die Beschränkung katholischer Andachten auf eine Seitenkapelle im Ulmer Münster[11] sollten zur Reduzierung des Einflusses der alten Kirche in Ulm beitragen.

10 Naujoks, wie Anm. 6, S. 182/187.
11 Ebd. S. 164/170.

III. *Doppelregierung und Ansätze zur Parität*

Nur in wenigen oberdeutschen gemischten Reichsstädten widerstand der Magistrat einer solchen Politik. Es handelte sich hierbei ausschließlich um Orte mit überwiegend evangelischer Bürgerschaft und einem kaiserlich, meist mehrheitlich katholisch gesinnten Rat[12]. Aus diesem Gegensatz zwischen kaisertreu-altgläubiger Obrigkeit und mehrheitlich protestantischer Stadtgemeinde ergaben sich Bestrebungen in Richtung auf Wiederbelebung der einstigen Zunftverfassung. Da diese Bemühungen auf den entschiedenen Widerstand der Magistrate stießen, die sich mit kaiserlicher Hilfe vor dem Druck der andersgläubigen Mehrheit zu schützen wußten, stellte schon die Selbstorganisation der evangelischen Seite gegenüber dem Magistrat in den gemischten Städten ein besonderes Charakteristikum dar. Als ein Beispiel für solche spontanen – und dem Rat sicher unerwünschten – Bildungen erscheint die Gegenregierung von 15 Anwälten in Dinkelsbühl. Später übernahmen zwölf Kirchenpfleger die Vertretung der evangelischen Bürgerschaft. Der Magistrat mußte sogar diese Gegenorganisation der Evangelischen mit jährlich 300 Gulden besolden. Als diese Vertreter des Dinkelsbühler Protestantismus von sich aus neben der offiziellen Abordnung des Rats auf dem Reichstag zu Speyer erschienen[13], bedeutete dies einen Eklat und eine unvermeidliche Schmälerung des obrigkeitlichen Prestiges von Dinkelsbühl: Die in Speyer versammelten Stände mußten sich ernsthaft die Frage vorlegen, wer denn rechtens diese fränkische Reichsstadt vertrete? Wenn auch ein solcher Vorfall eine Ausnahme blieb, so begegnen wir in den gemischt-konfessionellen Orten regelmäßig evangelischen Kirchenpflegern, die quasi Vorläufer paritätischer Zweitregierungen für Jahrzehnte gewesen sind.

Der Druck der protestantischen Bürgerschaft und ihrer Sprecher hätte jedoch wahrscheinlich auf die konfessionelle Zusammensetzung des Magistrats seinen Einfluß ausgeübt, wenn nicht die Wahlordnung Kaiser Karls V. von 1548 alle Ratsherren angehalten hätte, möglichst Kandidaten zu wählen, die *der alten christlichen Religion am nächsten* stünden[14]. Es liegt nahe, daß bei den Ratswahlen und den damit verknüpften internen Auseinandersetzungen im Magistrat der konfessionspolitische Kurs der Städte bestimmt wurde. Als sich nach dem Trienter Konzil die Erneuerungsbewegung der alten Kirche in den oberdeutschen Städten geltend machte, scheint – vielleicht auf Druck des kaiserlichen Hofs – auf die Beachtung der Wahlordnung mehr Wert gelegt worden zu sein. Die Ratswahlen, die etwa in Augsburg bis zu Beginn der 70er Jahre meist konfessionell ausgewogen ausfielen, brachten seitdem eine deutliche katholische Mehrheit im Magistrat. Für Biberach hat dagegen Pfeiffer gezeigt, wie die evangelische Bürgerschaft im Hinblick auf die kaiserfreundliche pro-katholische Politik des Rats sogar auf Wiederherstellung des Zunftregiments oder protestantische Besetzung des Rats

12 WEBER, wie Anm. 1, S. 147f.

13 Christian BÜRCKSTÜMMER, Die Geschichte der Reformation und Gegenreformation in der ehemaligen freien Reichsstadt Dinkelsbühl, 1524–1648. In: Schriften des Vereins für Reformationsgeschichte 120 (1914), 2. Teil, S. 21f. und S. 39f.; Paul GLUTH, Dinkelsbühl. Eine Stadtgeographie auf wirtschaftsgeographischer Grundlage, 1958. S. 104f.

14 PFEIFFER, wie Anm. 2, S. 18ff. und v. a. S. 23.

hinwirkte[15]. Auf der anderen Seite konnte der kaiserliche Hof mit Berufung auf die carolinische Wahlordnung und die Regimentsänderung des Kaisers von 1548/52 die zahlreichen Petitionen und Prozesse der evangelischen Majoriät gegen die Obrigkeit immer wieder abwehren. An Anlässen fehlte es nie. Immer wieder stoßen wir in den gemischten Reichsstädten auf Beschwerden von evangelischer Seite wegen der Zuweisung kleiner Kirchen und Kapellen, die bei weitem nicht für die Mehrzahl protestantischer Kirchenbesucher ausreichten[16], während die Hauptkirche der Stadt der altgläubigen Minderheit reserviert blieb. In kleineren Orten verursachte die simultane Benutzung der einen Hauptkirche durch beide Bekenntnisse erst recht Differenzen.

IV. *Kalenderstreit und Obrigkeitsproblem*

Die langjährigen Auseinandersetzungen um die Einführung des gregorianischen Kalenders sind seit Paul von Stetten[17], Felix Stieve bzw. Ferdinand Kaltenbrunner[18] wesentlich unter konfessionspolitischem Gesichtspunkt dargestellt worden. Dagegen wurde kaum beachtet, in welchem Maße Verfassungsprobleme im Rahmen des obrigkeitlichen Regiments und sogar Vorstufen und -formen der späteren Parität in diese Zusammenhänge hineinwirken. Zunächst lohnt es sich für das Menschenalter seit 1552 zu fragen: Wie hat die gemischte Reichsstadt bis 1583/86 die Konfessions- und Verfassungsfragen gemeistert? Eine Antwort hierauf finden wir in den Zucht- und Handwerkerordnungen seit 1553. Der Inhalt beider Bücher vermittelt uns eine klare Vorstellung von der streng obrigkeitlichen Reglementierung der Stadtgemeinde durch den Magistrat, der sich durch Berufung auf das Reichsoberhaupt als rechtmäßige Stadtregierung legimitiert. Bei der auch in anderen Reichsstädten erkennbaren engen Verbindung von religiöser und politischer Aufgabe der Stadtobrigkeit erscheint deren Bemühen charakteristisch, die öffentliche Sittenzucht von Amts wegen zu handhaben. Bereits in der Präambel der Zucht- und Polizeiordnungen von 1553 wird betont: *deßhalben und zufürkommung aller laster und unordnung, souil menschlich und müglich und zur pflantzung aller Zucht und erbarkeit, auch erhaltung guter policey, hat ein Ersam rat aus Gottes gnaden, mit gutter Vorbetrachtung nachuolgende Ordnung begriffen.* Wenn sich die Behörde zunächst gegen die *Verachtung und Widerstrebung der Hailigen Religion* wandte, so ging sie auf die Existenz verschiedener Bekenntnisse noch[19] nicht ein. Da nicht nur nach kaiserlicher, sondern allgemeiner Auffassung die Religion noch in

15 Ebd. S. 16f.
16 Ebd. S. 39–41.
17 Paul von Stetten, Geschichte des Heiligen Römischen Reichs Freyen Stadt Augspurg. Augsburg. 1758. I u. II.
18 Felix Stieve, Der Kalenderstreit des 16. Jahrhunderts in Deutschland. In: Abhandlungen der Akademie der Wissenschaften zu München 1 (1880); Ferdinand Kaltenbrunner, Der Augsburger Kalenderstreit. In: Mitteilungen des Instituts für Österreichische Geschichtsforschung I (1880).
19 StadtA Augsburg ad 36/4. Zucht- und Policeyordnung von 1553, Bl. 1f.

Zwiespalt stand[20], konnte von einer endgültigen Konfessionsbildung noch nicht die Rede sein[21].

Es war für die neuetablierte Stadtobrigkeit selbstverständlich, die Stadtgemeinde zu Gehorsam gegenüber *Gott, der Römischen Kayserlichen und Küniglichen Mayestat, unserem allergnedigsten Herrn, seiner ordentlichen Oberkait, auch gemainer statt, seinem Vaterland,* zu ermahnen. Das obrigkeitliche Gebot, die Religion und die Sakramente weder zu verachten, zu verspotten, noch wider sie zu reden oder zu schreiben, unterstützte eher die traditionelle Kirchlichkeit im Sinne des alten Glaubens, zumal man die Bürgerschaft zu wahrer Christenlicher Religion und zum Besuch der Kirche anhielt. Um denselben zu sichern, wurden alt und jung aufgefordert, an Sonn- und Feiertagen sich jeder Arbeit zu enthalten und während der Gottesdienstzeit weder in noch außerhalb der Stadt spazierenzugehen, auch in den Häusern sich *alles zörens, Zechens, Spielens und unnützen fabulierens* zu enthalten. Wer diese Gebote überträte, sollte vor die Strafherrn gefordert und je nach der Art seiner Verfehlung zur Zahlung einer Buße gezwungen werden. Feste Taxen wurden in diesem Zusammenhang genannt.

Da die Augsburger Zuchtherrn auf Gotteslästerung und Schwören zu achten hatten und alle Schmähreden, freche Bücher, Lieder, Gesänge und unverschämte Leichtfertigkeiten ahnden sollten, fragen wir uns, wie solche behördliche Sittenzucht zu realisieren war? Wollte doch der Magistrat solche Vergehen im Ernstfall nicht nur mit Geldbußen, sondern mit Gefängnis, oder sogar mit dem Tode bestrafen[22]. Um eine verpflichtende Ordnung gegen einen langen Katalog von Lastern bis zur Warnung vor Ehebruch, Fürkauf, Wucher und verbotenen Kontrakten zu schaffen, erhielten eigens ausgesuchte Ratsherrn diese Aufgabe, mit der Verpflichtung, das Ganze in Druck gehen zu lassen. Ohne Hilfsorgane wäre die Exekution behördlicher Sittenzucht nicht zu verwirklichen gewesen. Der Stadtvogt hatte deshalb *Kundschafter* auszusenden, um die angezeigten Personen durch Stadtknechte vor die Strafherrn des Rats führen zu lassen. Damit dieses Gremium angesichts der zahlreichen persönlichen Beziehungen zu Angehörigen der Bürgerschaft unparteiisch und streng vorgehen könne, wurde ihm befohlen, weder Verwandtschaft, Freundschaft und Feindschaft, weder Neid, Haß oder *andere(r) menschliche(r) affectation* bei ihrem Vorgehen zu bedenken und keinem irgendwelche Strafen nachzulassen. Wie begrenzt die Resonanz solcher obrigkeitlicher Sittenmandate blieb, demonstriert die Wiederholung solcher Appelle an die Stadtgemeinde in regelmäßigen Abständen und die Verschärfung der bisherigen Strafen von Fall zu Fall[23].

Der Religionsfrieden änderte nicht allzu viel an dieser behördlichen Praxis. Nach dem Reichstag von 1555 fügte aber der Magistrat in seinen Ermahnungen folgenden Passus ein: *dieweil auch beide die alte catholische religion und augspurgisch confession alhie im gebrauch vermüg deß Religionsfridens also und nebeneinander bleiben und gehalten werden* sollen, wurde zur Erhaltung des Friedens zwischen beiden Bekenntnissen jeder,

20 NAUJOKS, wie Anm. 6, S. 138.

21 Vgl. Ernst Walter ZEEDEN, Die Entstehung der Konfessionen. Grundlagen und Formen der Konfessionsbildung im Zeitalter der Glaubenskämpfe. 1965.

22 StadtA Augsburg ad 36/4. Bl. 1–2, 3–6, 11 und 38/30.

23 Ebd. Bl. 32.

der Angehörige der anderen Konfession *der Religion und glaubens sachen halben schenden, schmehen oder lästern* sollte, durch die Strafherrn veranlaßt, solche Beleidigungen abzubitten und den Schuldigen ins Gefängnis zu werfen. Im Wiederholungsfall waren schwerere Strafen vorgesehen; die Strafherrn hatten solche Fälle vor den Magistrat zu bringen[24]. Da zu dieser behördlichen Überwachung der Öffentlichkeit auch die Entsendung von Spitzeln *(stille kundschafter)* gehörte, hat es der Magistrat verstanden, die religiösen Auseinandersetzungen innerhalb der Stadtgemeinde in Grenzen zu halten. Wir werden sehen, warum sich diese obrigkeitlich erzwungene gegenseitige Duldung der Bekenntnisse seit Beginn der 80er Jahre nicht mehr aufrechterhalten ließ.

Im Rahmen dieser Bemühungen kam seit dem Sturz der Zunftverfassung der Frage besondere Bedeutung zu: Wie fanden sich die Augsburger Handwerker mit ihrer besonders strengen Reglementierung ab? Ein Blick in die Ordnung der Weber oder Bäcker im Jahre 1553 zeigt uns, wie die Handwerksherrn des Magistrats die Arbeitsvorgänge und Arbeitszeit, aber auch alle anderen Anliegen der Gewerbe streng und bis ins Einzelne bestimmten, ohne daß eine Mitwirkung von seiten der Meisterschaft erkennbar wäre. Vielleicht ist es ein Hinweis auf die mangelnde Popularität dieses Amtes, daß diese Ratsherrn jährlich 30 Gulden als *Ergötzlichkeit* zugesprochen erhielten[25]. Da die wirtschaftliche Lage sich in der zweiten Jahrhunderthälfte durch die Verlagerung der Handelswege nach Westeuropa allgemein verschlechterte, war das Verhalten der Handwerkerschaft in besonderem Maße ein Barometer für die Situation in Augsburg. Aus einem Ruf des Magistrats zur Durchführung der kaiserlichen Münzordnung von 1559 erfahren wir, in welchem Maße vor allen Dingen der gemeine Mann und besonders die Tagwerker wegen der Entlohnung mit *geringer müntz* in wachsende Schwierigkeiten gerieten, so daß der Rat selbst konstatierte, daß sich diese unteren Schichten der Stadt immer schlechter ernähren und kaum für Weib und Kinder sorgen konnten. Welchen Eindruck die Bankrotte zahlreicher Handelshäuser in diesen Jahrzehnten auf die Bevölkerung der Stadt machten, können wir nur ahnen. Wir wissen aber aus einem späteren Zeugnis, wie sehr die günstige steuerliche Veranlagung der Fugger und ihre Grundstückskäufe für die Anlage von Gärten den Zorn der Bürgerschaft erregten[26].

Erst aus einer strengen Mahnung vom Frühjahr 1563 erfahren wir, daß die behördliche Regulierung der Gewerbe durch Organe des Magistrats keineswegs die erhoffte Wirkung gehabt hat. Die Vorgeher der einzelnen Handwerke, die vom Rat und nicht von der Meisterschaft gewählt waren, wurden von der Behörde gerügt, daß sie nicht entschieden genug vorgingen. Es kam häufig genug vor, daß diese vom Rat eingesetzten Meister von *iren handwerkhsgenossen Inn Auflegung der straf mit ungebürlichen Worten angetast*(et) wurden und daß sich viele Handwerker weigerten, – eingedenk der älteren Bräuche zur Zeit des Zunftregiments – die jeweilige Buße zu entrichten. Der Rat berief sich auch hier auf seine Stellung als *ordentliche Obrigkait* und seine Befugnis, bei Ungehorsam oder ungebührlichen Reden nach Ermessen weitere Maßnahmen zu treffen. Wie oft die verordneten Meister ihren Berufskollegen gegenüber durch die

24 Ebd. Bl. 34.
25 StadtA Augsburg Nr. 16. Ordnungsbuch 1535/1633. Bl. 151.
26 Ebd. Bl. 153/155; STETTEN, wie Anm. 17, I 676f.

Finger sahen, läßt ein Zusatz der Ordnung ahnen, sie sollten *niemandt schonen, noch ainiche straffen miltern oder nachlassen*, aber auch ihrem Eid gegenüber dem Rat gemäß selbst keine Vollmacht haben, von sich aus die Handwerkerordnungen – womöglich auf Vorschlag der Meisterschaft – zu verändern. Alle Anregungen zur Verbesserung der Institution der Gewerbe hatten diese geschworenen Meister vor den Magistrat zu bringen. Wie schwierig das Vorgesetztenverhältnis zwischen den Ratsverordneten und ihren Berufskollegen blieb, illustriert der Protest dieser Vorgeher gegen eine Verfügung des Magistrats, sie sollten die Hälfte der von den Handwerkern in die Büchse gelegten Strafgelder erhalten. Offensichtlich führte es zu Mißhelligkeiten, wenn die Meisterschaft ihre durch behördliche Bestimmungen entfremdeten Berufskollegen bezahlen sollte. Der Magistrat sah sich deshalb bald veranlaßt, jährlich nach der Ratswahl einen Teil der offensichtlich unpopulären Vorgeher auszuwechseln[27]. Gerade die Frage der niederen Gerichtsbarkeit bzw. Strafen bei der Handwerkerschaft war seit Ende der 50er Jahre in anderen Reichsstädten wieder akut geworden. Auch von daher dürfte die Augsburger Meisterschaft an die einstigen zünftigen Freiheiten und ihren Verlust vor mehr als 10 Jahren erinnert worden sein[28]. Ein greifbares Resultat hatte dieser Widerstand der Handwerkerschaft gegen die obrigkeitliche Regulierung jedoch vorerst nicht.

Im Hinblick auf den Aufstand der Augsburger Bürgerschaft seit der Einführung des Neuen Kalenders im Jahre 1583 muß man jedoch die Frage stellen, ob nicht die wachsenden Schwierigkeiten der oberdeutschen Wirtschaft und die Krise der älteren Handelsgesellschaften auf die Haltung der aufständischen Bürgerschaft von Einfluß gewesen sind? Die Forschung ist bisher zur Ansicht gelangt, daß die glanzvollsten Jahre Augsburgs, wie sich auch auf dem Reichstag von 1582 zeigte, längst vergangen waren. Es bleibt jedoch die Frage, ob die Barchentproduktion noch in voller Blüte stand? Es läßt sich belegen, daß vor allem die Augsburger Weber, die einen beträchtlichen Teil der Bürgerschaft ausmachten, jährlich noch über 350000 und mehr Tuche zur Schau des Magistrats brachten[29]. Wir werden jedoch sehen, mit welchen Opfern dieses Hauptgewerbe Augsburgs im Gegensatz zu Ulm seine Spitzenposition in der oberschwäbischen Barchentproduktion bis über das Ende des 16. Jahrhunderts hinaus halten und sogar die städtische Kapitalkraft noch steigern konnte. Die große Handelsstadt am Lech entging dem allgemeinen Niedergang der kleineren Barchentweberstädte wie Ravensburg, Biberach, Kaufbeuren oder Memmingen, weil man über die Augsburger Fernhandelsgesellschaften die heimischen Tuche exportieren konnte[30].

Neben der Münzverschlechterung gewann zudem das Steigen der Getreidepreise auf die Lage der breiten Schichten Einfluß. Diese fragten nach billigeren gewerblichen

27 Ebd. Bl. 148/49 »Verzeichnus... den vorgehern der E. Handwerker... fürgehalten«, 1563.

28 Vgl. NAUJOKS, wie Anm. 6, S. 159/62 und S. 190f.

29 Ingomar BOG, Wachstumsprobleme der oberdeutschen Wirtschaft, 1540–1618. In: Forschungen zur Sozial- und Wirtschaftsgeschichte 10 (1968), S. 49f.; E. NÜBLING, Ulms Baumwollweberei im Mittelalter. Staats- und sozialwissenschaftliche Forschungen, hg. v. G. Schmoller, 9. Bd. 5. H., Leipzig 1890; W. v. STROMER, Die Gründung der Baumwollindustrie in Mitteleuropa, Monographien z. Gesch. d. Mittelalters, Bd. 17, 1978, S. 36ff.

30 Herbert JÄGER, Reichsstadt und Schwäbischer Kreis. In: Göppinger Akademische Beiträge 95 (1975), S. 201 und 212.

Produkten. In ungünstigen Jahren trat erwiesenermaßen der wohlfeilere Golschen (Leinen) mit dem teureren Barchent in Konkurrenz. In den Jahren des Kalenderstreits 1583/86 scheint obendrein eine Barchentflaute geherrscht zu haben[31]. Mit welchen Mitteln der Augsburger Magistrat die wirtschaftliche Lage des größten Gewerbes am Ort aufrechterhalten wollte, illustriert ein *ofner Anschlag* vom 4. Juli 1583, der sich mit *etlichen Articul* allein an das Weberhandwerk wandte. In dieser Publikation sprach der Magistrat unverhüllt davon, daß dieses Handwerk in Augsburg in *merckhlichen Abgang und verderben geraten* sei. Nur durch rigorosen Eingriff in die Beschäftigungsweise des notleidenden Gewerbes glaubte die Behörde die Ernährung der Meisterschaft sichern zu können. Nähere Angaben über mangelnden Absatz der Tuche oder über die Notlage von Weberfamilien werden in diesem Zusammenhang nicht gemacht. Es wurde zunächst die Ausbildungszeit von 6 Lehrjahren in Erinnerung gebracht und die Meisterprüfung von der Ableistung von 2 Jahren bei einem ortsansässigen Handwerker abhängig gemacht. Mochte diese Weisung auch im Hinblick auf die Qualität der heimischen Tuchproduktion ihre Bedeutung haben, so stellte die Verordnung, kein neuer Meister dürfe vor Ablauf von 3 Jahren einen Gesellen oder *Lehrknecht* in seiner Werkstatt beschäftigen, eine empfindliche Drosselung der Produktion dar, zumal der junge Webermeister nur 2 Jahre lang einen Gehilfen in die Lehre nehmen durfte, um dann weitere 2 Jahre wieder ohne Gesellen schaffen zu müssen. Auch die älteren Meister, die bei einem Kaufmann Schulden – wohl für Garnkauf – abzutragen hatten, durften jetzt nur noch an zwei Webstühlen wirken. Erst recht wurde für Meister, die bisher an drei oder vier Stühlen gewebt hatten, eine entsprechende Frist gesetzt. Gleichzeitig ordnete der Magistrat an, daß Weberknappen, die auf dem Land oder an Orten *ohne ordentliche Schau* gelernt hatten, nicht mehr in Augsburg Meister werden konnten. Da offenbar der Golschen auch in jenen Jahren dem Barchent im Absatz Konkurrenz machte, erhielten die Weber Weisung, neben dem Barchent auch Leinen zu wirken[32]. Wie streng die Behörde den Webern auf die Finger sah und auf die Qualität der Tuchproduktion achtete, zeigen auch die hohen Strafen für Verarbeitung von minderwertigem Leinengespinst und der Auftrag an die *Bußmaister, welliche die werkhstatt besuechen und die übertretter zu gebürender straf... bringen solen*[33]. Nur durch diese unnachsichtige Strenge konnte der Rat die Exportfähigkeit der Augsburger Tuche sichern.

Wir müssen auch diese offenkundige Notlage der Augsburger Weber im Auge behalten, wenn wir nach den Gründen für das überraschende Ausmaß der Unruhen seit dem Kalenderstreit fragen. Die Einführung des gregorianischen Kalenders statt des bisher gültigen julianischen führte in Dinkelsbühl, Kaufbeuren oder Biberach wie auch in anderen Reichsstädten zu Differenzen. Dennoch dominiert in den von uns greifbaren Motiven das konfessionelle Moment und speziell die Initiative evangelischer Prediger und Ratsherrn. Auf den ersten Blick begreifen wir heute nicht, warum die astronomische

31 Ingomar Bog, wie Anm. 29, S. 66f.

32 StadtA Augsburg Nr. 16 Ordnungsbuch, Bl. 184ff. »Etliche Articul, die von den Webern bel.«, 4. 6. 1583.

33 Ebd. Bl. 188f. »Offener Anschlag, die Leinengespinst... bel. v. Stetten, wie Anm. 17, I, S. 717 berichtet 1595 von »verarmten« Webern.

Verbesserung des alten Kalenders unter Gregor XIII. gerade in Augsburg zu schweren konfessionellen Auseinandersetzungen führen konnte. Ausschlaggebend für die Entscheidung des Rats – aber auch für die Kritik der evangelischen Seite – war das Drängen des benachbarten Bayernherzogs Wilhelm; infolgedessen entschloß sich der Augsburger Magistrat sehr früh zur Angleichung an die Kalenderreform in Bayern und im Stift Augsburg. Kaiser Rudolf II. war ungleich vorsichtiger und zeitlich später an die Reichsstände in dieser Frage herangetreten, da die protestantische Seite die Kalenderreform als Initiative des Papsttums a priori ablehnte. Aus mehrfachen Zeugnissen geht hervor, wie sehr die Augsburger Evangelischen durch die Niederlassung der Jesuiten in der Stadt beunruhigt waren, und – nach etwa 50jähriger Pause – mit Sorge das Erwachen katholischen Lebens – bei Prozessionen, Wallfahrten oder öffentlichen Andachten – beobachteten[34]. Vor allem aber hatte es Nervosität erregt, daß, nachdem sich die Zahl der katholischen und protestantischen Vertreter im Rat im Gleichgewicht befunden hatte, in jüngster Zeit die altgläubige Ratshälfte numerisch das Übergewicht erhielt. Im Jahre 1580 zählte man bei den Ratswahlen 25 Katholiken und 20 evangelische Ratsherrn, im Jahre 1583 veränderte sich das Verhältnis noch ein wenig auf 26:19 Vertreter beider Konfessionen[35]. Es gehörte seitdem zu den ständigen Beschwerden der Prädikanten und der evangelischen Bürgerschaft, daß die protestantischen Ratsherrn bei allen Abstimmungen majorisiert und von vielen Ämtern ausgeschlossen würden. Kaum weniger fiel ins Gewicht, daß in Augsburg – wie auch in Biberach oder Ravensburg[36] – die höchsten Ämter wie Stadtpfleger, Geheime Räte oder Bürgermeister mehr oder weniger vollständig in katholische Hände gekommen waren.

Beim Studium der Akten über den Augsburger Kalenderstreit tritt naturgemäß die Dominanz der konfessionellen und verfassungspolitischen Probleme in den Vordergrund. Wie schroff die Bekenntnisfronten auch im Magistrat aufeinanderprallten, zeigt schon die Supplication der evangelischen Kirchenräte vom 15. Januar 1583, in der das Mißtrauen gegen die altgläubige Ratsmajorität mit Händen zu greifen ist. Auch in der öffentlichen Ankündigung vom Rathauserker aus ließ der Magistrat am 17. April 1583 *(stylo nouo)* keinen Zweifel daran, daß seiner Auffassung nach die Erbitterung der evangelischen Bürgerschaft durch *böse pracktickhen* einiger unruhiger Köpfe ohne echten Grund erregt worden sei. Der Magistrat wies auf die Initiative des Bayernherzogs Wilhelm, die Zustimmung des Augsburger Bischofs Marquard und auf die Übereinkunft hin, den Neuen Kalender gemeinsam einzuführen, um Schwierigkeiten wegen der Termine der Jahr- und Wochenmärkte zu verhüten. Gleichzeitig wurde in dieser

34 Leonhard LENK, Augsburger Bürgertum im Späthumanismus und Frühbarock 1580–1700. In: Abhandlungen zur Geschichte der Stadt Augsburg. Schriften des Stadtarchivs 17 (1968), S. 44/65.

35 VON STETTEN, wie Anm. 17, I, S. 514, 519, 522, 526, 534, 538, 544, 549. Seit 1561 Verminderung der evangelischen Ratssitze und Entzug zweier Stellen im Geheimen Rat; ebd. I, S. 587. In den Jahren 1570/71 schlägt noch einmal das Verhältnis zwischen Katholiken und Protestanten im Rat auf 22:23 um; ebd. I, S. 632 u. 663f. Bei den Ratswahlen von 1580 war das Verhältnis von katholischen zu evangelischen Ratsherrn auf 25:20; bei der Ratswahl von 1583 sogar auf 26:19 verändert worden.

36 PFEIFFER, S. 16f. Alfons DREHER, Geschichte der Reichsstadt Ravensburg und ihrer Landschaft von den Anfängen bis zur Mediatisierung 1802. 1972. II S. 628.

Bekanntmachung erklärt, der Rat habe diese Maßnahme mit *einhelliger stimm* beschlossen *aus lautern bürgerlichen Politischen vrsachen, aber gar nicht der Meinung, einer oder der anderen Religion an dern lehr, glauben, ordnung und Ceremonien die geringste verhinderung und eintrag... zu thun.* Jedem Augsburger Bürger müsse es einleuchten, daß, *wan Im Fürstenthumb Bayern, im Stifft Augspurg und in dieser Stadt im Calender eine Ungleichheit gehalten* werde, der Markt und damit die Zuführung von Proviant und Victualien schwer gestört und der Verkauf von Getreide sich von Augsburg in die umliegenden Orte verlagern würde. Es sollte die eigene Bürgerschaft beruhigen, daß auf dem letzten Städtetag bereits die Vertreter Straßburgs, Nürnbergs, Ulms und anderer – evangelischer – Orte vom Magistrat dieselbe Erklärung erhalten hätten. Von dieser Seite habe man sich *zufriden* und den Augsburger Magistrat *für entschuldiget* erklärt, zumal *nach außweisung des Concordiibueches* man an gewisse Tage nicht gebunden sei[37].

Für die Auseinandersetzung mit den evangelischen Kirchenpröpsten wurde jedoch bedeutsam, daß sie gegen den Magistrat als solchen Stellung bezogen und sich *nit durch das merer vberstimmen lassen* wollten. Die Ratsadvokaten bestritten gleichfalls jedes konfessionelle Motiv bei den vom Magistrat nach dem Neuen Kalender angekündigten Änderungen der Fest- und Markttage und warfen den Kirchenpröpsten Protest gegen einen rechtsmäßigen Ratsentscheid und Ungehorsam gegen die ordentliche Obrigkeit vor[38].

Um so ungünstiger war für die Behörde der – vorläufige – Erfolg der Augsburger Evangelischen, die beim Reichskammergericht in Speyer ein Pönalmandat sine clausula gegen die Einführung des neuen Kalenders seitens des Magistrats durchsetzten[39]. Als sich daraufhin Stadtpfleger und Geheime bei Herzog Wilhelm in München Rat holten, kam dem Fürsten vor allem die jetzt sichtbar werdende – konfessionelle – Spaltung des Maigstrats bedenklich vor. Da erfahrungsgemäß im reichsstädtischen Regiment Ratsherren b e i d e r Bekenntnisse säßen, könne dieses Exempel auch für andere Stadtregierungen schwerste Konsequenzen haben[40].

Im Schriftwechsel des Rats mit den protestantischen Kirchenpflegern wurde jetzt die Verfassungsfrage aller Reichsstädte angeschnitten: War der heimische Rat wirklich herrschaftlich gebietende Obrigkeit, die nicht an den Konsensus der von ihr regierten bürgerlichen Stadtgemeinde gebunden war? Wir erinnern uns, daß den Stadtregierungen diese volle Befugnis im eigenen Machtbereich bestritten wurde. Vor allem war man auf dem Augsburger Reichstag im vergangenen Jahr im Hinblick auf die offene Auseinandersetzung der beiden Konfessionen in der Reichsstadt Aachen zur gleichen Auffassung

37 StadtA Augsburg Nr. 16 Ordnungsbuch, Bl. 180/82 »Beruef von wegen der newen Calender, 17. April 1583 (stylo nouo) vom erkher verrueft«, Ratsdekret vom 16. April 1583.

38 Bayerisches HStA München Nr. 74 (Reichsstadt Augsburg), Bl. 82ff. »Supplication der evangelischen Kirchenräte«, Augsburg 15. 1. 1583; ebd. Bl. 86/91 »Bedenken der Augsburger Advocaten über den newen corrigierten calender«, o. D. (Februar) 1583.

39 Ebd. Bl. 111ff. »Copia supplicationis pro Mandato poenali sine clausula verhandelt 28. 2. 1583 in consilio«.

40 Ebd. Bl. 142ff. Stadtpfleger an Herzog Wilhelm von Bayern, Augsburg 4. 4. 1583; ebd. Bl. 149 Instruktion des Doktor Johann Gailkircher für Herzog Wilhelm, Augsburg 12. 4. 1583; ebd. Bl. 156f. (Copia) Herzog Wilhelm am Kammergericht und Beisitzer in Speyer, München 4. 4. 1583.

gelangt und hatte den Stadtregierungen – trotz des entschiedenen Anspruchs des Städtetags – die volle obrigkeitliche Gewalt in Religionsfragen bestritten[41]. Da aber schon im Religionsfrieden von 1555 in gemischten Städten die Angehörigen beider Religionen ruhig nebeneinander wohnen sollten, beanspruchten die evangelischen Kirchenpröpste, die sich in Stuttgart Rat geholt hatten, die glaubensverwandte Bürgerschaft einerseits und den katholischen Rat andererseits in Religionsfragen *für ein stand als die andere Seite* zu behandeln. Mit dieser Interpretation des Religionsfriedens – aus Anlaß der angeblich religiösen Kalenderreform – wurden für die Reichsstadt Augsburg zwei Obrigkeiten und zwei Stände avisiert und damit von protestantischer Seite eine Art Paritätsanspruch angemeldet, wie er schließlich im Westfälischen Frieden für die Verfassungen der gemischten Städte realisiert werden sollte.

Bei ihrem Kampf gegen den katholischen Magistrat griffen die evangelischen Kirchenräte auch die Regimentsänderung Kaiser Karls V. vom Jahre 1548 an und argumentierten: Da der Religionsfrieden sieben Jahre später – im Jahre 1555 – verkündet worden sei, habe die carolinische Verfassung auch einen anderen Charakter; Stadtpfleger und katholische Ratsmehrheit besäßen also *keine* – obrigkeitliche – *Gewalt* über die evangelische Bürgerschaft, sondern stellten nur *eine parthei* dar[42]. Diese behauptete Halbierung und Degradierung der Behörde klassifizierte die Gegenschrift des Augsburger Rats als Schritt von *Privatleuten* gegen ihre Obrigkeit, ignorierte also damit den Gleichberechtigungsanspruch der evangelischen Seite. Im Hinblick auf den offenbar säkularen Charakter der Kalenderreform sah der Magistrat im Vorgehen der Kirchenräte nur einen Vorwand, um ihm – auf dem Umweg über eine angebliche Religionsfrage – die rechtmäßige Macht über die Kirchendiener zu nehmen. Ganz offen äußerte man den Verdacht, die evangelischen Geistlichen wollten – entsprechend ihrer Argumentation – mit Hilfe des gemeinen Mannes und der numerischen Majorität der Bürgerschaft – die Macht an sich reißen und die bisherige Obrigkeit suspendieren[43].

Es war inzwischen auf dem Rathaus bekannt geworden, daß die Prädikanten eine aufrührerische Protestation von der Kanzel verlesen und der Bevölkerung vorgespiegelt hatten, der katholische Magistrat wolle Augsburg wieder katholisch machen. Geradezu alarmierend wirkte die Nachricht, man habe sich in der Stadt mit Büchsen und anderen Waffen versehen und sogar einige Landsknechte in die Häuser aufgenommen. Da der Rat vom letzten Reichs- und Städtetag her wußte, daß es in Aachen seit 1581 – trotz des Religionsfriedens – zum offenen Kampf in der Stadt gekommen war, fürchtete der Magistrat dasselbe Schicksal, Blutvergießen und entsprechend die Vertreibung der Katholiken aus Augsburg[44].

41 von Stetten, wie Anm. 17, I, S. 654f. »Reichstag zu Augspurg: Der frey und Reichs-Städte beschwehrden über die höheren Reichs-Collegia, in Causa Aachen«; Heinz Schilling, Niederländische Exulanten im 16. Jh., ihre Stellung im Sozialgefüge und im religiösen Leben deutscher und englischer Städte, Gütersloh 1972; Ders., Bürgerkämpfe in Aachen zu Beginn des 17. Jhs., In: Zeitschrift für historische Forschung I (1974), S. 175–185.

42 Bayerisches HStA München Nr. 74, B. 176/181 Duplica der Kirchenpröpste, Speyer 1. 7. 1583.

43 Ebd. Bl. 182/190 Replik der Stadtpfleger, Augsburg o. D. August 1583.

44 Ebd. Bl. 200f. (Copia) Rudolf II. an Kammergericht, Prag 1. 11. 1583; ebd. Bl. 204f. Herzog Wilhelm an Rudolf II., München 9. 11. 1583.

Angesichts der Zuspitzung der Lage betonten die Stadtväter ihre – konfessionelle – Überparteilichkeit und Staatsraison und unterstrichen, wie vertrauensvoll das simultane Verhältnis der beiden Religionsparteien bisher gewesen sei, so daß es nicht nur *in ganz Teutschland, sondern auch bei allen auswendigen nationes* Augsburgs Ruhm ausgemacht hätte. Obwohl die Behörde, wie wir aus der Betrachtung ihrer Maßnahmen seit 1553 wissen, dieses Resultat weitgehend mit obrigkeitlichen Zwangsmitteln erzielt hatte, konstatierte sie jetzt, *der Stifter aller Widerwärtigkeit – der religiöse Fanatismus* – (habe) *die Stimmung in der Stadt vergiftet*[45]. Der Bayernherzog in München sah in dem Vorgehen der Kirchenpröpste gleichfalls eine rein konfessionelle Machenschaft und meinte, es gehe den Evangelischen *nicht so gar umb den newen calender als fürnemblich und principaliter darum, den Jhenigen so unter dem magistrat unser allten waaren Catholischen religion zugethan,* (die) *auch im Rat die fürnembsten und ansehendlichsten seind,* die Oberhand und den Ratssitz, wie er ihnen seit dem Sturz der Zunftverfassung im August 1548 gebührte, zu nehmen[46]. In den leidenschaftlichen Predigten dieser Tage und bei den zahlreichen Zusammenkünften der Handwerker wurde die konfessionelle Argumentation in den Vordergrund gerückt, *der – mehrheitlich katholische – Magistrat könne nicht für einen ganzen rat, sondern allein für einen teil* desselben bezeichnet werden; jener habe also dem evangelischen Teil Augsburgs *gar nichts zu gebieten und zu verbieten*[47]. Das Gutachten des protestantischen Württemberg sekundierte in der Kalenderfrage den Kirchenräten und nannte den Augsburger Magistrat nicht *ein Corpus,* sondern *in effectu zween stend*[48]. Damit wurde aus der Simultanformel des Religionsfriedens von 1555 und dem neuen Selbstverständnis der evangelischen Seite die – konfessionelle – Konsequenz gezogen.

Wir begreifen, daß seit April 1583 der Magistrat an den Ecken der Gassen, die dem Rathaus am nächsten lagen, *starcke eiserne Ketten* aufhängen ließ, um sich bei Aufläufen derselben zur Sperrung bedienen zu können[49]. Wie gefährlich die Behörde zu Beginn des folgenden Jahrs die innere Situation in Augsburg ansah, zeigt ein Ruf an die Bevölkerung, sich in den Kirchen *beschaidener* zu halten. Noch einmal unterstrich der Magistrat, daß in dieser Stadt *beide religionen gehalten* würden und daß es *einem jeden frei... steet, sein guetachten und gelegenheit nach, sich zu der einen oder anderen religion zu bekennen* (und) *derselben kirchen und Predigt zu besuechen.* Bei diesem Grundsatz wollte der Rat auch künftig bleiben, aber jedem, *so In der einen oder anderen religion kirchen und predigt komme,* gebieten, sich still und ohne Ärgernis zu erregen, zu verhalten. Wie gespannt jedoch bereits seit Beginn des Kalenderstreits die Beziehungen beider Bekenntnisse in Augsburg geworden waren, verrät die weitere Weisung, man solle

45 Ebd. Bl. 243/255 Syndici der Pfleger, Geheimen und eines ehrbaren Rats von Augsburg gegen der Kirchenpröpste Mandat, Speyer 4. 12. 1583.

46 Ebd. Bl. 316ff. Herzog Wilhelm an Rudolf II., München 1. 2. 1584; ebd. Bl. 318/324 Rehlinger an Dr. Elsensheimer, o. D. Februar 1584.

47 Bayerisches HStA München Nr. 75, Bl. 41–46 Extract aus der Gegenschrift der evangelischen Kirchenpfleger am 26. 3. 1584 in Speyer übergeben.

48 Ebd. Bl. 47/51 Extract des Vortrags der Württembergischen Gesandten bei einem erbarn Rat, o. D. März 1584 (Copia).

49 von Stetten, wie Anm. 17, I, S. 663.

jeden, der sich in der Kirche der einen oder anderen Religion anstößig verhielt, dem Bürgermeister im Amt melden, der, mit Zustimmung des Rats, den Delinquenten ins Gefängnis werfen dürfe. Eindringlich verbot der Magistrat, sich in konfessionellen Fragen zum Richter in eigener Sache aufzuwerfen oder bei solchen Disputen jemand gewaltsam zu schlagen oder zu beschädigen[50].

V. *Rat und Prädikanten am 4. Juni 1584*

Nach langwierigen Bemühungen war es dem Augsburger Magistrat gelungen, das Pönalmandat gegen die Einführung des gregorianischen Kalenders beim Kammergericht zu annullieren. Daraufhin entschloß sich die Behörde, gegen das Zentrum der Unruhe vorzugehen und den protestantischen Superintendenten Dr. Georg Müller (Mylius) aus der Stadt zu weisen. Der Geistliche hatte die Ratsmitglieder auf der Kanzel *Heuchler* und *Tyrannen* gescholten und demonstrativ am alten Kalender festgehalten. Es war sogar ein Schreiben Müllers aufgefangen worden, worin er betonte, die Bürgerschaft könne in den Städten den Rat ein- und absetzen[51]. Dieser willkommene Fund erinnerte die Behörde an eine Pasquille, die nach der Verkündung des neuen Kalenders am Augsburger Rathaus angeschlagen worden war und die Leser mahnte: Würde der gregorianische Kalender nicht wieder abgeschafft, so wolle man *von der gemeinde aus stark genug sein.* Wir wissen auch von anderen gemischten Städten wie Dinkelsbühl oder Biberach, daß bei Petitionen oder Aktionen die einstige Zunftverfassung drohend von der protestantischen Führung in Erinnerung gebracht wurde[52]. Man wird wohl Paul von Stetten oder neuerdings Leonhard Lenk darin zustimmen, daß es sich beim Aufstand vom 4. Juni 1584 – trotz der Not der Weber - nicht um eine Aktion der Zünfte als solchen, sondern um eine von Müller und seinen Kollegen geleitete konfessionelle Erhebung gehandelt hat[53].

Vielleicht wäre es wie in Aachen zum Blutvergießen gekommen, als sich die Handwerkerschaft schließlich in einer Stärke von über 4000 Mann erhob und vor das Rathaus stürmte, wenn nicht die Aufständischen durch eine wesentlich verstärkte und vom Kaiser genehmigte Schutzwache in Schach gehalten worden wären. Dennoch mußte der Magistrat in diesen spannungsgeladenen Tagen froh sein, überhaupt mit Ausschüssen der Gemeinde und mit den Prädikanten verhandeln zu können. Da die Warnschüsse vor dem Rathaus und der Einsatz eines Fähnleins stark gerüsteter Knechte die Angreifer zur Raison brachten, gab es wenigstens keine Toten. Dennoch hat die *große Furie* des gemeinen Volkes etwa 3000 Bürger so erschreckt, daß sie in den Tagen um den 4. Juni flüchteten. Erst als Müller – verkleidet – wegen des Haftbefehls des Magistrats Augsburg verlassen hatte, gingen die Gewerbe wieder an die Arbeit.

50 StadtA Augsburg, Nr. 16 Ordnungsbuch 1535–1633 »Beruef das sich meniglich In den kirchen beschaidenlich halten sol«. Ratsdekret 4. 2. 1584.

51 Lenk, wie Anm. 34, S. 63 und 78.

52 Ebd. S. 62.

53 Ebd. S. 64; von Stetten, wie Anm. 17, S. 670ff.

Obwohl in der folgenden Woche eine kaiserliche Kommission auf Veranlassung des Magistrats in Augsburg mit den Gesandten Württembergs und Ulms zusammentraf und am 14. Juni einen ersten Vergleich mit den Augsburger Geheimen zustandebrachte, blieben die Abmachungen in der Schwebe. Die obrigkeitliche Position des Rats wurde jetzt anerkannt und der neue Kalender von den Evangelischen akzeptiert. Die inzwischen verhafteten evangelischen Kirchenpfleger und andere Vertreter der evangelischen Sache wurden aus dem Arrest entlassen, bezeichnenderweise aber nicht mehr in ihre Ratsstellen und Ämter eingesetzt[54]. Begreiflicherweise machten die evangelischen Prediger wegen dieser für sie ungünstigen Entscheidung Schwierigkeiten, zumal es in der Frage des ius vocandi zu erheblichen Differenzen gekommen war. Angesichts der Rolle der evangelischen Prediger wünschte die Behörde, auch das bisher geübte ius nominandi der Evangelischen, das der Rat den Protestanten bisher nur *aus gutem Willen und keiner Gerechtigkeit* der Gegenseite überlassen hatte, wieder an sich zu ziehen. Die Stadtpfleger sollten wie ehedem das Recht, die Kirchendiener zu benennen und gemeinsam mit dem Geheimen Rat zu berufen – vor allem aus sicherheitspolitischen Gründen wieder in die Hand nehmen[55]. Infolge der Gegenwirkung der Prädikanten blieb es bei der Unruhe in der Stadt, bis die kaiserliche Kommission auf Verlangen des Magistrats eine Befragung der evangelischen Ratsherrn, der Ausschüsse von den Geschlechtern, der *mehreren Gesellschaft* und Kaufleute durchsetzte. Von den 17 Fragen, die den einzelnen Protestanten vorgelegt wurden, interessiert in unserem Zusammenhang vor allem die vierzehnte: Ob sie wünschten, daß die Regierungsform geändert würde? und die sechzehnte Frage: Ob keinem von ihnen bewußt sei, daß einige von der Bürgerschaft auf Änderung des Regiments ausgegangen seien? Bei dieser Vernehmung versicherten die Befragten, sie hätten niemals an eine Änderung des Regiments gedacht und wollten der Obrigkeit schuldigen Gehorsam leisten, wenn ihnen nur die freie Religionsausübung gelassen würde[56]. Der schließliche Vergleich fand aber auf evangelischer Seite wenig Beifall. Die Vertreter der evangelischen Geschlechter und Kaufleute drangen jetzt zum ersten Mal darauf, daß im Rat zwischen beiden Konfessionen eine Art Parität eingeführt würde, weil die evangelische Bürgerschaft zahlenmäßig weit stärker sei. Vor allem sollte in der carolinischen Wahlordnung der bekannte Passus, demzufolge die Kandidaten der alten Religion bei den Wahlen bevorzugt wurden, gestrichen werden. Die kaiserliche Kommission gelangte angesichts dieser neuen Wendung bei der Befragung zur Auffassung, daß die evangelischen Ausschüsse *gleichsam aus der Prediger Mund geredt* hätten. Da die Behörde weder eine paritätische Machtverteilung im Rat einräumen, noch das Berufungsrecht der Geistlichen in der Hand ihrer Gegner, der evangelischen Prädikanten, lassen wollte[57], wurde ein amtlicher Friedensschluß mit einer Ordnung der zur Diskussion stehenden Verfassungsprobleme erforderlich.

54 VON STETTEN, wie Anm. 17, S. 672f.
55 Ebd. S. 674f.
56 Ebd. S. 675f.
57 Ebd. S. 677f.

VI. *Vocation der Prädikanten und die Organisation der evangelischen Gemeinde*

Der Vertrag vom 11. August 1584[58], der zwischen dem Augsburger Magistrat und der evangelischen Seite mit Hilfe der kaiserlichen Kommission zustandekam, suchte mit einer Fülle von Bestimmungen und Berufung auf den Religionsfrieden die Ruhe in Augsburg und die rechtliche Austragung konfessioneller Gegensätze zu sichern. Mehrfach wurde im Text gegen die Vorstellung Front gemacht, der Rat wolle dem Kirchenwesen der Augsburgischen Konfession Abbruch tun[59]. Dennoch hielt die Behörde im zweiten Hauptpunkt des Vertrags betr. die *Erforderung, Nomination, Präsentation und Konfirmation der Kirchendiener augspurgischer Confession als Haupt der Statt, welches auch die gantz Gemein repräsentiert* ungeschmälert in der Hand. Zwar wurde bei Vakanz von Predigerstellen dem Ministerium der Kirchenpfleger vorbehalten, qualifizierte Personen dem Rat vorzuschlagen, aber mit der Einschränkung: *Was allein für blossen Rat oder Consilium betrachtet* werden solle[60]. Es wurde auch ausgemacht, daß die Stadtpfleger solche Kandidaten zunächst an das Predigtamt weisen sollten, ehe mit ihnen endgültig über die Anstellung beschlossen wurde. Den protestantischen Geistlichen war damit Gelegenheit gegeben, zu prüfen, *ob sie – die Kandidaten – der Lehr halben untadelig und der Augspurgischen Confession zugethan seien oder nicht.* Wer ein solches Testimonium vom Ministerium nicht erlangte, durfte von den Stadtpflegern nicht zum Kirchendienst zugelassen werden[61]. Zur Versorgung der evangelischen Gemeinde wollte der Rat weiterhin 14 Prädikanten der Augsburgischen Konfession anstellen, legte aber in Erinnerung an die turbulenten Vorgänge im Juni des Jahres ausdrücklich fest, die evangelischen Geistlichen sollten auf eine freundliche Zusammenarbeit der beiden Konfessionen hinarbeiten und dürften *wider die Oberkeit durchauß nichths rathen, handlen oder fürnehmen helffen.* Nach dieser strengen Begrenzung der geistlichen Mitwirkung bei der Vokation der Prädikanten griff der Vertrag vom 11. August 1584 aufgrund der Befragung der evangelischen Ausschüsse im *Politischen Wesen* entschieden durch, um das weltliche Regiment intakt zu halten. Deshalb wurden alle Bürger und Einwohner an Kaiser Karls V. *Ordnung und Edict von bestellung der Oberkeit und derselben Wahl* von 1548 und 1552 nachdrücklich erinnert. Vor allem wandte man sich an die vornehmsten Ratsherrn der Evangelischen und verbot ihnen, die besondere *Oberkeit von den Geschlechtern der Herren-Stuben* zu mißbrauchen und *heimliche oder öffentliche anschläg oder practic* anzuzetteln. Um nicht mißverstanden zu werden, wiederholte man, *niemand* dürfe sich *anmaßen oder unterstehen, einige andere weltliche oder geistliche Oberkeit einzuführen.* Gegen alle Versuche, den Beschluß der Ratsmajorität zu mißachten oder das entscheidende Gremium zu spalten, verbot man *ungewohnliche protestationes* gegen ordentliche Beschlüsse, da sonst die Resolutionen dieses Gremiums keine *gewißheit* behielten. Wer künftig dennoch wagen sollte, dieser Weisung entgegen

58 Johann Jakob MOSER, Reichstättisches Handbuch. Tübingen 1732 I, S. 134/143. »Extract Vertrags« zwischen Stadtpflegern und Rat und den evangelischen Bürgern vom 11. 8. 1584.
59 Ebd. S. 134f.
60 Ebd. S. 135f.
61 Ebd. S. 136f.

zu handeln, sollte Ratssitz und Bürgerrecht verloren haben. Um Manipulationen innerhalb des Ratsgremiums zu erschweren, betonte der Vertrag, keiner außer den beiden Stadtpflegern solle die *umbfrag im Rat halten oder proponieren.* Noch eindringlicher als sonst erinnerte man die Ratsherrn an die Wahrung des Amtsgeheimnisses und warnte sie davor, *auß dem Rath* (zu) *schwäzen.* Nachdem das Mißtrauen und der Ungehorsam gegenüber dem Magistrat so viel Unheil gebracht hatte, verlangte man auch das *Verkleinern und Übelnachreden der Oberkeit* einzustellen und zu bekämpfen[62]. Aus den 12 Abschnitten des Vertrags vom 11. August 1584 sprach die Entschlossenheit, die rechtmäßige Stellung der weltlichen Obrigkeit zu behaupten und keine Zugeständnisse im Sinne der konfessionellen Parität zu machen. Daß die Gegenseite mit diesem Ergebnis unzufrieden war, zeigte die Gährung in der Bürgerschaft nach Abreise der kaiserlichen Kommission. Die Prädikanten wetterten auf den Kanzeln gegen die aufgezwungene Abmachung, während einige *Pasquille* die Erbitterung über diesen Erfolg der Behörde noch steigerten[63]. Es durfte nicht überraschen, daß mehrere evangelische Bürger das Weihnachtsfest 1584 nach dem alten Kalender feierten[64]. Wesentlich bedrohlicher erwies sich eine Schrift, die die Prädikanten in Druck gaben und darin behaupteten, die Berufung der Kirchendiener hätte schon lange den evangelischen Kirchenpflegern zugestanden, da der Magistrat seinen eigenen Worten zufolge bis zum Kalenderstreit aus sogenanntem gutem Willen der evangelischen Seite hierin entgegengekommen war. Doppelt gefährlich war das Argument der Protestanten, der Artikel des Vertrags vom 11. August über die Vocation der Prädikanten widerspreche dem Religionsfrieden. Als es daraufhin im Sommer 1585 erneut zur Trennung im Rat und in der Bürgerschaft kam, wurde die kaiserliche Kommission zu Hilfe gerufen, um die evangelischen Ratsherrn zu disziplinieren. Da ein widerspenstiger evangelischer Ratsherr seines Amtes hierbei entsetzt wurde, leisteten zehn Vertreter der Geschlechter der Kaufleute und der Bürgerschaft ernsthaften Widerstand. Nachdem drei angesehene Vertreter, sogar aus dem Geheimen Rat entfernt wurden, verließen weitere sieben Angehörige der führenden Familien Augsburg und begaben sich nach Ulm. Es sollte viele Jahre dauern, bis diese *ausgeschafften und entwichenen Bürger* wieder nach Augsburg zurückkehren durften.

Da der Rat bei der selbstherrlichen Berufung der evangelischen Geistlichen keine glückliche Hand hatte, sahen diese vertriebenen Augsburger Bürger eine Chance, von Ulm aus mit Hilfe Württembergs und sogar bei Kaiser Rudolf II. auf Einführung paritätischer Verhältnisse im Ratskollegium hinzuwirken. Bei diesem Streit um das ius vocandi wurde gegen die vom Magistrat berufenen Geistlichen der Vorwurf erhoben, sie seien, statt der Kirche verpflichtet zu sein, *Miedlinge* der weltlichen Behörde oder sogar im Hinblick auf ihren ärgerlichen Lebenswandel *Bauchdiener, Fresser und Säuffer*[65].

Es belastete jetzt die Behörde, daß nur wenige Evangelische den Gottesdienst der von der Behörde angestellten Geistlichen besuchten und daß diese Prädikanten sogar während der Predigt öffentlich verspottet wurden. Bezeichnenderweise hat man seitens

62 Ebd. S. 138/141.
63 von Stetten, wie Anm. 17, I, S. 681.
64 Ebd. I, S. 683.
65 Ebd. I, S. 736.

der Reichsstädte die Initiative ergriffen, um weiteren Auseinandersetzungen in der Religionsfrage in Augsburg zuvorzukommen. Da seit dem Kalenderstreit und dem harten Durchgreifen des Magistrats gegen angesehene Ratsherrn der Evangelischen die übrigen Reichsstädte den Augsburger Magistrat von der bisherigen vertraulichen Korrespondenz ausschlossen, hatte die Augsburger Behörde seit dem Städtetag in Speyer im August 1586 keinen Vertreter zu den Tagungen der Reichsstädte entsandt.

Im Mittelpunkt dieser reichsstädtischen Spannungen hatte die Ausweisung der Augsburger Bürger gestanden. Weil aber solche Religionsdifferenzen den längst gefährdeten Zusammenhalt der deutschen Kommunen schwächten und deren obrigkeitliches Prestige verringerten, entschlossen sich am 27. August 1590 Vertreter Straßburgs und Nördlingens mit den Geheimen Augsburgs Verhandlungen aufzunehmen, um die große Handelsstadt wieder in die vertrauliche Korrespondenz aufzunehmen und dem *beschwerlichen misverstand zwischen der oberkeit und der burgerschafft* ein Ende zu machen. Die beiden Stadtpfleger rechtfertigten ihr Verhalten mit dem Hinweis auf den Vertrag vom 11. August 1584 und seine harten Bestimmungen gegen widerspenstige Bürger. In der Frage der Vocation der Prädikanten habe der Kaiser nur festgelegt, *was dem religionfriden gemes* sei. Die beiden höchsten Vertreter Augsburgs betonten aber, es sei ihnen unklar, warum die Angehörigen der beiden Stuben – der Geschlechter und der Kaufleute – sich dem Vertrag von 1584 widersetzten. Offenbar würden sie von den ausgeschafften Bürger dazu verleitet. In diesem Zusammenhang gaben die Stadtpfleger zu, daß diese evangelischen Kreise nicht in die Kirche gingen, sondern in den Bürgerhäusern *privatim singen und predigen theten.* Sogar auf dem Totenbett wollten viele Augsburger Protestanten von den neuangestellten Prädikanten *gar kein trost nemen,* sondern seien darüber *in irm grollen und neid gestorben.* Lieber hätten die Evangelischen statt der neuen Prediger Glaubensgenossen niederen Standes wie *schlechte weber und geringe leut zu trostleuten gebraucht.*

Als die Vertreter Straßburgs und Nördlingens die Forderungen und Bedingungen der evangelischen Seite in 18 Punkten[66] formuliert vorbrachten, lehnten die Vertreter des Magistrats der *burger petita* ab, da man weiterhin das ius nominandi fordere und dabei verlange, von der Resolution Kaiser Rudolfs II. zurückzutreten, – was nicht in der Macht der Stadtpfleger und Geheimen liege. Man höre trotz vieler Worte nichts von Gehorsam, Demut oder Neigung zur Versöhnung. Obendrein verlange man die Wiederzulassung der ausgewiesenen Bürger und die Restitution der früheren Prädikanten aus der Zeit des Kalenderstreits. Schließlich fordere das Ministerium – im Hinblick auf den Vertrag von 1584 – von der neuen *Verschreibung* und dem entsprechenden Eid verschont zu sein und wünsche, daß den Geistlichen *in dem von Gott ufferladenen deß heyligen geists leer- und strafambt uff der cantzel der mund ungespert* bleibe[67].

Es bedeutete eine zusätzliche Komplikation der beginnenden Verhandlungen, daß von seiten der Augsburger Evangelischen die Wiedereröffnung der Konvente bzw. die

66 StadtA Augsburg, Ratsprotokolle 1590, Bl. 597 »Handlung so der e. Stett gesandten im Augusto 1590 wegen der hiegen burger mit den herrn geheimen gepflogen« u. Bl. 598/99 Wortlaut der 18 Punkte.
67 Ebd. Bl. 599.

Zulassung der evangelischen Ausschüsse verlangt wurde, obwohl der Magistrat gerade der Aktivität dieser Gremien ein großes Maß von Schuld an den Unruhen der vergangenen Jahre zuschrieb. Die Stadtpfleger unterstrichen ihre Ablehnung mit dem Satz: *Sonst aber werd man kein ausschus zu machen nimmermer bewilligen,* da jeder, der etwas vorbringen wolle, täglich zu den Stadtpflegern Zugang habe. Die Vertreter Augsburgs wollten auch jetzt nicht von der kaiserlichen Resolution abgehen und *diser statt oberkeit an irn rechten das allergeringst... vergeben.*

Es ist doppelt aufschlußreich zu verfolgen, welche Zugeständnisse die Stadtpfleger am 1. September 1590 *den begerten usschuß und congregation betreffend* machten, weil wir in diesen Verhandlungen von der Selbstorganisation der Augsburger Protestanten eine nähere Vorstellung erhalten und damit von Vorstufen der Parität im Westfälischen Frieden. Vor allem wurden in 6 Punkten in der Frage der Vocation der Prädikanten Milderungen angeboten. Die Augsburger Stadthäupter wollten künftig – nach ihren schlechten Erfahrungen mit den von ihnen selbst angestellten Prädikanten – keinen Prediger ohne vorausgehendes Examen annehmen. Man war damit einverstanden, daß bei diesen Verhandlungen mit Kirchenpflegern und Prädikanten auch ein Vertreter der Geschlechterstube, einer von den Kaufleuten und einer von der evangelischen Gemeinde zugegen sei, um geeignete und moralisch einwandfreie Personen zu gewinnen. Auch jetzt schränkten die Stadtpfleger ihr Zugeständnis ein und bedeuteten, dies geschehe formell *nit iure nominationis,* sondern allein *forma et modo fidelis consilii.* Auch jetzt behielten sich die Vertreter Augsburgs vor, aus der Zahl solcher geeigneter Kandidaten einen nach ihrem Wohlgefallen zu berufen. Diesen Examina sollten im Ministerium nicht nur die Kirchenpfleger, sondern deren Adjunkte beiwohnen und vor allem das Zeugnis über das Ergebnis der Probepredigt mitunterzeichnen. Im Falle fehlender Übereinstimmung der Gutachten behielten sich die Vertreter des Magistrats vor, die Präsentation neuer Prädikanten zu verlangen und überhaupt die Geistlichen *irer gelegenheit nach jederzeit wider zu verlauben und abzuschaffen*[68]. Da Stadtpfleger und Geheime solche Gremien aus den Tagen des Kalenderstreits kannten, betrachteten sie diese *nit on gevar* und wollten einen Ausschuß aus den Geschlechter- und Kaufleutstuben nur bewilligen, wenn diese zur gleichen Zeit berufen würden, aber getrennt tagten. Besonderen Wert legte man seitens des Magistrats darauf, die Führung der Verhandlungen in der Hand zu behalten und eine allgemeine Befragung der Bürgerschaft über ihre Ansichten und damit tumultuarisches Auftreten zu verhindern. Die Funktionen der protestantischen Ausschüsse sollten so sorgfältig begrenzt werden, daß die kaiserliche Obrigkeit als solche nicht tangiert würde. Schon deshalb konstatierte der Jurist Dr. Wadel, Kirchenpfleger und erst recht Adjunkte wären *kein ambt von der keyserlichen maiestat,* sondern den Evangelischen von den Augsburger Stadtpflegern nur *aus gutem willen mit gemessenem bevelch* zugestanden worden. Wadel gab auch zu bedenken, *wie gevarlich es sey, die anzal der kirchenpfleger zu extendirn.* Hatten sich diese evangelischen Vertreter nicht *in irn conventicula* beraten, um die *enderung der oberkeit* vorzubereiten und diese *von sattel und zaun* (zu) *reiten*[69]. Um das ius nominandi et vocationis den Kirchenpflegern

68 Ebd. Bl. 600.
69 Ebd. Bl. 600f.

im Rat vorzubehalten und es nicht der Gemeinde selbst einzuräumen, erinnerte man an den Vertrag mit der kaiserlichen Kommission vom 11. August 1584 und drang darauf, daß in den evangelischen Konventen nur *doctrinalia* und Religionsfragen behandelt würden und nichts *wider die oberkeit* beschlossen würde[70]. Hauptsorge der Vertreter des Augsburger Magistrats blieb, *wie ungebürlich sich die leut wider ir oberkeit alhie opponirn,* ohne hierzu irgendwelchen Beruf zu haben. Man gab den reichsstädtischen Vertretern Straßburgs und Nördlingens zu verstehen, daß die in Ulm ansässigen Evangelischen, die aus Augsburg vertrieben worden seien, vor allem hinter diesem Treiben stünden und auch den gemeinen Mann für ihre Zwecke einsetzen wollten[71].

In der strittigen Frage, ob die evangelische Seite bei der Berufung der Kirchendiener seit Jahrzehnten Anteil gehabt habe oder nicht, standen sich Behauptung und Gegenbehauptung gegenüber[72]. Trotz des negativen Ergebnisses der Straßburger und Nördlinger Gesandten war jedoch eine Annäherung Augsburgs an den Standpunkt des Städtetages zu erkennen und die Voraussetzung für den schließlichen Vergleich vom Jahre 1591[73].

Wie unterdessen nach dem Wortlaut des Vertrags vom 11. August 1584 zwei *ausgewichene* Bürger in ihrer Heimatstadt angenommen wurden, die sich aus freyen Stücken beim Magistrat meldeten, berichtet Paul von Stetten: sie hätten den Rat um Verzeihung gebeten und *die gewöhnliche gefängnuss-Straffe ausgestanden*[74]. Auch weiterhin schritt der Magistrat gegen heimliche Zusammenkünfte ein, als er von einem Gottesdienst erfuhr, den ein Weber in einem Privathaus selbst hielt. Der Rat konnte daraus ersehen, daß weiterhin evangelische Bürger nicht zu den von ihm bestellten Geistlichen gingen.

Bezeichnenderweise bedurfte es dennoch einer Initiative angesehener Augsburger Bürger, um den Magistrat im Jahre 1591 zum Einlenken zu bewegen. Es lag zu nahe, den Geheimen gegenüber auf das Schreiben der Gesandten Straßburgs und Nördlingens zurückzugreifen und eine jenen Forderungen der Reichsstädte angenäherte Vergleichsformel vorzulegen. Kernpunkt der Unterhandlungen war der wohl beiderseitige Wunsch, endlich Ruhe in der Stadt herzustellen, den ausgewiesenen oder geflüchteten Bürgern die Stadt zu öffnen und sie in Gnaden aufzunehmen. Das Resultat dieser Gespräche wurde in 14 Artikeln zusammengefaßt und alsbald gedruckt veröffentlicht. Obwohl in den ersten Abschnitten formal der obrigkeitliche Standpunkt gewahrt wurde, zeigen einige Zugeständnisse des Magistrats, daß die Befugnisse der evangelischen Bürgerschaft in Augsburg vermehrt wurden: Von der Geschlechter- und Kaufmannsstube und der evangelischen Gemeinde durfte die evangelische Seite drei Personen aus dem Kreis der Rats- oder Gerichtsverwandten, aber auch aus ihren Reihen wählen und *den dreien von der oberkeit verordneten kirchenpflegern zuordnen und beisetzen.* Ausdrücklich wurde festgelegt, daß diese sechs Kirchendiener keiner anderen Konfession oder Sekte angehören sollten. Vor allen Dingen in der Kernfrage der Vocation durften jetzt diese sechs evangelischen Vertreter zusammen mit den Ministerien bei

70 Ebd. Bl. 601.
71 Ebd. Bl. 601.
72 Ebd. Bl. 602f.
73 von Stetten, wie Anm. 17, I, S. 717.
74 Ebd. I, S. 717f.

Vakanzen von sich aus geeignete Kandidaten suchen, sie den Stadtpflegern und Geheimen vorschlagen und benennen und diese ersuchen, solche Kandidaten *vocirn zu lassen.* Sollten seitens des Magistrats Bedenken gegen die vorgeschlagenen Personen geäußert werden, waren die Stadtpfleger und Geheime nicht gebunden. Allerdings wiederholte sich dasselbe Verfahren dann mit neuen Kandidaten unter gleichen Bedingungen. Wir erkennen, in welchem Maße jetzt Initiative und Examen bzw. Auslese bei der evangelischen Gemeinde lagen. Bei der Probepredigt sollten die Kandidaten von den Stadtpflegern, dem Ministerium und Kirchenpflegern samt deren Adjunkten vorgestellt und, wenn sie in der Lehre und Lebensführung *unsträflich und unverwirflich befunden,* vom Geheimen Rat angenommen und ihnen eine *gewonliche gestallung* vorgelegt werden. Wichtig war auch die Erlaubnis, daß dem Ministerium und den sechs gewählten Vertretern die *gewonliche conventsstuben* bei S. Anna wieder zugänglich gemacht wurde. Das Ministerium durfte mit Rat der Kirchenpfleger und der drei Adjuncten zwei *fridliebende seniores* wählen und *Kirchensachen* diskutieren.

Wie mißtrauisch der Magistrat dem Konvent gegenüber blieb, verrät der Satz, daß die Kirchendiener aufgrund ihres Eids nicht nur keine unreine Lehre dulden, sondern sich keinesfalls *wider die herrn stattpfleger, geheime und ein erbarn rat allhie under dem schein der kirchensachen* verständigen sollten. Die sechs gewählten Vertreter der Evangelischen wurden deshalb vom Rat in diesem Sinne vereidigt. In der Zuweisung der Prädikanten zu den einzelnen Kirchen und bei der Kontrolle der Amtsführung der Geistlichen wurde den Vertretern der evangelischen Bürgerschaft und den Kirchenpflegern weitgehend freie Hand gelassen, zumal letztere *mit vorwissen und guthaissen der herrn stattpfleger und geheimen* ungeeignete oder unwürdige Prediger aus dem Dienst entlassen durften. Ausdrücklich war festgelegt, daß die Stadtpfleger und Geheimen nicht von sich aus und allein die Prädikanten beurlauben konnten[75].

Angesichts der Unzufriedenheit der Augsburger Evangelischen mit ihren amtierenden Predigern war es besonders wichtig, daß im 12. Artikel die Stadtpfleger verpflichtet wurden, sofort und *zu erster gelegenheit zwen unparteiische und erfarne, fridliebende, gelehrte theologos augspurgischer confession* mit Wissen und Rat der Kirchenpfleger und Adjuncten einzuladen, um die jetzigen Augsburger evangelischen Geistlichen sorgfältig *in sonderheit von articuln zu articuln* zu prüfen. Diese beiden Theologen sollten über Lebensführung und Lehre den Stadtpflegern und Geheimen detaillierten Bericht erstatten[76]. Wie berechtigt die Klagen der Augsburger Bürgerschaft waren, zeigt das Ergebnis dieser Untersuchung. Aufgrund des Berichts der beiden examinierenden Theologen wurden mit wenigen Ausnahmen alle bisher amtierenden Prädikanten von den Stadtpflegern entlassen[77].

Schließlich wurden die sieben gewählten Vertreter der Evangelischen nicht nur zu Aufsehern über die evangelische Kirche und deren Diener, sondern auch über die

75 Die evangelischen Kirchenordnungen des XVI. Jahrhunderts, hg. v. Emil Sehling 12. 1963. S. 109f. Vergleichsartikel von 1591. Vgl. Original und Korrespondenz im StadtA Augspurg, Evangelisches Wesensarchiv.

76 Ebd. S. 111.

77 Ebd. S. 33, Einführung zu den Augsburger Kirchenordnungen.

evangelische Schule bei S. Anna eingesetzt. Wir können damit grundsätzlich der Auffassung des Herausgebers dieser Ordnung von 1591 zustimmen, daß die Entwicklung seit dem Kalenderstreit zu Kirchenverfassungsformen führte, »die einer weitgehenden Selbstverwaltung der Kirche unabhängig vom Staat gleichkamen«[78]. Durch die sorgsame Sicherung formeller obrigkeitlicher Rechte war die zeitweise drohende Gefahr einer zweiten protestantischen Doppelregierung auch durch diesen Vergleichsartikel von 1591 gebannt. Es läßt sich jedoch nicht bestreiten, daß die Verselbständigung der evangelischen Kirchenorganisationen in Augsburg auf dem Hintergrund der Mehrheit der dortigen Bürgerschaft, besonders im Hinblick auf einen allgemeinen Wandel der religionspolitischen Situation im Reich, den Ausgangspunkt für eine verfassungsmäßige Parität darstellen konnte.

Wie sehr die Augsburger Stadtväter wegen der Haltbarkeit dieser Übereinkunft von 1591 besorgt blieben, offenbart sich in der praktischen Kernfrage: Der Magistrat war bereit, die in Ulm wartenden ausgeschafften Bürger, wenn sie zum Gehorsam bereit wären, wieder ins Bürgerrecht aufzunehmen, erklärten aber den ehemaligen Augsburger Geistlichen gegenüber, weiterhin Bedenken zu haben, diese in die Stadt einzulassen[79]. Auch die ausführliche *Pfarrerverpflichtung,* die jeder neue Prädikant unterschreiben mußte, hielt den Seelsorger zu Gehorsam gegenüber dem Rat als ordentlicher Obrigkeit an, um auf diese Art und Weise über den Weg der amtlichen Bestallung die evangelische Geistlichkeit auch an die weltliche Behörde zu binden[80].

VII. *Der Weg zur paritätischen Verfassung*

Während der langwierigen Verhandlungen seit Beginn des Kalenderstreits hatte der Augsburger Magistrat sich gegen die Anklagen des ehemaligen Superintendenten Müller (Mylius) und der übrigen entlassenen Prädikanten zu wehren, da durch diesen Akt der Austreibung der Simultanartikel des Religionsfriedens zweifellos berührt worden war. Bei diesem Durchgreifen hatte der Magistrat die permanente Krise der alten Reichsstadt Aachen vor Augen, die durch den Zuzug flüchtender Kalvinisten aus den Niederlanden seit den 60er und 70er Jahren mehrheitlich evangelisch geworden war. Durch die Intervention der benachbarten Stände zugunsten ihrer jeweiligen Glaubensgenossen in Aachen und die daraus erfolgenden blutigen Kämpfe in dieser Stadt wurde sogar deren Reichsfreiheit und Unabhängigkeit von den Fürsten gefährdet[81]. Die deutschen Städtetage sahen hierin ein gemeinsames Anliegen und erklärten sich nahezu geschlossen gegen jede Intervention der oberen – adeligen – Stände und waren besonders besorgt, wenn im

78 Ebd. S. 14.

79 von Stetten, wie Anm. 17, I, S. 121; ebd. I, S. 734 mit der Mitteilung über die Rückkehr »sämtlicher ausgeschaffter und ausgetrettener Bürger« in »bürgerlichem Gehorsam«.

80 Die evangelischen Kirchenordnungen des XVI. Jahrhunderts, S. 144ff. »Die Pfarrerverpflichtung« ebd. S. 31 Beurteilung dieses Eides.

81 Bayerisches HStA München Nr. 74, Bl. 126ff. Extract aus dem Städtetagsabschied von Heilbronn v. 7. 3. 1583; Moriz Ritter, Deutsche Geschichte im Zeitalter der Gegenreformation und des Dreißigjährigen Krieges (1555–1648) II, 1895, S. 47, 69, 71. Heinz Schilling, Burgerkämpfe, wie Anmm. 41, S. 189–209.

Verlauf innerstädtischer konfessioneller Auseinandersetzungen Bürger der anderen Konfession vertrieben wurden[82].

Man wird darüber streiten können, ob den mehrheitlich katholischen Augsburger Magistrat mehr weltlich-obrigkeitliche oder konfessionelle Motive bestimmt haben. Wir wissen jedoch wenigstens, daß der Rat auf die Vorwürfe von Müller (Mylius) wegen des Einsatzes bewaffneter Knechte am 4. Juni 1584 und angesichts der Verdächtigung, der Rat habe mit großem Blutvergießen Augsburg wieder katholisch machen wollen, diesen Gedanken entschieden von sich gewiesen hat. Man betonte in amtlichen Schreiben, man habe kein *parisisches Exempel* – wie in der Bartholomäusnacht von 1572 – geplant und unterstrich: *Als redliche teutsche leut haben die ratsherrn damit nichts zu schaffen*[83]. Den Stadtvätern schien sogar die Gefahr näher zu liegen, daß Augsburg seitens der drei evangelischen Kurfürsten nach deren Eingreifen in den Kalenderstreit militärisch bedroht würde. Der Rat war durch den Antrag des württembergischen Vertreters auf dem Kreistag in Ulm alarmiert worden, bei weiterer Bedrängnis der evangelischen Bürgerschaft wolle er ohne nochmalige Rückfrage bei den Kreisständen in Augsburg mit Waffengewalt intervenieren dürfen[84]. Den Ratsherrn der großen Handelsstadt war noch der Fürstenaufstand von 1552 gegenwärtig, als die eigenen Zünfte dem protestantischen Heer Augsburgs Stadttore geöffnet hatten. Vielleicht haben sich die älteren Herrn im Magistrat damals die Frage vorgelegt: Würde es wieder dazu kommen? Wenn ja, dann konnte ein militärischer Vorstoß in Richtung auf die vom Religionskampf erschütterte alte Handelsstadt das Ende der glorreichen Reichsfreiheit bedeuten!

Der weitere Verlauf des sogenannten Aachener Streits mußte die Reichsstädte erst recht warnen, den Pfad der politischen Tugend und des Religionsfriedens zu verlassen. Nachdem die protestantische Ratsmehrheit im Jahre 1581 ihre konfessionellen Gegner aus der Stadt verbannt hatte, verhängte schließlich Kaiser Rudolf II. – nach manchen vergeblichen Kommissionen – die Reichsacht über Aachen. Das katholische Regiment wurde wieder hergestellt und die Gegenreformation mit Hilfe der Jesuiten in der Stadt durchgeführt. Infolge der exponierten Lage an der Grenze zu den Niederlanden erlebte jedoch die alte Reichsstadt weitere Schwierigkeiten. Die Protestanten kamen in den Jahren 1611–14 noch einmal hier zur Herrschaft[85], bis Kaiser Matthias nach Verhängung der Acht über Aachen durch spanische Truppen unter Spinola das evangelische Stadtregiment beseitigte[86]. Daß sogar in anderen – nicht gemischten – Reichsstädten wie Donauwörth konfessionelle Differenzen zum Einmarsch des katholischen Bayernherzogs und zum Verlust der Reichsfreiheit führten, hat begreiflicherweise die Augsburger evangelische Bürgerschaft besonders besorgt gemacht[87].

82 NAUJOKS, wie Anm. 6, S. 182/88.

83 LENK, wie Anm. 34, S. 64f.

84 KALTENBRUNNER, wie Anm. 18, S. 538.

85 Felix STIEVE, Zur Geschichte des Augsburger Kalenderstreits und des Reichstags von 1594. In: Zeitschrift des Historischen Vereins für Schwaben und Neuburg 7 (1880), S. 157; MOSER, wie Anm. 5, I, S. 72/76. Extract-Vertrags zwischen Rat von Aachen und Schöppen-Gericht, 1611; RITTER, wie Anm. 81, S. 402.

86 Moriz RITTER, Deutsche Geschichte im Zeitalter der Gegenreformation III. 1908. S. 431ff.

87 VON STETTEN, wie Anm. 17, I, S. 790 »Donauwörthische Unruhen«.

Obwohl der von der kaiserlichen Kommission vermittelte Vertrag von 1584 und die Artikel des Augsburger Magistrats mit der evangelischen Kirche der Stadt keine politische Parität in der alten Handelsstadt brachten, wurde doch ein Zustand hergestellt, mit dem sich auch die protestantische Seite abfinden konnte. Der Protestantismus in der großen Handelsstadt hatte in gewissen Grenzen Bewegungsfreiheit auf kirchlichem und schulischem Gebiet erhalten und eine ständisch gegliederte Organisation von der heimischen Obrigkeit bestätigt bekommen. Dieser von der Behörde streng regulierte Gleichgewichtszustand auf konfessionellem Gebiet wurde nach der Verkündigung des Restitutionsedikts von 1629 beseitigt, da nicht nur die evangelischen Ratsherrn aus dem Magistrat entfernt wurden, sondern alle Ämter in der Stadt in katholische Hände kamen. Im Zuge der gerade vom Augsburger Bischof besonders betriebenen Restitutionsmaßnahmen wurden auch die kirchlichen Ämter und Ausschüsse auf evangelischer Seite aufgehoben.

Erst als die schwedische Armee unter Gustaf Adolf am 20. April 1632 vor den Toren stand, trat ein Ausschuß der evangelischen Bürgerschaft in Erscheinung, der mit dem Schwedenkönig unterhandeln sollte. Da die Absetzung des katholischen Magistrats zu erwarten war, wurde damals wieder der Gedanke einer paritätischen Ratsverfassung erörtert. Wie Paul von Stetten berichtet, erwog man auf evangelischer Seite, *ob dahin anzutragen, daß der Rat von beyden Religionen zur Helffte bestellt oder der jetzige gantze Rat ab- und hingegen mit lauter Evangelischen besetzt werden möcht*[88]. Wahrscheinlich haben auch die Männer des evangelischen Ausschusses die schwedische Besatzung als vorübergehende Angelegenheit betrachtet und es deshalb Gustaf Adolf überlassen, die Entscheidung zu treffen. Er setzte einen rein evangelischen Rat ein, der im Jahre 1635 beim Erscheinen des kaiserlichen Generals vor Augsburg wieder durch einen rein katholischen, kaisertreuen Rat ersetzt wurde.

Auch in den kritischen Jahren des 30jährigen Krieges seit 1637 hat sich der durch das Restitutionsedikt legitimierte Augsburger Magistrat nie bewogen gefühlt, im Sinne einer politischen Parität Vorschläge zu machen. Wenn es darum ging, beim Nahen von feindlichen Armeen Lasten bzw. Kontributionen zu übernehmen, wählte der Rat den Weg, einen Ausschuß der Evangelischen zu berufen, um nicht die gesamte evangelische Gemeinde versammeln zu müssen. Auch hierbei trat der Ausschuß in ständischer Gliederung an: Es wurden drei Vertreter der Geschlechterstube, drei aus den Reihen der Kaufleute, drei von der Gemeinde und noch drei weitere *Beystende* zugelassen[89]. Allerdings legte schon seit Mitte der 30er Jahre der Magistrat Wert darauf, diesen evangelischen Ausschuß für gewisse Notfälle anzuerkennen, da »dieses durch die Obrigkeit selbst bestätigte Collegium alle die Evangelischen betreffenden Angelegenheiten besorget«[90]. Die Vermehrung dieser Bevollmächtigten der evangelischen Bürgerschaft wurde im Jahre 1646 vom Geheimen Rat genehmigt, als der *status belli* es nahelegte.

88 Ebd. II, S. 171f.
89 Ebd. II, S. 450.
90 Ebd. II, S. 459.

Erst seit Beginn der Friedensverhandlungen wirkte der Ausschuß als ständig amtierende Vertretung der evangelischen Bürgerschaft, die mit den evangelischen Ständen in Verbindung blieb. In den beiden letzten Jahren des Krieges trat nach der mehrfachen gewaltsamen Auswechslung der Augsburger Stadtregierung bei der Bevölkerung der Wunsch nach einer haltbaren, schließlich paritätischen Lösung hervor... Aber erst im Westfälischen Frieden schlug auch für die gemischten Reichsstädte wie Augsburg, Dinkelsbühl, Biberach und Ravensburg die Stunde. Nachdem sich der Gedanke der Parität der Bekenntnisse auf dem Reichstag, am Reichskammergericht, weniger am Reichshofrat durchgesetzt hatte, konnte im Instrumentum Pacis Osnabrugensis die paritätische Ratsverfassung und Ämterverteilung festgelegt werden. Die Regelungen im Reich boten das Vorbild: In Religionsfragen traten das Corpus Catholicorum und Evangelicorum zur *itio in partes* auseinander und lehnten es ab, sich in Glaubensfragen einem Mehrheitsbeschluß zu unterwerfen. Fortan konnte nur durch gütliche Einigung der beiden Konfessionsparteien ein Resultat erzielt werden, da Kaiser und Reich in Religionsangelegenheiten keine Zwangsgewalt mehr zukam. Den Stadtobrigkeiten wurde im Westfälischen Frieden – wenn auch mit gewissem Vorbehalt – die Standschaft und das *votum decisivum* auf den Reichstagen zuerkannt. Infolgedessen durften die Magistrate zwar den Bürgern der anderen Konfession gegenüber das ius reformandi ausüben, blieben aber – wie die Territorialfürsten – hierbei an das Normaljahr 1624 gebunden. Kaufbeuren war bereits aus der Reihe der gemischten Reichsstädte ausgeschieden, weil sich in dieser Stadt der heimische Protestantismus vor diesem Normaljahr offiziell gegen den kaisertreuen Magistrat durchgesetzt hatte.

Nur ein Rest des kaiserlichen Einflusses blieb noch: Im Gegensatz zu den *puren* Städten wurde den Magistraten der bikonfessionellen Orte verboten, das Reformationsrecht im Sinne einer kirchlichen Neuerung zu gebrauchen. Das hätte nämlich zur Beseitigung der eigentümlichen, neuen paritätischen Verfassungen von Augsburg, Biberach, Dinkelsbühl und Ravensburg geführt. Die in §29 des Instrumentum Pacis Osnabrugensis festgelegte Ämterbesetzung vom Stadtpfleger, Geheimen Rat und Bürgermeister bis zum Torwächter oder der städtischen Hebamme verwirklichte peinlich genau – wie es lange gedruckte Listen ausweisen – den Gedanken der numerischen Parität beider Bekenntnisse[91]. Eine letzte Erinnerung an die vom Reichsoberhaupt bestimmte

91 Staats- und Gesellschaftslexikon, hg. v. Hermann WAGENER XV. 1864, S. 181 f.; Realencyclopädie für protestantische Theologie und Kirche IX, S. 689 f.; Religion in Geschichte und Gegenwart IV, Sp. 964 f.; Lexikon für Theologie und Kirche VIII (1963), Sp. 103 f.; Der Große Brockhaus VIII (1955), Sp. 753; Hermann FÜRSTENAU, Das Grundrecht der Religionsfreiheit nach seiner geschichtlichen Entwicklung und heutigen Geltung. 1891, S. 49/73: »Der Westfälische Frieden«; MOSER, wie Anm. 58, Extract Instrumentum Pacis Osnabrugensis vom 14. (24.) Octobris 1648, Artikel V, § 3–10; ebd. I, S. 154 »Extract Friedens-Executions Receß, wie ... alles zwischen beyderseits Religionsverwandten in den stand einer billigmäßigen Parität gesetzet worden«; ebd. I, S. 196/205 »Extract des Executions Recesses der Stadt Biberach« vom 28. April 1649; ebd. I, S. 396/99 »Extract der Stadt Dünckelsbühl Executions-Recesses« vom 4. 3. 1649; ebd. II, S. 501/509 »Extract Ravenspurgischen Executions-Recesses« vom 4. 6. 1649 mit Aufstellung der »Parifiction« der Ämter; ebd. II, S. 36/42 »Executions-Recess der Stadt Kaufbeuren mit einer stark überwiegenden protestantischen Zusammensetzung des Rats und wenigen Katholiken in den Ämtern«.

obrigkeitliche Verfassungsform seit 1548 bedeutete die geringfügige Bevorzugung der katholischen Seite im Augsburger Magistrat, da die Altgläubigen im Geheimen Rat eine Stimme mehr zugesprochen erhielten[92].

Mit gewissem Recht hat Lothar Weber – vom juristischen Standpunkt aus – die seit langem sich vorbereitende Lösung der paritätischen Stadtverfassung »als für damalige Zeiten vorbildlich« bezeichnet. Die *aequalitas exacta mutuaque*[93] in Form einer gleichhälftigen Doppelobrigkeit fixierte das labile Simultanverhältnis der Konfessionen in den gemischten Reichsstädten. Wir haben beobachtet, daß beide Bekenntnisse auch durch eine grundsätzlich verschiedene Auffassung vom ius reformandi getrennt waren und daß katholischerseits gewöhnlich der obrigkeitliche Standpunkt das Verhältnis zur – numerisch überlegenen – evangelischen Bürgerschaft bestimmte. Auch für den Magistrat von Augsburg galt die Zunftverfassung als abgetan und das von evangelischer Seite gelegentlich verlangte Wahlrecht der Gemeinde als bedeutungslos. Man war wenigstens prinzipiell entschlossen, die gewöhnlichen Mitbürger wie die Untertanen in den fürstlichen Territorien zu behandeln und argumentierte, daß das Stärkeverhältnis der Konfessionen auf die zahlenmäßige Verteilung der Ratssitze ohne Einfluß sei. Es begründete also nach Auffassung des Augsburger Magistrats keinen Rechtsanspruch der numerisch überlegenen heimischen Protestanten, wenn ein – mehrheitlich – katholischer Magistrat das Regiment führte.

Die Protestanten nahmen – meist – den Vorteil der zahlenmäßig größeren Anhängerschaft wahr, verneinten das Reformationsrecht der Stadtobrigkeiten mit Berufung auf die herrschende Auffassung der oberen Stände und der Juristen: Nach ihrer Ansicht bestand zwischen städtischem Magistrat und Bürgern ein anderes Unterwerfungsverhältnis als zwischen Landesherr und Untertan. In den Kommunen repräsentierte nicht allein der Magistrat, sondern auch die Bürgerschaft den Reichsstand. Wir haben bei den Evangelischen Augsburgs schon früh Auffassungen vorgefunden, daß der Rat nicht die Gesamtheit, sondern einen Teil derselben darstelle. Auch die Reichsstandschaft der Stadt müsse demzufolge kollektiv verstanden werden. Wenn die gemeinen Bürger auch nicht die Aufgaben eines Senators wahrnähmen oder dessen Würde besäßen, so seien sie doch durch ihr freies Wahlrecht der Macht fähig, da Rat und Bürgerschaft ein Corpus seien. Die praktische Folgerung schien für die protestantische Argumentation zwingend: Ein katholischer Senat müsse – wie in Augsburg, Dinkelsbühl, Biberach oder Ravensburg – den Bürgern, die die evangelische Religionsausübung wünschten, diese gewähren[94]. Im Rahmen unserer Untersuchung haben wir hervorgehoben, daß sich wenigstens auf evangelischer Seite gewisse Vorstufen der Parität in den kirchlichen und schulischen

92 Moser, I, S. 150f. Artikel V § 4 des IPO »Insonderheit, aber was die Statt Augspurg betrifft, so sollen siben aus denen Geschlechtern derer Patriciorum gezogene Rathsherren in dem inneren Rathe seyn, aus denen hernach zwey Vorsteher der Statt, welche sonsten Statt-Pfleger genennet werden, einer der Catholischen Religion, der Andere der Augspurgischen Confession zugethan genommen werden. Von den übrigen fünffen sollen sich drey zu dem Catholischen Glauben und zwey zu der Augspurgischen Confeßion bekennen.«

93 Weber, wie Anm. 1, S. 69 u. 147f.; Hermann Vogel, Der Kampf auf dem Westfälischen Friedenskongreß um die Einführung der Parität in der Stadt Augsburg. 1900. S. 5f.

94 Weber, wie Anm. 1, S. 150; Leh(en)mann, wie Anm. 5, S. 452, 465 u. 519.

Ämtern und nicht zuletzt im Ausschußwesen und bei Verträgen (1584/1591) ausbildeten, die jedoch erst im Westfälischen Frieden in Form der paritätischen Rats- und Ämterverfassung volle Anerkennung erhielten.

VIII. *Parität und Toleranz*

Auch wenn wir in diesem Aufsatz die Vorstufen der Parität hervorgehoben haben, so dürfen wir das mehrfache Auftauchen evangelischer Wünsche nach Gleichberechtigung der Konfessionen im politischen Bereich nicht als schrittweise Annäherung an den Gedanken der Parität vom Augsburger Religionsfrieden bis zum Jahre 1648 betrachten. Unverkennbar hat der Magistrat von Augsburg dem von der Gemeinde aufgebauten Kirchenwesen der protestantischen Seite im Bereich der Stadtverfassung kaum Konzessionen gemacht. In den von uns behandelten oberdeutschen ›gemischten‹ Reichsstädten entstanden erst nach dem Ende des 30jährigen Kriegs paritätische Doppelobrigkeiten, die ähnlich wie auf den Reichstagen bei wichtigen Fragen auf separate Verhandlungen angewiesen waren.

Der im Jahre 1555 im Religionsfrieden angedeutete Grundsatz konfessioneller Duldung im Bereich der ›gemischten‹ Reichsstädte ist im Westfälischen Frieden zwar rechtlich durchgesetzt, aber auf religiösem Gebiet noch keineswegs erreicht worden. Wir können nicht den langen Weg von der Parität des Westfälischen Friedens bis zu echter konfessioneller Toleranz in der modernen Zeit in unserem Rahmen aufzeigen. Es genügt, an wenigen bekannten Beispielen die Schwierigkeiten hervorzuheben, die auch im 18. Jahrhundert nicht überwunden wurden.

Für Biberach wissen wir aus den Erfahrungen unseres Klassikers Wieland, in welchem Maße »die gemischte Religionsverfassung, die so oft beseufzte Parität« noch im eigenen Jahrhundert »Quelle so mancher Mißverständnisse, so manchen verderblichen Haders war«. Wir erfahren sogar indirekt aus dem dichterischen Schaffen Wielands, wie stark der Obrigkeitsgedanke und damit das Regime der führenden Familien in den oberdeutschen Reichsstädten dominierte. In seinen ›Abderiten‹ wird die Volksherrschaft in Abdera, – im griechischen Schilda – mit unverkennbaren Anspielungen auf die heimischen Verhältnisse karikiert. Wieland demonstriert sogar, wie wenig von den Resten der Zunftverfassung des Spätmittelalters noch Bedeutung hatte und erklärte: »In der Tat war auch, was in der abderitischen Staatseinrichtung demokratisch schien, bloßes Schattenwerk und politisches Gaukelspiel. Denn der Kleine Rat, dessen zwei Drittel aus alten Geschlechtern bestand, machte im Grunde alles, was er wollte, und die Fälle, wo die Vierhundert zusammengerufen wurden, waren in dem abderitischen Grundgesetz so selten, daß es beinah gänzlich von dem Kleinen Rat abhing, wann und wie oft die vierhundert Männer berufen werden sollten«[95]. Wir können auch in der von uns aufgezeigten Entwicklung der Parität anschaulich machen, wie zwei Jahrhunderte nach

95 Christoph-Martin WIELAND, Die Abderiten. 9. Kap. Anfang; Festschrift zum 200. Geburtstag des Dichters Martin Wieland, 1933, S. 49.

dem Sturz der Zunftverfassung nicht der Wille der Bürgerschaft, sondern die Staatsraison der Ratsherrn und speziell der höchsten Amtsträger entscheidend wurden.

Wie befangen auch auswärtige Kritiker die Verhältnisse in der gemischten Reichsstadt Augsburg betrachteten, illustriert die Reisebeschreibung des Berliner Aufklärers Nicolai im Jahre 1781, der nach seiner Fahrt durch Süddeutschland nach München und zur Handelsstadt am Lech geradezu parteiisch konstatierte: »Der Katholik ist dort viel finsterer und in sich gekehrter, der Evangelische ist gesprächiger und industriöser, der Katholik ist fleischiger und röter im Gesicht, oft blutrot, der Protestant hat eher Ecken in den Knochenpartien und die Farbe des Gesichts ist nicht so rot.« Diese angeblichen physiognomischen Gemeinsamkeiten innerhalb der Angehörigen gleicher Konfession erklärte der Norddeutsche aus dem Umstand, »daß beide Partheien sich nur unter ihren Glaubensgenossen verheiraten«. Daß trotz der paritätischen Verfassung und des Gewichts aufklärerischer Ideen im Zeitalter Friedrichs des Großen durchaus nicht bei allen Bürgern Toleranz zu finden war, beleuchtet Nicolai mit folgendem Satz: »Einerseits bäckt man Toleranzpasteten, andererseits veranstaltet man Bälle, wo nur Katholiken oder nur Protestanten tanzen, oder (man veranstaltet) Verpachtungen von Äckern, wobei der Pächter erst zeigen muß, ob er glaubt, was die Kirche glaubt«[96].

Es wird eine eigene Forschungsaufgabe darstellen, zu ergründen, wie weit in den einzelnen gemischten oberdeutschen Reichsstädten der Weg von der verfassungsmäßigen Parität zu relativer konfessioneller Unparteilichkeit und bis zu echter Toleranz führte. Daß dem Fall Augsburg und seinem sogenannten Kalenderstreit in diesem Zusammenhang eine spezifische Bedeutung zukam, dürfte aus dem bisher Gezeigten deutlich geworden sein.

96 Friedrich NICOLAI, Beschreibung einer Reise durch Deutschland und die Schweiz im Jahre 1781, 7. Bd., Berlin und Stettin 1786, 3. Buch, 4. Abschnitt, S. 62 u. 86f.; weitere Äußerungen, spätere Kritik aus dem 17. und 18. Jahrhundert an der Augsburger Parität in: Dietrich BLAUFUSS, Das Verhältnis der Konfessionen in Augsburg 1555–1648. Versuch eines Überblicks. In: Jahrbuch des Vereins für Augsburger Bistumsgeschichte, 10 (1976), S. 47–51.

Die Reformation in den Reichsstädten und die Kirchengüter

Straßburg, Nürnberg und Frankfurt im Vergleich*

VON ANTON SCHINDLING

Aus einer Reihe der ehemaligen freien und Reichsstädte ist uns als Phänomen vertraut, daß für Katholiken wie für Protestanten alte, meist noch mittelalterliche Kirchen bereitstehen, und zwar nebeneinander schon seit dem 16. und 17. Jahrhundert. Augsburg, Frankfurt, Regensburg etwa, oder das Simultaneum im Dom der Reichskammergerichtsstadt Wetzlar sind hierfür Beispiele. In Straßburg gibt es andererseits bei St. Thomas bis auf den heutigen Tag ein evangelisch-lutherisches Stiftskapitel, das noch immer ein aus dem Mittelalter überkommenes Kirchenvermögen verwaltet. Die protestantischen Reichsstädte – und das war bekanntlich die Mehrzahl – lebten oft mit vorreformatorischen Verfassungselementen in ihrer Kirche oder aber mit altgläubigen Enklaven inmitten einer lutherischen Bürgerschaft. Ein Träger solcher Kontinuität waren in der Regel die geistlichen Güter, vor allem die Vermögensausstattung einzelner herausragender Kirchen und deren rechtliche Absicherung.

Besitz an Grund und Boden, an Gebäuden, an Zehnten, Zinsen und Renten-Einkünften hatte sich im Laufe des Mittelalters bei zahlreichen Kirchen angesammelt, um nur davon zu sprechen, und nicht von den »Kirchenschätzen« im engeren Sinn, den Reliquien in ihren goldenen und silbernen Schreinen. Der Eigentumsschutz für die prinzipiell unveräußerlichen und nicht vererbbaren geistlichen Güter war gewährleistet durch geistliche wie weltliche Gerichte; sie bedrohten den Kirchenräuber mit strengen Strafen. Ein indirekter Zugriff der weltlichen Herrschaftsträger, vor allem der Reichsfürsten, auf die geistlichen Güter in ihrem Bereich konnte freilich nicht verhindert werden; er verstärkte sich im 14. und 15. Jahrhundert[1]. Recht und Besitz der Kirchen standen

** Ich widme diese Studie Herrn Dr. Jean Rott, dem unermüdlichen Erforscher und brillanten Kenner der Straßburger Reformationsgeschichte, in Dankbarkeit zu seinem 70. Geburtstag.*

1 Hans-Jürgen BECKER, Artikel: Kirchengut. In: Handwörterbuch zur deutschen Rechtsgeschichte (HRG) 2, 1978, Sp. 753–761. Die rechtliche und faktische Stellung des Kirchengutes im Spätmittelalter beleuchten: Kurt KÖRBER, Kirchengüterfrage und schmalkaldischer Bund. Ein Beitrag zur deutschen Reformationsgeschichte. Schriften des Vereins für Reformationsgeschichte (SVRG) 111/112. 1913; hier: S. 1–27. Justus HASHAGEN, Laieneinfluß auf das Kirchengut vor der Reformation. Ein Beitrag zu ihrer Vorgeschichte. In: HZ 126 (1922), S. 377–409; DERS., Staat und Kirche vor der Reformation, Eine Untersuchung der vorreformatorischen Bedeutung des Laieneinflusses in der Kirche. 1931. Peter JOHANEK, Die »Karolina de ecclesiastica libertate«. Zur Wirkungsgeschichte eines spätmittelalterlichen Gesetzes. In: Blätter für deutsche Landesgeschichte 114 (1978), S. 797–831.

dann vielerorts der Reformation mit großer Beharrungskraft entgegen und zwangen die evangelische Bewegung immer wieder, den charismatischen Erneuerungswillen anzupassen an die Vorgegebenheiten in den konkreten kirchlichen Institutionen und Verhältnissen. Wie die Existenz der geistlichen Güter die Wege und Lösungen der Reformation in den Reichsstädten beeinflußte und auch belastete, soll uns hier beschäftigen. Straßburg, Nürnberg und Frankfurt stehen im folgenden als Beispiele voran. Aber diese Städte zeigen wohl Typisches.

In jeder der spätmittelalterlichen Reichsstädte gab es eine Vielzahl von Kirchen. Aber die Einbindung der einzelnen Kirchen in die Bürgerschaft war ganz unterschiedlich[2]. Manche waren aufs engste mit dem Leben und der Religiosität der Städter verbunden, oder doch zumindest mit einzelnen Gruppen. Diese »Bürgernähe« gilt in der Regel für die Pfarr- und Hospitalskirchen, die Friedhofskirchen, für die Ratskapellen und für die eine oder andere Bettelordenskirche, wobei mannigfaltige Formen der Beziehungen möglich waren. Auf die Bruderschaften und Begräbnisse in Kirchen sei hier nur hingewiesen. Eine Rolle spielte freilich fast immer, ob Pfründen mit Bürgerkindern besetzt waren oder ob ein Konvent für die Versorgung Einheimischer offen stand[3]. Die adeligen Domstifte dagegen, sonstige exklusive Stiftskirchen, die Ritterordenskommenden und die adeligen Damenklöster, schließlich ganz und gar die Wirtschaftshöfe auswärtiger geistlicher Häuser, waren echte Fremdkörper innerhalb der Stadtmauern, mit nur geringfügigen Querverbindungen zu den Bürgern. Diese kirchlichen Institutionen aber besaßen die umfangreichsten Besitzungen und Privilegien. Die rechtliche Sonderstellung der geistlichen Personen und Güter war eine Quelle permanenter Spannungen zu der bürgerlichen Stadtgemeinde, vor allem zu deren politischen Leitungsorgan, dem Stadtmagistrat. Die Exemption des Klerus vom Stadtgericht, vom Bürgerrecht, von den bürgerlichen Lasten und Pflichten, dazu oft Patronatsrechte, oder gar die Inkorporation von Pfarreien in ein bürgerschaftsfernes, manchmal auswärtiges geistliches Institut, und das hieß dessen alleinige Besetzungs- und Besitzrechte an der Pfarrkirche, sodann auch Kompetenzausweitungen des geistlichen Gerichts, – all das erregte immer wieder von neuem Mißfallen und Unmut. Die privilegierte Korporation der Bürger rieb sich an dem noch anspruchsvoller privilegierten corpus der Klerikerkirche[4]. Es hat am Vorabend der Reformation ein wachsendes Bestreben der reichsstädti-

2 Jürgen SYDOW, Stadt und Kirche im Mittelalter. Ein Versuch. In: Württembergisch Franken 58, 1974, S. 35–57. Vgl. auch das in Anm. 3 und Anm. 4 genannte Schrifttum. – Grundsätzlich zur spätmittelalterlichen Frömmigkeit: Bernd MOELLER, Frömmigkeit in Deutschland um 1500. In: Archiv für Reformationsgeschichte (ARG) 56 (1965), S. 5–31.

3 Dazu am Beispiel Straßburg: Francis RAPP, Réformes et Réformation à Strasbourg, Église et société dans le diocèse de Strasbourg (1450–1525), Collection de l'Institut des Hautes Études Alsaciennes 23, Paris 1974, hier vor allem: S. 281–318. Zu dem wichtigen Buch von Rapp vgl. Anton SCHINDLING, Kirchenfeindschaft, Reformation und Bauernkrieg, Eine neue Straßburger Untersuchung. In: Zeitschrift für Historische Forschung 4 (1977), S. 429–437.

4 Anton STÖRMANN, Die städtischen Gravamina gegen den Klerus am Ausgange des Mittelalters und in der Reformationszeit. Reformationsgeschichtliche Studien und Texte 24–26. 1916. – Die Ursachen und Anlässe der Reformation in den Reichsstädten werden in der neueren Forschung sehr diskutiert. Entscheidende Impulse hierzu gingen aus von Bernd Moeller; vgl. vor allem die brillante Studie: MOELLER, Reichsstadt und Reformation, SVRG 180. 1962; außerdem: DERS., Die Kirche in

schen Magistrate gegeben, die Verfassungsfragen in ihrem Sinn zu regeln und vor allem an den Stadtpfarreien die Rechte von auswärtigen kirchlichen Amtsinhabern, Stiftskapiteln oder Klöstern zu beschneiden. Starke Kommunen waren dabei schon recht weit gekommen, so Nürnberg gegenüber der Bamberger Bischofskirche in einem bemerkenswerten Zusammenspiel von Stadt und päpstlicher Kurie[5]. Andere Städte dagegen blieben hierin im Rückstand: Frankfurt etwa war es nicht gelungen, die allein dem St. Bartholomäus-Stift zustehenden Pfarrechte zu beschneiden[6]. Einen ersten Ansatzpunkt

den evangelischen freien Städten Oberdeutschlands im Zeitalter der Reformation. In: ZGO 112, (1964), S. 147-162. Ders., Kleriker als Bürger. In: Festschrift Hermann HEIMPEL 2, Veröff. d. Max-Planck-Instituts f. Geschichte 36/2. 1972. S. 195–224. Daneben: Gerhard PFEIFFER, Das Verhältnis von politischer und kirchlicher Gemeinde in den deutschen Reichsstädten. In: Walther Peter FUCHS Hg., Staat und Kirche im Wandel der Jahrhunderte. 1966. S. 79–99. – Als Einführung in die Forschungsdiskussion vgl. Hans-ChristophRUBLACK, Forschungsbericht Stadt und Reformation. In: Bernd MOELLER Hg., Stadt und Kirche im 16. Jahrhundert. SVRG 190. 1978. S. 9–26. – Monographien über einzelne Städte belegen, daß die vorreformatorischen Spannungen von Ort zu Ort verschieden waren, aber der grundsätzliche Konflikt überall wiederkehrt. Neben dem Buch von RAPP, wie Anm. 3, vgl. hierzu die neueren Arbeiten: Albrecht ENDRISS, Die religiös-kirchlichen Verhältnisse in der Reichsstadt Wimpfen vor der Reformation. Veröff. d. Komm. f. gesch. Landeskunde in Baden-Württemberg B 39, 1967; Gottfried GEIGER, Die Reichsstadt Ulm vor der Reformation, Städtisches und kirchliches Leben am Ausgang des Mittelalters. Forschungen zur Geschichte der Stadt Ulm 11. 1971; Rolf KIESSLING, Bürgerliche Gesellschaft und Kirche in Augsburg im Spätmittelalter. Ein Beitrag zur Strukturanalyse der oberdeutschen Reichsstadt. Abhandlungen zur Geschichte der Stadt Augsburg 19. 1971.

5 Josef KRAUS, Die Stadt Nürnberg in ihren Beziehungen zur Römischen Kurie während des Mittelalters. In: Mitteilungen des Vereins für Geschichte der Stadt Nürnberg (MVGN) 41. 1950. S. 1–154, hier: S. 48–88 (Nürnbergs Beziehungen zur Kurie beim Aufbau der städtischen Kirchenhoheit). – Zur Reformation in Nürnberg vgl. grundsätzlich: Friedrich ROTH, Die Einführung der Reformation in Nürnberg 1517–1528. 1885. Adolf ENGELHARDT, Die Reformation in Nürnberg, 3 Tle. In: MVGN 33. 1936. S. 1–258 (I); 34. 1937. S. 1–402 (II); 36. 1939. S. 1–184 (III). Gerhard PFEIFFER, Die Einführung der Reformation in Nürnberg als kirchenrechtliches und bekenntniskundliches Problem. In: Bll. f. dt LG 89. 1952. S. 112–133. Gottfried SEEBASS, Die Reformation in Nürnberg. In: MVGN 55. 1967–68. S. 252–269; DERS., Stadt und Kirche in Nürnberg im Zeitalter der Reformation. In: MOELLER, Stadt und Kirche, wie Anm. 4, S. 66–86. Gerhard PFEIFFER Hg., Nürnberg – Geschichte einer europäischen Stadt. 1971; hier vor allem: S. 137–170, (Beiträge von Irmgard Höss und PFEIFFER). – Speziell zu den Beziehungen zwischen Stadt und Kirche um 1500 vgl. ferner: Johannes KIST, Klosterreform im spätmittelalterlichen Nürnberg. In: Zeitschrift für bayerische Kirchengeschichte (ZBKG) 32 (1963), S. 31–45; Karl SCHLEMMER, Gottesdienst und Frömmigkeit in Nürnberg vor der Reformation, in: ZBKG 44 (1975), S. 1–28. DERS., Gottesdienst und Frömmigkeit in der Reichsstadt Nürnberg am Vorabend der Reformation. Forschungen zur fränkischen Kirchen- und Theologiegeschichte, 1980. – Für das kirchliche Selbstverständnis der Reichsstadt Nürnberg spielte eine besondere Rolle das Grab des Stadtheiligen Sebald, dessen Verehrung der Papst 1425 förmlich anerkannt hatte. Einen so ausgeprägt stadtpolitischen Heiligenkult gab es in den vergleichbaren Reichsstädten nicht; eine Parallele dazu ist allenfalls Köln mit der Verehrung der Heiligen Drei Könige. Vgl. Arno BORST, Die Sebaldslegenden in der mittelalterlichen Geschichte Nürnbergs. In: Jahrbuch für fränkische Landesforschung (JfL) 26, 1966. S. 19–178, vor allem S. 165–173.

6 Nur zwei Filialkirchen, St. Peter und Dreikönig, richtete auf Drängen des Rates der päpstliche Kardinallegat Nikolaus von Kues 1452 ein. Vgl. Herbert NATALE, Das Verhältnis des Klerus zur Stadtgemeinde im spätmittelalterlichen Frankfurt. Diss. phil. Frankfurt 1957 (hier: S. 50–83 zur Errichtung der beiden Filialkirchen). Wolf Erich KELLNER, Das Reichsstift St. Bartholomäus zu

für die Bürgerschaft hatte im Spätmittelalter vielfach die *Kirchenfabrik* der Pfarrkirche geboten, die man in eigene Regie übernahm, oft um glanzvolle Kirchen- oder Kirchturmbauten zu errichten, auch als Demonstration kommunalen Selbstbewußtseins[7].

Die Kirchengüter in den Städten standen nicht nur in einem verfassungspolitischen und sozialen Spannungsfeld; dazu kamen auch Konflikte aus wirtschaftlicher Konkurrenz und emotionale Aufwallungen, die sich aus der kollektiven Mentalität der Nicht-Kleriker nährten. Das aufgehäufte Gut von Stiften und Klöstern und deren oftmals ebenso rationale wie rabiate Wirtschaftspraktiken benachteiligten nicht nur die Laien und weckten bei ihnen Neidgefühle. Von hier kamen auch Zweifel auf an der Glaubwürdigkeit und den Funktionen eines raffenden reichen Klerus, der die Seelsorge häufig vernachlässigte und der etwa in Straßburg um 1500 zu allem meist von auswärts kam und so nicht einmal mehr als Versorgungsinstitut für die eigenen Stadtkinder gelten konnte[8]. Die Spielregeln des kirchlichen Pfründensystems gingen von einer großräumigen Mobilität der Kleriker aus, welche im Gegensatz stand zu den korporativen und auf sich bezogenen Absonderungstendenzen in den reichsstädtischen Bürgerschaften. Der *Pfaffenhaß* der Laien in den Städten entzündete sich so an den geistlichen Gütern, vor allem den fremden und denen für Fremde[9]. Aber die Bürger, oder doch zumindest

Frankfurt am Main im Spätmittelalter. Studien zur Frankfurter Geschichte 1. 1962. Günter RAUCH, Pröpste, Propstei und Stift von St. Bartholomäus in Frankfurt (9. Jahrhundert bis 1802). Studien zur Frankfurter Geschichte 8, 1975.

7 Das Fabrikvermögen und die Bauleitung am Straßburger Münster standen seit 1282/1286 in der Verwaltung der Stadt, nachdem sie anscheinend schon 1263 vom Bischof an das Domkapitel übergegangen waren: Vgl. Luzian PFLEGER, Kirchengeschichte der Stadt Straßburg im Mittelalter. Colmar 1941, hier: S. 63–68; Peter WIEK, Das Straßburger Münster, Untersuchungen über die Mitwirkung des Stadtbürgertums am Bau bischöflicher Kathedralkirchen im Spätmittelalter. In: ZGO 107 (1959), S. 40–113. – Zu der Bedeutung des Münsters für den Straßburger Stadtpatriotismus, für das religiöse Selbstverständnis und die kultische Selbstdarstellung der politischen Stadtgemeinde vgl. auch Luzian PFLEGER, Die Stadt- und Ratsgottesdienste im Straßburger Münster, in: Archiv für elsässische Kirchengeschichte 12, 1937, S. 1–55.

8 Zu den wirtschafts-, sozial- und mentalitätsgeschichtlichen Aspekten der Kirchenfeindschaft vorzüglich die Darstellung bei RAPP, Réformes et Réformation, wie Anm. 3, etwa S. 237–279 (zum Wirtschaftsverhalten der Geistlichen), S. 397–434 (zur Entfremdung zwischen dem Klerus und den Laien) und S. 451 (zur rückläufigen Zahl einheimischer Kleriker in Straßburg). – Zur Reformation in Straßburg vgl. außerdem grundsätzlich: Timotheus WilhelmRÖHRICH, Geschichte der Reformation im Elsaß und besonders in Straßburg, 3 Teile. Straßburg 1830–1832. Adolf BAUM, Magistrat und Reformation in Straßburg bis 1529. Straßburg 1887. Johann ADAM, Evangelische Kirchengeschichte der Stadt Straßburg bis zur französischen Revolution. Straßburg 1922. Willy ANDREAS, Straßburg an der Wende vom Mittelalter zur Neuzeit, in: Elsaß-Lothringisches Jahrbuch 13. 1934. S. 27–67. Miriam Usher CHRISMAN, Strasbourg and the Reform, A study in the process of change, New Haven-London 1967. Jean ROTT, Magistrat et Réforme à Strasbourg, Les dirigeants municipaux de 1521 à 1525. In: Revue d'histoire et de philosophie religieuses 54 (1974), S. 103–114. Georges LIVET und Francis RAPP Hgg., Strasbourg au coeur religieux du XVIe siècle, Actes du colloque international de Strasbourg 1975. Société Savante d' Alsace et des Régions de l' Est: Collection »Grandes Publications« 12. Strasbourg 1977. Thomas A. BRADY JR., Ruling Class, Regime and Reformation at Strasbourg 1520–1555, Studies in medieval and Reformation thought 22. Leiden 1978.

9 Zum »Pfaffenhass« der Laien vgl. RAPP, Réformes et Réformation, wie Anm. 3, S. 397–487. Das antiklerikale Ressentiment dürfte allerdings nicht überall gleich heftig gewesen sein wie in der Stadt

führende Gruppen in der Bürgerschaft, waren auch religiös sensibler geworden, sie wünschten echte Seelsorge und Erbauung, gute Prediger und würdige Priester, die für sie da waren. Die verfassungspolitische wie die »fromme« Kirchenkritik machten sich seit der Jahrhundertwende in den Reichsstädten immer mehr bemerkbar, im Rat wie bei der Bürgerschaft. Von hier öffnete sich der Weg zu dem raschen Durchbruch und zur Popularität der evangelischen Predigt dann in den 1520er Jahren[10].

Die Frage der geistlichen Güter wurde schnell aktuell, als sich einzelne städtische Klosterkonvente angesichts der reformatorischen Bewegung aufzulösen begannen. Es sei hier dahingestellt, inwieweit die neu gewonnene evangelische Überzeugung der Mönche dahin führte oder ob äußerer Druck von der Bürgerschaft oder vom Magistrat ausgeübt wurde, beides spielte wohl eine Rolle. Männerklöster der Bettelorden waren vor allem betroffen, frühzeitig die Franziskaner in Straßburg (1525) und in Frankfurt (1529), die Dominikaner ebenfalls in Straßburg (1530), in Nürnberg die Augustinereremiten, die Karmeliten sowie auch die Karthäuser und die Schotten (1525)[11]. Die Stadtmagistrate waren sofort zur Stelle, als es darum ging, die Konvente geordnet aufzulösen, Gebäude, Besitz und Einkünfte provisorisch zu übernehmen und die letzten Mönche abzufinden. An den Magistrat als weltliche Obrigkeit wandten sich die ehemaligen Mönche selbst, sobald sie das Kloster verlassen wollten, im Bürgerrecht suchten sie einen Schutz vor der geistlichen Gerichtsbarkeit des Bischofs. Für die Magistrate kam die spontan klosterfeindliche Stimmung sicherlich nicht ungelegen. Es

und der Diözese Straßburg. Weitere lokal- und regionalgeschichtliche Studien sind hierzu vonnöten; die Fragestellungen der Mentalitätsforschung können dabei, wie Rapp gezeigt hat, sehr fruchtbar sein.

10 Zur Kirchenkritik und zu den religiösen Antrieben der Reformation: Willy ANDREAS, Deutschland vor der Reformation, Eine Zeitenwende, 7. Aufl. 1972; hier: S. 64–201. Joseph LORTZ, Die Reformation in Deutschland 1, 5. Aufl. 1962, hier: S. 1–144. Bernd MOELLER, Deutschland im Zeitalter der Reformation. Deutsche Geschichte 4. 1977; hier: S. 36–46. – Vgl. auch die in Anm. 4 genannte Literatur. – Zu Querverbindungen zwischen den reformatorischen Bewegungen in Straßburg und in Nürnberg: J. V. POLLET, Martin Bucer, Études sur la correspondance, 2 Bde. Paris 1958 und 1962; hier: Bd. 2, S. 82–143. Jean ROTT, La Réforme à Nuremberg et à Strasbourg: Contacts et contrastes (avec des correspondances inédites). In: Hommage à Dürer – Strasbourg et Nuremberg dans la première moitié du XVIe siècle, Société Savante d'Alsace et des Régions de l'Est: Collection »Recherches et Documents« 12. Strasbourg 1972, S. 91–142.

11 Zu Straßburg: BAUM, Magistrat und Reformation, wie Anm. 8, S. 99–124. ALEMANIA FRANCISCANA ANTIQUA, Ehemalige franziskanische Männer- und Frauenklöster im Bereich der Oberdeutschen oder Straßburger Franziskaner-Provinz mit Ausnahme von Bayern 8. 1962; hier: S. 5–30 (Straßburg: Franziskaner-Konventualen, bearb. v. Francis Rapp), zur Auflösung vgl. S. 28–29. Kirche und Kloster der Barfüsser wurden bereits 1529 zum größten Teil abgetragen. – Zu Frankfurt: Rudolf JUNG, Die Säkularisation des Barfüsser-Klosters im Jahre 1529. In: Alt-Frankfurt 3 (1911), S. 103–112. ALEMANIA FRANCISCANA ANTIQUA 6. 1960; hier: S. 120–170 (Frankfurt am Main Franziskaner-Konventualen, bearb. v. Sigfrid Grän), zur Auflösung des Konvents und Neuverwendung der Klosterbauten vgl. S. 152–166. Johannes BEUMER, Die letzten Franziskaner in Frankfurt am Main. In: Franziskanische Studien 50. 1968. S. 368–372. – Zu Nürnberg: ENGELHARDT, Reformation 1, wie Anm. 5, S. 213–229. Das Franziskanerkloster in Nürnberg starb erst 1562 aus. Vgl. BAVARIA FRANCISCANA ANTIQUA, Ehemalige franziskanische Niederlassungen im heutigen Bayern 5, 1961, S. 633.

mußte nur alles kontrolliert ablaufen. Mit den Maßnahmen gegen die Klöster ließen sich alte Rechnungen begleichen im Sinne der langfristigen Verfassungspolitik des Magistrats, es konnte dessen Zugriff auf die kirchlichen Institutionen verstärkt werden, und es wurde ein Ventil geöffnet, um die Unruhe in breiten Volksschichten abzuleiten auf den populären *Pfaffenhaß*, und das heißt weg von anderen Konfliktzonen in der Stadtgemeinschaft. Gerade in den 1520er Jahren gärte es im Umfeld des sogenannten Bauernkriegs mit bedrohlichen Anzeichen eines sozialen Protestes ja auch in den Reichsstädten[12]. Die Kirchengüter boten nun einen dienlichen Ansatzpunkt und eine Legitimation, um das Kirchenregiment des Rates durch Eingriffe zielstrebig auszuweiten. So erklärte der Reformator Andreas Osiander am 14. März 1525 bei dem Nürnberger Religionsgespräch vor dem Magistrat: *Dann die wellt sihet, das der gaistlich stand dahinsinckt und zerfallen will. Dhweil er aber unmessig groß reichthumb undter sich gepracht hat, wurdt die oberkeit nicht beyzeit darzu greiffen, ist zu besorgen, es werdens ander leut thun. Dann es ist auch nicht ain geringe ursach gewest zu der vergangen aufrur. Darumb wurdet forkommen hie der besst rate sein*[13]. Schirmverträge und Pflegschaften, welche die Städte den Stiften und Klöstern nun aufdrängten oder die auch schon seit längerem bestanden, dienten jetzt als Hebel für Veränderungen, die reformatorisch inspiriert waren und die bereits darauf zielten, die *Möncherei* zu beseitigen[14]. Die Inventarisierung

12 Der Nürnberger Ratsschreiber Lazarus Spengler argumentierte 1528 in einer Verteidigungsschrift für die Reformation in der Stadt, es sei der Kirchenerneuerung zu danken, daß Nürnberg vom Bauernkrieg weitgehend verschont geblieben war: *Wir achten auch gänzlich dafür, daß dieses mittel einhelliger gleicher predig in unser stadt und gebieten nit die geringst ursach gewesen, daß wir durch gnadenreiche schickung des almächtigen (dem wir hierin billig allein alle ehr, preiß und dankbarkeiten zulegen) von den verlǒffenen unschicklichkeiten und aufruhren, in dero mitten wir dazumahl, wie männiglich weiß, geseßen, gnädiglich verhütet worden seyn. Ungeachtet ob bey andern das widerspiel geurtheilet und die vergangenen aufruren und alles, was sich derhalben ungeschicktes zugetragen, dem heiligen evangelio zugemeßen werden,* ... Vgl. Gottfried SEEBASS, Apologia Reformationis, Eine bisher unbekannte Verteidigungsschrift Nürnbergs aus dem Jahre 1528. In: ZBKG 39 (1970), S. 20–74, hier: S. 59. – Zur gemeinsamen Ursachenproblematik von reichsstädtischer Reformation und Bauernkrieg vgl. auch RAPP, Réformes et Réformation, wie Anm. 3, S. 473–479. – Zu Krisensymptomen in Nürnberg und in Straßburg vgl. Günter VOGLER, Ein Vorspiel des deutschen Bauernkriegs im Nürnberger Landgebiet 1524. In: Gerhard HEITZ, Adolf LAUBE, Max STEINMETZ, Günter VOGLER Hgg., Der Bauer im Klassenkampf. 1975. S. 49–81; Jean ROTT, Artisanat et mouvements sociaux à Strasbourg autour de 1525. In: Artisans et ouvriers d'Alsace, Société Savante d'Alsace et des Régions de l'Est 9. Strasbourg 1965. S. 137–170.

13 Andreas Osiander, Schlußrede auf dem Religionsgespräch. In: Andreas OSIANDER D. Ä., Gesamtausgabe, Bd. 1: Schriften und Briefe 1522 bis März 1525, hg. v. Gerhard MÜLLER zus. mit Gottfried SEEBASS, 1975. S. 541–576 (Nr. 43), hier: S. 576. – Zu dem Religionsgespräch von 1525, das in Nürnberg den Ausschlag für die Evangelischen gab, vgl. auch: Gerhard PFEIFFER Bearb., Quellen zur Nürnberger Reformationsgeschichte, Von der Duldung liturgischer Änderungen bis zur Ausübung des Kirchenregiments durch den Rat (Juni 1524–Juni 1525). Einzelarbeiten aus der Kirchengeschichte Bayerns 45. 1968, passim.

14 In Straßburg hatte die Stadt ältere Schirmverträge mit den Stiften; das benützte der Magistrat, um die Kanoniker zur Annahme des Bürgerrechts zu drängen. Mit den meisten Klöstern in der Stadt gab es vor der Reformation noch keine Schirmverträge. Vgl. BAUM, Magistrat, wie Anm. 8, S. 51–73 und S. 99–146; Joseph Friedolin VIERLING, Das Ringen um die letzten dem Katholizismus treuen Klöster Straßburgs, Straßburger Beiträge zur neueren Geschichte 8. 1914; hier: S. 9–45, vor allem S.

der Klostervermögen, vor allem der *Kleinode*, durch eigens dafür deputierte Magistratsmitglieder stand fast immer am Beginn, ebenso das Verbot, Novizen aufzunehmen. In Straßburg berief der Magistrat 1524 aus seiner Mitte eine neue Kommission, wie es deren schon einige für die städtische Verwaltung gab. Die acht Klosterherren lösten bis in die 1530er Jahre die meisten der etwa 20 Straßburger Klöster auf und überstellten deren Güter mehrheitlich dem Hospital, den Siechenhäusern, dem Waisenhaus oder dem Almosen[15]. Drei Konvente von Frauenklöstern und die Karthäuser widersetzten sich allerdings noch für längeres hartnäckig dem obrigkeitlichen Zwang zur Reformation[16]. Ähnlichen Durchhaltewillen bewiesen vier von fünf Nürnberger Frauenklöstern[17]. Es war für die Magistrate ein dringendes und ernstes Anliegen, eine zweckgebundene Nutzung der ehemaligen Klostergüter festzulegen, denn daran hing die Rechtfertigung für ihr Vorgehen. In der wachen und geistig differenzierten Öffentlichkeit in den großen Städten wurde auch unüberhörbar die Frage gestellt, welche Berechtigung und Vertrauenswürdigkeit die reformatorischen Maßnahmen für sich hatten. Dort standen ja andererseits engagierte Verteidiger des Klosterlebens und auch manche spirituell regsame Konvente gegen die Obrigkeit und gegen die evangelischen Prädikanten; man denke nur an den Franziskaner Thomas Murner in Straßburg[18], an den Stiftsherrn Johannes Cochlaeus und den Dominikanerprior Johannes Dietenberger in Frankfurt[19] oder an die

18–19. – In Nürnberg übte der Rat Schutzrechte über alle Klöster aus, vom Rat bestellte Pfleger überwachten die Verwaltung und Bewirtschaftung des Klostergutes; vgl. KRAUS, Römische Kurie, wie Anm. 5, hier: S. 64–65. Dem Nürnberger Rat kam zugute, daß er nicht mit einem Bischof am Ort konkurrieren mußte, wenn er den Zugriff auf Kirchen und Klöster verstärkte.

15 Zum Vorgehen der Klosterherren: BAUM, Magistrat, wie Anm. 8, S. 99–124; VIERLING, Klöster, wie Anm. 14, S. 9–45; RAPP, Réformes, wie Anm. 3, S. 473–477. Die Zahl der Klöster im vorreformatorischen Straßburg wird unterschiedlich angegeben; vgl. BAUM, S. 99, und PFLEGER, Kirchengeschichte, wie Anm. 7, S. 75–91. – Zur Neuverwendung der Klostergüter: Otto WINCKELMANN, Das Fürsorgewesen der Stadt Straßburg vor und nach der Reformation bis zum Ausgang des 16. Jahrhunderts, Ein Beitrag zur deutschen Kultur- und Wirtschaftsgeschichte. Quellen und Forschungen zur Reformationsgeschichte 5. 1922, hier: S. 75–167.

16 Hierzu: VIERLING, Klöster, wie Anm. 14. François Joseph FUCHS, Les catholiques Strasbourgeois de 1529 à 1681. In: Archives de l'Église d'Alsace 22. 1975. S. 141–169. Pierre LEVRESSE, La survie du catholicisme à Strasbourg au XVIe siècle. In: LIVET und RAPP, coeur religieux, wie Anm. 8, S. 457–469. – Die Karthause und das Kloster St. Nikolaus hob der Straßburger Magistrat gegen Ende des 16. Jahrhunderts auf. Die beiden Frauenklöster St. Magdalena und St. Margareta konnten sich auf Dauer behaupten.

17 Auf diese Frauenklöster wird im folgenden noch einzugehen sein. Hierzu: Karl BRAUN, Nürnberg und die Versuche zur Wiederherstellung der alten Kirche im Zeitalter der Gegenreformation (1555–1648). Einzelarbeiten aus der Kirchengeschichte Bayerns 1, 1925; hier vor allem: S. 7–12 und S. 36–38.

18 Zu Murner vgl. Waldemar KAWERAU, Thomas Murner und die Kirche des Mittelalters, SVRG 30, 1890; DERS., Thomas Murner und die deutsche Reformation, SVRG 32, 1891; Theodor VON LIEBENAU, Der Franziskaner Dr. Thomas Murner, Erl. u. Ergänz. zu Janssens Geschichte d. deutschen Volkes IX/4+5. 1913. – Der Straßburger Konvent Murners löste sich freilich besonders frühzeitig auf (1525).

19 Vgl. Hans WOLTER, Cochläus und die Frankfurter Prädikanten. In: Beiträge zur Mainzer Kirchengeschichte der Neuzeit, Festschrift Anton Philipp BRÜCK. Quellen und Abhandlungen zur mittelrheinischen Kirchengeschichte 17. 1973. S. 31–54. – Hermann WEDEWER, Johannes Die-

Äbtissin der Nürnberger Clarissen Caritas Pirckheimer und ihren Bruder Willibald[20]. Kirchengut war Stiftungsgut, und die frommen Absichten der Stifter, deren Familien ja oft noch präsent waren, mußten auch unter evangelischen Vorzeichen gewahrt bleiben. Eine Rückgabe von Stiftungen an die Stifterfamilien wurde von den Nürnberger Theologen ausdrücklich ausgeschlossen[21]. Hinsichtlich des funktionslos gewordenen Klosterguts bot sich an, es für caritative Zwecke zu nützen, für das Fürsorge- und Armenwesen der Städte. Dieser Weg, der eine lange vorreformatorische Tradition sozialer Hilfe in den Städten fortführte und der ja auch schon immer mit den Zielen der geistlichen Orden mehr oder weniger eng verbunden gewesen war, wurde fast überall als nächstliegend betrachtet und als erstes beschritten. Martin Luther selbst ermunterte 1523 nachdrücklich zu diesem Vorgehen in der Schrift vom *Gemeinen Kasten*[22]. Ein neuer Gedanke aber trat noch hinzu, und dieser sollte der reformatorischen Bewegung eine ganz außerordentliche Attraktivität verschaffen, die Neu-Verwendung nämlich von ehemaligen Klöstern als Schulen. Daß Klöster und Stifte ursprünglich einmal Schulen gewesen seien, ist eine ebenso kühne wie einfache Gedankenbrücke, die Luther bereits 1520 in seiner Schrift *An den christlichen Adel* darlegte[23] und 1524 in der Schrift *An die Ratsherren aller Städte deutsches Lands, daß sie christliche Schulen aufrichten und halten sollen* wiederholte[24]. Praktische Schlußfolgerungen hieraus zog Martin Bucer in Straß-

---

tenberger 1475–1537, Sein Leben und Wirken. 1888. – Das Frankfurter Dominikanerkloster überdauerte die Reformation und bestand bis 1803 fort, ebenso das Kloster der Karmeliten. Beide Klöster waren für die spätmittelalterliche Frömmigkeit in Frankfurt sehr bedeutsam gewesen. vgl. Heinrich Hubert KOCH, Das Dominikanerkloster zu Frankfurt am Main 13. bis 16. Jahrhundert, 1892; DERS., Das Karmelitenkloster zu Frankfurt am Main 13. bis 16. Jahrhundert, 1912.

20 Vgl. Josef PFANNER Hg., Die »Denkwürdigkeiten« der Caritas Pirckheimer aus den Jahren 1524–1528. 1962. Zahlreiche Zeugnisse für den Widerstand der Caritas Pirckheimer gegen die Reformationspolitik des Rates auch bei PFEIFFER, Quellen, wie Anm. 13, passim. – Zum geistigen Hintergrund: Franz MACHILEK, Klosterhumanismus in Nürnberg um 1500. In: MVGN 64. 1977. S. 10–45.

21 Gottfried SEEBASS, Das reformatorische Werk des Andreas Osiander. Einzelarbeiten aus der Kirchengeschichte Bayerns 44. 1967, S. 181–183. Osianders wichtigstes Gutachten zur Rückgabe von Stiftungen (November 1525) in: Andreas OSIANDER D. Ä., Gesamtausgabe, Bd. 2: Schriften und Briefe April 1525 bis Ende 1527, hg. Gerhard MÜLLER zus. mit Gottfried SEEBASS, 1977; hier: S. 176–194 (Nr. 59).

22 Ordnung eines gemeinen Kasten 1523. In: Luthers Werke in Auswahl, hg. v. Otto CLEMEN, Bd. 2, 5. Aufl. 1959. S. 404–423.

23 *Es were meynis bedenckens eine nottige ordnung, besonderen zu unßern ferlichen zeytten, das stifft unnd Kloster widderumb wurden auff die weyße verordenet, wie sie waren ym anfang bey denn Aposteln unnd ein lang zeit hernach, da sie alle frey waren, einen yderman drynnen zubleyben so lang es yhm gelustet. Dan was sein stifft und kloster anders geweßen den Christliche schulenn, darynnen man leret schrifft unnd zucht nach Christlicher weyße unnd leut auff ertzog, zu regieren unnd predigen, wie wir leßen, das sanct Agnes in die schule gieng und noch sehen in ettlichenn frawen klostern als zu Quedlinborg und der gleychen; furwar es solten alle stifft und kloster auch ßo frey sein, das sie got mit freyem willen und nit getzwungen dienstenn dientenn.* In: Luthers Werke in Auswahl, wie Anm. 22, Bd. 1, S. 395.

24 ... *Wilche aber der ausbund dar unter* (d. h. unter der Schuljugend) *were, der man sich verhofft, das geschickte leut sollen werden zu lerer und lereryn, zu prediger und andern geystlichen emptern, die soll man deste mehr und lenger da bey lassen odder gantz daselbs zu verordenen, wie wyr lesen*

burg, als er den Magistrat am 8. Februar 1525 in einem Gutachten aufforderte, die Güter der Klöster und Stifte zu benützen, um ein durchgreifend erneuertes Schulwesen zu finanzieren[25]. *Dan stifft und klöster, da sy am besten geweßen, seind sy schulen gewesen, daruß man fug hat, sy anzusuchen.* Und als nächsten Schritt schlug Bucer vor: *Die jungen Nonnen und Monch sollen und mögen zu handtwerken und zedienen abgefertigt, die alten zi(e)mlich underhalten und jnn eins oder zwey klöster gethon werden, was von iren güttern uber jr notwendig narong überig bleibt, jst zun schulen und almußen zewenden.* Die unbefriedigende Schulsituation in Straßburg war schon seit längerem von den Humanisten herausgestellt worden, eine Reform scheiterte aber bisher an den mangelnden Finanzierungsmöglichkeiten[26]. Nun war dank der frei werdenden geistlichen Güter eine neue Situation gegeben. Martin Bucer wollte mit seinen energisch betriebenen Schulplänen die humanistischen Reformwünsche erfüllen und zugleich die Erziehung der Bürgerkinder im Geist des Evangeliums verankern. Mittels einer Verbindung von Klosterauflösung und Schulreform konnte bei den humanistisch Gebildeten für die Sache der Reformation geworben werden. Auch Luther, der dem Humanismus sicherlich ferner stand als Bucer, bemühte sich in diesem Punkt um die Sympathie derer, die die neuen Bildungsideale vertraten. In der bereits zitierten Schulschrift von 1524 schreibt Luther: *Weyl uns denn itzt Got so gnediglich beratten hat mit aller fülle, beyde der kunst gelerter leutte und Bücher, so ists zeyt, das wyr erndten und eynschneytten das beste, das wyr künden und schetze samlen, damit wyr ettwas behallten auff das zukunfftige von disen gulden jaren und nicht dise reyche erndte verseumen*[27]. Humanistisch geprägt waren bei beiden Reformatoren auch die nicht-theologischen Argumente für neue Schulen: Luther suchte in diesen *alleyn des gantzen Deutschen lands glück und heyl*[28], und Martin Bucer, wiederum konkreter, aber auch stärker humanistisch, erklärte dem Straßburger Magistrat, *das leicht zuverston, was nutz und fürstand von recht geordneten schulen und leerhüßern gemeyner stat zu verhoffen sey, dann das volck würt zu burgerlicher beywohnung us erfarong und ubung des buchstabens dester geschlachter, freuntlicher und geneigter*[29]. Die sich leerenden Klöster, ihre stattlichen Einkünfte und Güter, eröffneten für die Reformation eine einzigartige Chance, sich mit der humanistischen Bildungsbewegung in der Schule dauerhaft zu verbinden. Das oberrheinische Straßburg, inmitten einer Landschaft, wo der Humanismus als geistig unabhängige

von den heyligen mertern, die S. Hagnes und Agata und Lucia und der gleichen auffzogen. Daher auch die klöster und stiffte komen sind, aber nu gar ynn eynen andern verdampten brauch verkeret. Luthers Werke in Auswahl, wie Anm. 22, Bd. 2, S. 458–459. Ebenso auch S. 447 (Klöster und Stifte müssen für die Jugenderziehung aufkommen).

25 *Erleütherong uber jngeleite Supplication vom 8. Februar 1525.* In: Martin Bucers Deutsche Schriften, 2: Schriften der Jahre 1524–1528, hg. v. Robert Stupperich, 1962; hier: S. 399–404, (Edition und Kommentar v. Ernst-Wilhelm Kohls).

26 Anton Schindling, Humanistische Hochschule und freie Reichsstadt, Gymnasium und Akademie in Straßburg 1538–1621. Veröffentlichungen des Instituts für Europäische Geschichte Mainz 77. 1977; hier: S. 18–33.

27 Luthers Werke in Auswahl, wie Anm. 22, Bd. 2, S. 463.

28 Wie Anm. 27.

29 Wie Anm. 25.

Größe besonders hervortrat, kann für sich in Anspruch nehmen, diese Chance in einer beispielhaft glücklichen Weise genützt zu haben[30].

Institutionelle Vorkehrungen waren für den Erfolg entscheidend. In dem bereits erwähnten Gutachten von 1525 schlug Martin Bucer dem Straßburger Magistrat vor, aus seiner Mitte einen Ausschuß von *Schulherren* zu bilden, wie dann auch geschah. Die drei Scholarchen übernahmen die Einrichtung und Kontrolle des Schulwesens in der Stadt[31]. Vor allem aber, und dies ist der springende Punkt, sie organisierten in den Jahren nach 1525 ein »Schulvermögen« aus den Besitzungen von drei aufgelösten Klöstern, nämlich denen der Dominikaner, der Franziskaner und der Augustinereremiten sowie aus kleineren Pfründeneinkommen und Renten-Stiftungen. Ein »Schulschaffner« verwaltete dieses Vermögen unter der Aufsicht der Scholarchen, denen er Rechnung legen mußte über seine Einkünfte und die Ausgaben für die Schule. Die wirtschaftliche Grundlage war so solide, daß der Schulschaffner phasenweise von dem eingekommenen Geld Darlehen an Private in der Form des Rentenkaufs vergeben konnte, wie es vor der Reformation die Mönche getan hatten. Nach dem größten darin aufgegangenen Klostervermögen heißt die »Schulschaffnei« in den Quellen des 16. Jahrhunderts oft noch immer die »Barfüsserschaffnei«, der Verwalter der »Barfüsserschaffner«[32]. Die Krönung schließlich in dem Bemühen der Straßburger Scholarchen um eine Dotation für das Schulwesen brachte die Reformation des reichen St. Thomas-Stifts. Unter Führung des Stiftspropsts, des Reformators Wolfgang Fabritius Capito, öffnete sich das Stiftskapitel frühzeitig dem neuen Glauben und stellte seine Pfründen zur Verfügung für die Zwecke des Unterrichts[33]. Die Pfründenorganisation aus der mittelalterlichen Stiftsverfassung wurde beibehalten, das Stift 1539 aber statutarisch auf den Unterhalt des Schulwesens verpflichtet, und den Scholarchen wurde ein »Patronat« eingeräumt bei der Vergabe von vakanten Pfründen, das heißt faktisch die Entscheidungsbefugnis[34]. Auf dieser großzügig bemessenen ökonomischen Basis entwickelten sich seit 1538 das humanistische

30 Zum oberrheinischen Humanismus: Charles SCHMIDT, Histoire littéraire de l'Alsace à la fin du XVe et au commencement du XVIe siècle, 2 Bde., 1879, Nachdruck 1966. – Die These von Oberman, daß die Straßburger reichsstädtische Reformation keine geistigen Freiräume habe bieten können, erscheint nicht recht überzeugend angesichts der glänzenden Entwicklung der humanistischen Hochschule in der elsässischen Reichsstadt im 16. und 17. Jahrhundert; vgl. Heiko Augustinus OBERMAN,Werden und Wertung der Reformation, Vom Wegestreit zum Glaubenskampf. Spätscholastik und Reformation 2, 1977; hier: S. 354–363.

31 Zur städtischen Schulaufsicht in Straßburg vgl. SCHINDLING, Humanistische Hochschule, wie Anm. 26, S. 78–161.

32 Zum Schulvermögen und seiner Verwaltung durch die Scholarchen vgl. die geschlossen erhaltene Serie der »Barfüsserrechnungen« im Archiv des Straßburger St. Thomasstifts: AST (= Archives St. Thomas) Nr. 1091 – Nr. 1099 (heute als Depot im Archiv der Stadt Straßburg).

33 Gustav C. KNOD, Die Stiftsherren von St. Thomas zu Straßburg (1518–1548), Ein Beitrag zur Straßburger Kirchen- und Schulgeschichte. Beilage zum Programm des Lyceums zu Straßburg. 1892; Gustav ANRICH, Das Thomasstift in seinen Beziehungen zur alten Straßburger Schule. 1907.

34 *Municipal Statut eins ersamen Rahts der Statt Strasburg von ainem Examen zu halten deren, so hinfürter Pfründen erlangen und annemen wöllen, Anno 1539 geordnet, erkant und den Stifften sich des hinfürt zu halten bevolhen.* In: Martin Bucers Deutsche Schriften, 7: Schriften der Jahre 1538–1539, hg. v. Robert STUPPERICH. 1964; hier: S. 569–575, (Edition und Kommentar v. Ernst-Wilhelm KOHLS).

Gymnasium und die Hochschule von Straßburg, die die Scholarchen bis 1621 zur vollen Universität ausbauten. Das Vorgehen des Straßburger Magistrats bei der Finanzierung seiner neuen Schule weist uns allerdings auch zurück auf vorreformatorische Vorbilder: Die Verbindung von Universitäten mit Stiftskirchen, an denen die Professoren bepfründet waren, entsprach einer weit verbreiteten spätmittelalterlichen Praxis, auch die Heranziehung von Klöstern kam vor, in der Form, daß ein Konvent regelmäßig einen oder mehrere Professoren stellte[35]. Die Straßburger Scholarchen nützten also nur verfügbare geistliche Güter so aus, wie bereits zahlreiche weltliche Fürsten und auch Stadtmagistrate es vor der Reformation anläßlich von Hochschulgründungen getan hatten. In Straßburg selbst hatte der Münsterprediger Geiler von Kaysersberg 1485 dem Bischof vorgeschlagen, das verlotterte adelige Damenstift St. Stephan aufzuheben und dessen Güter für die Gründung einer Hochschule zu verwenden[36]. Die Scholarchen verzichteten jetzt jedoch auf ein Mitwirken des Bischofs sowie auf Dispens und Privileg des Papstes, was bisher in solchen Fällen stets eingeholt worden war. Das ist bei aller Kontinuität ein neues Element. Die Reformation nahm die geistlichen Güter heraus aus dem Rechtssystem der universalen Kirche und wies der weltlichen Obrigkeit am Ort das Recht und die Pflicht zu, darüber im Sinne einer evangelischen Religionsausübung und gemäß dem angenommenen Stiftungszweck zu verfügen.

Mit einer bildungspolitischen Perspektive wie in Straßburg wollten oder konnten nicht alle Reichsstädte vorgehen, die von der evangelischen Bewegung erfaßt waren. Die Nürnberger eröffneten zwar 1526 mit Philipp Melanchthon in spektakulärer Weise in dem ehemaligen Schottenkloster St. Aegidien eine neue *Obere Schule*[37]. Aber es fehlte in der fränkischen Reichsstadt an dem institutionellen Rahmen für das Schulwesen, den Straßburg in jenen Jahren aufzubauen begann, vor allem mangelte es an einem speziellen Schulvermögen. Die *Obere Schule* ging denn auch schon bald wieder ein. Güter von aufgelösten Klöstern für eine Dotation hätte der Nürnberger Rat zwar seit 1525 ebenfalls ausreichend zur Verfügung gehabt. Aber er verwendete diese zunächst einmal ausnahmslos für Fürsorgezwecke, nämlich für den »Gemeinen Kasten«, das Almosen[38]. Die in der Stadt Nürnberg selbst gelegenen geistlichen Güter, das waren vor allem die Klostergebäude, unterstanden nach 1525 dem Stadtalmosen. Für die Güter außerhalb der Mauern war das Landalmosen zuständig, das in der Folge die Kirchenfabrikgüter und die Altarpfründen der beiden Stadtpfarrkirchen, die der Marienkirche und die Vermögen

35 Dazu grundlegend: Peter MORAW, Zur Sozialgeschichte der deutschen Universität im Spätmittelalter. In: Gießener Universitätsblätter 8/2. 1975. S. 43–60.

36 RAPP, Réformes, wie Anm. 3, S. 350–352.

37 Gerhard HIRSCHMANN, Die Errichtung des Gymnasiums 1526 im Spiegel der amtlichen Dokumente, in: Wolfgang BREITWIESER Hg., 450 Jahre Melanchthon-Gymnasium, Festschrift und Jahresbericht 1975/76. 1976. – Zur Nürnberger Bildungspolitik im 16. Jahrhundert grundsätzlich: Anton SCHINDLING, Straßburg und Altdorf – Zwei humanistische Hochschulgründungen von evangelischen freien Reichsstädten. In: Peter BAUMGART und Notker HAMMERSTEIN Hgg., Beiträge zu Problemen deutscher Universitätsgründungen der frühen Neuzeit. Wolfenbütteler Forschungen 4. 1978; hier: S. 149–189.

38 J. W. HILPERT, Geschichte der Entstehung und Fortbildung des protestantischen Kirchen-Vermögens der Stadt Nürnberg. 1848. ENGELHARDT, Reformation 1, wie Anm. 5, S. 213–229.

mehrerer Landpfarreien zusammenfaßte sowie die Güter und Einkünfte aller sechs in der Stadt aufgelösten Männerklöster und des bereits 1525 aufgehobenen Frauenklosters Großgründlach. Diese behördenmäßige Zentralisierung hob in der Pegnitzstadt eigentliche Kirchenvermögen mit gesonderter Verwaltung auf, darunter auch die der Pfarreien. Die Einzelrechnungen führte man zwar noch lange getrennt nach den alten Vermögenscorpora. Die evangelischen Geistlichen aber erhielten keine Pfründen-Einkünfte mehr, sondern Gehälter aus dem Almosen-Kasten. Sogar die Propsteien an den beiden Nürnberger Stadtpfarrkirchen hob der Magistrat nach der Reformation auf. Die geistliche Güterverwaltung war somit vereinheitlicht und einigermaßen rationell durchorganisiert[39]. Eine administrative Lösung drückte sich hier aus eher im Stile der werdenden frühmodernen Territorialstaaten als in der manchmal verwinkelt anmutenden Art anderer Reichsstädte. In Straßburg hielt man dagegen stärker an den überkommenen Vermögenseinheiten fest. Die Größe des von Nürnberg beherrschten Landgebiets legte es vielleicht nahe, so zusammenlegungsfreudig vorzugehen, ferner der Zwang, in der überaus dicht bevölkerten Stadt ein möglichst enges Netz sozialer Fürsorge zu knüpfen[40]. Dahinter stand aber auch das ausgeprägte Herrschaftsverständnis des patrizischen Nürnberger Rates, der die Kirche uneingeschränkt seiner Obrigkeit zu unterstellen bestrebt war und Inseln korporativer kirchlicher Autonomie nicht länger dulden wollte. Ein Kollegiatstift, dessen Pfründen wie bei St. Thomas in Straßburg in eine Neuregelung hätten einbezogen werden müssen, hinderte diese Nürnberger Verfassungspolitik ja ohnehin nicht. Die Vermögen der Nürnberger Frauenklöster, die sich der Auflösung zunächst noch widersetzten, kamen dann nicht mehr zu dem Almosen. St. Katharina, das erst 1596 ausstarb, wurde dem Spitalamt des Heilig-Geist-Spitals zugeschlagen. St. Klara und Pillenreuth, die als vereinigter Klosterkonvent bis 1590 Bestand hatten, blieben als selbständig verwalteter Vermögenskomplex im »Klarenamt« erhalten, ebenso wie das 1565 aufgehobene Dominikanerinnenkloster Engelthal im Nürnberger Landgebiet als ein eigenes Pflegamt fortlebte[41]. Die Zweckbindung des ehemaligen Kirchengutes war in den zuletzt genannten Fällen nicht eindeutig gewahrt, sondern eher verwischt. Über die Verwendung der Einkünfte wurde regelmäßig von der zentralen Stadtkasse entschieden, der »Losungstube«, die auch den Almosen-Kasten mehr und mehr mittels Anleihen abschöpfte. Diese Beträge wurden nicht zurückgezahlt, blieben für den Almosen-Kasten jedoch zumindest auf dem Papier als Guthaben

39 Hilpert, wie Anm. 38, passim. Vgl. auch Hanns Hubert Hofmann, Die »Pfaffenpfründen« im Landalmosamt zu Nürnberg 1540–1550. In: MVGN 42. 1951. S. 145–170; Ingrid Busse, Der Siechkobel St. Johannis vor Nürnberg (1234 bis 1807), Nürnberger Werkstücke zur Stadt- und Landesgeschichte 12. 1974; hier: S. 88–124.

40 Die Bevölkerungszahl von Nürnberg wird für das 16. Jahrhundert unterschiedlich angegeben: Rudolf Endres, Zur Einwohnerzahl und Bevölkerungsstruktur Nürnbergs im 15./16. Jahrhundert. In: MVGN 57. 1970. S. 242–271. Otto Puchner, Das Register des Gemeinen Pfennigs (1497) der Reichsstadt Nürnberg als bevölkerungsgeschichtliche Quelle. In: JfL 34/35, (Festschrift Gerhard Pfeiffer). 1975. S. 909–948.

41 Hilpert, wie Anm. 38, passim. Johann Christoph Martini, Historisch-Geographische Beschreibung des ehemaligen berühmten Frauenklosters Engelthal in dem Nürnbergischen Gebiethe, Nürnberg 1798.

erhalten[42]. Die leerstehenden Klosterbauten wurden in der Stadt teilweise für Sozialeinrichtungen, etwa als Waisen-, Alten- oder Findelhaus, genützt. St. Katharina war nun bekannt als Meistersing-Schule.

Ein Schulvermögen erschien den Nürnbergern neben dem Almosen offenbar nicht als vordringlich. Der Humanismus war in Franken weniger pädagogisch ausgerichtet und brachte weniger Erfahrungen aus bedeutenden vorreformatorischen Schulen mit als im Elsaß. Bei der Schulgründung in Altdorf in den 1570er Jahren, die dann erfolgreich war, griff der Nürnberger Magistrat nicht mehr auf ehemalige Kirchengüter zurück, sondern man zahlte Gehälter wie schon für die Geistlichen[43].

Wieder anders war die Situation in Augsburg[44] und in Frankfurt[45]: Die evangelische Neuordnung von Kirche und Schule konnte hier auf Dauer nur einzelne geistliche Vermögen nützen. In den Klöstern, die sich aufgelöst hatten, richteten die Magistrate aber auch hier evangelische Bürgerschulen ein, in Augsburg im ehemaligen Karmeliter-

42 Paul SANDER, Die reichsstädtische Haushaltung Nürnbergs, dargestellt auf Grund ihres Zustandes von 1431 bis 1440, 2 Halbbde., 1902. Hier heißt es im 1. Halbband, S. 741, zu der Neuverwendung der geistlichen Güter nach der Reformation: »So entstanden die sogenannten Geistlichen Ämter, für die der Rat gewissermaßen die Stelle eines obersten Vormunds versah. Schon im 16. Jahrhundert, während des 2. Markgrafenkrieges, wurden bei diesen Geistlichen Ämtern seitens der Stadt große Summen in Form von Rentenanleihen und Zinsgeldern aufgenommen. Aber erst in den Finanzkrisen, die der Dreißigjährige Krieg und vor allem die französischen Raubkriege heraufführten, bildete sich der Brauch aus, daß die Losungstube, wenn sie einer ›eilenden‹ Geldhilfe bedurfte, sich wie an die städtischen, so auch an die Geistlichen Ämter wandte, die ja vermöge der von ihnen verwalteten Liegenschaften jederzeit Geld flüssig machen konnten und tatsächlich auch flüssig gemacht haben. Ihre zunächst als ›Amtsvorlehen‹ gebuchten Zahlungen wurden seit der 1. Hälfte des 18. Jahrhunderts ein ständiger Posten der städtischen Einnahmebudgets, und man betrachtete sie schließlich als etwas so Selbstverständliches, daß man sie seit 1776 nur noch als ›Geldeinnahmen von den Geistlichen Ämtern‹ verrechnete. Meist hielt man es sogar nicht einmal für der Mühe wert, die ausdrücklich als Darlehen gebuchten Posten beim Rechnungsabschluß unter die Passiva der Stadt aufzunehmen. Hätte jemand gar von Rückzahlung gesprochen, so würde er wohl nur einem Achselzucken begegnet sein. Und doch hätte man sicherlich den Gedanken an eine förmliche Konfiskation der Stiftungen mit Entrüstung zurückgewiesen. Dem tatsächlichen Zustande nach hätte wohl mindestens seit der Mitte des 18. Jahrhunderts das Stiftungsgut als öffentliches Gut betrachtet werden können.«

43 SCHINDLING, Straßburg und Altdorf, wie Anm. 37.

44 Zur Augsburger Reformation vgl. Friedrich ROTH, Augsburgs Reformationsgeschichte, 2. Auflage 4 Bde. 1901–1911. Friedrich Hermann SCHUBERT, Die Reformation in Augsburg. In: Augusta 955–1955, Forschungen und Studien zur Kultur- und Wirtschaftsgeschichte Augsburgs, hg. v. Hermann RINN, 1955. S. 283–300. POLLET, Bucer correspondance, wie Anm. 11, Bd. 2, S. 221–274.

45 Zur Frankfurter Reformation vgl.: Beda WEBER und Johannes DIEFENBACH, Zur Reformationsgeschichte der freien Reichsstadt Frankfurt am Main. 1895. Hermann DECHENT, Kirchengeschichte von Frankfurt am Main seit der Reformation 1, 1913. Helmut CELLARIUS, Die Reichsstadt Frankfurt und die Gravamina der deutschen Nation, SVRG 163. 1938. Hans WOLTER, Die Reichsstadt Frankfurt am Main und das Konzil von Trient. In: Archiv für mittelrheinische Kirchengeschichte 16. 1964. S. 139–175; DERS., Die Gravamina des Klerus gegen den Rat von Frankfurt am Main im Jahre 1526. In: ebd. 25, 1973, S. 203–226. Jetzt vor allem: Sigrid JAHNS, Frankfurt, Reformation und Schmalkaldischer Bund, Die Reformations-, Reichs- und Bündnispolitik der Reichsstadt Frankfurt am Main 1525–1536. Studien zur Frankfurter Geschichte 9. 1976.

kloster St. Anna und in Frankfurt im Franziskanerkloster. Für weitgreifende bildungspolitische Pläne wie in Straßburg fehlte der finanzielle Rückhalt, die Augsburger und die Frankfurter begnügten sich mit mehrklassigen humanistischen Gymnasien[46]. Die geistlichen Vermögen blieben in Frankfurt auch in evangelischen Händen verwaltungsmäßig als selbständige Einheiten erhalten: Die alten Frauenklöster St. Katharina und Weißfrauen wurden hier unter der Aufsicht von Pflegern aus dem Magistrat weitergeführt als evangelische Damenstifte für Bürgertöchter[47].

Wichtig für unsere Überlegungen ist, daß die reformatorische Bewegung in einer Reihe von Reichsstädten auf Grenzen stieß, daß manche Kirchen und Klöster sich und ihre Güter einer Verfügung durch den evangelischen Magistrat entziehen konnten. Dies gilt in Straßburg für das Domstift und die beiden St.-Peter-Stifte; besonders markant war die Situation in Frankfurt mit den drei altgläubigen Stiften[48].

Die Reichsstädte waren ja keine bürgerlichen Monaden. Sie blieben als privilegierte Korporationen angewiesen auf den Kaiser und die Reichsverfassung, waren eingebunden in das politische und rechtliche Gefüge des Reiches sowie eingebettet jeweils in ein regionales Beziehungsgeflecht. Es war eine von Fall zu Fall immer wieder zu treffende Ermessensentscheidung, in welchem Umfang ein evangelisch gesinnter Magistrat reformatorische Maßnahmen durchsetzen konnte gegen das geistliche Gericht und gegen die Proteste des zuständigen Diözesanbischofs, der ja mit seinem Hochstift immer auch benachbarter Reichsfürst war[49]. Die altgläubigen Stifte und Klöster in den Städten hielten sich an den Bischof, dieser selbst wurde in seinen oberhirtlichen Rechten gestützt von Kaiser Karl und König Ferdinand, von der Reichstagsmehrheit und vom Reichskammergericht. Die Frage der geistlichen Güter war für die Städte besonders delikat, weil die

46 Zu Augsburg: Hans OCKEL, Geschichte des höheren Schulwesens in Bayerisch-Schwaben während der vorbayerischen Zeit, Monumenta Germaniae Paedagogica 60. 1931; hier: S. 16–110, (Das evangelische Gymnasium bei St. Anna nebst der Kantorei und dem Kollegium). – Zu Frankfurt: Bruno MÜLLER, Hochschulbestrebungen in Frankfurt am Main in früheren Zeiten. In: Frankfurter Wochenschau 26 (1939), S. 309–311. – Die Stadt Frankfurt brachte in dem ehemaligen Barfüsserkloster neben der Schule auch die Bibliothek und den allgemeinen Almosenkasten unter. Während der Messen wurden im Kreuzgang und im Hof Stände aufgeschlagen, für die die Handelsleute an die Stadt Miete zu zahlen hatten. Die Barfüsserkirche war lange Zeit die protestantische Hauptkirche in der Stadt. vgl. ALEMANIA FRANCISCANA ANTIQUA 6, wie Anm. 11, S. 158. Ferner: Der allgemeine Almosenkasten zu Frankfurt am Main 1531–1931, Im Auftrage seines Pflegamts dargestellt von Harry GERBER, Otto RUPPERSBERG und Louis VOGEL. 1931.

47 Friedrich BOTHE, Geschichte des St. Katharinen- und Weißfrauenstifts zu Frankfurt am Main, Ein Beitrag zur Geschichte der freien Wohlfahrtspflege. 1950.

48 Vgl. hierzu: Tagebuch des Canonicus Wolfgang Königstein am Liebfrauenstifte über die Vorgänge seines Capitels und die Ereignisse der Reichsstadt Frankfurt am Main in den Jahren 1520 bis 1548, hg. v. Georg Eduard STEITZ, 1876.

49 Richard WOLFF, Die Reichspolitik Bischof Wilhelm III. von Straßburg, Grafen von Honstein, 1506–1541, Ein Beitrag zur Reichsgeschichte im Zeitalter Maximilians I. und Karls V., Historische Studien 74. 1909. Nachdruck 1965. Karl HAHN, Die katholische Kirche in Straßburg unter dem Bischof Erasmus von Limburg (1541–1568), Schriften des wissenschaftlichen Instituts der Elsaß-Lothringer im Reich an der Universität Frankfurt NF 24, 1941. Werner ZEISSNER, Religio incorrupta? Altkirchliche Kräfte in Bamberg unter Bischof Weigand von Redwitz (1522–1556). Beiheft 6 zu den Berichten des Historischen Vereins Bamberg. 1975. JAHNS, Frankfurt, wie Anm. 45, passim.

reformatorischen Veränderungen in diesem Punkt nach der altgläubigen Auffassung ganz eindeutig geltendes Recht der Kirche und des Reichs brachen und also justiziabel waren. Reichskammergerichtsprozesse, von denen eine ganze Reihe angestrengt wurden, trafen die Städte aber an einer politisch empfindlichen Stelle, denn sie belasteten ihre Beziehungen zum Reichsoberhaupt und zum Reichstag[50]. Angesichts der komplizierten Situation, mit der sie im Falle der Reformation fertigwerden mußten, hielten sich manche Reichsstadtmagistrate lieber klug zurück und leiteten nur zögernd die Kirchenveränderung ein, unter dem Druck der evangelischen Prädikanten und einer starken Strömung in der Bürgerschaft. Frankfurt ist hierfür ein einprägsames Beispiel, ebenso Augsburg oder Regensburg, dies besonders im Kontrast zu den frühen Reformationen in Nürnberg und Straßburg[51].

Die eindeutig reichsunmittelbaren Stifte und Klöster, vor allem die Domstifte in den Bischofsstädten, die Kommenden des Deutschen Ordens und des Johanniterordens sowie die Wirtschaftshöfe außerstädtischer geistlicher Institutionen wurden auch von den entschiedensten neugläubigen Magistraten stets mit großer Vorsicht behandelt, zumindest was das Eigentum und die Einkünfte betrifft[52]. Die Messe in den dazugehörigen Kirchen oder Kapellen versuchte man freilich meist zu unterbinden oder zumindest verwehrte man den Zugang für Bürger und Einwohner der Stadt.

Nürnberg verlangte von den Verwaltern der Klosterhöfe, daß sie Bürger wurden und von wegen des Hofs alle bürgerlichen Beschwerden tragen sollten, freilich ohne dauerhaften Erfolg[53]. Der Zwang, sich vor Kaiser und Reichstag rechtfertigen zu müssen, war für die Reichsstädte, die den Schritt zur Reformation wagten, ein starker Antrieb, es mit der Neu-Verwendung der geistlichen Güter sehr genau zu nehmen. Das bildete ein gewichtiges politisches Motiv neben der religiösen Gewissensverpflichtung, die forderte, den Stiftungszweck der Kirchenvermögen zu respektieren. Mit Blick auf den Augsburger Reichstag von 1530 ließ der Rat von Straßburg erklären: *Wir haben noch keins hellers wert von allen clösteren und allen geistlichen gütern in gemeinen seckel* (das heißt die Stadtkasse) *verwendt, sind auch nit bedacht, sollichs in zukunft zuthun, sondern weren geneigt, jedes uff Gots eer by unß noch inhalt der Stifftungen am aller nechsten*

50 Robert Schelp, Die Reformationsprozesse der Stadt Straßburg am Reichskammergericht zur Zeit des Schmalkaldischen Bundes (1524) / 1531–1541 / (1555), Ein Beitrag zu einem reformationsgeschichtlichen Rechtsproblem, Diss. jur. Tübingen 1965. Vorzüglich die Darstellung bei Jahns, Frankfurt, wie Anm. 45, S. 114–140 und S. 249–302.

51 Hierzu: Jahns, Frankfurt, wie Anm. 45, passim. Nürnberg bemühte sich, trotz der Reformation stets die Loyalität gegenüber dem Kaiser zu wahren: Vgl. Eugen Franz, Nürnberg, Kaiser und Reich, Studien zur reichsstädtischen Außenpolitik. 1930, hier: S. 75–197. Grundsätzlich: Martin Brecht, Die gemeinsame Politik der Reichsstädte und die Reformation. In: Zeitschrift für Rechtsgeschichte: Kanonistische Abteilung 63 (1977), S. 180–263.

52 Zum Deutschen Orden: Bernhard Demel, Die Sachsenhäuser Deutschordens-Kommende von den Anfängen bis zum Verkauf an die katholische Gemeinde Frankfurt am Main im Jahre 1881 – Versuch einer Gesamtübersicht. In: Archiv f. mrh. KG 23, 1971, S. 37–72. Braun, Nürnberg, wie Anm. 17, S. 40–43, S. 91–95 und S. 126–128. Vierling, Klöster, wie Anm. 14, passim.

53 Engelhardt, Reformation 1, wie Anm. 5, S. 226; Pfeiffer, Quellen, wie Anm. 13, S. 100; Pfeiffer Hg., Nürnberg, wie Anm. 5, S. 154.

zuwenden[54]. Die meisten evangelischen Reichsstädte konnten damals und später wohl dasselbe von sich sagen.

Die Reichsstädte, die sich dem Schmalkaldischen Bund anschlossen, suchten, indem sie sich auf die evangelischen Fürsten abstützten, nach einem politischen Rückhalt gegen die geistliche und die Reichsgerichtsbarkeit, mittels deren die Bischöfe, der altgläubige Klerus und die Orden ihre Restitutionsforderungen verfolgten[55]. Die Frage der Kirchengüter war ein Band der Einigkeit für die protestantischen wie für die katholischen Reichsstände. Die Querverbindung der evangelischen Reichsstädte zu den Fürsten vermittelte andererseits auch Erfahrungen der Reformation aus den Städten an die Territorien. Die Regelungen, die die evangelischen Fürsten bezüglich der geistlichen Güter trafen, dürften mehrfach von den städtischen Mustern mit beeinflußt gewesen sein. Zumindest die Nutzung von ehemaligen Klöstern als Landes- oder Fürstenschulen in Sachsen, Württemberg und anderen Territorien orientierte sich wohl an den Lösungen, die in den Reichsstädten gefunden worden waren[56]. Was solche Einflüsse angeht, ist allerdings zu berücksichtigen, daß die evangelischen Fürsten gegenüber Kaiser und Reichstag, zumindest bis zum Passauer Vertrag und Augsburger Religionsfrieden, ähnlich wie die Reichsstädte unter einem Legitimationszwang hinsichtlich der Kirchen-

54 *Copia eins usschreibens und verantwurten im namen eins ersamen rats zu Straßburg der neuerung und verenderung halben in den ceremonien und kirchenbruchen, mense Aprili anno 1530.* Ein von dem Reformator Capito konzipiertes Schriftstück, das den Reichstag zu Augsburg 1530 vorbereiten sollte (31. 3. 1530); dieses Schriftstück liegt im Stadtarchiv Straßburg (Archives municipales de Strasbourg) AA 415 fol. 80–118; das Zitat auf fol. 99–100. Vgl. hierzu: Anlagen zur Confessio Tetrapolitana – Der sogenannte »Ratschlag D«, Schilderung und Rechtfertigung der Straßburger Reformation, Beilage der Reichstagsinstruktion von 1530, in: Martin Bucers Deutsche Schriften, 3: Confessio Tetrapolitana und die Schriften des Jahres 1531, hg. v. Robert STUPPERICH. 1969; hier: S. 339–392, (Edition und Kommentar von Bernd MOELLER). Ebd. S. 339–340 wird auf Capitos Schrift hingewiesen. – In dem sog. »Ratschlag D« finden sich ähnliche Gedanken zu den Klostergütern wie in dem Zitat; vgl. ebd. S. 350: *... aber nichts haben wyr in unseren gemeinen oder besonderem nutz verwendt, sonder lassen daruß die pensionierten personen* (d. h. die ehem. Mönche und Nonnen) *underhalten, und nach ierem abgang ist die nutzung verordnet zu underhaltong des gemeinen almusens, spitals, weysens und bloterhüß und der schulen, also das auch gemeiner nutz in zukunfft sollicher gefell sich nit underziehen wirt.* Ähnlich ebd. S. 378, ferner auch in der »Confessio Tetrapolitana« selbst (S. 316). – In Straßburg konnte es allerdings immerhin auch vorkommen, daß sich Angehörige der regierenden Oligarchie während der Reformation privat an Kirchengut bereicherten; vgl. BRADY, Ruling Class, wie Anm. 8, S. 144–146 und S. 226–227.

55 Vgl. KÖRBER, Kirchengüterfrage, wie Anm. 1, passim; JAHNS, Frankfurt, wie Anm. 45, passim.

56 Zur Neuverwendung von Klostergütern in evangelischen Territorien während der Reformationszeit finden sich mehrere Beiträge in Bd. 109 der Blätter für deutsche Landesgeschichte, 1973, (Aufsätze über Württemberg, Kurpfalz, Hessen und die Welfenlande). – Grundsätzlich zur Frage der Kirchengüter in den evangelischen Territorien jetzt: Volker PRESS, Adel, Reich und Reformation. In: Stadtbürgertum und Adel in der Reformation, hg. v. Wolfgang J. MOMMSEN zus. mit Peter ALTER und Robert W. SCRIBNER. Veröff. d. Deutschen Hist. Inst. London 5, 1979, S. 330–383. – Zur Dotation von Schulen aus Kirchengütern: Anton SCHINDLING, Artikel: Landesschule, in: HRG 2, Sp. 1408–1412. DERS. Humanistische Reform und fürstliche Schulpolitik in Hornbach und Lauingen – Die Landesgymnasien des Pfalzgrafen Wolfgang von Zweibrücken und Neuburg; In: Neuburger Kollektaneenblatt 133, 1980, 141–186.

güter standen[57]. In protestantischen Territorien, die dem Kaiser und den Zentren des Reiches fern lagen, wurde allerdings Klostergut zumindest teilweise ohne Scheu in den weltlichen Besitz des Landesherrn oder auch des Adels übernommen: Kurbrandenburg ist dafür ein Beispiel[58].

Die Reichsstädte mußten jedoch den Zugriff des Kaisers und der Reichsorgane mehr fürchten. Die Frage der geistlichen Güter erwies sich als eine Achillesferse für die evangelischen Reichsstädte, sie trug ganz maßgeblich mit dazu bei, die politische Position der Städte im Reich dauerhaft zu schwächen, ja zu untergraben. Die Niederlage im Schmalkaldischen Krieg und das Interim reduzierten die Position der Protestanten in mehreren der oberdeutschen Reichsstädte[59]. Kirchen und Kirchengüter wurden an die altgläubigen Eigentümer restituiert. In Augsburg und Frankfurt blieb es dabei auf Dauer, in Straßburg dagegen wurde die Messe in den Stiftskirchen schon 1559 wieder unterbunden, die Einkünfte freilich blieben unangetastet den altgläubigen Kapiteln[60]. Der Augsburger Religionsfrieden brachte bekanntlich keine Rechtssicherheit hinsichtlich der Reformationsbefugnis eines reichsstädtischen Magistrats[61]. Der Kaiser und die benachbarten katholischen Reichsstände konnten geistliche Restitutionsansprüche als Hebel gegen evangelische Reichsstädte benützen[62]. Diese Städte waren deshalb auf politische Vorsicht verwiesen, sie mußten mit peinlicher Sorgfalt jeden erneuten Konflikt mit den Normen des Reichsrechts vermeiden. Hier dürfte ein Grund dafür liegen, weshalb alle evangelischen oberdeutschen Reichsstädte spätestens seit der Jahrhundertmitte zu einem mehr oder weniger eindeutigen Luthertum übergingen. Das vom Reich nicht anerkannte reformierte Bekenntnis hatte in den Städten nun keine echte Chance mehr, nicht in dem ehedem dafür aufgeschlossenen Straßburg und auch nicht in dem noch immer philippisti-

57 Dies zeigt beispielsweise die Politik Landgraf Philipps des Großmütigen von Hessen, der die Klostergüter u. a. zur Dotation der Universität Marburg verwandte: W. Wolff, Die Säkularisierung und Verwendung der Stifts- und Klostergüter in Hessen-Kassel unter Philipp dem Großmütigen und Wilhelm IV., Ein Beitrag zur deutschen Reformationsgeschichte, 1913. Peter Baumgart, Die deutsche Universität des 16. Jahrhunderts, Das Beispiel Marburg. In: Hessisches Jahrbuch für Landesgeschichte 28. 1978, S. 50–79, hier: S. 63–69.

58 Johannes Schultze, Die Mark Brandenburg, 4: Von der Reformation bis zum Westfälischen Frieden (1535–1648). 1964. S. 83–85.

59 Zum Interim in Straßburg: Ludwig Bleeck, Das Augsburger Interim in Strassburg, Diss. phil. Berlin 1893. Hahn, Erasmus von Limburg, wie Anm. 49. Erdmann Weyrauch, Konfessionelle Krise und soziale Stabilität, Das Interim in Straßburg (1548–1562). Spätmittelalter und frühe Neuzeit – Tübinger Beiträge zur Geschichtsforschung 7, 1978. – Zu Frankfurt: Hans Wolter, Das Interim von 1548 und die Reichsstadt Frankfurt am Main. In: Konzil und Papst, Festgabe Hermann Tüchle. 1975. S. 343–356. – In Nürnberg konnte die altkirchliche Seite 1548 keine Restitutionsforderungen durchsetzen; vgl. Zeissner, Bamberg, wie Anm. 49, S. 213–214.

60 Zum Ende des Interims in Straßburg Weyrauch, Konfessionelle Krise, wie Anm. 59, S. 224–281.

61 Gerhard Pfeiffer, Der Augsburger Religionsfrieden und die Reichsstädte. In: Zeitschrift des Historischen Vereins für Schwaben 61 (1955), S. 213–321.

62 Es sei hier hingewiesen auf das Schicksal der schwäbischen Reichsstadt Donauwörth 1607. – Vgl. auch: Braun, Nürnberg, wie Anm. 17, passim. Als ein weiteres Beispiel vgl. Hans Eugen Specker, Ulm Stadtgeschichte, 1977; hier: S. 150–153.

schen Nürnberg[63]. Wie gefährlich die rechtlich ungeklärte Frage der geistlichen Güter für die evangelischen Reichsstädte blieb, zeigte sich 1629 nach dem Restitutionsedikt Ferdinands II. Wir können hier nur darauf hinweisen. Der Westfälische Frieden brachte dann schließlich eine rechtliche Regelung auch für die geistlichen Güter in den Reichsstädten, das dauernde Eigentum für den faktischen Besitzer am Stichtag des 1. Januar 1624. Die Maßnahmen, die die evangelischen Stadtmagistrate eineinviertel Jahrhundert zuvor hinsichtlich der Kirchen- und Klostergüter getroffen hatten, waren jetzt, 1648, erst reichsrechtlich sanktioniert und garantiert. Das galt umgekehrt freilich auch für den Bestand katholischer Inseln inmitten lutherischer Städte, etwa in Frankfurt[64]. Die Gewährleistung von Kirchenbesitz und Religionsexerzitium nach dem Normaljahr war von jetzt an eine stabile Klammer für das Leben in den Reichsstädten wie für das politische und soziale Gefüge in dem Heiligen Römischen Reich[65]. Aber damit sind wir schon weit hinaus über das Reformationszeitalter.

Was hatte sich gewandelt? Die Reformation hat die Stellung der Kirchengüter in dem Beziehungsfeld von Bürgerschaft und Kirche ohne Zweifel verändert, umgekehrt hat allerdings auch die Existenz dieser Güter manche Bewegung mitverursacht. Letzteres gilt einmal für die Vorgeschichte der Reformation, für den sich dramatisch steigernden *Pfaffenhaß*, aber ebenso für die Chancen, die die verfügbar gewordenen Klostervermögen für die evangelische Sache eröffneten. Die dynamische und erfolgreiche Verbindung von Reformation und humanistischer Bildungsreform war auf dieser soliden Grundlage möglich; die Hochschulen und, vor allem, die Schulen im evangelischen Deutschland haben davon mehr als zwei Jahrhunderte lang gezehrt, und das nicht nur in den Reichsstädten. Die Lehre vom Stiftungszweck sicherte den geistlichen Gütern auch im evangelischen Gemeinwesen eine prinzipielle Sonderstellung.

Es hat allerdings in den evangelischen Reichsstädten auch echte Fälle von Profanierungen gegeben: Fast überall standen nach der Reformation Klosterkirchen, Klöster und Kapellen leer, mehrfach wurden ehemalige Sakralbauten noch im 16. Jahrhundert

63 Zum Nürnberger Philippismus vgl. Karl SCHORNBAUM, Nürnberg im Geistesleben des 16. Jahrhunderts, Ein Beitrag zur Geschichte der Konkordienformel. In: MVGN 40, 1949. S. 1–96. Matthias SIMON, Evangelische Kirchengeschichte Bayerns, 2. Aufl. 1952. S. 330–346. – Zu Straßburg: Christian HALLIER, Das Kirchenwesen Straßburgs als Glied des deutschen Luthertums im 16. und 17. Jahrhundert. In: Elsaß-Lothringisches Jahrbuch 9. 1930. S. 209–227. Bernard VOGLER, L'affirmation de l'orthodoxie luthérienne (seconde moitié du XVIe siècle). In: LIVET und RAPP, coeur religieux, wie Anm. 8, S. 595–602. – Die Ausstrahlung der ursprünglichen bucerischen Straßburger Reformation auf die Kurpfalz, Pfalz-Zweibrücken und den späteren Pfälzer Calvinismus betont: Volker PRESS, Die Grafen von Erbach und die Anfänge des reformierten Bekenntnisses in Deutschland. In: Aus Geschichte und ihren Hilfswissenschaften, Festschrift Walter HEINEMEYER, Veröff d. Hist. Komm. f. Hessen 40, 1979; S. 653–685. DERS., Stadt und territoriale Konfessionsbildung; In: Franz PETRI (Hg.), Kirche und gesellschaftlicher Wandel in deutschen und niederländischen Städten in der werdenden Neuzeit, erscheint 1980.

64 Vgl. RAUCH, St. Bartholomäus, wie Anm. 6.

65 Zur Bedeutung des Religionsfriedens von 1648 vgl. Anton SCHINDLING, Der Westfälische Frieden und der Reichstag. In: Politische Ordnungen und soziale Kräfte im Alten Reich, hg. v. Hermann WEBER, Veröff. d. Inst. f. Europ. Gesch. Mainz, Beiheft 8, 1980, S. 113–153.

abgerissen[66]. Über den Verbleib der *Kleinode* aus den Kirchenschätzen erfahren wir meist nur, daß sie zugunsten des Almosenkastens verkauft worden seien. War das nun eine »Säkularisation«, was sich da abspielte? Von »Säkularisation« wird ja meist gesprochen, um die Aufhebung der Klöster in evangelischen Städten und Territorien zu charakterisieren[67]. Die weltlichen Herrschaftsträger haben sich auch ohne Frage im 16. Jahrhundert in manchen Territorien am ehemaligen Kirchen- und Klostergut bereichert, das vor allem in den kaiser- und reichsfernen Zonen Norddeutschlands. Ich meine dennoch, im Sinne einer begriffs- und bedeutungsgeschichtlich überprüften Terminologie sollte man den Begriff der »Säkularisation« in unserem Zusammenhang nur äußerst zurückhaltend und sehr eingeschränkt verwenden. Ein Anachronismusverdacht gegenüber gängigen historiographischen Begriffen und Modellen scheint auch hier geboten zu sein. Der Begriff der »Säkularisation« ist festgelegt durch Ereignisse und Vorgänge seit der Französischen Revolution, bei denen es sich um Maßnahmen von staatlicher Seite handelte zur »Entkirchlichung« von Besitz- und Verfassungsverhältnissen[68]. Eine derartige »Entkirchlichung« lag nicht in den Absichten der evangelischen Prädikanten und Stadtmagistrate des 16. Jahrhunderts, sicherlich auch nicht im Horizont der für die Reformation begeisterten städtischen Bürger. Schule und Caritas profitierten von den geistlichen Gütern, und dies waren Zwecke, die in der evangelischen Perspektive der Reformatoren eng mit der Kirche verbunden blieben. Die Reformation war in mancher Hinsicht der Höhepunkt in der spätmittelalterlichen Frömmigkeitsbewegung unter den Laien in den Städten[69]. Dazu paßt schwerlich die Konzeption einer »Säkularisation«. Andererseits ist daran zu erinnern, daß altgläubige Obrigkeiten im 16. Jahrhundert ebenfalls geistliche Güter bei kirchlichen Reformmaßnahmen »umwidmeten«, und, wenn auch mit päpstlicher Erlaubnis, Klöster auflösten, etwa zugunsten von neuen

66 In Straßburg beispielsweise brach man die mittelalterliche Pfarrkirche St. Martin ab, an deren Stelle später der großzügige »Neue Bau« als Rathausneubau neben der alten gotischen »Pfalz« entstand. Auch mehrere ehemalige Klosterkirchen und Klöster wurden in Straßburg beseitigt; vgl. Anm. 11. – Auf die Frage des Bildersturms kann in unserem Zusammenhang hier nur hingewiesen werden: Vgl. Carl C. CHRISTENSEN, Iconoclasm and the preservation of ecclesiastical art in Reformation Nuernberg. In: ARG 61. 1970. S. 205–221. BRADY, Ruling Class, wie Anm. 8, S. 215–221.

67 »Säkularisation« als terminus technicus meint »die ohne kirchliche Erlaubnis erfolgende Einziehung und Verwendung von Gütern, die kirchlichen Eigentümern gehören oder für kirchliche Zwecke bestimmt sind, zu profanen Zwecken« (, so die Definition im LThK). Der Begriff ist in diesem Sinne seit dem späteren 17. Jahrhundert gebräuchlich, er fixierte damals ex post langfristige Ergebnisse der Reformation, etwa die Aufhebung norddeutscher Erzbistümer und Bistümer im Westfälischen Frieden. Das 16. Jahrhundert aber lebte noch in den politischen und sozialen Bezügen des Mittelalters, die gerade so zu kennzeichnen sind, daß weltliche und kirchliche Rechte vielfach fließend ineinander übergingen und ungeschieden sich verbanden.

68 Vgl. hierzu jetzt die beiden Sammelbände: Anton RAUSCHER Hg., Säkularisierung und Säkularisation vor 1800. 1976; Albrecht LANGNER Hg., Säkularisation und Säkularisierung im 19. Jahrhundert. 1978.

69 MOELLER, Reichsstadt und Reformation, wie Anm. 4, S. 10–34. »Die Bilderstürmer waren die Bilderstifter« – In diesem Satz Hermann Heimpels, den Moeller, ebd. S. 24, zitiert, sind Kontinuität und Umbruch in der Frömmigkeitsbewegung pointiert zusammengefaßt.

Universitäten oder von Jesuitenkollegien. Letzteres war übrigens deutlich ein Aufgreifen von evangelischen Verfahrensmustern, parallel auch darin, daß so die humanistische Bildungsreform abgesichert werden konnte[70].

Die Neu-Verwendung der geistlichen Güter in den evangelischen Reichsstädten hatte die Nebenwirkung, die Verwaltungsmacht des Magistrats und allgemein dessen Stellung als Obrigkeit zu stärken[71]. Neue Magistratskommissionen und -ämter entstanden oder alte erweiterten ihre Kompetenzen. Im günstigsten Fall verschwanden die bisher lästigen autonomen kirchlichen Korporationen mit der Reformation gänzlich aus der Stadt. Von ihrer Wirtschaftskraft konnte sich jetzt die Magistratspolitik Vorteile erhoffen. Das Stichwort »Ratsreformation«, das hier naheliegt, reicht dennoch als Erklärung meines Erachtens nicht aus, ebensowenig wie der Alternativbegriff »Volksreformation«. Die Reformation in den Reichsstädten enthielt stets beide Elemente eng miteinander verschränkt[72]. Auch blieben genug Kontinuitäten über die Reformation hinweg gewahrt, so daß man einige Mühe braucht, um das Vorgehen des Magistrats, der evangelischen Prediger und der Bürgerschaft als eine »Revolution« zu deuten[73]. In der Problematik der geistlichen Güter, der man nur durch eine nuancierte Betrachtung gerecht wird, drückt sich die komplizierte Lage aus, auf die Rücksicht zu nehmen die Stadtmagistrate bei ihrer Reformationspolitik oder auch Nicht-Reformationspolitik gezwungen waren. Sie mußten jeweils mit einer Mehrzahl von politischen Kräften und Beziehungssträngen rechnen und standen angesichts des nur teilweise erschütterten Autoritätengefüges unter einem mehrfachen inneren und äußeren Legitimationsdruck. Da waren einmal politische und soziale Spannungen zwischen Magistrat und Bürger-

70 Julius Echter von Mespelbrunn, der Fürstbischof von Würzburg (1573–1617), hob beispielsweise mehrere Klöster auf, um das von ihm begründete Juliusspital (1576) und die neue Universität (1575–1582) zu dotieren. Vgl. Alfred WENDEHORST, Das Bistum Würzburg, Teil 3: Die Bischofsreihe von 1455 bis 1617. Germania Sacra NF 13, hg. v. Max-Planck-Institut für Geschichte. 1978; hier: S. 207, S. 210, S. 214 und 217. Peter BAUMGART, Die Anfänge der Universität Würzburg – Eine Hochschulgründung im konfessionellen Zeitalter. In: Mainfränk. Jahrbuch f. Geschichte und Kunst 30, 1978, S. 9–24. – Vgl. auch die Entwicklung in Pfalz-Neuburg nach der Rekatholisierung: SCHINDLING, Hornbach und Lauingen, wie Anm. 56; hier vor allem S. 181–183.

71 Vgl. zu Straßburg: Otto WINCKELMANN, Strassburgs Verfassung und Verwaltung im 16. Jahrhundert. In: ZGO 57 (NF 18) 1903, S. 493–537 und S. 600–642. Ulrich CRÄMER, Die Verfassung und Verwaltung Straßburgs von der Reformationszeit bis zum Fall der Reichsstadt 1521–1681. Schriften d. wiss. Instituts der Elsaß-Lothringer im Reich an der Universität Frankfurt NF 3. 1931. SCHINDLING, Humanistische Hochschule, wie Anm. 26, S. 78–161. – Für Nürnberg: Hanns Hubert HOFMANN, Nürnberg-Fürth, Historischer Atlas von Bayern: Teil Franken 4. 1954; hier: S. 38–40 und S. 51–74.

72 So die äußerst nuancierte Studie von PFEIFFER, politische und kirchliche Gemeinde, wie Anm. 4. Denselben Schluß zieht BRADY, Ruling Class, wie Anm. 8, S. 199–202.

73 Wenn etwa Winfried Becker die Aufhebung der Klöster und die Neuverwendung der Klostergüter in evangelischen Territorien unter dem Stichwort »Revolutionäres Vorgehen der Fürsten« behandelt, so wird dies den Motiven und Verfahrensweisen der Reformationsfürsten wohl nur partiell gerecht; vgl. Winfried BECKER, Reformation und Revolution, Vereinsschriften der Gesellschaft zur Herausgabe des Corpus Catholicorum 34. 1974. S. 60–64.

schaft. Wenn der Magistrat die innere Unruhe auffangen wollte durch ein Einschreiten gegen die Klöster und eine zügige Reformationspolitik, so mußte er dennoch versuchen, sich andererseits mit den Altgläubigen, mit Kaiser und Reichstag, wenigstens einigermaßen zu arrangieren. Gründe genug also, um gerade die delikate Frage der Verfügbarkeit von Kirchenbesitz nur mit größter Umsicht anzugehen. Dazu kam hierin die Gewissensbindung für die Vertreter der Obrigkeit durch die Normen der reformatorischen Lehre selbst: Das Recht und die Pflicht des Magistrats zur Reformation des religiösen Lebens eröffneten für die reichsstädtische Politik größeren Spielraum, sie markierten aber ebenfalls deutlich Grenzen. Es wäre verständnislos und unangemessen, zu unterstellen, daß die Stadtpolitiker diese Verantwortung nicht in ihrer Mehrheit ernst genommen hätten. Die Stadt als Ganzes war ja kein säkularisiertes Gemeinwesen, wollte es auch nicht sein. Ihre mittelalterliche Selbstauffassung als ein corpus Christianum im Kleinen wurde durch die Reformation nicht beeinträchtigt, im Gegenteil das Ziel einer Identifikation von bürgerlicher und kirchlicher Gemeinde wurde jetzt verstärkt angegangen[74].

Das schließt allerdings nicht aus, daß langfristig eindeutig säkularisierende Auswirkungen auch von der Reformation ausgingen – sozusagen als unbeabsichtigte Folgewirkungen. Gerade die spätere Inanspruchnahme von geistlichen Gütern durch die weltliche Obrigkeit zeigt, daß das Bewußtsein ihrer Besonderheit im evangelischen Gemeinwesen allmählich dahinschwand. Die Zweckbindung des Kirchengutes wurde seit der Aufklärung immer mehr verwischt von den allgemeinen, naturrechtlich verstandenen Staatszwecken: Eingriffe des Staates erschienen nun legitim, ja als notwendige Reformen. Der säkularisierte und säkularisierende Staat, der als liberaler Kulturstaat, dann auch als Sozialstaat, die Kirchen beerbte, stand schließlich im 19. Jahrhundert am Ende einer Entwicklung, die man vielleicht auch als einen Weg zur Modernisierung bezeichnen kann[75]. Doch dies ist eine sehr langfristige Perspektive, sie ist nicht reichsstädtisch genuin, und man sollte nicht die Ergebnisse zurückprojizieren ins 16. Jahrhundert. Der unmittelbare Preis der Reformation war zunächst einmal, daß die evangelische Reichsstadt sich kleinräumig absonderte von dem größeren corpus Christianum der abendlän-

74 So Moeller, Reichsstadt und Reformation, wie Anm. 4. Die prononciert soziologische Kritik Brady's an Moeller wird m. E. den geistigen Antrieben und der religiösen Mentalität des Reformationszeitalters nicht gerecht; vgl. Brady, Ruling Class, wie Anm. 8, S. 1–19, S. 291–295 und passim.

75 Es war der aufgeklärte Absolutismus, der in den deutschen Staaten sich die gewandelte Auffassung über das Kirchengut in der öffentlichen Meinung zu Nutze machte. Die josephinischen Klosteraufhebungen in Österreich etwa bezweckten, Mittel bereitzustellen, um die aufgeklärten Wohlfahrtsziele des Staates zu verwirklichen. Die aufgeklärten katholischen Kanonisten des 18. Jahrhunderts anerkannten ein staatliches Not- und Obereigentum an dem Kirchengut, sie minimalisierten somit innerkirchlich den Schutz des Eigentums kirchlicher Rechtsträger und bauten die zeitgenössischen Staatsauffassungen in wesentlichen Teilen in ihr kirchenrechtliches System ein. Dazu: Hans-Wolfgang Strätz, Wegweiser zur Säkularisation in der kanonistischen Literatur. In: Rauscher, Säkularisierung, wie Anm. 68, S. 43–67; vgl. auch den Diskussionsbericht, ebd. S. 135–143.

dischen Kirche und der Kirche des Reiches. Die konfessionelle Spaltung ließ sich aber auch aus den Mauern der Reichsstädte nicht fernhalten, sie brach vielmehr immer wieder mitten in ihnen auf und blieb vielerorts auf Dauer festgeschrieben. Das war ein folgenschwerer Bruch mit der mittelalterlichen und reformatorischen Konzeption der Stadtgemeinde als einer religiös-kultischen Stadtgemeinschaft[76]. Den Kirchengütern als einem Element der beharrenden Kontinuität fiel darin noch einmal eine schicksalhafte Schlüsselrolle zu.

76 Zum religiösen Selbstverständnis der Stadtgemeinde: MOELLER, Reichsstadt und Reformation, wie Anm. 4; PFLEGER, Ratsgottesdienste, wie Anm. 7; BORST, Sebaldslegenden, wie Anm. 5. Auf die »Bikonfessionalität als soziale Krise« weist hin WEYRAUCH, Konfessionelle Krise, wie Anm. 59, S. 284–287. – Die vielfältigen sozialen, kulturellen und mentalitätsgeschichtlichen Konsequenzen aus dem Nebeneinander der zwei bzw. drei Konfessionen in Deutschland, etwa in einer engräumigen Reichsstadt, bedürfen noch weiterer, differenzierter Erforschung. Dabei wären besonders die wechselseitigen Berührungspunkte und die langfristigen Entwicklungsstränge zu beachten, und es müßten auch Themen einbezogen werden, die traditionell der Volkskunde vorbehalten sind.

Die katholische Minderheit in der protestantischen Reichsstadt Ulm

VON PETER THADDÄUS LANG

Im November 1530 legte der Ulmer Rat allen männlichen Patriziern und Zunftgenossen die Frage vor, ob sie den Augsburger Reichstagsabschied annehmen wollten oder nicht. Das kam einem Votum für oder gegen die alte Religion gleich. Ihrem Ergebnis nach war die Wahl eindeutig, aber nicht einstimmig: von den 1820 Befragten befürworteten 244 den Reichstagsabschied, also rund 13 %, und lehnten somit die Reformation ab[1].

Die Stimmabgabe konnte wohl nicht durchweg ein Glaubensbekenntnis gewesen sein, denn viele haben in den darauffolgenden Jahren ihre Meinung geändert und nur von wenigen ist ein klares Eintreten für den alten Glauben späterhin bezeugt[2]. Die Konfessionen waren eben erst im Entstehen, die Grenzen vielfach verschwommen; es bleibt oft unklar, wer zum harten Kern einer Glaubensrichtung gehörte und wer den Sympathisanten zuzuzählen ist. Einen harten Kern hat es freilich gegeben, das ist häufig genug belegt. Erst im frühen 17. Jahrhundert wird die Trennlinie zwischen den Konfessionen schärfer[3].

So betrachtet gibt die Abstimmung von 1530 nur einen ungefähren Anhaltspunkt über die Zahl der Ulmer Katholiken. Die nächste greifbare Information ist eine eher übertreibende chronikalische Nachricht, nach welcher es 1554 in Ulm 573 Altgläubige gegeben haben soll[4]. Bei einer Gesamtbevölkerung von etwa 19000 entspräche dies einem Anteil von 3 %.

Eine wesentlich zuverlässigere Angabe aus dem Jahre 1570 beziffert den Katholiken-Anteil der Ulmer Bürgerschaft auf ein Vierzigstel oder Fünfzigstel, das wären 2–2,5 % oder in absoluten Zahlen etwa 380 bis 475[5].

Für das frühe 17. Jahrhundert kommt man aufgrund einer Fülle von Einzeldaten aus unterschiedlichen Quellen zu einem groben Schätzwert von 200–250 Katholiken[6] und

1 Carl Theodor KEIM, Die Reformation der Reichsstadt Ulm. 1851. S. 207; Julius ENDRISS, Die Abstimmung der Ulmer Bürgerschaft im November 1530. 1931.

2 Jörg Keller, StadtA Ulm A [1809], 20, S. 21; Benedict Krafft, StadtA Ulm H Schmid 25/2, S. 12 und 15; Thoma Nißly (wie Jörg Keller); Matthäus Renner, StadtA Ulm A [1809], 20, S. 6; Hanns Widenmann, StadtA Ulm A [1809], 20, S. 4; Steffa Widenmann, StadtA Ulm H Schmid 25/2, S. 12.

3 StadtA Ulm A 3531, Bd. 18f. 247; A [6876], S. 98; A [835] Nr. 13; A 3530, Bd. 56, f. 254.

4 StadtA Ulm G 1740/3, Bd. 4, S. 94.

5 Friedrich FRITZ, Ulmische Kirchengeschichte vom Interium bis zum dreißigjährigen Krieg. 1934. S. 78; HHStA Wien RHR, Abt. Prager Akten U 1, Nr. 202, 7 S. 11; ib. 8 S. 8, 12, 20; ib. 11 S. 4, 9, 12, 14; ib. B S. 2; ib. 14 S. 4 u. 12; HHStA Wien RHR, Jud. Ant. 1023/6, Nr. 16, S. 10.

6 StA Ludwigsburg B 530 Bü. B Nr. 15a; und StadtA Ulm A 3466 Nr. 93, Nr. 193; G I 1688/1, S. 127–134; A 353/Bd. 24 f. 92; A 639, S. 62, A 353/Bd. 26 f. 474ff. u. 5088 S. 643–646, A 3531 Bd. 3 f. 452ff., K Rep. 2 Bd. 7, S. 939ff. Stadtpfarramt St. Michael zu den Wengen, Ulm: Kirchenbücher.

während des 18. Jahrhunderts betrug ihre Zahl gleichbleibend ungefähr 200[7]. Ein Vergleich der hier aufgeführten Zahlen läßt trotz aller Ungenauigkeiten erkennen, daß die katholische Gemeinde zwischen dem 16. und dem 18. Jahrhundert ständig abnahm. Erst zu Beginn des 19. Jahrhunderts wuchs sie wieder an[8].

Wie auch in anderen Städten, so neigte auch das Ulmer Patriziat eher zu einer konservativen Einstellung in Glaubensangelegenheiten. Noch während der ersten Hälfte des 17. Jahrhunderts hingen 10 % der Patrizier dem alten Glauben an, sie machten damit ein Viertel der katholischen Gemeinde aus. Um die Mitte des Reformationsjahrhunderts finden sich Altgläubige in neun der 17 Patriziersippen Ulms. In den darauf folgenden 100 Jahren änderte sich dies durch Glaubenswechsel, Wegzug und Aussterben einzelner Familien gewaltig: Nur bei den Ehingern, Krafft und Roth waren dann noch Katholiken anzutreffen[9].

Als im 18. Jahrhundert die katholischen Roth und Ehinger Ulm verließen, war der katholische Glaube im Ulmer Patriziat lediglich durch eine Linie der Krafft vertreten[10]. Ein weiterer angesehener Personenkreis unter den Ulmer Katholiken waren die Hofmeister der Klosterhöfe, deren es im 16. Jahrhundert neun, um 1800 in Ulm noch vier gab, nämlich die Höfe der Klöster Kaisheim, Salem, Urspring und Wiblingen. Diese Hofmeister stammten im 16. und 17. Jahrhundert noch teilweise aus Ulmer Handwerkerfamilien. Ansonsten waren es Verwaltungsfachleute, die ihren klösterlichen Herren oft schon anderweitig gedient hatten, bevor sie nach Ulm geschickt wurden. Einige von ihnen verfügten sogar über eine juristische Ausbildung. Mehrere Hofmeister betrieben allerlei Handelsgeschäfte nebenher und brachten es mitunter zu ansehnlichem Vermögen[11].

Diesem Kreis sind auch die Schreiber und Sekretäre des Wengenstiftes und des Deutschordenhauses in Ulm zuzurechnen.

Das geistliche Verwaltungspersonal betrug im frühen 17. Jahrhundert mit Weib und Kind etwas mehr als 10 % der katholischen Gemeinde Ulms[12].

Als weitere Gruppe wären die katholischen Handwerker zu nennen. Für das 16. Jahrhundert lassen die Quellen keinerlei Aussagen über deren Anzahl und Beruf zu; der allgemeinen Tendenz nach ist lediglich abzuschätzen, daß sich ihre Zahl ständig verringert hat. Erst für das 17. Jahrhundert ist die Quellenlage ausreichend: Um 1620 lebten etwa 14 katholische Handwerker in Ulm, die sich auf zehn verschiedene Berufe verteilten. 30 Jahre später waren es vier und nach weiteren zehn Jahren noch ein einziger. Nach diesem nichts mehr. Im 17. Jahrhundert sind die Katholiken somit aus der Ulmer

7 Johann Herkules HAID, Ulm mit seinem Gebiete. Ulm 1786. S. 201; P. BECK, Der Rechtszustand der Katholiken in der Reichsstadt Ulm von Zeiten der Reformation an. In: Diözesanarchiv von Schwaben 25 (1907); StadtA Ulm A 1811 Nr. 32; HHStA Wien RHR Ob. Reg. K 1721/3 Nr. 2.

8 Beschreibung des Oberamts Ulm Bd. 1. 1897. S. 487.

9 Peter LANG, Die Ulmer Katholiken im Zeitalter der Glaubenskämpfe: Lebensbedingungen einer konfessionellen Minderheit. 1977. S. 51–54.

10 Bernhard ZITTEL, Die staatsrechtlichen Verhältnisse der Reichsstadt Ulm beim Übergang an Bayern im Jahre 1802/1803. In: Ulm-Oberschwaben 34 (1955). 141.

11 LANG, wie Anm. 9. S. 36–39, 56f.

12 33 in absoluten Zahlen. Vgl. StA Ludwigsburg B 530, Bü 13, Nr. 15a.

Handwerkerschaft verschwunden[13]. Während dieser Zeit faßte aber ein anderer Personenkreis in Ulm Fuß, nämlich Zitronenhändler aus Oberitalien[14]. Der Ulmer Rat nahm sie allerdings nicht in das Bürgerrecht auf, sondern gewährte ihnen nur den Beisitz. Gegen Ende des 17. Jahrhunderts dürfte sich ihre Zahl – mit Familien – auf maximal 40 Personen belaufen haben[15].

Der überwiegende Teil der katholischen Gemeinde Ulms bestand aus Angehörigen der sozialen Unterschicht: aus Knechten, Mägden, Tagelöhnern und Handwerksgesellen. Sie waren zumeist nicht aus Ulm gebürtig, sondern kamen häufig aus der näheren Umgebung, um in der Stadt Arbeit zu suchen[16]. Damit ist aber noch nicht alles aufgezählt, was in Ulm dem alten Glauben zugetan war. Die Stadt beherbergte nämlich oft Soldaten unterschiedlicher Herkunft: Der Pfälzer Krieg brachte kaiserliches Militär nach Ulm, der Spanische Erbfolgekrieg zuerst eine bayrische und dann eine französische Besatzung; während des 18. Jahrhunderts hielten sich über viele Jahre hinweg Truppen des Schwäbischen Kreises in Ulm auf[17].

Diese Soldaten waren aller Regel nach keine Ulmer; sie werden hier nur erwähnt, weil sie gelegentlich die katholischen Seelsorgeeinrichtungen in Anspruch nahmen, sofern sie katholisch waren.

Nach der Einführung der Reformation hatten die Altgläubigen keine Gelegenheit mehr, in der Stadt öffentlich ihren Glauben zu praktizieren. Sämtliche altgläubigen Geistlichen waren vertrieben, nur die Niederlassung des Deutschen Ordens konnte sich halten. Aber auch dort wurde die Messe verboten[18]. Eine Änderung ergab sich erst, als Kaiser Karl V. in Ulm das Interim einführte. Der Propst des Wengenstifts kehrte mit zwei seiner Konventualen zurück[19], in der Wengenkirche und in der Kapelle des Deutschen Hauses wurde wieder Messe gelesen[20]. Nach der Abschaffung des Interims benützten Alt- und Neugläubige einige Zeit das Münster als Simultankirche. Etlicher Mißhelligkeiten wegen wurde dann den Katholiken die recht kleine Barfüßerkirche zugewiesen[21]. Um Personal und Ausstattung der Kirche kümmerte sich die städtische Kirchenbehörde; an Festtagen wurden sogar Singknaben und Stadtmusikanten zur

13 Vgl. die unter Anm. 7 genannten Quellen.

14 Sie lassen sich auch in anderen Städten nachweisen, z. B. in Basel: Theo GANTNER, Volkskundliche Probleme einer konfessionellen Minderheit. 1969. S. 22.

15 LANG, wie Anm. 9. S. 57.

16 Das ergibt eine statistische Auswertung des in Anm. 6 genannten Materials.

17 Beschreibung des Oberamtes Ulm Bd. 1 S. 135–145; Kirchenbücher St. Michael zu den Wengen, Ulm, 1725–1762, 1763–1790.

18 KEIM, wie Anm. 1. S. 208–246; Georg FISCHER, Geschichte der Stadt Ulm. 1863. S. 345–354.

19 Max ERNST, Wengenkloster und Wengenkirche in Ulm. In: Ulm-Oberschwaben (Mitteilungen) 30 (1937). S. 104f.

20 FRITZ, wie Anm. 5. S. 12.

21 Eberhard NAUJOKS, Obrigkeitsgedanke, Zunftverfassung und Reformation. Studien zur Verfassensgeschichte von Ulm, Esslingen und Schwäbisch Gmünd, Stuttgart 1958 (Veröffentlichungen der Kommission für geschichtliche Landeskunde in Baden-Württemberg, Reihe B, Forschungen, 3. Bd.). S. 163f.; Gerhard PFEIFFER, Der Augsburger Religionsfriede und die Reichsstädte. In: Zs. d. Hist. Ver. f. Schwaben 61 (1955). 283; ERNST, Wengenkloster, S. 105; HAID, wie Anm. 7 S. 72f., 196; StadtA Ulm A [1629], S. 2; A [1553] Nr. 15; ib. A [1632], Nr. 2.

feierlichen Umrahmung des Gottesdienstes gestellt[22]. Auf Betreiben des ebenso unduldsamen wie tatkräftigen Ulmer Superintendenten Ludwig Rabus wurde die Barfüßerkirche 1568 geschlossen. Beschwerdebriefe der Ulmer Katholiken riefen 1569 und 1571 kaiserliche Kommissionen nach Ulm, die eine Wiederaufnahme des Gottesdienstes in der Barfüßerkirche zu erreichen suchten, aber unverrichteter Dinge wieder abziehen mußten[23]. Von nun an waren die Altgläubigen Ulms auf die Wengenkirche und die Deutschordenskapelle angewiesen; der Rat bestand zudem darauf, daß Taufen und Eheeinsegnungen im Münster von lutherischen Prädikanten vorgenommen wurden.

Unangefochten blieb dies jedoch nicht. Der Bischof von Konstanz wurde 1615 auf die Ulmer Zustände aufmerksam und prozessierte gegen die Stadt beim Reichshofrat in Wien. Der Ulmer Rat war der Ansicht, die im Mittelalter von der Reichenau erworbenen Rechtstitel hätten nach wie vor Gültigkeit, der Bischof hielt dafür, durch die Reformation seien völlig neue Verhältnisse geschaffen worden. Jahrzehntelang schleppte sich der Prozeß hin. Erst 1629 erging ein Urteil zugunsten des Bischofs. Weitere Konsequenzen hatte dies jedoch nicht. Gustav Adolf, der Schwedenkönig, sorgte dafür, daß man sich am Kaiserhof mit anderen Dingen beschäftigte[24].

Nach dem 30jährigen Krieg wurde aufs neue gestritten, diesmal vor der Nürnberger Exekutionskommission. Die Ulmer Katholiken suchten sich die Normaljahrsbestimmung der westfälischen Friedensabmachung zunutze zu machen: Mit einer ganzen Reihe von Belegen wollten sie beweisen, daß sie 1624 freie Religionsausübung gehabt hätten. Die Stadt wiederum legte Material vor, das eine weitgehende Einschränkung der katholischen Religionsausübung dokumentieren sollte. Nach einigem hin und her wurde ein Kompromißpapier ausgehandelt, das Taufen und Versehgänge von der Erlaubnis des Rats abhängig machte. Mit diesem Vergleich waren aber die Katholiken unzufrieden und versuchten zu einer günstigeren Regelung zu kommen. Nach vielen vergeblichen Vorstößen erreichten sie 1653 die Ausstellung eines kaiserlichen Schutzbriefes, in welchem der Stadt verboten wurde, die katholische Religionsausübung zu behindern. Zwar bestätigten spätere Kaiser dieses Protektorium, doch änderte sich dadurch an den Verhältnissen in Ulm nichts.[25].

Seit dem Ende des 16. Jahrhunderts umgingen besonders wagemutige Katholiken das Taufgebot der Stadt durch heimliche Haustaufen. Der Rat verfuhr nach dem weit verbreiteten, aber nichts desto betrüblicheren Grundsatz, die Kleinen zu hängen und die Großen laufen zu lassen. Altgläubigen Patriziern und Adligen wurde seit den 30er Jahren des 17. Jahrhunderts die Haustaufe auf vorheriges Ansuchen hin gestattet. Die mißliche Lage der übrigen Katholiken suchten die Wengenkonventualen zu lindern, indem sie ab

22 StadtA Ulm A [639] S. 171 f.; A [1629]; A [1632] Nr. 3 u. 4; A [1637] Nr. 1; A 3530 Bd. 26 f. 314^r; A 3531 Bd. 16 f. 10^r, 12–14, 16^r; A [6840] f. 61^v, 68, 71^r, 74^v, 83^r, 90^r, 95^r, 131^v, 147^v., 167^r, 199^v; A [6841] S. 3, 6–8, 11, 23, 33, 50, 63 f., 155, 217, 220, 266, 276; A [6842], S. 13, 25, 36 f., 49; A [6873] f. 24^{r}f., 27^r, 30^r, 50^r, 87^v, 89^r, 103^v; A [6874] f. 81^v, 119^v, 137^v, 150^v, 161^r, 210^r; A [8992] Nr. 7.

23 Fritz, wie Anm. 5. S. 78–118.

24 Lang, wie Anm. 9. S. 112–114.

25 Ib. S. 116–119.

1681 nach der im Münster erfolgten Taufe die fehlenden Teile des katholischen Taufritus in der Wengenkirche nachholten[26].

Ähnliche soziale Unterschiede machte der Rat auch bei Trauungen und Beerdigungen: Nur hochgestellten Katholiken wurde erlaubt, sich auswärts trauen zu lassen beziehungsweise ihre Toten auswärts zu bestatten. Quod licet Jovi non licet bovi auch beim Leichenbegängnis – je höher das Ansehen eines verstorbenen Katholiken, um so bereitwilliger die Duldung papistischen Beiwerks wie Kerzen, Weihrauch, Weihwasser und Heiligenbilder[27].

Probleme entstanden um das Sterbesakrament, als der Rat 1633 verordnete, fremde Katholiken dürften nur mit vorheriger behördlicher Erlaubnis versehen werden. Da für den Sterbenden die ewige Seligkeit auf dem Spiele stand, war oft rasches Handeln geboten und Übertretungen des Ratsdekrets schienen deshalb unvermeidlich. Nur die Einquartierung fremden Militärs – kaiserliche Truppen 1688 und französische 1703 und 1796 etwa – veranlaßten den Rat vorübergehend, einmal beide Augen zuzudrücken[28]. Konflikte größeren Ausmaßes ergaben sich aus der Einschränkung katholischer Predigt. Viel mehr als die Verlesung einiger Gebete war nicht erlaubt. Um die Einhaltung des Predigtverbots zu überwachen, wurden ältere Lateinschüler oder Theologiestudenten in die Barfüßerkirche, die Deutschordenskapelle und die Kirche des Wengenstifts geschickt. Diese *Observatoren* hatten der städtischen Kirchenbehörde schriftliche Berichte über den Gottesdienstablauf zu liefern.

In der Deutschordenskapelle wurde trotzdem fleißig weitergepredigt, was schließlich dazu führte, daß 1566 der Ordenskaplan in vollem Ornat vom Altar weg verhaftet und in den Turm geworfen wurde. Fortan gab es nur noch selten Anstände, weil die Deutschherren auf der einen Seite in der Regel seltener predigen ließen und die Stadt auf der anderen Seite größere Nachsicht übte.

Die Chorherren des Wengenstifts riskierten Übertretungen des Predigtverbots erst unter dem Schutz der bayrischen und französischen Besatzung in den ersten Jahren des 18. Jahrhunderts. Der Rat reagierte mit einer Klage beim Reichskammergericht, dessen Schiedsspruch zugunsten der Stadt ausfiel. Dennoch stellte man das Predigen nicht ein. Schließlich raffte sich die Stadtregierung nur noch dann zu Protesten auf, wenn die geistlichen Kanzelredner allzu herb auf Luther und seine Lehre eindroschen[29].

Auch gegen ein katholisches Schulwesen hatte der Ulmer Rat Einwände. Einige katholische Bürger Ulms schickten ihre Söhne als Externe in die Chorschule des Wengenstifts. Dies wurde 1595 zum ersten Mal untersagt. Mit geringem Erfolg offensichtlich, denn das Verbot mußte 1608, 1613 und 1614 wiederholt werden. 1650 war es dann so weit, daß die Stadt Gassenkneche vor dem Stift postierte, was jedoch nur eine kurzfristige Wirkung zeitigte. Späterhin blieb die Wengenschule unbehelligt[30].

26 LANG, Die Ulmer Katholiken zwischen Reformation und Mediatisierung (1530–1803). In: H.-E. Specker/H. Tüchle (Hrsg.), Kirchen und Klöster in Ulm. 1979. S. 235.

27 Ib. S. 235, 238.

28 Ib. S. 236.

29 Ib. S. 237.

30 LANG, wie Anm. 9. S. 128.

Hinsichtlich ihrer Religionsausübung mußten die Ulmer Katholiken also gewisse Beschränkungen erdulden. Auf einem anderen Gebiet, will sagen ihrer Beteiligung am Stadtregiment, waren sie zunächst wesentlich besser gestellt. Die karolinische Ratsreform des Jahres 1548 verstärkte ihre Stellung gewaltig. Die Zahl der Katholiken im Rat wurde vergrößert: von den 31 Ratsherren hielt es nun ein knappes Dutzend mit der alten Religion und etwa die Hälfte davon gehörte der zehnköpfigen Spitze der Stadtregierung an. Diese Machtposition schwand aber bald dahin: Nach 1554 wurde kein Altgläubiger mehr neu hinzugewählt; 1556 erweiterte man den Rat um zehn auf 41 Mitglieder, die Neuzugänge waren alle Protestanten. Somit sank der Katholikenanteil im Rat von 35% im Jahre 1548 auf 10% im Jahre 1564. Dabei blieb es dann einige Zeit, denn ein Ausscheiden war nur aufgrund von Kriminaldelikten, Krankheit oder Tod möglich, die übriggebliebenen katholischen Ratsherren aber ließen sich nichts zuschulden kommen und erfreuten sich bis ins hohe Alter genügend guter Gesundheit. Der erste von ihnen starb 1586, der letzte 1594. Damit war der Ulmer Rat bis auf weiteres katholikenfrei. Als man 1628 wieder einen Katholiken zuwählte, hing dies mit der politischen Großwetterlage zusammen. Die Stadt wollte einem übermächtigen Kaiser einen »Renommierkatholiken« vorzeigen können, als Beweis, daß in Ulm die Altgläubigen nicht benachteiligt seien. Es sollte endgültig der letzte Katholik im Rat sein. Nach dessen Tod blieb dieses Gremium bis zum Ende seines Bestehens rein protestantisch[31].

Neben ihrem Sitz im Rat beteiligten sich alle Stadtväter an der Exekutive. Jeder von ihnen hatte mindestens eines der höheren städtischen Ämter inne. Durch entsprechende Anhäufung verschiedener Ämter konnte man sich eine beachtliche Machtstellung aufbauen. Bedingt durch die karolinische Ratsreform lagen die Katholiken bei diesem Ämterspiel zunächst in Führung, ab 1560 fielen sie zusehends zurück. Dem schon erwähnten Renommierkatholiken gelang es zwar, zeitweise vier Ämter gleichzeitig auszuüben, doch waren sie alle von geringer Bedeutung[32].

Überhaupt hatten es die protetantischen Stadtpolitiker nicht besonders eilig, die Altgläubigen aus jenen wenigen wichtigen Ehrenämtern zu verdrängen, die nicht an einen Sitz im Rat gebunden waren. Dort sind noch kontinuierlich bis 1614 Katholiken zu finden; ab 1627 tauchen sie wieder auf und verschwinden erst 1704, dann aber für immer[33].

Auch sonst stößt man bis weit ins 17. Jahrhundert auf vornehme Altgläubige als Inhaber höherer Stellen in der Ulmer Territorial- und Forstverwaltung[34].

Steigt man die Ämterhierarchie weiter herab, so ist zu sehen, daß Katholiken aus bestimmten Bereichen grundsätzlich ferngehalten wurden: Ratsadvokaten, Stadtschreiber, Schulmeister und Spitalväter zum Beispiel waren immer protestantisch. Dagegen finden sich bis in die zweite Hälfte des 17. Jahrhunderts nicht selten Altgläubige unter den städtischen Soldaten und Polizisten. Während des 30jährigen Krieges kam es sogar

31 Ib. S. 70–73. Der letzte Katholik im reichsstädtischen Rat war Carl Ehinger.
32 Ib. S. 79, 86f.
33 Vgl. StadtA Ulm A 3466–3472.
34 Lang, wie Anm. 9. S. 79f.

vor, daß ein Katholik als Obrist des Stadtmilitärs beschäftigt wurde[35]. Loyalitätskonflikte scheint es nicht gegeben zu haben.

Als Dienstherrin ließ sich die Stadt im 16. und 17. Jahrhundert also nicht durchweg von konfessionellen Gesichtspunkten leiten; eine größere Rolle spielten diese jedoch bei der Aufnahme ins Bürgerrecht.

Über die Hälfte der katholischen Neubürger hatte Adelige oder höhere Geistliche als Fürsprecher gehabt; seit dem Beginn des 17. Jahrhunderts zierte sich die Stadt Ulm jedoch immer mehr, auf solche Empfehlungen einzugehen. 1622 ließ es der Magistrat gar auf einen Prozeß beim Reichshofrat ankommen, den er aber verlor und sich deshalb einige Zeit etwas kulanter zeigte, doch nicht allzu lange. Der letzte Katholik wurde 1647 ins Bürgerrecht aufgenommen. Es war ihm nach einem vergeblichen Versuch nur deshalb gelungen, weil sich eine zufällig in Ulm weilende kaiserliche Kommission für ihn einsetzte.

Hinter solcher Diskriminierung stand offensichtlich die Absicht, die Zahl der katholischen Bürger möglichst klein zu halten.

Großzügiger zeigte man sich bei der Gewährung des Beisitzes. Kein Wunder, denn diese mindere Art des Bürgerrechts war auf sechs Monate befristet und mußte dann immer wieder verlängert werden. So ist es wohl zu erklären, daß zeitweise über 10 % der Beisitzer Katholiken waren. Ähnlich verhielt es sich mit der Gewährung des Aufenthalts in der Stadt. Diese wurde im allgemeinen erteilt, wenn der Bewerber einer geregelten Arbeit nachging oder Verwandte in Ulm hatte. Die Konfession scheint dabei keine Rolle gespielt zu haben. Dasselbe gilt für die städtischen Wohlfahrts- und Bildungseinrichtungen. Katholiken wurden ins Spital und ins Waisenhaus aufgenommen, sie wurden mit Almosen bedacht, bei Prozessen wurde ihnen Rechtshilfe gewährt. Katholische Schüler nahmen am Unterricht der Lateinschule und der Deutschen Schule teil. Wenn sie von einzelnen Lehrkräften schlechter behandelt wurden, schritt die Stadtobrigkeit ein[36].

Weniger eindeutig war die Lage der Ulmer Katholiken im wirtschaftlichen und beruflichen Bereich. Das allmähliche Verschwinden altgläubiger Handwerker deutet darauf hin, daß sie unter nicht geringen Pressionen der Protestanten zu leiden hatten. Andererseits läßt sich nachweisen, daß die Hofmeister der Klosterhöfe regen Anteil am Ulmer Wirtschaftsleben hatten. Ebenso war es kein Problem für die größte Gruppe der katholischen Gemeinde, die Knechte und Mägde, in Ulm eine Anstellung zu finden. Gelegentlich wurden die altgläubigen Dienstboten zwar vom sonntäglichen Gottesdienstbesuch abgehalten, sonst gab es kaum Klagen[37].

Bis zum 30jährigen Krieg waren offene Aggressionen gegen jene Katholiken selten, die nicht dem geistlichen Stand angehörten. Kleriker dagegen beschwerten sich häufig über Beschimpfungen und Beleidigungen[38].

35 Wilhelm Guin 1640–1649: StadtA Ulm A 3530 Bd. 92, S. 46 f.; A 3795 Nr. 50 ff. – Es galt die Devise, ein guter katholischer Soldat sei besser als ein schlechter protestantischer (StadtA Ulm A 3530, Bd. 75, f. 198^{v}). – Vgl. auch LANG, wie Anm. 9, S. 81 f.

36 Die Katholiken in Bürgerrecht und Beisitz, ihre Versorgung durch städtische Wohlfahrts- und Bildungseinrichtungen vgl. LANG, ib. S. 96–107.

37 Ib. S. 138–140, 143.

38 StadtA Ulm A [835] Nr. 11 und 13; A 3531 Bd. 18 f. 247; A [6845] S. 19 f.

Nur ein einziges Mal nahmen konfessionelle Divergenzen in Ulm progromartiges Ausmaß an.

Im Frühsommer 1631 rechnete man in der Stadt mit einer Belagerung durch kaiserliche Truppen. Während der Verteidigungsvorbereitungen entstand das Gerücht, die Ulmer Katholiken seien mit dem Feind verbündet und wollten den städtischen Pulverturm von einem unterirdischen Gang aus in die Luft sprengen. Der Volkszorn traf vor allem zwei katholische Frauen. Die eine wurde verprügelt, die andere ins Wasser geworfen, anschließend demolierten aufgebrachte Ulmer noch etliche Häuser katholischer Bürger. Bei der nachfolgenden Untersuchungsaktion des Rats konne weder der unterirdische Gang noch das Pulver und die Zündschnüre gefunden werden. Das ganze entpuppte sich als leere Panikmache. Der Urheber des Gerüchts wurde sechs Monate unter Hausarrest gestellt und streng verwarnt. In der protestantischen Bevölkerung hielt sich jedoch noch lange die Ansicht, die katholischen Mitbürger seien unzuverlässige und verräterische Leute, was oftmals Anlaß gab zu bösen Worten[39].

Trotz alledem sind im privaten Bereich vielfältige Kontakte zwischen den Konfessionen festzustellen. Bei Leichenprozessionen marschierten Protestanten und Katholiken einträchtiglich nebeneinander her[40]; zu Schlitten- und Jagdpartien, Hochzeiten und Gastereien lud man sich gegenseitig ein[41]. Solche und andere Berührungspunkte führten denn auch zu Mischehen und Gevatterschaften. Allerdings ist zu beobachten, daß die Ulmer Katholiken seit den ersten Jahrzehnten des 17. Jahrhunderts mehr und mehr ihre eigenen Glaubensgenossen als Taufpaten bevorzugten[42].

Zusammenfassend seien drei Gesichtspunke hervorgehoben:

Erstens: Sozial höherstehende Katholiken hatten weniger unter Diskriminierung zu leiden, wie man an der Religionsausübung sieht.

Zweitens: Handfester Konfessionalismus tauchte oftmals erst mehrere Menschenalter nach der Reformation auf, in einigen Bereichen gar erst in einer Zeit, von der gemeinhin behauptet wird, sie habe derartige Engstirnigkeiten hinter sich gelassen. So werden seit dem 30jährigen Krieg die Katholiken häufiger beschimpft, ab 1647 werden sie nicht mehr in das Bürgerrecht aufgenommen, ab 1704 haben sie keine städtischen Ehrenämter mehr inne.

Dennoch darf man, drittens, nicht übersehen, daß konfessionelle Diskriminierung nicht alle Lebensbereiche durchdrang. Stets wurden in Ulm Katholiken als Dienstboten beschäftigt, durchgehend wurden sie von den städtischen Bildungs- und Wohlfahrtseinrichtungen betreut, und – was wohl am meisten zählt – die Kontakte im zwischenmenschlichen Bereich sind nie völlig abgebrochen.

39 Lang, wie Anm. 9, S. 102–104.

40 StadtA Ulm G 1 1619, S. 319, 340, 475.

41 StadtA Ulm G 1 1619 S. 292, 581; G 1 1647, S. 171 f.; G 1 1750/2 S 245; H Furttenbach 2, S. 118.

42 Quellen: Ev. Kirchenregisteramt, Ulm, Kirchenbücher; Kath. Pfarramt St. Michael zu den Wengen, Ulm, Kirchenbücher.

Die Bruderschaften in den Städten Oberösterreichs als Hilfsmittel der Gegenreformation und Ausdruck barocker Frömmigkeit

VON WILLIBALD KATZINGER

Die vorliegende Arbeit möge als ganz kleiner Baustein zur Geschichte der Kirche in der Stadt verstanden werden, als Steinchen für ein Mosaik, von dem wir wissen, daß es existiert hat, dessen Konturen wir aber bislang nur andeutungsweise erkennen können. Der Südwestdeutsche Arbeitskreis für Stadtgeschichtsforschung darf als großes Verdienst verbuchen, daß er die Thematik Stadt und Kirche, im konkreten Fall sogar Bürgerschaft und Kirche, aufgegriffen hat. Wir sind zwar durch Monographien vom Wirken einzelner kirchlicher Einrichtungen wie Stadtpfarren, Klöster oder Spitäler relativ gut unterrichtet, eine Zusammenschau über das Wirken all dieser Kräfte in der Stadt ist unseres Wissens zumindest in Österreich noch nicht versucht worden[1]. Davon ausgenommen sind natürlich die vielen Arbeiten über die Zeit der Reformation[2], ein Jahrhundert, das so viel interessanten Stoff anzubieten hat, daß darüber die anderen Zeiten fast vergessen worden sind. Eine ähnliche Blüte der historischen Literatur verursachte nur noch der Josephinismus[3]. Aber auch bei den monographischen Arbeiten muß man zu bestimmten Themen ein Vakuum konstatieren, wobei gerade der Gesamtkomplex Bruderschaften für die Zeit der Gegenreformation völlig unbearbeitet zu sein scheint, während für das Spätmittelalter da und dort noch Einzelarbeiten zu finden sind[4]. Dies ist aber nicht, wie man etwa meinen könnte, mit der Überschaubarkeit der

1 Damit sollen die großen Leistungen einzelner Historiker auf dem Gebiet der Kirchengeschichte nicht herabgewürdigt, sondern nur zum Ausdruck gebracht werden, daß sich diese Handbücher nicht mit Einzelstädten beschäftigen konnten. Vgl. z. B. Ernst TOMEK, Kirchengeschichte Österreichs. Bd 1–3. 1935–1959.

2 Siehe dazu stellvertretend für viele Arbeiten, die Oberösterreich betreffen; Karl EDER, Das Land ob der Enns vor der Glaubensspaltung. 1932. DERS., Glaubensspaltung und Landstände in Österreich ob der Enns 1525–1602. 1936. DERS., Deutsche Geisteswende zwischen Mittelalter und Neuzeit. 1937. Natürlich sind hier auch die Arbeiten über die Bauernkriege zu berücksichtigen (noch immer die informationsreichste Darstellung bei Albin CZERNY, Der erste Bauernaufstand in Oberösterreich 1525. 1882. DERS., Bilder aus der Zeit der Bauernunruhen in Oberösterreich. 1626. 1632. 1648. 1876) und die sozialgeschichtlichen Abhandlungen von Georg GRÜLL, Der Bauer im Lande ob der Enns am Ausgang des 16. Jahrhunderts. 1969; und DERS., Die Robot in Oberösterreich 1952. Auch die letzten Bücher sind nur stellvertretend für viele Aufsätze und Werke genannt.

3 Vgl. dazu vor allem Ferdinand MAASS, Der Josephinismus, Quellen zu seiner Geschichte in Österreich 1760–1850. 1–5. 1951–1961. (FRA, 2. Abt. Diplomataria et acta, 71–75.)

4 Vgl. auch hier in Auswahl: Josef R. v. BAUER, Das Bruderschaftswesen in Niederösterreich. In: Blätter des Vereins für Landeskunde von Niederösterreich. 19 (1885). S. 201–223; Hubert

mittelalterlichen Quellen gegenüber der Aktenflut der Neuzeit zu erklären, die die Forscher vor einer Bearbeitung zurückschrecken läßt, im Gegenteil: Die Quellenlage für das zu behandelnde Thema erwies sich als durchwegs dürftig und auch sehr ungeeignet für Fragestellungen, wie sie hier geplant waren. Die Effizienz der Bruderschaften kann bestenfalls aus der Anzahl der Mitglieder herausgelesen werden. Statuten und gelebte Wirklichkeit dürften auf keinen Fall übereinstimmen, die Erfüllung der mit einer Mitgliedschaft eingegangenen Verpflichtungen wäre bei einer Einschreibung in fünf bis sechs Bruderschaften auch damals unmöglich gewesen. Die tatsächlichen Auswirkungen dieser Bruderschaften auf das Leben in der Stadt sind demnach nur aus Indizien abzulesen.

Dazu kommt noch, daß ich mich bei meiner Untersuchung auf Oberösterreich beschränkt habe, und hier auch mit Ausschluß des Innviertels, das im zu behandelnden Zeitraum noch zu Bayern gehört hat und dessen Städte in kirchenpolitischer Hinsicht eine ganz andere Entwicklung als die sieben landesfürstlichen Städte Oberösterreichs durchgemacht haben.

An Literatur steht uns zum Thema Bruderschaften in Oberösterreich sehr wenig zur Verfügung, spezielle Abhandlungen zur Geschichte einer oder mehrerer Bruderschaften fehlen mit einer einzigen Ausnahme zur Gänze[5]. Gedruckte Quellen, wie Bruderschaftsbücher, Aufnahmezettel, Andachts- und Gebetssammlungen sind im Gegensatz zur Hauptstadt Wien nicht oder fast nicht vorhanden[6]. Handschriftliche Quellen, Akten und Notizen haben sich vornehmlich erst aus dem 18. Jahrhundert erhalten[7]. Aus den Testamenten, Inventaren und Abhandlungen lassen sich aber Statistiken erarbeiten, die beschränkt interpretierbar sind[8]. Trotzdem die Quellenlage also als ungünstig zu bezeichnen ist und die Erscheinung des Bruderschaftwesens in der historischen Literatur wenig Beachtung gefunden hat, lassen die spärlichen Hinweise nicht an ihrer gesellschaftlichen Bedeutung zweifeln, ein konkreter Hinweis auf ihren Stellenwert ist aber bis dato kaum gefunden worden und wird sich auch in Hinkunft nicht leicht finden lassen.

MARSCHALL, Die »St.-Nicolaj-Zeche und Bruderschaft der bürgerlichen Flößer und Holzhändler« in Wels. In: Jahrbuch des Musealvereines Wels 1954. S. 43–80; Elfriede DREXLER, Beiträge zum Bruderschaftswesen mit besonderer Berücksichtigung der Fronleichnamsbruderschaft zu Wr. Neustadt. Wien: Phil. Diss. 1955; Liselotte JONTES, Die steirischen Bruderschaften im Mittelalter. Graz: Phil. Diss. 1971; Martha MULSER, Die religiösen Bruderschaften in Kastelruth. Innsbruck: Phil. Diss. 1978.

5 Ludwig RUMPL, Die Corporis-Christi-Bruderschaft der Stadtpfarre Linz. In: Historisches Jahrbuch der Stadt Linz 1961. S. 57–95.

6 Gustav GUGITZ gibt in seiner Bibliographie zur Geschichte der Stadtkunde von Wien. Bd 1, S. 192 f. über 200 gedruckte Statuten, Mitgliederlisten etc. an. Wien 1947. Aber auch in Wien gibt es nur ganz wenige Arbeiten, die sich mit dem Bruderschaftswesen der Gegenreformation befassen. Allerdings ergäbe eine Untersuchung der von Gugitz angegebenen Quellen sicherlich gute Aufschlüsse.

7 Ich verweise hier besonders auf die bei RUMPL, Corporis-Christi-Bruderschaft, auf S. 58 f. angegebenen Linzer Quellen. Eine Durchforstung der Freistädter, Welser und Gmundner Quellen erbrachte ähnliche Ergebnisse.

8 Vgl. die Tabelle im Anhang.

Bei der Behandlung des Themas darf ich wohl die Frage nach dem allerersten Ursprung übergehen und das Problem, ob die Bruderschaften in der Ostkirche des 4. Jahrhunderts ihren Anfang genommen haben oder in germanischen Gelagen wurzeln, außer acht lassen[9]. Ebenso übergehen möchte ich die klösterlichen Gebetsbruderschaften des Hochmittelalters[10]. Für unsere Belange schon wesentlich interessanter sind die handwerklichen Zechen und Bruderschaften in den Städten und Märkten, die wir vom 13. Jahrhundert an verfolgen können, wobei die einschlägige Literatur stets auf eine Sonderentwicklung im habsburgischen Österreich hinweist[11].

Allerdings kann in der Forschung auch heute noch keineswegs von Einigkeit gesprochen werden, wenn sie sich mit den Einungen beschäftigt, wie die Handwerkszechen auch genannt wurden. Bekanntlich ist der Begriff Zunft in unseren Städten und Märkten im Spätmittelalter weitgehend unbekannt, dafür aber gibt es die Zechen und Bruderschaften[12].

Die Zechen verwalteten die *fabrica* – das Vermögen – einer Kirche, einer Kapelle oder auch nur eines Altares, nicht aber einer Pfründe, denn diese verwaltete der jeweilige Benefiziat für sich allein. In kleineren Städten war die *universitas civium* mit den Mitgliedern der Zeche identisch. In größeren Städten kam es zur Bildung mehrerer Zechen, die wiederum identisch gewesen zu sein scheinen mit Interessensvertretungen einzelner Berufsstände, mit Einungen, wenn ich es so sagen darf. In religiöser Hinsicht verfolgen sie die gleichen Ziele, nämlich feierliche Gestaltung des Gottesdienstes, würdiges Begräbnis und Totengedächtnis der Mitglieder, sowie auch umfangreiche karitative Tätigkeit[13]. In wirtschaftspolitischer Hinsicht aber gingen die Handwerkszechen eigene Wege, sie hatten nur das Wohl und Wehe der Berufsgenossen im Auge, das Gesamtwohl der *universitas civium* rangierte hier an zweiter Stelle. Sie hatten den Charakter einer Zunft, wobei noch immer nicht geklärt zu sein scheint, was nun das ursprünglichere ist, die rechtlich nicht gedeckte Einung oder der religiös-karitative Zusammenschluß.

Wenn wir nun in Rechnung setzen, daß Zusammenschlüsse in wirtschaftlicher Hinsicht in Österreichs Städten von den Habsburgern, ja sogar schon vom böhmischen König Ottokar, immer wieder verboten wurden[14], welche Bezeichnung immer sie auch führten, so scheint mir die Vermutung, daß die Zechen ein Mittel zur Umgehung dieser Verbote darstellten, große Wahrscheinlichkeit zu besitzen. Das heißt, daß nach außen hin eine religiöse Fraternität gegründet wurde, gegen die von seiten der Stadtführung oder des Stadtherrn nichts einzuwenden war, die aber dann gleichzeitig die Funktion einer Zunft in sich trug.

9 Vgl. dazu das Lexikon für Theologie und Kirche 2. 1953. S. 403. Die Religion in Geschichte und Gegenwart 1. 1957. Sp. 1428.

10 Ebenda.

11 Noch immer gültig Hans LENTZE, Die rechtliche Struktur des mittelalterlichen Zunftwesens in Wien und in den österreichischen Städten. In: Mitteilungen des Vereins für die Geschichte der Stadt Wien. 15 (1935). S. 15–41, bes. 22 ff.; und Heinz ZATSCHEK, Handwerk und Gewerbe in Wien. Wien 1949.

12 ZATSCHEK, Handwerk. S. 18 f.

13 Ebenda.

14 Ebenda., S. 14 f.

Wenn ich mich bisher gescheut habe, diese Verbände Bruderschaften zu nennen, dann unter anderm auch deswegen, weil die Terminologie nicht sehr einheitlich war. Man verstand unter Bruderschaft oder Zeche oft sehr verschiedene Verbände. Die Elendszeche, die sich um Zuwanderer in die Stadt kümmerte, hatte sicher andere Ziele zu verfolgen, als eine Schusterbruderschaft oder die allenthalben anzutreffenden Liebfrauen-, Corporis Christi-, Sebastian etc. -Bruderschaften oder Zechen. In Linz gab es zum Beispiel u. a. eine Bruderschaft der Erhardszeche – sie faßte das Handwerk der Schuster zusmmen und verwendete für ein und denselben Verband pleonastisch zwei Begriffe[15]. Die Bruderschaften des Spätmittelalters waren zumeist sehr vermögend, sie besaßen Realitäten, sogar Einnahmen von Untertanen und traten nicht selten als Geldverleiher auf[16].

Unter Erzherzog Ferdinand wurde 1527 eine allgemeine Handwerkerordnung für die niederösterreichischen Lande, zu denen das Herzogtum ob der Enns gehörte, erlassen, die die Zechen ihrer Autonomie beraubte. Die Stände der einzelnen Herzogtümer, die die Reform ausgearbeitet haben, hatten sehr deutlich erkannt, daß sie auch in den religiösen Bereich eingreifen mußten, um ihre Vorstellungen durchsetzen zu können. Die Zechbüchse kam unter die Aufsicht des Rates und Stiftungen unterlagen ebenso der Bewilligung des Rats wie Versammlungen zu besonderen Anlässen. Unbenommen blieben den Zechen, bzw. berufsständischen Bruderschaften, wie sie auch genannt worden sind, karitative Tätigkeit, gemeinsamer Gottesdienst und die Teilnahme an der Fronleichnamsprozession. Dagegen entfiel der Zwang, am Begräbnis eines Gewerbegenossen teilzunehmen, einst eine der vornehmsten Pflichten der Bruderschaftsmitglieder. Es waren dies alles flankierende Maßnahmen zu den Reformen auf wirtschaftspolitischem Sektor, über die ich aber hier nicht sprechen will[17].

Wir wissen, daß das Bruderschaftswesen zur Zeit der Reformation einen allgemeinen Rückgang zu verzeichnen hatte, in manchen Städten ist es völlig zum Erliegen gekommen. Dies mag freilich in der Hauptsache darin begründet sein, daß der neue Glaube eine Heiligenverehrung in überkommenem Sinne ablehnte, und den meisten Bruderschaften damit ihr Patron entzogen wurde. Andererseits scheinen uns aber die wirtschaftspolitischen Reformen und die damit Hand in Hand gehenden Beschränkungen auf geistlichem Sektor auch das ihre zum Niedergang beigetragen zu haben.

Allerdings ist diese Aussage auf das damalige Oberösterreich zu beschränken, die Städte des Innviertels, das zu dieser Zeit noch fest in bayerischer Hand war, haben diese Entwicklung in der gleichen Art nicht durchgemacht. Aus dem Bruderschaftsbuch der Sebastiansbruderschaft in Ried wissen wir z. B., daß das ganze 16. Jahrhundert hindurch Mitglieder aufgenommen wurden, wenn auch in verschwindend kleinem Umfang[18]. Verschiedene andere Bruderschaftsbücher der gleichen Stadt klären uns darüber auf, daß die Verbindung des wirtschaftlichen und religiösen Moments hier erhalten blieb. Bestes

15 Linzer Regesten (in der Folge LR), B I A 1/690.

16 LR, E 1 g/20; D I A 1/237.

17 Josef R. v. Bauer, Bruderschaftswesen. S. 201 f.

18 Franz Berger, Zwei Bruderschaftsbücher der Stadt Ried. In: Oberösterreichische Heimatblätter. 1 (1947). S. 131–136.

Beispiel dafür ist das Einschreibbuch des Rieder Brauerhandwerkes, das mit dem Jahr 1540 beginnt und in dem nicht nur die Namen der Neuzugänge verzeichnet wurden, sondern auch deren Porträts[19]. Diese beiden Bruderschaftsbücher können als die schönsten unseres Landes gelten, sie sind im oberösterreichischen Landesarchiv das ganze Jahr hindurch ausgestellt.

Doch nun zum eigentlichen Thema, dem Bruderschaftswesen in der Zeit nach der Reformation, um zunächst den Begriff Gegenreformation zu vermeiden, der ja gerade in letzter Zeit wieder Gegenstand verschiedener Erörterungen war[20]. Die Reformation griff in unseren Städten und Märkten sehr rasch um sich und war bald auch auf dem Lande verbreitet. Wir haben schon davon gesprochen, daß in ihrem Gefolge die Bruderschaften in den Städten allmählich verschwanden. Der Niedergang war nun keineswegs auf die Bruderschaften beschränkt: Wir wissen, daß Benefizien eingezogen wurden und eine Unzahl von gestifteten Messen nicht bezahlt wurden[21]. Aber auch alle nach außen in Erscheinung tretenden Formen des katholischen Kultes wurden in Frage gestellt bzw. nicht mehr gehalten. Dies traf im besonderen für die Fronleichnamsprozession zu, die in Linz in der 2. Hälfte des 16. Jahrhunderts zum Teil gar nicht mehr durchgeführt wurde[22], und in Enns mußte der katholische Pfarrer noch im Jahre 1622 die Fahnen- und Stangenträger bei der Prozession bezahlen, obwohl dies, so der Pfarrer in einem Schreiben an den Statthalter Graf Adam von Herberstorff, ehrenvolle Aufgabe der (nun auch bei uns schon bestehenden) Zünfte gewesen wäre[23].

Wenn nun im Zuge der Glaubenserneuerung – sie setzt bei uns schon in den beiden letzten Jahrzehnten des 16. Jahrhunderts ein[24] – von kirchlicher Seite aus unter anderem den Bruderschaften ein besonderes Augenmerk geschenkt wurde, dann sicherlich vor allem deshalb, weil man sich vom feierlichen äußeren Rahmen bei der Gestaltung der Messe, bei Versehgängen, Begräbnissen und Prozessionen eine nicht zu unterschätzende Propagandawirkung versprach. Wir finden in den Quellen diese Vermutung zwar nirgends expressis verbis ausgesprochen, doch gibt es einige mehr oder weniger deutliche

19 Ebenda.

20 Wolfgang Reinhard, Gegenreformation als Modernisierung? Prolegomena zu einer Theorie des konfessionellen Zeitalters. In: Archiv für Reformationsgeschichte. 68 (1977). S. 266 f.

21 Vgl. dazu in Linz zum Beispiel das Hl.-Geist-Benefizium im Bürgerspital: Willibald Katzinger, Das Bürgerspital. In: Hist. JbL 1977. S. 38.

22 Rumpl, Corporis-Christi-Bruderschaft, wie Anm. 5. S. 59 ff.; LR, C III C 1/84 c.

23 Oberösterreichisches Landesarchiv (= OÖLA), Stadtarchiv Enns, Akten Sch. 26. Schreiben des Stadtpfarrers Hartmann Oberecker vom 13. Mai. Zu Pfarrer Oberecker vgl. zuletzt Johannes Ebner, Studien zur Geschichte der Inhaber der Pfarre Enns-Lorch von 1521–1626. Wien: Phil. Diss. 1977. S. 155 ff. Hierzu passen auch die Beobachtungen, die Franz Grass in Tirol gemacht hat: In Hall wurde schon im Jahre 1523 eine Garde gegründet, die beim Versehgang das Allerheiligste gegen mögliche Angriffe der Lutheraner schützen sollte. Diese Garde wurde 1609 in die dortige Corporis-Christi-Bruderschaft einverleibt. Zu solchen Übergriffen soll es in Gmunden (1598) und Steyr (1601) tatsächlich gekommen sein, als die Protestanten katholische Wallfahrer überfielen: Franz Grass, Sakralkultur und Kirchenrecht. Zur Rechtsgeschichte der Prozessionen, Versehgänge, sowie des Bruderschaftswesens in den österreichischen Alpenländern, besonders in Tirol. In: Österr. Archiv für Kirchenrecht. 16 (1965). S. 267 f.

24 Tomek, Kirchengeschichte Österreichs 3, wie Anm. 1, S. 481 f.

Hinweise dafür, so u. a., wenn sich der nachmals so berühmte Kardinal Melchior Khlesl in einem Bericht an Bischof Urban von Passau über die Corporis-Christi-Bruderschaft in Linz sehr lobend äußert und die bischöfliche Bestätigung wärmstens empfiehlt, *zumalen weil dise bruderschaft allein zu Gottes ehr und der heiligen catholischen Kirchen aufnehmen und viler sehlen heil aufgerichtet* worden ist[24]. Desgleichen bemerkten die seit 1600 in Linz wirkenden Jesuiten noch im Jahre 1612, daß der Versehgang bis jetzt zur Schande der Katholiken ohne jede Begleitung stattgefunden habe. Sie bemühten sich deshalb sehr um eine abermalige Erneuerung der Corporis-Christi-Bruderschaft. Dank ihres Einsatzes wurde der Auszug des Allerheiligsten zu einem Kranken nun von 200 Kerzenträgern begleitet[25]. Und schließlich steht als Einleitung zu den Statuten der Corporis-Christi-Bruderschaft in Freistadt, daß im Jahre 1641 Bischof Leopold Wilhelm von Passau die Fraternität *zu den kostbaren Seelen Speiß* wiedererrichtet hat, nachdem *das leydige Unkraut der Ketzerey* ausgerottet war und *mithin die Finsternuß solch lutherischer After Lehren erleichtet* worden war[26]. Daran erinnerte man sich in Freistadt auch noch 80 Jahre später, als man für die Corporis-Christi- und Rosenkranzbruderschaft zusammen sogar wieder einen Benefiziaten ausstellen konnte[27].

Freilich sollte es allgemein bis zur Mitte des 17. Jahrhunderts dauern, bis das Bruderschaftswesen wieder einen vollen Aufschwung nehmen konnte. Es hatte sich ja einiges geändert, wie ich schon darzulegen versucht habe. Die Bindung an ein Handwerk war nicht mehr notwendig und damit war den Bruderschaften ein stark zusammenkittendes Moment genommen. Wir haben es nunmehr mit rein religiösen Verbänden zu tun, die mit wenigen Ausnahmen – z. B. der Herrenkongregation, der Bürgerkongregation und der Studentenkongregation – nur mehr entfernt an die alten Zechen erinnerten. Inzwischen war ja auch auf dem Konzil von Trient das Wesen der Bruderschaften klar umrissen worden. Sie sind nun »körperschaftlich verfaßte Vereine, die neben Werken der Frömmigkeit und Nächstenliebe auch zur Mehrung des amtlichen Gottesdienstes beitragen sollen, z. B. durch Andachten, Messen, Wallfahrten und Prozessionen.« Die Errichtung einer Bruderschaft bedurfte eines förmlichen Dekretes des Ortsoberhirten und war an Kirchen oder öffentliche Kapellen gebunden. Manche Bruderschaften waren gewissen Orden vorbehalten[28]. Soweit die Theorie.

Anfänglich versuchte man, sich auch an sie zu halten. Die Statuten der 1588 in Linz errichteten Corporis-Christi-Bruderschaft verlangten von den Mitgliedern aufrichtigen katholischen Glauben, vorbildhaften Lebenswandel und die Einhaltung der Regeln. Diese besagten, daß jedes Mitglied zu Ostern, Fronleichnam und Weihnachten unter einerlei Gestalt kommunizieren muß. Jeden Donnerstag haben sie der Messe und dem Umgang beizuwohnen. Sie müssen alle Tage zu Ehren der fünf Wunden Christi fünf »Vater Unser« und fünf »Englische Gruß« beten, damit die Sekten, Ketzereien und

25 LR, D III/163. Schreiben vom 26. April 1591.
26 LR, C III C 1/84 c.
27 OÖLA, Stadtarchiv Freistadt, Hs 1139.
28 Wie Anm. 9.

Aberglauben ausgerottet, die katholische Kirche erhalten und der wahre Glauben erweitert werde. Wenn einer der Brüder oder Schwestern erkrankte, dann sollten ihn die anderen heimsuchen und ihm Trost spenden. Beim Versehgang sollten sie das Allerheiligste auf dem ganzen Wege begleiten. Starb ein Mitglied, so war dies dem Priester zu melden, der ein Seelenamt lesen mußte, die anwesenden Mitglieder aber hatten Gebete für den Verblichenen zu verrichten. Bei vielen Bruderschaften war es anfänglich Brauch, daß alle Mitglieder vom Tod eines Mitbruders durch einen Boten benachrichtigt wurden. Alle Viereljahre wurde für die verstorbenen Mitbrüder ein Requiem gelesen. Die Bruderschaften hatten auch ein eigenes Bahrtuch. Die Ausgaben für Kerzen und andere Lichter, für die Messen und Andachten, wurden aus der Bruderschaftskasse bestritten.

Geleitet wurde die Bruderschaft vom jeweiligen Stadtpfarrer. Als Rektor hatte er die Rechnungen zu überprüfen und alle Ausgaben zu genehmigen. Die Aufnahme neuer Mitglieder bedurfte seiner Genehmigung. Andererseits war jeder Stadtpfarrer verpflichtet, die Führung der Bruderschaft zu übernehmen. Sollte er sich aber als gottlos erweisen, einen ärgerlichen und unpriesterlichen Lebenswandel führen, ein Konkubinarius oder gar *in religione suspectus* sein, dann konnte ihn die Bruderschaft absetzen und die Sache dem Bischof übergeben. Sollte das gleiche für ein gewöhnliches Mitglied zutreffen, dann war es dreimal abzumahnen und schließlich aus der Gemeinschaft auszustoßen[29]. Die letzten zwei Punkte sind für die Zeit der Glaubenswirren signifikant und entfallen in späteren Statuten. An jedem Fronleichnamstag wurden zwei taugliche Zechmeister gewählt, die die Schlüssel zur Bruderschaftskasse verwahrten – sie waren die Rechnungsführer.

Der Mitgliedsbeitrag betrug 15 Kreuzer vierteljährlich, das Einschreibgeld ebensoviel – es war dies übrigens der halbe Tageslohn eines Tagwerkers. Der letzte Punkt der Statuten legt den Mitgliedern nahe, bei ihrem Tod der Bruderschaft nach bestem Vermögen eine Kleinigkeit zu vermachen. Soweit die Statuten der Corporis-Christi-Bruderschaft in Linz vom Jahre 1588[30]. Sie wurde fünf Jahre später von Bischof Urban von Passau bestätigt und damit rechtskräftig.

Bald danach finden wir schon weitere Ämter, nämlich Assistenten, Consultores, einen Quästor, einen Sekretarius und einen Thesaurius. Die hervorragenden Ämter wurden im 17. Jahrhundert von kaiserlichen Beamten eingenommen, vom Vizedom, vom Landesschreiber, vom Hofkaplan, vom Mautner etc. Thesaurius war meist ein angesehener Bürger aus dem inneren Rat, der sich auf das Rechnungswesen verstand[31]. Diese Ämterverteilung spiegelt sehr deutlich den Status von Linz als Landeshauptstadt wider, als Standort der landesfürstlichen und ständischen Ämter. Etwas anders liegt die Situation z. B. in Freistadt, wo uns die Statuten der Corporis-Christi-Bruderschaft ebenfalls erhalten sind. Sie bestand – allerdings in Form eines Benefiziums – nachweislich

29 Wie Anm. 5.
30 Gedruckt bei RUMPL, Corporis-Christi-Bruderschaft, wie Anm. 5, S. 64 ff; Vgl. auch LR, D II/162.
31 Ebenda.

bereits seit dem Jahre 1407[32]. 1504 war die vorläufig letzte Stiftung erfolgt[33]. Wie oben schon angeführt worden ist, ist die Bruderschaft 1641 wieder errichtet worden, allerdings weisen Zustiftungen bereits vor diesem Jahr darauf hin, daß sie, wenn auch ohne bischöflichen Konsens, de facto schon vorher wieder vorhanden war[34]. In den Statuten aber ist nun ausdrücklich davon die Rede, daß der Stadtpfarrer und der Magistrat gemeinsam die Erneuerung in die Wege geleitet haben. Sie waren um diese Zeit bereits soweit, daß sie für die Bruderschaft sogar wieder einen Benefiziaten halten wollten, der außer am Donnerstag jeden Tag Messe lesen sollte. Da in Freistadt die Corporis-Christi-Bruderschaft mit der Rosenkranzbruderschaft gekoppelt war, wurde an jedem ersten Sonntag im Monat nachmittags ein Rosenkranz gebetet, der mit einer Prozession um die Kirche eingeleitet wurde. Rektor perpetuus war auch hier der Stadtpfarrer. Präfecti, Assistentes, Consultores und Secretarii sollten aus den Ratsherren genommen werden, doch, so heißt es, soll diesorts ansässigen Herren ein Amt nicht verweigert werden. Auch hier aber bestand man für das Amt des Rechnungsführers auf einen *gewissenhaften Raittungs- und Wirtschaftsverständigen, als auch wohlbemittelten Verwalter* aus den Reihen der Ratsbürger[35]. Wir finden also hier die Bürgerschaft wesentlich stärker vertreten, als etwa in Linz, obgleich beides landesfürstliche Städte waren.

In Grein, einer Parimonialstadt errichtete der Stadtherr, Graf Helfrich von Meggau, im Jahre 1643 eine Corporis-Christi- und eine Rosenkranzbruderschaft, ohne dabei zunächst um die bischöfliche Bestätigung anzusuchen[36]. Zurückkehrend nach Linz wäre noch anzufügen, daß der große Einfluß der landesfürstlichen Beamten vielleicht auch daraus erklärbar ist, daß die kaiserliche Familie von Anfang an an der Bruderschaft interessiert war. Schon im Jahre 1601 bat der damalige, katholisch gesinnte Landeshauptmann bei Kaiser Rudolf II. um eine Unterstützung der Bruderschaft mit dem Hinweis, daß sich auch Erzherzog Matthias habe einschreiben lassen[37]. Die Hilfe wurde in Form von 100 fl jährlich gewährt und der Kaiser beauftragte seinen Bruder mit der Durchführung seiner Anordnung[38]. 11 Jahre später scheint eine neuerliche Bitte des Stadtpfarrers in der gleichen Angelegenheit zunächst fruchtlos geblieben zu sein. Erst als sich die Jesuiten für den Pfarrer einsetzten und von den eingangs geschilderten 200 Kerzenträgern bei Versehgängen berichteten[40], spendete Kaiserin Anna spontan 100 fl jährlich und bat brieflich um die Aufnahme in die Bruderschaft, gemeinsam mit ihrem ganzen

32 Damals stiftete der Pfarrer von St. Leonhard mit 350 lb d eine ewige Messe in der Katharinenkirche von Freistadt. OÖLA, Stadtarchiv Freistadt. HS 1139.

33 Ebenda.

34 Ebenda.

35 Ebenda. Die Stiftung wies damals neben Zehnt- und Dienstgeldern schon 12 186 fl Kapital auf.

36 Als Aufwandsentschädigung erhielt der Pfarrer 100 fl aus dem Ungeld der Herrschaft Greinburg. OÖLA, Archiv der Landeshauptmannschaft, Ältere Stiftungen, Sch. 91, Nr. 3.

37 LR, C III F 3/340. Bittschrift vom 29. Juli. Rumpl, Corporis-Christi-Bruderschaft, wie Anm. 5, S. 59.

38 LR, C III F 3/341, 342; C III F 8/11.

39 LR, C III F 3/367, 368.

40 LR, C III C 1/84 c.

Hofstaat[41]. Das jährliche Deputat von 100 fl blieb bis zur Aufhebung der Bruderschaft im Jahre 1783. Warum aber haben bei der Erneuerung des Bruderschaftswesens gerade die Corporis-Christi-Kongregationen an den Pfarrkirchen – und nicht etwa die Jesuiten – den Anfang gemacht?

Anna Coreth weist in ihrem Werk »Pietas Austriaca« darauf hin, daß die Verehrung der Eucharistie im Hause Habsburg eine überaus lebendige Tradition besaß, die mit Rudolf von Habsburg begonnen hatte, der, als er auf einem Ritt über das Land einem Priester mit der Wegzehrung begegnete, sofort vom Pferd sprang und es dem Priester überließ, aus Ehrfurcht vor dem Leib des Herrn[42]. Diese Geschichte tauchte erstmals in der Chronik des Johann von Winterthur im Jahre 1340 auf, blieb lebendig und wurde besonders von den Jesuiten im 17. Jahrhundert kolportiert[43]. Alle Habsburger haben diesem Vorbild nachgelebt und als z. B. Kaiser Ferdinand II. im Jahre 1636 in Linz Zeuge der wiedereingeführten Fronleichnamsprozession sein konnte, an der sich der Großteil des Adels und der Bürgerschaft beteiligte, äußerte er gegenüber seinem Beichtvater: *Gewißlich ist mir dieses eine solche Frewd vber Frewd, daß mir nicht möglich gewest, vor frewden mich der zäher zuenthalten*[44]. Und wir können sicher sein, daß die Corporis-Christi-Bruderschaft einen Gutteil zu seiner Freude beigetragen hat. Als er ein Jahr später starb, steuerte sie 253 fl zu den Trauerfeierlichkeiten anläßlich seines Todes bei.

Natürlich gab es nicht nur Corporis-Christi-Bruderschaften. Schon bald erscheint in Linz eine Sebastiansbruderschaft, die aber insgesamt nur einigemale erwähnt ist und so plötzlich wie sie aufgetaucht ist, aus den Quellen wieder verschwindet[45]. Möglicherweise hängt das mit der großen Anziehungskraft der Sebastiansbruderschaft im damals 8 km entfernten, heute aber eingemeindeten Markt Ebelsberg zusammen[46]. Es sind nun hauptsächlich die einzelnen Orden, die maßgeblich an der Förderung des Bruderschaftswesens beteiligt waren.

Im Jahre 1652 gründeten die Jesuiten die Todangst-Christi-Bruderschaft, deren religiöses Ziel in erster Linie die Anteilnahme am Schmerz des Heilands am Kreuze, sowie das Kreuz selbst war[47]. Auch hier mag die besondere Verehrung des Kreuzes durch das Herrscherhaus mithereingespielt haben[48]. Seit der Errichtung der Bruderschaft wurden 3 mal pro Tag alle Glocken der Stadt geläutet, worauf sich die Sodalen, wie die Mitglieder von den Jesuiten genannt wurden, auf die Knie zu werfen hatten, um den

41 Ebenda.

42 Anna CORETH, Pietas Austriaca. Ursprung und Entwicklung barocker Frömmigkeit in Österreich. Wien 1959. S. 17 f.

43 Ebenda.

44 Ebenda. S. 28.

45 RUMPL, Corporis-Christi-Bruderschaft, wie Anm. 5, S. 87. Als Wohltäter dieser Bruderschaft erwiesen sich die Pröpste vom Stift Schlägl, die stets bei ihren Aufenthalten in Linz kleinere Beträge stifteten. LR, B V 1/240, 321, 518, 575.

46 Zur Sebastiansbruderschaft in Ebelsberg vgl. Mathias RUPRECHTSBERGER, Ebelsberg einst und jetzt. Linz 1912. S. 128 f.

47 LR, C III C 2/18.

48 CORETH, Pietas Austriaca, wie Anm. 42, S. 36 ff.

Todesschmerz Christi zu betrauern. An jedem Freitag rief die große Glocke der Stadtpfarrkirche zur Messe *de sancta Christi passione* und anschließend wurde die Litanei *de acerbis Christi doloribus* gesungen und der Leib des Herrn empfangen.

An jedem ersten Sonntag im Monat kamen die Mitglieder in der Pfarrkirche zusammen, sangen die Litaneien *de passione* und gingen zur Kommunion. Das gleiche wurde alle Vierteljahre wiederholt, um allen, die einmal eine Andacht versäumt hatten, Gelegenheit zu geben, sie nachzuholen. Zum Leiter der Sodalität wurde vom Provinzial P. Boccabella bestellt. Die Zahl der Mitglieder überstieg schon nach wenigen Wochen die Tausendergrenze und der Kultus des Kreuztodes nahm einen großen Aufschwung. Soweit die *Litterae annuae* der Jesuiten[49].

Schon nach vier Jahren errichtete die Bruderschaft einen Triumphbogen am unweit der Stadt gelegenen Kalvarienberg, weil dort bei besonders andächtigem Gebet und frommer Haltung die Erscheinung von Kreuzen gesehen werden konnte. Die Bewohner der umliegenden Dörfer schlossen sich deshalb der Bruderschaft an und pilgerten an Sonn- und Feiertagen zum Kalvarienberg. Alle Mitglieder schmückten sich zur Fastenzeit mit Kreuzen oder anderen Bußzeichen[50]. Sechs Jahre nach Gründung der Bruderschaft begann man alljährlich zur Fastenzeit schwere Kreuze auf den Kalvarienberg zu schleppen[51]. Selbstauferlegte Pein in Nachahmung der Schmerzen des Erlösers scheint Mode geworden zu sein; z. B. wird von einem Bürger berichtet, der jahraus-jahrein auf einem Holzkreuz geschlafen habe[52]. Die jähe Begeisterung führte dahin, daß im Jahre 1662 schon 1200 Kreuzträger gezählt werden konnten[53]. Dieser Höchststand konnte aber nicht gehalten werden, im Jahre 1666 waren es nur mehr 700 und ein Jahr später 600 Kalvarienbergpilger[54]. Innerhalb der Stadt gab es während der Fastenzeit drei Prozessionen, bei denen Symbole der Leiden Christi mitgetragen wurden. Das Titularfest fand entsprechend den Intentionen der Bruderschaft am Karfreitag statt[55].

Im Jahre 1672 setzten die Karmeliter gegen den Widerstand des Stadtrates und des Stadtpfarrers eine Niederlassung ihres Ordens in Linz durch. Die Argumente von Stadtrat und Stadtpfarrer gegen die Neugründung liefen unter anderem darauf hinaus, daß durch die mit jedem Karmelitenkonvent verbundene Skapulierbruderschaft der Pfarre Stolgebühren und Anniversarien entzogen werden.[56]. Wohl wußten die Karmeliten diese Bedenken zu zerstreuen, auch ist von einer Skapulierbruderschaft offiziell nichts zu finden, aber schon ein Jahr später vermachte eine Bürgersfrau den Karmeliten 2000 fl – als Mitglied der Skapulierbruderschaft[57]! Im Jahre 1690 stiftete der Hofkam-

49 Vgl. dazu auch Hans COMMENDA, Die Litterae annuae des Linzer Jesuitenkollegs als Quelle der Volkskunde. In: Hist. JbL (1961), S. 119 ff.
50 LR C III C 2/56; 71 d.
51 LR C III C 2/83 c.
52 Vgl. die litterae annuae.
53 LR C III C 2/108.
54 LR C III C 2/165, 173.
55 LR C III C 2/201, 221.
56 LR, E 1 c/2450, 2454.
57 LR, E 1 c/2518.

merrat Georg Konstantin von Grundemann und Falckenberg etc. dem Konvent eine ansehnliche Summe unter der Bedingung, daß er in jener Kapelle der neugeplanten Klosterkirche begraben werde, in der auch die Skapulierbruderschaft ihren Altar haben sollte. Noch immer aber existierte die Skapulierbruderschaft offiziell nicht, vielmehr erteilte Bischof Johann Philipp von Passau im Jahre 1701 nur die Zustimmung zur Errichtung einer Josefsbruderschaft, unter der Bedingung, daß die Statuten eingereicht werden[59].

Das geschah aber nicht, trotz zweimaliger Urgenz durch das Konsistorium[60] und Verhandlungen mit dem Stadtpfarrer 1702[61]. Wir hören dann bis zum Jahre 1720 nichts mehr von dieser Bruderschaft, dafür aber im Jahre 1714 erstmals in offizieller Version von der Skapulierbruderschaft[62]. Die Karmeliten hatten beim Bischof um deren Zulassung eingereicht und zugleich in Linz versucht, die übrigen Klöster dafür zu gewinnen[63]. Nun aber war die Errichtung schon von vielen Institutionen abhängig. Der Bischof holte Stellungnahmen von den Kapuzinern ein, vom Stadtpfarrer, den Jesuiten und auch von den Ständen, die sich ihrerseits wieder an die Kapuziner wandten[64]. Es waren ja in der Zwischenzeit schon wieder eine Reihe neuer Bruderschaften entstanden, nämlich eine Mariae Himmelfahrtsbruderschaft, die ihre Wurzel in der spätmittelalterlichen Liebfrauenzeche bei der Pfarrkirche gehabt haben dürfte und deren Erneuerungsdatum noch unbekannt ist[65], eine Jesus, Maria und Josef-Bruderschaft beim Schloß Hagen unweit vom Stadtteil Urfahr[66], eine Totenbruderschaft bei den Minoriten[68] und eine Dreifaltigkeitsbruderschaft[67]. Die Minoriten strebten ferner im gleichen Jahr die Errichtung einer Franziskus- und einer Antonius-Bruderschaft an[69]. Die eher positive Stellungnahme der Kapuziner dürfte schließlich den Ausschlag zur Genehmigung der Skapulierbruderschaft gegeben haben[70].

Dies wieder ermutigte die Karmeliten und sie suchten erneut um die Zulassung einer Josefsbruderschaft an, nicht ohne vorher als leisen Wink mit dem Zaunpfahl mitzuteilen, die Zustimmung des Kaisers eingeholt zu haben, und Kaiser Josef I. war selbst Angehöriger der Bruderschaft. Die Josefsbruderschaft wurde deshalb sofort zugelas-

58 LR, B II H 1/321; E 1 c/2662.
59 Und daß sich der Orden an die Bulle Papst Clemens VII. »Quacumque« halte. LR, E 1 h/5129
60 LR, E 1 h/5135, 5136.
61 LR, E 1 h/5135; B I A 4/3905.
62 LR, E 1 k/5218.
63 LR, E 1 f/201.
64 LR, E 1 f/202, 204.
65 Hans COMMENDA, Linzer Stadtvolkskunde 1. Linz 1959. S. 107 f.
66 LR, B II G 2/1025. Statuten und Satzungen gedruckt beim Linzer Landschaftsbuchdrucker Kaspar Freyschmid (1677). Kein Exemplar auffindbar.
67 Sie kann seit dem Jahre 1713 nachgewiesen werden: LR, E 1 g/317.
68 Gegründet vermutlich im Jahre 1703 vom Stadtdechant: LR, B I A 4/3905.
69 Sie wollten die Aussetzung des Allerheiligsten an den Titularfesten und die Genehmigung zur Abhaltung einiger Prozessionen erreichen: LR, E 1 g/319.
70 LR, E 1 k/5218, 5221.

sen[71]. Daraufhin planten auch die Ursulinen eine Herz Jesu- und Ursula-Bruderschaft[72], 1727 wurde die Barbarabruderschaft beim Barbara Friedhof gegründet[73], der bald darauf eine Rosenkranzbruderschaft[74] folgte und da sich in Linz die Fälle mehrten, in denen Krankheiten mit Aloisiusmehl geheilt wurden, wurde natürlich auch eine Aloisius-Bruderschaft bei den Jesuiten errichtet[75]. Damit sind aber noch längst nicht alle aufgezählt, es gab noch eine Bruderschaft der letzten Stunde, eine Mariae Verkündigungsbruderschaft und schließlich bei den Kapuzinern die Drittordensgemeinschaft, die aber nicht mehr als Bruderschaft angesehen wurde[76]. In den anderen Städten Oberösterreichs dürfte es ähnlich gewesen sein, in Steyr bestanden z. B. im Jahre 1714 insgesamt sieben Bruderschaften[77]. Ihnen allen war ein besonderes Wirken in der Öffentlichkeit gemeinsam, sie veranstalteten Prozessionen, Wallfahrten, 40stündige Gebete gemeinsam und auch getrennt und schmückten sich mit uniformartigen Kleidern oder auch nur besonderen Zeichen, die, von der Skapulierbruderschaft abgeleitet, nun allgemein Skapuliere hießen. Natürlich konnte es dabei nicht ausbleiben – es ist ja auch nur zu menschlich – daß es bei gemeinsamen Prozessionen zu Rangstreitigkeiten kam, die sich in erster Linie darum drehten, wer weiter vorne schreiten und wer weiter hinten gehen mußte[78].

Ich habe nun versucht, anhand der uns erhaltenen Bürgertestamente des 18. Jahrhunderts eine Art Statistik zu erstellen, um der Fülle der Bruderschaften Herr zu werden. Es ist mir dies nur zum Teil gelungen, und es haften der Statistik und ihrer Interpretation all jene Fehler an, die Statistiken so an sich haben können. Ein erster Blick in die Testamente belehrte micht darüber, daß jeder zweite Bürger Legate an Bruderschaften vermachte und daß man ohne weiteres Mitglied mehrerer Bruderschaften sein konnte. Im Durchschnitt war jeder Stifter oder jede Stifterin Mitglied bei 4 Bruderschaften, die auswärtigen, auf die ich gleich zu sprechen kommen werde, gar nicht mitgerechnet. Ich habe nun dieses Phänomen in den einzelnen Jahrzehnten betrachtet und konnte dabei feststellen, daß man zu Beginn des Jahrhunderts Mitglied bei zwei bis

71 OÖLA, Archiv der Landeshauptmannschaft, Sch. 150, 6. Aber auch hier hatte das Passauer Ordinariat Stellungnahmen bei den übrigen Stadtklöstern eingeholt, z. B. bei den Ursulinen: LR, E 1 b/1488 und den Kapuzinern: LR, E 1 f/221. Titularfest war Mariae Vermählung und nach der Klosterchronik wurde die Bruderschaft schon ein Jahr vor der endgültigen bischöflichen Zustimmung unter großer Beteiligung von Adel und Volk eingeführt (1720, Jänner 26). Die offizielle Bestätigung erfolgte am 16. Jänner 1721. Vgl. LR, E 1 c/2797 und E 1 h/5273.

72 Zu ersehen aus einer Aufforderung zur Stellungnahme Bischof Raimund Ferdinands von Passau an die Kapuziner: LR, E 1 f/226.

73 LR, B I A 1/347, LR, E 6, S. 130. Schon im Jahre 1715 wurde durch die Stadtpfarre versucht, eine Prozession von der Pfarrkirche zu dem in der Vorstadt liegenden Friedhof einzurichten, wozu sich sinnvollerweise der 2. November (Allerseelen) anbot. Dies war aber bereits der Festtag der Totenbruderschaft bei den Minoriten. Daraus ergaben sich naturgemäß Streitigkeiten, die aber quellenmäßig im einzelnen nicht verfolgbar sind. Vgl. LR, E 1 g/323.

74 Vgl. die im Anhang gebrachte Tabelle.

75 LR, C III C4/720d, 755e, 784e, 794d, 806e, 828 usw.

76 LR, E 1 f/417.

77 LR, B II E 2/901

78 LR, E 1 g/317

drei Bruderschaften war. Dies steigerte sich innerhalb der nächsten 30 Jahre rapid und um 1740 war der Bürger bei 6 Bruderschaften eingeschrieben, die auswärtigen wieder nicht mitgerechnet. Bei 4–5 Mitgliedschaften blieb es dann bis 1780. Damit korrespondiert sehr gut die Häufigkeit der Stiftungen, die von 1710–1720 ihren Höchststand erreichte; damals bedachten zwei von drei Bürgern eine Bruderschaft in ihrem Testament. Dies blieb mit einem leichten Absinken bis zum Jahre 1740 so, um dann rascher abzunehmen. Im 5. Jahrzehnt stiftete jeder zweite, im 6. jeder 3. und im 8. nur mehr jeder 5., wobei ich unter Bürgern auch Bürgersfrauen verstehe, die im Verhältnis 7:6, also ganz geringfügig, die männlichen Bruderschaftsmitglieder übertrafen. Ich habe auch versucht, die Beliebtheit der einzelnen Bruderschaften mit Hilfe der Anzahl von Stiftungen zu eruieren. Dabei ergab sich, daß die Corporis-Christi-, die Todesangst-Christi- und die Totenbruderschaft, die auch Armen Seelen-Bruderschaft genannt wurde, zunächst eindeutig dominierten. Einen unwahrscheinlich steilen Aufstieg hatte die Skapulierbruderschaft zu verzeichnen, die im sechsten Jahrzehnt alle anderen überflügelte. Statistisch gesehen war jeder Linzer Bürger, der irgendeiner Bruderschaft beigetreten war, auch Mitglied der Skapulierbruderschaft[79]. Diese Statistik weist allerdings als gröbsten Fehler die Tatsache auf, daß nur Bürgertestamente als Grundlage der Untersuchung verwendet worden sind. Es sind darin die Taglöhner, die Inwohner, die Dienstboten, die kaiserlichen und ständischen Beamten und die Adeligen, auf deren Mitgliedschaft die einzelnen Bruderschaften jeweils mit Stolz verwiesen haben, nicht enthalten. Sie alle aber waren, genauso wie die Bürger, eingeschriebene Mitglieder. Und das war für mich eigentlich der verblüffendste Aspekt bei den Nachforschungen zu diesem Thema:

In einer Zeit, in der das gesamte menschliche Zusammenleben nach dem Prinzip der Ständegliederung aufgebaut war, als jeder genau wußte, auf welcher Sprosse der gesellschaftlichen Leiter er sich befand, gab es Institutionen, in denen der Tagwerker genauso Mitglied war, wie der Kaiser – eben die Bruderschaften. Natürlich stand auch damals z. B. der Landrichter oder der Bürgermeister in ganz anderem Ansehen als der Krautschneider oder der Kesselflicker – letztere hatten nicht die geringste Chance irgendeines der Bruderschaftsämter zu ergattern – aber sie glaubten, wenn sie es ehrlich meinten, an die selbe Sache und standen nebeneinander im Bruderschaftsbuch. Daraus erwuchs freilich keine historische Konsequenz, keine soziale Umwälzung oder dergleichen.

Doch zurück zu den Mitgliedschaften: Allem Anschein nach war es üblich, daß man eine einmal eingegangene Zugehörigkeit zu einer Bruderschaft nicht aufgab, wenn man seinen Wohnsitz verlegte[80]. Auch ließen sich Kaufleute, die viel unterwegs waren, in

79 Dies schlägt sich auch in den Quellen nieder. Im Jahre 1762 wurden z. B. 26 neue Kleider, zwölf Kronen und zwei weite Kopfbedeckungen angekauft für die Träger und die Spalier bildenden Teilnehmer (LR, E 1 d/3435). Im Jahre 1733 schon hatte der P. Provinzial der Karmeliten eine mit Musik festlich gestaltete Prozession am Monatssonntag befohlen (LR, E 1 c/2851) und in der Woche zwischen dem 17. und 25. Juli 1751 fanden Festlichkeiten zur Feier des 500jährigen Bestandes des Skapulierfestes statt.

80 LR, B II 1,2. Es würde zu weit führen, hier alle einzelnen Nummern anzuführen, die dies belegen.

einzelne Bruderschaften jener Städte einschreiben, in denen sie geschäftlich häufig zu tun hatten[81], und drittens dürfte die Mitgliedschaft bei bestimmten Bruderschaften besonders angestrebt worden sein. Für alle drei Fälle gibt es in Linz viele Beispiele, erwähnenswert ist vielleicht die besonders oft erscheinende Dreifaltigkeitsbruderschaft bei der Wallfahrtskirche am Sonntagsberg in Niederösterreich[82]. Aus der Rosenkranzbruderschaft in Steyr starben im Jahre 1732 13 Menschen, die in Linz ihren Wohnsitz hatten[83]. Sehr beliebt war im 18. Jahrhundert die Nepomuk-Bruderschaft in Prag.

Was aber bewegte die Menschen neben ihrer Freude an Prozessionen und prunkvollen Aufzügen, neben ihrer sicher vorhandenen, wenn auch naiven, Frömmigkeit dazu, so vielen Bruderschaften beizutreten? Zweifellos waren es die Ablässe, die Furcht vor den zeitlichen Sündenstrafen, vor der Qual des Fegefeuers, denn die Möglichkeit in die Hölle zu kommen, will kein Christ ernsthaft in Erwägung ziehen, auch heute noch nicht. Bei jeder Bruderschaft war es möglich, am Titularfesttag und auch bei anderen Gelegenheiten vollkommene und unvollkommene, also zeitlich begrenzte Ablässe zu gewinnen. Selbst die waren Anreiz genug, denn bei ihrer Summierung ergab sich doch eine erkleckliche Anzahl von Jahren, die man sich im Fegefeuer ersparte. Man kaufte jetzt keine Ablässe mehr, man erwarb sie durch den Beitritt zu Bruderschaften. Daß dies im Endeffekt auf das gleiche hinauslief, spielte dabei keine Rolle.

Ohne hier alle Auswüchse des Bruderschaftswesens bei Prozessionen und Wallfahrten aufzuzählen, scheint es einleuchtend zu sein, daß es einer Kritik der Vernunft Josephs II. nicht standhalten konnte. Auch die Bruderschaften wurden in der Reformmühle des aufgeklärten Herrschers zermalmt. Schon unter Maria Theresia war 1771 ein Zirkulare an alle Bruderschaftsvorsteher ergangen, das die Aufnahme neuer Mitglieder verbot und auch die Errichtung neuer Bruderschaften untersagte[84]. Außerem wurde erhoben, wie viele Bruderschaften es überhaupt gab, welche Mitgliederzahl sie hatten und wie ihr Vermögensstand war[85]. Dabei stellte sich heraus, daß es in Wien z. B. 166 Bruderschaften gab, in ganz Niederösterreich aber 688 mit einem Gesamtvermögen von 1240000 fl[86]. Das waren im Durchschnitt pro Bruderschaft 1800 fl, eine verhältnismäßig geringe Summe, wobei die Unterschiede zwischen den einzelnen Bruderschaften sehr groß waren. Die Corporis-Christi-Bruderschaft in Linz verfügte z. B. im Jahre 1772 über

81 Besonders beliebt war im 18. Jahrhundert die Nepomuk-Bruderschaft in Prag nach dessen Heiligsprechung.

82 Auch hier sei ganz allgemein auf die Bürgertestamente verwiesen.

83 Laut gedrucktem Totenregister der Erzbruderschaft des allerheiligsten Rosenkranzes Jesu und Mariae beim Prediger-Orden (LR, B II G 5/2551). Vgl. dazu auch Friedrich Schober, Die im Jahre 1732 Verstorbenen der Rosenkranzbruderschaft in Steyr. In: Der Adler, Zeitschrift für Genealogie und Heraldik, 4 (1956–1958), S. 201–204.

84 Graf Kolowrat eröffnet diesen kaiserlichen Befehl dem Landeshauptmann in einem Schreiben. (OÖLA, Archiv der Landeshauptmannschaft, Sch. 56,26). Darauf erließ dieser ein diesbezügliches Zirkulare an alle Bruderschaftsvorsteher (OÖLA, ebenda. 1771 August 26). Auch der Bischof von Passau schaltete sich ein und veranlaßte die Einsendung von Erhebungsbogen an den Stadtdechant von Linz. (OÖLA, Ebenda, am 1771 September 19).

85 Auch dieses Unternehmen wurde von der Landeshauptmannschaft geleitet (Vgl. z. B. LR, E 1 f/415).

86 FRA II/73, S. 355 ff.

15700 fl an Kapitalien[87], jene in Gmunden nur über knapp 1500 fl[88]. Die Karmeliten haben nachgewiesen, daß die Josefsbruderschaft über keine Kapitalien und Stiftungen verfügte[89] und die Skapulierbruderschaft lediglich 1000 fl besaß[90]. Hofrat Heinke, der von Joseph II. mit den Erhebungen für die kirchliche Reform beauftragt worden war, hat nicht nur auf diese Gelder hingewiesen, die dem Staat durch Stiftungen entgingen, sondern auch auf die Tatsache, daß viel Geld nach Rom floß, weil alle fünf Jahre um die Erneuerung der Ablässe und Altarsprivilegierungen eingereicht werden und die dafür vorgesehenen Taxen entrichtet werden mußten[91]. In der Hauptsache aber richtete sich seine Kritik gegen die Mißbräuche in Glaubensdingen, gegen die Andächteleien, die mehr auf Nebensachen und auf das äußere Zeremoniell als auf die Erfüllung des wahren Christentums abzielten. Heinke unterteilte die Bruderschaften nach ihren Intentionen in vier Gruppen:

1. Die Bruderschaften, die einen Heiligen verehrten, wie in Linz z. B. die Josefs-, Anton-, Franziskus-, Aloisiusbruderschaft etc.
2. Bruderschaften, die die Verehrung eines Glaubensgeheimnisses zum Endzweck hatten, wie Dreifaltigkeits- und Corporis-Christi-Bruderschaften
3. Bruderschaften, die den Seelen im Fegefeuer zu Hilfe kommen wollten – die Armen-Seelen und Totenbruderschaften und
4. Die Christenlehrbruderschaften, auf die wir nicht eingegangen sind, weil sie vorwiegend nur auf dem Lande Verbreitung gefunden haben[92].

Sie alle wurden 1783 aufgehoben und mußten einer einzigen großen Bruderschaft der christlichen Nächstenliebe weichen. Das Vermögen der Kongregationen wurde eingezogen und dem Religionsfonds zugeschlagen[93]. Die Durchführung dieser Verordnung wurde nicht überall gleich gehandhabt. In der Diözese Brixen z. B. bestanden die Bruderschaften weiter[94] und auch bei den Minoriten in Linz gab es im Jahre 1786 noch eine Bruderschaft der christgläubigen Seelen[95]. Wie beinahe alle Reformen Josephs II. hat auch die Aufhebung der Bruderschaften seinen Tod kaum überdauert. Im 19. Jahrhundert finden wir wieder allenthalben Bruderschaften und einige davon gibt es heute noch.

87 Rumpl, Corporis-Christi-Bruderschaft, wie Anm. 5, S. 72.
88 OÖLA, Stadtarchiv Gmunden, Akten Sch. 97.
89 LR, E 1 k/5644.
90 LR, E 1 k/5643.
91 FRA II/73, S 354 f.
92 Sie wurde in den zwanziger Jahren des 18. Jahrhunderts vom Bischof von Passau für alle Pfarren seiner Diözese bindend vorgeschrieben. Die Pfarrer hatten nach einem Jahr Erfolgsbilanz zu legen und ein Mitgliederverzeichnis anzulegen. Meist wurden darin alle Kommunikanten aufgenommen. Vgl. dazu die einzelnen Pfarrarchive im Ordinariatsarchiv Linz, Passauer Akten.
93 So mußten z. B. im Jahre 1783 die Karmeliten das gesamte Inventar der Skapulier- und Josefsbruderschaft (Statuen, Kleider, Alben, Bücher) an den Religionsfonds abliefern (LR, E 1 d/3754).
94 Hans Hollerweger, Die Reform des Gottesdienstes zur Zeit des Josephinismus in Österreich. 1976. S. 277 f.
95 LR, B II A 18/15405.

ANHANG Tabelle der in Bürgertestamenten berücksichtigten Bruderschaften

Zeitraum	Testamente	BS-Stifter	männlich	weiblich	Corporis Christi	Todangst Christi	Arme Seelen	Maria Himmelfahrt	Skapulier	Rosenkranz	Josef	Dreifaltigkeit	Aloisius	Schutzengel	St. Antonius	Barbara	S. Sebastian	Jesu Maria Josef	Franziskus	Toten BS	Stund BS	Maria Verk.	Anzahl d. Bruderschaften	Anzahl d. Stiftungen
1701–1710	84	44	24	20	30	40	19	13	12			3				1				4	1		9	123
1711–1720	90	53	26	27	35	47	30	18	23			1				4	1	2	1	2			11	164
1721–1730	110	65	28	37	48	63	35	14	37	3	7	3				5			3			2	11	220
1731–1740	140	79	31	48	61	68	48	26	60	20	9	22				29	1	4	5	3	1		14	357
1741–1750	152	76	31	45	49	65	53	22	62	26	15	19			3	23	1	2	6				13	346
1751–1760	124	39	20	19	25	29	27	15	39	19	6	14			5	11	2	1	4			1	14	199
1761–1770	102	29	12	17	16	24	19	9	18	13	9	5	3	1	2	10			3				14	135
1771–1780	67	14	6	8	9	14	11	5	10	11	3	3	1	1		7							11	66
Gesamt	869	399	178	221	273	350	242	126	262	92	49	70	4	2	10	90	5	9	22	9	2	3		1610

Bürgerschaft und Kirche im Pietismus

von Dietrich Blaufuss

Prof. D. Oskar Söhngen zum 80. Geburtstag 5. 12. 1980

»Bürgerschaft und Kirche im Pietismus«[1] trifft sachlich auf einen Problemzusammenhang, dem derzeit ein beachtliches Interesse gilt. Ich habe die Warnung wohl im Ohr, das eigene Forschungsgebiet nicht zu überschätzen. Man kann aber dennoch sagen, daß dem Pietismus – gemessen an zurückliegenden Forschungsepochen[2] – zur Zeit eine starke Zuwendung zuteil wird. Dabei ist es eine bemerkenswerte Tatsache, daß es – wie für andere Zeiträume längst – nun auch für den Pietismus zu einem fruchtbaren und intensiven Gespräch zwischen Kirchengeschichte und Profanhistorie gekommen ist[3]. Leicht war dies nicht; haben doch Theologen wie Karl Barth im 20. Jahrhundert[4] und Literaten (wie Fritz Reuter im 19. Jahrhundert[5]) erfolgreich mit zur Verfestigung eines Bildes von »Pietismus« beigetragen, das wenig dazu einlud, sich ihm wissenschaftlich ernsthaft zu widmen. Lohnt denn auch die Erhellung einer Bewegung, in der man auf Schritt und Tritt dem Duckmäusertum, der Anpassungsbereitschaft bei nicht vorhandener Macht, hingegen der rücksichtslosen Ausnutzung von Einflußmöglichkeiten bei

1 Vortrag in Kempten am 3. November 1978, im wesentlichen unverändert und versehen mit den Hinweisen auf die Literatur, welche zum Teil erst nachträglich zugänglich wurde (vgl. auch unten Anm. 22). – Ich bedauere es außerdordentlich, der Frage nach den »konfessionellen Ausprägungen eines religiösen Zeitstiles . . . über die Konfessionen hinweg« nicht nachgehen zu können, wie Wolfgang Leiser in der Diskussion anregte (S. 191). Dies bleibt dringendes Forschungsdesisderat, wie auch der Beitrag von Willibald Katzinger in diesem Band S. 97–111 zeigt.

2 Vgl. das souverän gezeichnete, imponierende Bild aus der Feder des Forschers, der nicht nur die deutsche Pietismusforschung nach dem zweiten Weltkrieg entscheidend angeregt hat: Martin Schmidt, Epochen der Pietismusforschung. In: Pietismus und Reveil. Referate . . . Zeist 18.–22. Juni 1974, hg. J. van den Berg und J. P. van Dooren, Kerkhistorische Bijdragen 7. Leiden 1978, S. 22–79.

3 Martin Greschat (Hg.), Zur neueren Pietismusforschung, Wege der Forsch. 440. 1977, S. 435–448 enthält eine wichtige Bibliographie zum Pietismus in seiner nichttheologischen Bedeutung: Verhältn. z. Aufklärung; Staat–Recht–Wirtschaft und Gesellschaft; Medizin–Naturwiss.–Geographie; Philosophie–Kultur–Musik; Literatur und Sprache; Psychologie und Pädagogik. Die unten Anm. 22 genannte »Pietismus-Bibliographie« versucht diese Bereiche mit zu berücksichtigen.

4 Karl Barth, Die protestantische Theologie im 19. Jahrhundert. Ihre Vorgeschichte und ihre Geschichte. Zollikon/Zürich ²1952. S. 60–114 (§ 3) u. ö.

5 Christian Bunners, Fritz Reuters Kritik am Pietismus seiner Zeit. In: Pietismus und Neuzeit. Jahrb. 1975 zur Gesch. d. neueren Protestantismus. Jbb. zur G. des Pietismus 2 (1975), S. 129–139. Die ›Gegenwartsorientierung‹ bei Reuter verhindert nicht die Trübung des Bildes vom Pietismus des 17. und 18. Jahrhunderts!

vorhandenen Beziehungen[6] begegnet? Wachsen uns aus der immer wieder gegeißelten »pietistischen« Frömmelei wenigstens noch Fragen zu, die heute zu stellen ernsthaft lohnte; wenn man schon keine Antwortangebote aus dieser Frömmigkeitsrichtung übernehmen kann?

Anfragen über Anfragen an eine Bewegung ohne ›Kredit‹; eine Bewegung, der aus prominentem Munde bescheinigt wurde, daß ihre Anhänger, »Conventikelleute . . . nie Träger der Cultur (sind), weil sie keinen Gemeinsinn haben«[7]. Der Kritiken am Pietismus sind Legion. So muß es als mutiger und für einen Lexikonartikel ungewohnter Schritt bezeichnet werden, daß im Jahre 1904 im größten theologischen Lexikon der Marburger, später Göttinger Kirchenhistoriker Carl Mirbt (1860–1929) zu einer Neubeurteilung des Pietismus einlud. Es war ungewohnt, im Jahre 1904 das Votum Adolf Harnacks zustimmend zu zitieren: »Was man mit dem abschätzigen Namen ›pietistische Bewegung‹ bezeichnete, trotz seiner kümmerlichen Außenseite in Wahrheit das wichtigste Element des geistigen Fortschritts in sich barg«[8]. Albrecht Ritschl hatte ja in einer bis heute nicht ersetzten Darstellung des Pietismus[9] durchaus andere, kritische Ergebnisse vorgetragen. Dies kann man nicht dadurch neutralisieren, daß man Ritschls Werk als »eine ›Tendenzschrift‹ im besten Sinne und großen Stil«[10] qualifiziert. Vier Jahre nach Mirbts Artikel erschien eine Broschüre mit der schon im Titel enthaltenen provokativen These »Der Pietismus als Träger des Fortschritts in Kirche, Theologie und allgemeiner Geistesbildung«. Man darf der überlieferten Episode Glauben schenken, daß der Verfasser, Horst Stephan (1873–1954), als damaliger Privatdozent in Leipzig und Gymnasiallehrer in Zittau zur Anfertigung dieses Vortrages »die pietistische Quellenliteratur in Waschkörben aus der Gymnasialbibliothek in Zittau . . . holte, um seine Studien zu unterbauen«[11]. Hier ist schon angedeutet, was eine unabdingbare Voraussetzung für eine heutige umfassende und präzisere Darstellung und Beurteilung des Pietismus ist: die Ermittlung, Erforschung und Bereitstellung der immensen, durchaus uneinheitlichen Quellenliteratur.

6 Walther KÖHLER, Die Anfänge des Pietismus in Gießen 1689–1695. In: Die Univ. Gießen. Festschr. 2. 1907. S. 134–244, hier S. 236: »Männerstolz vor Königsthronen geht [bei den Pietisten] verloren«; ebd. S. 236 f.: »Unterrockpolitik«! Vgl. Rüdiger MACK, Johann Reinhard Hedinger und die pietistischen Querelen in Gießen (1694–1699). In: JbHessKGeschichtlVereinig 30 (1979), S. 333–361, hier S. 335.

7 Albrecht Ritschl an Adolf Harnack, 17. Dezember 1878; zitiert nach Otto RITSCHL, Albrecht Ritschls Leben. 2 (1864–1889). 1896, S. 320/321. Die Fortsetzung des Zitates ist aber zu beachten. Vgl. dazu Johannes WALLMANN, Reformation, Orthodoxie, Pietismus. In: JbGesNdsächsKG 70 (1972), S. 179–200, hier S. 185 f.

8 Carl MIRBT, Pietismus. In: Realencyklopädie für prot. Theol. und Kirche. Hg. Albert HAUCK. 1904. S. 774–815, hier S. 808 Z. 37–40.

9 Albrecht RITSCHL, Geschichte des Pietismus. 1–3. 1880–1886 (Reprint 1966). Vgl. zu Ritschl die Darstellung bei SCHMIDT, wie Anm. 2, S. 40–45. Ich halte es für eines Hinweises wert, daß sich mit Ritschls Darstellung immer wieder auseinandersetzt W[ilhelm] HADORN, Geschichte des Pietismus in den Schweizerischen Reformierten Kirchen. Ohne Jahr [1901], S. 509. 511.

10 MIRBT, wie Anm. 8, S. 794 Z. 12 (Zitat aus einer Rez.).

11 SCHMIDT, wie Anm. 2, S. 49. – STEPHANS Studie erschien in SlgGemeinverständlVortrrSchrrTheol 51. 1908.

Dieser von mir gelegentlich schon angesprochene Sachverhalt[12] kommt vielleicht manchmal etwas zu kurz angesichts der gewiß legitimen, aber mitunter auch ein wenig ungeduldigen Forderung nach einer Gesamtdarstellung des Pietismus. Wir sind davon wohl weit entfernt[13]. Nun ist es nicht von vornherein ein positives Zeichen, wenn auf einem Forschungsfeld die Definitions- und Abgrenzungsfragen zu lange und zu ungebrochen die Szene beherrschen. Mühelos könnte einen ganzen Vortrag das Problem beschäftigen, was denn »Pietismus« eigentlich sei. Aber wir würden uns hier zu sehr verstricken in einem Geflecht von Hypothesen und Thesen, deren Implikationen mitunter gar nicht knapp aufgezeigt werden können[14]. Ertragreicher scheint mit etwas anderes: Trotz der grundsätzlich offenen Definitions- und Abgrenzungsfragen ist alles zu versuchen, auch dieser Herausforderung dadurch zu begegnen, daß ein mitunter ermüdender Interpretationsstreit übergeführt wird in die dringend notwendige Erarbeitung quellenmäßig fundierter und überprüfbarer Darstellungen. Dabei unterstelle ich, daß kein Grundirrtum vorliegt, wenn man dem Pietismus als der »bedeutendsten protestantischen Frömmigkeitsbewegung diesseits von Luther überhaupt«[15] sein Recht zu geben versucht. Dabei ist an den Pietismus des 17. und 18. Jahrhunderts zu denken[16]. Freilich ist der Pietismusforscher gegenüber etwa dem Reformationshistoriker in einem hoffnungslosen Rückstand. Wo dieser schon bequem mit gedruckten Quellen arbeiten kann und seine Ergebnisse einschließlich seiner Quellen einem breiten Leserkreis zur Überprüfung vorlegen kann, da ist der Pietismusforscher auf die öffentlichen und auf manche private Bibliotheken angewiesen und hat wohl keinerlei Aussicht, daß seine Ergebnisse jemals von mehr als von ein paar Fachleuten an den Quellen wirklich nachgeprüft und bewertet werden können. Dieses höchst eingeschränkte öffentliche wissenschaftliche Gespräch müßte als solches hingenommen werden, wenn es sich um periphere Figuren oder Vorgänge handelte. Aber nicht einmal bei der im 17. Jahrhundert führenden Gestalt des deutschen Pietismus, Philipp Jacob Spener (1635–1705), ist die Lage besser; außer seinen »Pia Desideria« und seinem Briefwechsel mit Gottfried Wilhelm Leibniz ist nichts aus seinem Riesenwerk brauchbar ediert. Es ist leicht zu ermessen, was das bedeutet für die Auseinandersetzung um historische und theologi-

12 Dietrich BLAUFUSS, Spener-Arbeiten. Quellenstudien und Untersuchungen zu Philipp Jacob Spener und zur frühen Wirkung des lutherischen Pietismus [[1]1975]. Europ. Hochschulschrr. XXIII, 46. Zweite, verb. und erg. Auflage 1980. S. XXIV f. XXXVIf. 5. 13. 15–17 u. ö.

13 Erich BEYREUTHER, Geschichte des Pietismus. 1978 lag mir erst nachträglich vor.

14 Mittlerweile erschien der hierfür äußerst lehrreiche Sammelband »Die Anfänge des Pietismus« als Bd. 4, 1977/1978 von Pietismus und Neuzeit. Ein Jb. zur G. des neueren Prot. 1979. (ALANDS hier enthaltene Kritik an WALLMANNS Spenerbuch ist inzwischen beantwortet; s. u. Anm. 42.) Vgl. BLAUFUSS, Spener-Arbeiten, wie Anm. 12, S. XIX. Meine unten S. 191 von Wolfgang LEISER festgestellte Zurückhaltung an diesem Punkt war und ist Absicht.

15 Karlmann BEYSCHLAG, Rez. über Handbuch der Kirchengesch. (Hg. Hubert JEDIN). 5. In: TheolLitZtg 101 (1976), Sp. 448–452, hier 451.

16 So bestechend ein Versuch auch ist, ›Pietismus‹ als konstante Größe bis in die Gegenwart verfolgen zu wollen: Hartmut LEHMANN, Pietismus und weltliche Ordnung in Württemberg vom 17. bis zum 20. Jahrhundert. 1969. Bei SCHARFE, Religion des Volkes, wie Anm. 20, ist v. a. »der kleinbürgerliche württembergische Pietismus des 19. Jahrhunderts« im Blick (S. 25).

sche Fragen zu Spener. Hinsichtlich seines über 200 Titel umfassenden literarischen Werkes ist nun zwar ein Anfang gemacht[17]. Aber die fehlende kritische Edition eines unermeßlich wirksamen Werkes wie Johann Arndts (1555–1621) ›Wahres Christentum‹, dessen erstes Buch 1605 erschien, kann man sich für ein vergleichbar bedeutendes Werk der Reformationszeit kaum denken[18]. Und so bräuchte man nur weiter die klassischen, großen Figuren des Pietismus nennen: August Hermann Francke (1667–1727), Gottfried Arnold (1666–1714), Nikolaus Ludwig Graf von Zinzendorf (1700–1760)[19], um das Bild noch zu verschärfen, zumal weithin auch noch bibliographische Ermittlungen nötig sind.

Das in diesem Kreis wohl legitimerweise thematisierte Problem der Quellenlage begleitete mich selbstverständlich bei dem Thema »Bürgerschaft und Kirche im Pietismus«. Mag sein, daß meine unter dem Halbtitel »Reichsstadt und Pietismus . . .« 1977 veröffentlichten Studien mich in die ›Fänge‹ des Organisators dieser Tagung geraten ließen, was den Pietismus-Part angeht[20]. Die Forschung hat freilich die Thematik »Reichsstadt und Pietismus« schon vor über 70 Jahren formuliert[21]; heute geht es um ihre Wiederentdeckung und Weiterführung. Und hierbei ist noch mehr zu tun als schon getan ist[22].

17 Philipp Jakob SPENER, Schriften (Hg. Erich BEYREUTHER). 1. Eingeleitet von E. BEYREUTHER und Dietrich BLAUFUSS. Mit einer Einführung v. D. BLAUFUSS: Zur Überlieferung von Speners Werken seit ca. 1700. Reprint: Hildesheim/New York 1979.

18 Johann Arndt rückt indessen wohl wieder mehr in den Gesichtskreis der kirchengeschichtlichen, aber auch literaturgeschichtlichen Forschung. Einiges dazu siehe BLAUFUSS, Spener-Arbeiten, wie Anm. 12, S. XX–XXII. – Die Urausgabe des ›Wahren Christentums‹ von J. Arndt (I [1]1605) ist bislang nur in einem Exemplar bekannt (s. Gust. MILCHSACK in Braunschw.Magazin 1923, Sp. 15).

19 Von dem aber eine große Ausgabe von Nachdrucken vorliegt. Siehe Erich BAYREUTHER: Zur Werkausgabe der Schriften Zinzendorfs [usw.]. In: Unitas Fratrum. Beitrr. aus der Brüdergemeine [3] (1978/H. 1), S. 119–121, wo diese Ausgabe vorgestellt wird.

20 Thematisch einschlägig, aber enttäuschend ist der Aufsatz von Konrad FUCHS, Mystik, Spiritualismus, Pietismus und ihre Bedeutung für den deutschen Südwesten. In: HJb. 96 (1978), 296–311. Hingegen hätten mir für die Abfassung dieser Studie große Dienste geleistet die Arbeiten von Dieter NARR, Studien zur Spätaufklärung im deutschen Südwesten. VeröffKommGeschlLdKdeBadWürtt B 93. 1979. Jüngst erschien Martin SCHARFE, Die Religion des Volkes. Kleine Kultur- und Sozialgeschichte des Pietismus. Gütersloh 1980; ein trotz der thematischen Einschränkung (s. o. Anm.16) für den hier behandelten Bereich heranzuziehendes Werk, wobei in jener in der UB Tübingen hinterlegten masch. »Urfassung« »jedes Zitat, jede Material- und Meinungsquelle nachgewiesen ist« (S. 10). Vgl. auch Kap. II, C. 3 in der großen Arbeit von Christoph WEISMANN, Die Katechismen des Johann Brenz. Tl. I: Geschichte der Katechismen. Diss. Theol. Münster 1979 (Masch.). S. 449–493 »Süddeutsche Reichsstädte«, wo v. a. für Esslingen und Ulm auch der Pietismus behandelt wird.

21 Dietrich BLAUFUSS, Reichsstadt und Pietismus – Philipp Jacob Spener und Gottlieb Spizel aus Augsburg. Einzelarbb. aus der Kircheng. Bayerns 53. 1977. S. 309 f.

22 Die Belege bringen nur die nötigsten Hinweise. Inzwischen sind fünf Folgen einer »Pietismus-Bibliographie« (PietBibliogr.) von Klaus DEPPERMANN (ab Folge 2:) und Dietrich BLAUFUSS in dem durch die »Historische Kommission zur Erforschung des Pietismus« (Berlin) hg. Jahrbuch ›Pietismus und Neuzeit‹. 1–5 (1974–1980) erschienen. Hier wird die Pietismus-Literatur 1971 bis 1980 in breitem Umfang dokumentiert.

I.

In einem ersten Durchgang führt uns das Thema in das Leipzig[23] der Jahre 1685 und später. Hier wird uns sofort deutlich, warum »Pietist«, »Pietismus« eigentlich immer ein Reizwort war. Hat man eine spektakuläre Gelegenheit, bei der man dieses Wort mit Flügeln versehen kann und es damit zum geflügelten Wort wird, und erinnert man schließlich gelegentlich noch einmal daran, dann ist ein Schlagwort geboren und nicht so schnell wieder ausgerottet. – So etwa geschah es mit dem Reizwort »Pietist«. An der Leipziger Universität war am 4. August 1689 ein junger Theologiestudent gestorben. Seine Beerdigung am 7. August bietet den spektakulären Anlaß, das Problem ›Bildung und Frömmigkeit‹ vor großem Forum zur Sprache zu bringen. Der Leichenprediger Johann Benedikt Carpzov (1639–1699) hielt es für stilvoll, angesichts des kaum erkalteten Leichnams des Studenten Martin Born (*1666) eben dessen Seminarpredigt, die zur Stunde seiner Beerdigung hätte gehalten werden sollen, nun nach allen Regeln der rhetorischen Wissenschaft zu zerpflücken[24]. Mag sein, daß man dem toten Kommilitonen noch Ehre antun wollte angesichts seines Fleißes und Bemühens. Die – pietistisch gesinnte – Gegenseite jedenfalls schlug zu, nachdem Carpzov zu deutlich die *glaubens-lehre* der *lebens= und sitten=lehre* vorgeordnet hatte[25]. In Form eines Gedichtes steckte man dem Wort »Pietist«[26] Flügel an und vermochte es in Zukunft nicht mehr einzufangen. Dies geschah in Form eines Gedichtes, das rasch die Runde machte, immer wieder rezipiert wurde und auch hier in der bisher wohl ältesten erreichbaren Form wiedergegeben sei[27]:

23 Wichtig und für meine Ausführungen herangezogen ist Hans LEUBE, Orthodoxie und Pietismus. Ges. Studien. Mit einem Geleitwort von M. SCHMIDT und einer Bibliographie hg. Dietrich BLAUFUSS. Arb. zur G. des Pietismus 13. 1975. S. 153–267: Die Geschichte der pietistischen Bewegung in Leipzig. Ein Beitrag zur Geschichte und Charakteristik des deutschen Pietismus (Diss.phil.Leipzig 1921).

24 *Unter diesen fället bey gegenwertiger Censur das vierdte* [sc. stück] *weg / weil wir weder des Seligen aussprache gehöret / noch seine geberden gesehen / sondern seine predigt allein aus dem concept vernommen haben* ... stellt Carpzov in aller Gründlichkeit fest! – Siehe die für diesen Zusammenhang erhellenden Ausführungen von Reinhard BREYMAYER, Die Erbauungsstunde als Forum pietistischer Rhetorik. In: Helmut SCHANZE (Hg.), Rhetorik. Beiträge zu ihrer Geschichte in Deutschland vom 16.–20. Jahrhundert. Fischer Athenäum Taschbb. 2095. 1974. S. 87–104, hier S. 92/93 (Zitat Carpzovs, obiges S. 93).

25 BREYMAYER, wie Anm. 24, S. 93.

26 Die Herkunft dieses Wortes ist nach wie vor nicht ganz geklärt. – In Leipzig 1689 war »Pietist« ursprünglich keinesfalls als Schimpfwort, sondern von Feller eher als Ehrentitel gemeint. – Zum Auftauchen des Namens »Pietisten« überhaupt (1677?) vgl. GRÜNBERG, Spener. 1., wie Anm. 41, S. 188/189. In einem Brief Speners an Rechenberg vom 29. 7. 1689 ist auch das Jahr 1674 als mögliches Entstehungsjahr angedeutet (nach Franz DIBELIUS, Gottfried Arnold. [Usw.]. 1873, S. 53–54 Anm. ***).

27 BREYMAYER, wie Anm. 24, S. 88–89 zitiert nach einem pietistischen Raubdruck 1692; danach unser Abdruck. Eine Leichengedichtssammlung auf Born mit dem Titel *Luctuosa disideria* ... 1689 hat BREYMAYER (Beredsamkeit, wie Anm. 29, S. 216/217) bibliographisch ermitteln können. Leider fand sich noch kein Exemplar dieses das Fellersche Gedicht im Erstdruck enthaltenden Werkes.

Sonnet.

ES ist ietzt Stadt=bekannt der Nahm der Pietisten;
Was ist ein Pietist? der Gottes Wort studirt /
Und nach demselben auch ein heilges Leben führt.
Das ist ja wohl gethan / ja wohl von iedem Christen.
Denn dieses machts nicht aus / wenn man / nach Rhetoristen
Und Disputanten Art / sich auf der Cantzel ziert.
Und nach der Lehre nicht lebt heilig / wie gebührt /
Die Pietät die muß vor aus im Hertzen nisten.
Der baut auch zehnmal mehr / als wohlgesetzte Wort /
Ja alle Wissenschaft / sie nutzt auch hier und dort.
Drum weil der Seelge war / bey mancher schönen Gabe
Und nimmer=müden Fleiß / ein guter Pietist /
So ist er nunmehr auch ein guter Qvietist /
Die Seel ruht wohl in Gott / der Leib auch wohl im Grabe.
Schriebs in Paulina
L. Joachim Feller / P. P. und der
Universität Bibliothecarius.

Schon der Ort der Veröffentlichung, am Ende eben jener erwähnten »groteskdeplazierten Leichenrede des orthodoxen Theologen Carpzov«[28], macht die Absicht des Verfassers überdeutlich, für die Haltung der ›Pietisten‹ die Stimme zu erheben und gegen Carpzovs »Schulfuchserei, Zensor- und Examinatorallüren« zu protestieren[29]. Einen aber beunruhigte dieses Gedicht sofort aufs äußerste: den absolut nicht nur ängstlichen und skrupulös bedachtsamen, sondern vermittelnden, abwägenden und weit vorausschauenden Führer des Pietismus: Philipp Jacob Spener, seit 1686 Oberhofprediger in Dresden. Er ahnte – hellsichtig – die verheerende Wirkung. Nun war die Leipziger Bewegung, über die er bestens im Bilde war, auch terminologisch geboren; nun war sie verortbar und damit juridicabel: mit allen Konsequenzen. Bisher war die Parole Speners immer wieder der Hinweis darauf, daß es so etwas wie Pietismus, Pietisten gar nicht gebe. Wer das Gegenteil behaupte, mache sich einer Verfälschung schuldig. Diese Taktik hat Spener unverdrossen durchgehalten; noch viele Jahre, als es in Leipzig gefährlich wurde, hatte er damit einigen Erfolg. Speners exorbitante diplomatische Klugheit und seine exzellenten Beziehungen zum Hof und zur Administration taten ein übriges. Nun

28 Breymayer, wie Anm. 24, S. 92.
29 Breymayer, wie Anm. 24, S. 93. (Ebd. S. 92 zu Fellers »Protestsong«.) – R. Breymayer, Die Beredsamkeit einer Taubstummen. Zur Bedeutung des Ethos-Bereiches für die Rhetorik der pietistischen Leichenrede. In: Leichenpredigten als Quelle hist. Wissenschaften. 2. Hg. Rudolf Lenz. 1979. S. 213–234, hier S. 214–223 bringt weitere wichtige Beobachtungen, ebenso wie der Beitrag desselben in der Festschrift für Winfried Zeller. 1976. S. 258–272, bes. S. 260–264.

im August 1689 hat er mit Bitterkeit festgestellt, wie Feller unbedachterweise dem Verdacht des Separatismus Vorschub geleistet hat[30].

Wir stehen hier mitten im ›zweiten‹ Anfang des Pietismus in Deutschland: den Jahren ca. 1686–1691/92 in Leipzig[31]. Es sind dies die Jahre der Wirksamkeit August Hermann Franckes und später Johann Caspar Schades (1666–1698)[32] in Leipzig bis zur Gründung der Universität Halle (Saale) 1691/92. Dieser ›zweite Anfang‹ vollzog sich zunächst stark hochschulpolitisch, und zwar auf Grund von Konsequenzen aus hochschuldidaktisch Eingesehenem. Daß Latein die beste Vorlesungssprache sein sollte, wollte Francke und seinem frühen Freund Christian Thomasius nicht einleuchten. Francke und andere Freunde waren berechtigt, in einem gewissen Umfang an der Universität zu lehren. Das legten sie aber extensiv aus. Zum einen boten sie Veranstaltungen in deutscher Sprache an, zum andern überstiegen sie ihre Kompetenz, indem sie in philologischen Übungen dermaßen breit die *linguae sacrae* traktierten, daß die Universitätsverwaltung nicht ganz zu Unrecht von einer Umfunktionierung dieser Veranstaltungen zu einem nicht genehmigten theologischen Kolleg reden mochte. Eine ›Kritische Universität‹ wollte man aber natürlich nicht dulden. So begannen die üblichen Auseinandersetzungen. Verschlimmernd kam hinzu, daß man sich separat traf. Man mietete sich große Zimmer und dozierte – irgendwo in der Stadt; schlimmer noch: es war nicht mehr zu verhindern, daß sterbliche Ungelehrte, Bürger der Stadt Leipzig, in diese Veranstaltungen gerieten, zu allem Überfluß auch noch Personen weiblichen Geschlechts. Die Gründe hierfür liegen auf der Hand: es wurde in deutscher Sprache geredet, aber v. a.: diese Veranstaltungen nahmen in der Tat teilweise den Charakter von predigtartigen Auslegungen der Heiligen Schrift an. Diesen Einbruch von einfachen Bürgern in die ›Gelehrtenrepublik‹ der Alma Mater konnte das ›Establishment‹ nicht hinnehmen. Bei dem Gegenschlag versteifte man sich auf einige merkwürdige Begebenheiten: Da verbrannte manch ein Student seine Kollegnachschriften und sagte sich auf diese Weise von der bösen Wissenschaft los. Da brachen frömmelnde Medizinstudenten ihr Studium ab und lebten – wohl gar nicht schlecht – von ihren Bemühungen des Gesundbetens kranker Jungfrauen in der Stadt; phantasiegeleitete Gegner sind hier mit Vorwürfen schnell bei der Hand. Da verödeten Hörsäle, aber es quollen die gemieteten Nebenzimmer in Wirtshäusern über von Studenten in den ›wilden‹ Kollegs. Da gaben einige Ereignisse um verzückt redende Mädchen weiteren Gerüchten kräftige Nahrung.

30 *Fellerus imprudens cecinit cum enim Pietistarum quod sectam indicare videtur nomen tota urbe sonare assereret* schrieb Spener am 13. August 1689 an Adam Rechenberg; Univ. Bibl. Leipzig Ms. 0337 fol. 281, zitiert nach LEUBE, wie Anm. 23, S. 192.

31 Ich verweise nur auf den oben, Anm. 14, genannten Sammelband »Die Anfänge des Pietismus«. Wie schwierig eine Einigung in der Frage nach dem Beginn des Pietismus ist, mag noch der Hinweis zeigen, daß Erich BEYREUTHER (Pietismus. In: Ev. K. Lexikon 3. 1959. Sp. 216–221, hier 218) »eine eigentliche pietistische Bewegung . . . erst seit der 1690 in Leipzig durch A. H. Francke entfachten Studentenerweckung« ansetzt; hiermit Hans Leube folgend, gegen dessen diesbezügliche Sicht J. WALLMANN, Anfänge, wie Anm. 66, S. 23 f., 29–31, Bedenkenswertes einwendet. – Vgl. ALTMANN, Richter, wie Anm. 70, S. 183, Anm. 414, zum Problem eines mit J. Arndt beginnenden »Pietismus«.

32 Zu diesem siehe BLAUFUSS, Spener-Arbeiten, wie Anm. 12, S. 265 (Reg.), S. 31–60. 141–193.

Was war so aufregend, so anders als bisher? Im Grunde sehr harmlose Dinge. Man wandte sich entschlossen der Wissenschaft vom Alten und Neuen Testament zu. (Selbst Exemplare des Neuen Testaments wurden in Leipzig Mangelware!) Man gab sich nicht damit zufrieden, in einem Semester eine Vorlesung über den Römerbrief bei Vers 18 im ersten Kapitel beendet zu sehen. Sondern man verstand zu elementarisieren und zu strukturieren. Es war schon eine kleine hochschuldidaktische Sensation, wenn etwa der Philipperbrief in acht Wochen durchexegesiert war. Ein zweites aber kommt hinzu. Man darf hierin ein entscheidendes, dynamisches Moment in dieser Phase des Pietismus erblicken. Man ließ sich leiten von dem Anspruch der Theologie, daß sie *theologia practica* im Sinne von *practicanda* zu sein habe. Dies hatte – positiv ausgedrückt – seine zweifache Stoßrichtung, u. z. hinsichtlich der pietas: Gebet, Gottesdienst, Bibellektüre, Bruderschaft, all dies wurde Ausdruck für ein Stück Lebenswirklichkeit dieser frühen Pietisten. Hinsichtlich der *caritas* – dies das andere – wurde dann ja August Hermann Francke derjenige, der in imponierender Weise nicht nur Almosenverteilung im Auge hatte, sondern sich sowohl den Blick auf das Ganze als auch für die theologische Verantwortung bei dem allem bewahrte[33].

Es ist hier nicht nötig, den Anfang der *pietas* als ein für den Pietismus wichtiges Moment hier im einzelnen darzustellen: die Bekehrung. Hier könnte man aus dem Pietismus ein erhebliches Stück Bekehrungstheologie entwerfen, interessante Modifizierungen in Augenschein nehmen[34] und auch Verschiebungen im Bild von Frömmigkeit und Theologie wahrnehmen. Aber Francke ist es gewesen, der in dieser Hinsicht das Bild geprägt hat. Sein Bekehrungsbericht diente schon nach der Niederschrift für Spener als ein *argumentum ex experientia* in dessen Auseinandersetzungen mit einem »mit dem Atheismo luctirenden« Menschen[35].

Die Situation in Leipzig ist hier in einer Art Momentaufnahme beleuchtet worden[36]. Hier ist noch alles im Fluß, im Werden. Das selbstverständliche Verhältnis der Bürgerschaft zur Kirche ist hier punktuell, aber spektakulär aufgebrochen worden. Für die Universität standen dabei noch einmal andere Fragen – des Wissenschaftsbetriebs – auf dem Spiel. Insgesamt aber ist es von schwer zu überschätzender Bedeutung geworden, daß die selbstverständliche Zuständigkeit der verfaßten Kirche für die Religionsausübung der Bevölkerung von der Autorität des Amtes nicht mehr gedeckt

33 August Hermann FRANCKE, Der große Aufsatz. Mit einer quellenkundl. Einführung, hg. Otto PODCZEK. Abhh. der Sächs. Akad. der Wiss.en in Leipzig, Philos.-hist. Kl. 53/3. 1962. DERS., Segensvolle Fußstapfen des noch lebenden und waltenden liebreichen und getreuen Gottes zur Beschämung des Unglaubens und Stärkung des Glaubens entdecket durch eine wahrhaffte und umständliche Nachricht von dem Waysenhause und übrigen Anstalten zu Glaucha vor Halle. 1709.

34 Z. B. hat Spener – ganz anders als Francke! – einen Unglaubens- und Bußkampf nie erlebt. Siehe Johannes WALLMANN, Philipp Jakob Spener und die Anfänge des Pietismus. Beitrr. zur Hist. Theol. 42. 1970. S. 88–90; 89 Anm. 20 Lit. zu Francke.

35 Vgl. zu dieser Frage Helmut OBST, Elemente atheistischer Anfechtung im pietistischen Bekehrungsprozeß. In: Pietismus und Neuzeit. Jb. 1975 zur G. des neueren Prot. Jbb. zur G. des Pietismus 2 (1975), S. 33–42; hier S. 34 Anm. 12 zu Wallmann (wie Anm. 34); S. 35 zu Francke-Spener.

36 Die Einzelheiten vgl. bei LEUBE, wie Anm. 23.

war: Die Autorität der Person schob sich in den Vordergrund. Dieser Vorstoß von später prominenten Pietisten wie August Hermann Francke, Johann Caspar Schade u. a. wurde auf der Seite der Betroffenen in seiner Gefährlichkeit durchaus erkannt – und zugleich wußte Spener, was auf dem Spiele stand. Umfangreiche Akten und auch Druckschriften geben noch heute Zeugnis von den nicht immer sehr ertragreichen Resolutionen, Vorstellungen, Gegenentwürfen etc. Es paßt wenig in das Klischee eines angeblich weltfernen Pietismus, daß seine Leipziger Anfänge Teile der Bürgerschaft mittels des Versuchs einer Reform des theologischen Wissenschaftsbetriebs erreicht haben[37]! Es bleibt jedenfalls schwer abzuschätzen, was aus der pietistischen Bewegung geworden wäre, wenn die in Leipzig nicht mehr tragbaren eifrigen ersten Verfechter dieser Reform nicht an der eben neugegründeten Universität Halle (Saale) eine Heimstatt gefunden hätten. In Sachsen jedenfalls haben zunächst massive Gegenmaßnahmen Weiterungen verhindern sollen. Konsistorien in Leipzig und Merseburg konnten indessen nicht verhindern, daß in einem Dorf vor Leipzig die Anhänger des Pietismus einen »Patron« gefunden hatten. Zu einem Schmied namens Christoph Tostleben pilgerten Bürger Leipzigs – u. a. ein Apotheker – nach Böhlitz hinaus, um sich dort zu versammeln, Bibelstudien zu treiben und religiösen Austausch zu pflegen[38]. Tostleben hatte die einzige damals mögliche Form des Kirchenaustrittes vollzogen: die verweigerte Teilnahme an Gottesdienst und Abendmahlsfeier. Selbst seine Kinder vertraute er einem Privatlehrer an. Dieser übertraf den Schmied an Radikalität der Kirchenkritik bei weitem – wohl auch an Bereitschaft, für seine Überzeugung zu leiden: nach wochenlangem Gefängnis wollte man ihm offenbar eine goldene Brücke bauen: Freilassung gegen Landesverweisung wurde ihm angeboten (nachdem vorher die Theologische und die Juristische Fakultät konsultiert worden waren) – und der Delinquent hatte nichts anderes zu tun als sich in schärfsten Worten gegen die Gerichtsbarkeit auszusprechen . . .[39].

II.

Die prinzipielle Seite eines Vorganges wie der Leipziger Bewegung muß hier in einem zweiten Durchgang angesprochen werden. »Bürgerschaft und Kirche im Pietismus« verweist eben genau auf ein vorwärtsdrängendes Moment im Pietismus, eben auf einen Versuch einer neuen Selbstvergewisserung, was denn das eigentlich sei: diese Gemeinschaft der Glaubenden. Man kann hier wohl sagen: dieses Problem hat im deutschen Pietismus von Anfang an dieser Bewegung z. T. ihre Brisanz gegeben; möglicherweise auch dadurch, daß hier mit einem Versuch der Praxisänderung begonnen wurde – nicht mit dickleibigen Abhandlungen oder lateinisch geschriebenen Reformvorschlägen. 1670 begann Spener in Frankfurt am Main seine Erbauungsversammlung; wahrlich keine

37 Der § 6 bei LEUBE, wie Anm. 23, S. 185–189, ist ausdrücklich dem »Übergreifen der pietistischen Bewegung auf die Bürgerschaft« gewidmet.
38 LEUBE, wie Anm. 23, S. 238–243 und (Textauszüge!) S. 262–266.
39 LEUBE, wie Anm. 23, S. 242 f.

Massenveranstaltung. Ja, nicht einmal den Rahmen eines Honoratiorentreffens hat der allererste Anfang des »Collegium pietatis« gesprengt[40]. Die Pietismusforschung ist eigentlich seit vielen Jahrzehnten an diesem Punkt merkwürdig einig: Hier war ein Zeichen gesetzt, dem ungeahnte Sprengkraft innewohnte[41]. Daran ändert auch die scharfsinnig und aufwendig geführte Debatte darüber nichts, ob Spener hier auf Vorstufen aus dem reformierten Bereich der Schweiz oder Hollands zurückgriff[42]. Es ergaben sich in Frankfurt am Main zwei einschneidende Modifizierungen: bald las man nicht mehr (z. T. englische) Erbauungsbücher, sondern die Bibel[43], und die soziale Prägung des Kreises änderte sich rasch. Die Mittel- und Unterschicht fand bald Zugang zu dieser Erbauungsversammlung; auch Frauen verwehrte man die Teilnahme nicht. Mit all dem war aber ein mehrfaches grundgelegt: Auslegung der Schrift blieb nicht mehr die Domäne des Geistlichen (der aber selbstverständlich die Führung solch eines Collegium behielt), sondern wurde wieder ein Vorgang unter aktiver Beteiligung der Gemeinde. Außerdem wurde zu Recht das Neue empfunden, das darin bestand, daß außerhalb des öffentlichen Gottesdienstes weitere Versammlungen eingerichtet wurden, die der religiösen persönlichen Erbauung dienen sollten. Dieses später so genannte Konventikelwesen wurde im Laufe der Jahrzehnte für Untersuchungsbehörden, Gegner des Pietismus, aber auch für viele seiner Anhänger geradezu zu einer *nota pietismi*; »Bürgerschaft und Kirche im Pietismus« könnte man von hier aus zentral darstellen[44]. Mir geht es aber immer auch um einen Blick auf die »Außenseite« des Pietismus, zugunsten derer manche hier einschlägigen theologischen Implikationen (wie z. B. die von Luther herkommende Lehre vom Allgemeinen Priestertum der Gläubigen) zurücktreten müssen.

Ein[45] paar Züge pietistischen Kirchenverständnisses müssen hier aber doch genannt werden, damit auch manche heftigen Konflikte des Pietismus mit der verfaßten Kirche verständlich werden. Die »Magna Charta« des lutherischen Pietismus, Speners »Pia Desideria« von 1675[46], galt einer Reform der Kirche; daran ist wohl ein

40 Sie Greschat (Hg.), wie Anm. 3, S. 167–223, aus Wallmann, Spener, wie Anm. 34.

41 Siehe nur die grundlegende Monographie von Paul Grünberg, Philipp Jakob Spener. 1–3. 1893–1906. Hier 1. S. 177.

42 Vgl. Kurt Aland, Philipp Jakob Spener und die Anfänge des Pietismus. In: Pietismus und Neuzeit 4, 1977/1978 (1979), S. 155–189, hier S. 174 die Feststellung zu Wallmanns, Spener, wie Anm. 34, S. 305 behaupteter indirekter Abhängigkeit Speners von Labadie: »Damit sind wir da, wo wir schon einmal [1928] gewesen sind.« Johannes Wallmann (Spener-Studien. Antwort auf Kurt Aland. In: ZTheolK 77 [1980], S. 69–105, hier in Teil III v. a. S. 91 [Anm. 68!] bis S. 98) bringt hier ganz erhebliche Klarstellungen! Vgl. auch Blaufuss, Spener-Arbeiten, wie Anm 12, S. XXIII f.

43 Siehe unten S. 127. Spener, Sendschreiben 1677 (= Schriften. 1., wie Anm. 17, S. 733–851), S. 781 ff., 794 ff., 849 ff.

44 Friedrich Fritz, Konventikel in Württemberg von der Reformationszeit bis zum Edikt von 1743. In: BllWürttKG 49 ff. (1949 ff.); Gesamtübersicht ebd. 54 (1954), S. 120–122.

45 Der Inhalt dieses folgenden Absatzes wurde in Kempten aus Zeitgründen nur summarisch referiert.

46 Die »Pia Desideria« (1675) in der für Spener abschließenden Form von 1680 sind enthalten in Spener, Schriften. 1., wie Anm. 17, S. 123–548; ebd., S. 43–69: Dietrich Blaufuss, Speners »Pia Desideria«. Entstehung-Echo-Gestalt.

Zweifel nicht möglich. Die Hebung des Pfarrerstandes ist ein Schlüsselproblem für Spener in diesem Zusammenhang, desgleichen aber seine eindringlichen Ausführungen über das Verhältnis der Kirche zu ihrer jeweiligen Obrigkeit. Klar kommt hier – noch – zum Ausdruck, wie wenig von der Obrigkeit für eine Reform der Kirche erwartet werden darf[47]. Und dennoch geht es im Pietismus nicht einfach um eine Stützung, Verbesserung, Reinigung der Kirche unter der Voraussetzung des landesherrlichen Kirchenregiments oder um die Stabilisierung der (lutherischen) Konfessionskirche. Vielmehr wird in der scharfen Betonung der Wiedergeburt des einzelnen Christen zum neuen Leben ein neues Moment virulent. Kirche wird verstanden (und z. T. praktiziert) als Gemeinschaft derer, die dem Ruf zum neuen Leben gefolgt sind. Das bedeutet aber, daß Kirche prinzipiell weniger konstituiert wird durch das Menschen begegnende Tun der Kirche (Predigt, Sakramente) als vielmehr durch die Sammlung derer, die das neue Leben haben. Sehr rasch ist man dann mit der Rede von der »wahren Kirche« bei der Hand, die nun endlich wenigstens stückweise als reale sichtbare Größe in Erscheinung tritt. Einflüsse des mystischen Spiritualismus liegen hier sicher vor[48]. Schon die frühen Bekämpfer des Pietismus waren ja nicht nur von Fanatismus und Borniertheit geblendet, sondern erkannten, wie gefährlich es für die durch den Anspruch auf den Besitz der reinen Lehre geprägte Kirche sein muß, wenn nun das neue L e b e n entscheidend zur Wahrheitsfindung mit in die Waagschale geworfen wurde – getreu einem hier einschlägigen Satz von Johann Arndt: *Das unchristliche Leben ist eine Ursach falscher verführerischer Lehre/Verstockung und Verblendung ...*[49] (bei dem uns schon begegneten Johann Benedikt Carpzov lesen wir es anders![50]).

Dieser Zug im Zusammenhang pietistischen Kirchenverständnisses setzt einiges aus sich heraus. Der vom Glauben erfaßte Mensch fühlte sich nicht mehr der eigenen Konfessionskirche als Institution verpflichtet, sondern der Gemeinschaft der durch die gleiche Glaubenserfahrung Verbundenen. Gebet, gegenseitige Seelsorge, geistli-

47 Siehe Martin KRUSE, Speners Kritik am landesherrlichen Kirchenregiment und ihre Vorgeschichte. Arbb. zur G. des Pietismus 10. 1971. S. 15–23, u. ö. BLAUFUSS, Spener-Arbeiten, wie Anm. 12, S. 27–29.

48 Martin SCHMIDT, Der Pietismus und die Einheit der Kirche. In: Um evangelische Einheit, hg. Karl HERBERT. 1967. S. 67–114, hier S. 68–77. Vgl. BLAUFUSS, Reichsstadt und Pietismus, wie Anm. 21, S. 119ff. (Lit.).

49 Johann ARNDT, Vom wahren Christentum. Buch I Cap. 38 Überschrift. Ausgabe Lüneburg 1685. I S. 264; von Spener in den »Pia Desideria« zitiert (Schriften. 1., wie Anm. 17, S. 265). Dies nach Andreas LINDT, Pietismus und Ökumene. In: Pietismus und moderne Welt. Hg. Kurt ALAND. Arbb. zur G. des Pietismus 12. 1974. S. 138–168, hier S. 144f. Auf diese Arbeit LINDTS stütze ich mich vielfach (S. 143–150: »Der Kirchenbegriff des Pietismus: Bruderschaft der Wiedergeborenen«).

50 *... es gehet die warheit der heilsamen glaubens=lehre vor / die muß zum grunde gelegt seyn / so fliesset denn auch ferner hieraus der fleiß der gottseligkeit und eines heiligen wandels.* Zit. nach BREYMAYER, wie Anm. 24, S. 93. – Bei ARNDT, wie Anm. 49, Cap. 39, finden sich durchaus bemerkenswerte Ausführungen zum Verhältnis von Lehre und Leben (z. B. a. a. O., S. 275–276, in Pkt. 2. und [3.]).

cher Austausch werden auch Kennzeichen der ›Kirche‹. Man kann von einer »Bruderschaft gemeinsamen Erlebens und gemeinsamer Verpflichtung« sprechen, »die ... auch die konfessionellen Kirchengrenzen übersprang«[51]. Freilich: eine Überwindung der konfessionellen Aufspaltung der Christen war im Pietismus nicht primär intendiert. Das verwundert auf den ersten Blick, wird aber sofort einsichtig, wenn man bedenkt, daß gerade die schwindende Bedeutung konfessioneller Unterscheidung deren organisatorische Überwindung nicht als ein Ziel erscheinen ließ, dem man viel Kraft und Einsatz widmen sollte. Des weiteren konnte der Lutheraner Spener den Reformierten in Frankfurt gegenüber unnachgiebig bleiben – auch in der Frage der Zulassung freier Gottesdienste, welche in Frankfurt von ihm mit verhindert wurden[52]. In Halle (Saale) waren Francke und Carl Hildebrand von Canstein (in Berlin) emsig gegen die Errichtung einer reformierten theologischen Professur tätig – wobei man aber immer die Motive dieser Gegnerschaft berücksichtigen muß[53]. Francke allerdings schloß sich mit Überzeugung der Warnung seines Jenenser Kollegen Franz Buddeus an, in Schweden den Reformierten kein beschränktes Recht zur Abhaltung eigener Gottesdienste zu gewähren[54]! Die Gründe für diese Haltung waren verschieden: Angst, in den Augen Außenstehender nicht mehr als zuverlässig zu gelten und dadurch den Zulauf einflußreicher Zöglinge zu verlieren war es bei Francke, Neid und Furcht auch vor wirtschaftlicher Konkurrenz war in Frankfurt am Main ein Motiv, das Spener in der Bürgerschaft vorfand.

An den rechtlichen und dogmatischen Strukturen lutherischen Kirchentums hielt Spener peinlich genau fest. Eine dringend nötige Untersuchung zu Speners Ekklesiologie[55] könnte daran nicht vorübergehen, müßte aber auch berücksichtigen, daß und wie Spener gleichzeitig Entwicklungen initiierte, die diesen Rahmen sprengten: das schon genannte Collegium pietatis in Frankfurt am Main mündete auch in einen Strom des Separatismus, worunter Spener und seine Sache sehr gelitten haben. August Hermann Francke andererseits wurde nicht müde zu warnen vor falscher Sicherheit: falsches Vertrauen auf die Amtskirche und auf die Zugehörigkeit zur lutherischen Kirche stellt er drohend vor seine Hörer hin.

In der Frage der Lehrunterschiede ergab sich eine merkwürdige Annäherung an die Orthodoxie. Um 1700 fanden auch die Parolen viel Anklang, die eine Reduzierung

51 LINDT, wie Anm. 49, S. 143, unten.

52 SPENER, Schriften. 1., wie Anm. 17, S. 901–999 (Einleitung von E. BEYREUTHER, ebd., S. 106–114).

53 Klaus DEPPERMANN, Der hallesche Pietismus und der preußische Staat unter Friedrich III. (I.). 1961. S. 160–164.

54 LINDT, wie Anm. 49, S. 153.

55 Leider liegt – soweit ich sehe – der ekklesiologische Teil von Martin SCHMIDTS epochemachendem Wiedergeburt-Aufsatz von 1951 gedruckt nicht vor; vgl. GRESCHAT (Hg.), wie Anm. 3, S. 25, mit Anm. 48 (= TheolLitZtg 1951, Sp. 25 mit Anm. 6). – Den Weg zur »prinzipiell(en) ... Auflösung der wirklichen Kirche zugunsten der geforderten ›wahren‹ ...«, was SCHMIDT in Speners Kirchen*begriff* angelegt sieht (ebd.), ist Spener nicht nur nicht gegangen, sondern hat er entschieden abgelehnt.

der zwischen den Kirchen strittigen Lehren auf das Fundamentale forderten. In Gedichtform klang das so:

Kommt ihr nicht völlig überein,
So laßt die Nebensachen sein.
Die Form macht nie ein Herz bekehrt;
und was zur Bibelform gehört,
Ist daß man redlich, arm und gläubig sei,
Da wird auch Sinn und Sprache einerlei[56].

Gern gab man in der Praxis dogmatischen Positionen ein minderes Gewicht, wenn nur eine Kompensierung durch umso stärkeres Gemeinschaftsbewußtsein der Christen möglich war. Allerdings kann etwa Francke auch scharfe Worte gegen einen falsch verstandenen Unionismus gebrauchen – »Syncretismus« war das Schlagwort! »Wenn die Wölffe mit einander einig sind so können sie desto mehr Schaffe freßen...«[57]. Francke war eines sehr viel wichtiger: der Missionsauftrag der Kirche über die eigene Grenze hinaus. Hierfür konnten Lehrauseinandersetzungen und weltlich-politische Einigungsbestrebungen nur hinderlich sein[58].

Das hier kurz skizzierte Kirchenverständnis setzt Kräfte frei, die dem herkömmlichen Kirchentum gefährlich werden mußten. Der Pietismus hat mit seinem Kirchenverständnis den einzelnen Gläubigen sehr betont, eine ausgeprägte Beobachtungsgabe für das Glaubensleben des Einzelnen entwickelt und praktiziert (dem Religionspsychologen ist hier ein weites Feld aufgetan!), den strengen institutionellen Kirchenbegriff mit umgebildet zum Sozietätsgedanken und dadurch auch dem Missionsgedanken in seiner Universalität – auch praktisch – vorangeholfen und schließlich den inneren Gottesdienst des Herzens mindesten gleichgestellt dem äußeren Gottesdienst der Gemeinde[59].

Einen für das Kirchenverständnis im Pietismus tragenden Gedanken habe ich um seiner Wichtigkeit willen noch beiseitegelassen. Es ist dies Speners subtiler Chiliasmus. D. h., Spener erwartete nicht den baldigen Untergang der Welt und damit die Rettung der gläubigen Gemeinde hindurch in ein besseres Jenseits. Sondern: Spener vertrat zäh und gegen alle Angriffe seine »Hoffnung besserer Zeiten für die Kirche« hier auf Erden[60]. Nicht der Mensch allein kann und wird durch Christus hier auf Erden neu geschaffen werden. Dies darf die christliche Gemeinde auch für die Kirche noch auf Erden erwarten. – Es ist nicht abzusehen, was dieser Gedanke – von Spener fast salonfähig gemacht – bewirkt hat gerade auch für den Umgang mit der kranken Kirche, ja: gerade auch für die Verantwortungsbereitschaft für die Welt. Den Pietisten hat dieser

56 Zit. nach LINDT, wie Anm. 49, S. 147.
57 A. H. Francke an Samuel Schumacher (Pfr. im Bernischen), 17. April 1698. Archiv Franckesche Stiftungen Halle/Saale, Sign. D 113, Abschrift. Zit. nach LINDT, wie Anm. 49, S. 149.
58 LINDT, wie Anm. 49, S. 150.
59 SCHMIDT, Einheit, wie Anm. 48, S. 83.
60 Martin SCHMIDT, Der Pietismus und das moderne Denken. In: Pietismus und moderne Welt. Hg. Kurt ALAND. Arbb. zur G. des Pietismus 12. 1974. S. 9–74, hier S. 69ff.

Gedanke im übrigen darin ein großes Selbstbewußtsein verschafft, daß er seine Unternehmungen gleichsetzte mit der gegenwärtigen Herrschaft Gottes auf Erden. Dieser Reich-Gottes-Begriff ließ den Gehorsam im Kleinen nun wirklich zugunsten des Zugriffs auf das Ganze hinter sich. – Nicht uninteressant ist es im übrigen, daß 1710 die Leipziger Theologische Fakultät einem Laien beistand, der diese Lehre Speners wacker auch literarisch vertreten hat[61]. 20 Jahre früher wäre dies in Leipzig nicht möglich gewesen, wie wir oben gesehen haben.

III.

In einem dritten Durchgang wird unser Thema »Bürgerschaft und Kirche im Pietismus« noch einmal unter stadtgeschichtlichem Aspekt aufgegriffen. Meine Wahl des Halbtitels »Reichsstadt und Pietismus...« sollte ja nicht den verschiedenen formal ähnlich formulierten Titeln einen weiteren hinzufügen[62]. Sondern jene Titelformulierung enthält die Behauptung, daß man Anfänge des Pietismus in Deutschland historisch zunächst in den Städten und nicht in den Territorien verorten kann. Diese Behauptung ist öfters angedeutet worden[63]. Aber beim Abschluß meiner Studien über einen frühpietistischen Anhänger Speners in Augsburg stieß ich auf die Rede von der »reichsstädtischen Phase des Pietismus«[64]. Damit legte sich eine Einbettung der für Augsburg möglichen Beobachtungen in den süddeutschen reichsstädtischen Kontext nahe[65].

Die Quellenlage ist natürlich sehr unterschiedlich. In keiner anderen Stadt als Augsburg hatte Spener einen so früh und so intensiv auf seine (Speners) Probleme eingehenden Gesprächspartner wie in Augsburg den Geistlichen Gottlieb Spizel (1639–1691). Aber ein erstes Abtasten auch anderer süddeutscher Reichsstädte auf frühe pietistische Anfänge und Regungen hin ist so unergiebig nicht. Dabei leitet die Annahme, daß man von greifbaren »Anfängen des Pietismus« in Deutschland reden kann, seitdem in Frankfurt am Main das *Collegium pietatis* ins Leben getreten ist (1670)[66]. Freilich, die Einzelheiten sind sehr unterschiedlich. Ein pietistisch besetztes Konsistorium wie in Windsheim war die Ausnahme und bestand auch dort nur etwa sechs Jahre. Es sieht so

61 Martin GRESCHAT, Simon Philipp Klettwig – Bürger und Pietist. In: Der Pietismus in Gestalten und Wirkungen. Festschr. Martin Schmidt. Arbb. zur G. des Pietismus 14. 1975. S. 192–208, hier z.B. S. 196.

62 Es liegen Veröffentlichungen vor unter den Titeln Patriotismus und Pietismus, Preußentum und Pietismus, Pietismus und Reform, Pietismus und Neuzeit, Pietismus und Reveil, Pietismus und moderne Welt, Pietismus und Bibel.

63 Siehe oben Anm. 21.

64 WALLMANN, Spener, wie Anm. 34, S. [V] Vorwort.

65 Dem diente schon die kleine Studie, die ich unter Berücksichtigung der Forschungslage 1975/76 erarbeitete: Dietrich BLAUFUSS, Pietismus und Reichsstadt: Beziehungen Philipp Jacob Speners nach Süddeutschland. In: ZBayerKG 45 (1976), S. 54–68, hier S. 68 mit Anm. 96. [Berichtigung ebd. 47 (1978), S. 274].

66 Johannes WALLMANN, Die Anfänge des Pietismus. In: Pietismus und Neuzeit. 4, 1977/1978 (1979), S. 11–53, hier etwa S. 48 und 53 zu einem weiter und einem enger – mit Spener beginnenden – gefaßten Pietismus-Begriff. Vgl. oben, Anm. 31.

aus, als ob der pietistische Superintendent Johann Heinrich Horb (1645–1695) seine Chancen nicht mit Umsicht und Zielstrebigkeit hatte nutzen können, wohl nicht zuletzt deshalb, weil ihm die Bereitschaft zum Kompromiß reichlich abging. Rothenburg ob der Tauber hatte es dabei besser getroffen. Der dortige Spenerfreund Johann Ludwig Hartmann (1640–1680) zeichnete sich sehr viel mehr durch konkretes Eingehen auf die zunächst einmal vorhandenen Verhältnisse aus. Das mochte Konflikte mit der Obrigkeit einschließen, die aber durchgestanden wurden. Im Urteil ›harter‹ Pietisten konnte aber Hartmann wegen seines wohl größeren Realitätsbezuges nicht bestehen[67]. Von einer pietistischen Einrichtung in Schweinfurt war Spener selbst höchst überrascht: aus welchen Gründen auch immer, es war ihm jahrelang verborgen geblieben, daß dort bereits seit 1672/73 ein *Collegium pietatis* stattfand. Dieses Collegium war dem Frankfurter sachlich in einem Punkt voraus: man betrachtete in Schweinfurt von Anfang an biblische Texte[68]. Von besonderer Wichtigkeit war in Speners Augen wohl Nürnberg. Diese Reichsstadt mit ihrer jungen Universität Altdorf war in seinen Augen schon lange Zeit ein Zentrum für Reformgedanken[68a]. Markante Theologen mit reformerischen Absichten aus der jüngsten Vergangenheit wie Johann Saubert d. Ä. (1592–1646) standen bei Spener in hohem Ansehen. Gerade für Nürnberg zeigt sich nun, daß die Forschung sich viel zu sehr und zu rasch den Anfängen des Pietismus zugewandt hat, die auf August Hermann Francke zurückgingen und die in der Tat sehr viel spektakulärer in Erscheinung traten. Für die Spenerschen Anfänge in den 70er Jahren des 17. Jahrhunderts muß man freilich viel mehr auf fast unterirdisch entspringende Quellen stoßen. Hartnäckige Nachfrage an dieser Stelle bleibt nicht ohne Ergebnis. Der Kreis der Spener-Sympathisanten reicht über acht ermittelte Geistliche hinaus; auch Literaten und Juristen sind darunter. V. a. aber war zu ermitteln, daß Spener gerade für Nürnberg[69] an der Maxime festhielt: Reform der Kirche hat zu geschehen ohne die obrigkeitliche Hilfe. Ja, Spener geht sogar so weit zu sagen, daß obrigkeitliche Unterstützung der Reform der Kirche eine illegitime Einmischung der Ratsgewalt in kirchliche Belange wäre. Der moderne Hörer möchte hier vielleicht einen Vertreter der Trennung von Kirche und Staat entdecken. Ich müßte ihn schon deshalb enttäuschen, weil Spener 20 Jahre später total anders verfahren ist: bei seinem Kampf gegen die reformfeindliche Geistlichkeit in Preußen blieb ihm keine andere Wahl als sich mit dem Kurfürsten und dem Hof zu verbünden[69a] – und er hat es mit durchschlagendem Erfolg getan, wenn man nur an die für unser Thema so überaus folgenreiche Gründung der Universität Halle denkt. Das war ein Weg, den der Führer des Pietismus in nüchterner Einschätzung der Realität

67 Blaufuss, Reichsstadt und Pietismus, wie Anm. 21, S. 156f.

68 Blaufuss, Pietismus und Reichsstadt, wie Anm. 65, S. 57–60 die Einzelheiten. – Vgl. oben S. 122.

68a Gerhard Schröttel, Johann Michael Dilherr und die vorpietistische Kirchenreform in Nürnberg. Einzelarbb. aus der Kircheng. Bayerns 34. 1962. Wichtig für diesen Zusammenhang.

69 Eine Erkenntnis, die für Nürnberg nur möglich ist auf Grund der mühsamen Empfängerermittlung bei Briefen, die Spener bzw. die späteren Herausgeber ohne Angabe des Adressaten veröffentlicht haben. Vgl. Blaufuss, Spener-Arbeiten, wie Anm. 12, S. 133–140. 235f., hier S. 139 zu Cons. 3, wie Anm. 73, S. 565–568 (Spener an [Joh. Saubert d. J.]).

69a Siehe Kruse, Speners Kritik, wie Anm. 47, S. 41–47.

gegangen ist. Sein Ideal war es nicht. Ob er nicht gerade dadurch so immens einflußreich werden konnte, daß er sein Ideal hintanzustellen vermochte zugunsten seines Zieles?

Man könnte weitergehen: in Ulm ist der Superintendent Elias Veiel (1635–1706) enger Freund Speners; sie kennen sich beide aus gemeinsamer Studienzeit in Straßburg. Und gerade dieser Ulmer Geistliche hat ganz erhebliche Rückfragen an das Programm Speners. Die »Pia desideria« mochte er nicht beurteilen, bevor sie nicht in der Ulmer Geistlichkeit gründlich analysiert worden waren! Einen Kernpunkt des pietistischen Programms, das *Collegium pietatis* hat man in Ulm wohl rasch umfunktioniert zu Veranstaltungen für die Jugend und damit natürlich etwas ganz anderes daraus gemacht. Könnten wir nach Regensburg sehen, so dürften wir unter den dort lebenden Vertretern des immerwährenden Reichstages wohl Anhänger des Pietismus suchen. In echtem ›standesüberschreitenden Grenzverkehr‹ – wenn man das einmal so sagen darf[70] – haben diese wohl ihre Wirkung in eine natürlich begrenzte Öffentlichkeit gehabt. Ähnlich ist es mit Anhängern des Theosophen Jakob Böhme in Regensburg, die Spener manche Unbill bereiteten[71].

Es ließe sich hier noch vieles anführen, z. B. auch die ganz andere Richtung des Pietismus in Memmingen, wo radikale Vertreter aufgetreten sind[72]. Manches läßt sich einstweilen nur vermuten und mehr wohl noch – erforschen. Es wäre v. a. auch die sehr unterschiedlichen Verhältnisse von Obrigkeit zur Kirche zu benennen. Es ist ja ein Unterschied, ob Spener Ratschläge für eine evangelische Reichsstadt wie Nürnberg oder für eine auch konfessionell paritätische Reichsstadt wie Augsburg erteilt. Ein in Kempten liegender Brief Speners ist ein exaktes Beispiel dafür, wie Spener einem Augsburger

70 Das weite Problem der sozialen Prägung des Pietismus bzw. pietistischer Kreise ist in der Forschung vielfach angesprochen, bedürfte aber genauerer und breiterer Ausführungen. Selbstverständlich wurden Versuche, Standesgrenzen zu durchbrechen, wohl nie ohne weiteres hingenommen. Oft war diese Durchbrechung der Standesgrenzen auch gar nicht primär beabsichtigt. Daß es aber Ansätze gab zu einem Nebeneinander von Gelehrten und Ungelehrten, auch von Adeligen und Nicht-Adeligen (ein schönes Beispiel bei ERBE, wie unten S. 182, S. 448), u. z. gespeist aus dem Gedanken der Bruderschaft um Christi willen, dürfte sicher sein. – Vgl. nur GRESCHAT, Klettwig, wie Anm. 61, S. 201 und passim sowie die äußerst anregende Studie von Walter SCHMITHALS, Der Pietismus in theologischer und geistesgeschichtlicher Sicht. In: Pietismus und Neuzeit 4, 1977/1978 (1979), S. 235–301, hier S. 285 f. Aber gerade die hier zu findende Feststellung ». . . Der Pietismus ist dagegen eine Bewegung unter den Gebildeten . . .« (a. a. O., S. 286) muß im Zusammenhang der geistesgeschichtlichen Nachfrage gesehen werden. Fragt man nach den Ralisierungsmöglichkeiten etwa der Pläne A. H. Franckes, so sieht das Urteil ganz anders aus: ». . . Die Lebensfähigkeit der geistigen Bewegung des Pietismus hängt von der Resonanz in den breiten Schichten [8] der Bevölkerung ab. Ist sie vorbei, verkümmern und erstarren auch die Bemühungen der geistigen Führer.« So lautet ein Ergebnis der ausgezeichneten Arbeit von Eckhard ALTMANN, Christian Friedrich Richter (1676–1711). Arzt, Apotheker und Liederdichter des Halleschen Pietismus. Arbb. zur G. des Pietismus 7. 1972. S. 7/8.

71 Ich verzichtete bei diesem Abschnitt auf Nachweise, für die ich verweise auf BLAUFUSS, Reichsstadt und Pietismus, wie Anm. 21, S. 39–53. Zu Elias Veiel/Ulm ist inzwischen neues Material bekannt geworden; s. BLAUFUSS, Spener-Arbeiten, wie Anm. 12, S. 221 Anm. 17a.

72 Friedrich BRAUN, Orthodoxie und Pietismus in Memmingen. Einzelarbb. aus der Kircheng. Bayerns 18. 1935.

Geistlichen dringend zur Mäßigung in der antikatholischen Polemik rät[73] – und dies bei Speners über allen Zweifel erhabener antikatholischer Überzeugung. Aber er weiß etwas davon, daß mit einem bedrohten Nebeneinander der Konfessionen – soll man es »Konfessionsfrieden« nennen? – sofort und zugleich der bürgerliche Friede auf dem Spiel steht; auch dies ein Aspekt von »Bürgerschaft und Kirche«, den der Führer des deutschen Pietismus wohl bedacht und gesehen hat.

Wichtiger ist aber noch etwas anderes. »Reichsstadt und Pietismus« ist nicht nur das Ergebnis unserer nachträglichen Beobachtung der Anfänge des deutschen Pietismus im süddeutschen Raum. Sondern dieser feststellbare Sachverhalt hat einen programmatischen Hintergrund aus dem Jahre 1675 selbst. D.h. das Thema »Reichsstadt und Pietismus« ist nahezu so alt wie der in der Öffentlichkeit auftretende Pietismus selbst. Woran ist das zu sehen? Von den Briefen an Spener, die ihm zu seinem Reformprogramm meist zustimmend schreiben[74], stammt einer von dem bereits im Dienst ergrauten Generalsuperintendenten Johann Olearius (1611–1684). Er schüttet Spener sein Herz aus über gescheiterte Reformversuche, über sabotierte gesamtevangelische Aktionen und über unfähige und unwillige Fürsten. Aber er endet nicht mit Resignation; sondern kommt zu dem konkreten Rat, es nun in den Reichsstädten mit der Reform der Kirche zu versuchen. Von hier aus sind dann auch die Herrscher zu erreichen[75]:

> *Was ist zu tun? Nur noch verzweifeln? Auf keinen Fall! Gott hat durch einen ganz gewöhnlichen Mönch in Deutschland die Wahrheit wieder aufgerichtet, vielleicht will er gleiches mit der bisher verachteten Frömmigkeit durch die Städte tun? Bemühe dich also, Verehrter, um die Zustimmung* [sc. zu den Reformvorschlägen der Vorrede] *aus Frankfurt, Augsburg, Straßburg und Ulm, um von hier aus die obersten Regierungshäupter zu erreichen. Oft ist ein spätes Gelingen bei Gott umso angenehmer.*

Dies ist keine vorübergehende Episode. Aus Speners Briefwechsel geht hervor, daß er dieses Programm angenommen hat, wenngleich er kleineren Reichsstädten wie Rothenburg ob der Tauber erheblich mehr Chancen für die Kirchenreform zubilligte als den großen Reichsstädten. – Wenn »Reichsstadt und Pietismus...« also kein Kunsttitel ist, sondern in nuce einen wichtigen Aspekt der Strategie nennt, die der Führer des Pietismus in Deutschland zur Durchsetzung seiner Reformpläne in den ersten knapp 20 Jahren des ja gar nicht so lange währenden Pietismus praktiziert, dann darf in einem Arbeitskreis für Stadtgeschichtsforschung dies die gebührende Aufmerksamkeit erfahren[76].

73 Spener an [Johann Jacob Müller (Pfr. in Augsburg)], 11. Okt. 1688. (Kirchenbibliothek St. Mang in Kempten, M 33 pp. 492–494, hier p. 493; Druck in:) Ph. J. SPENER: Consilia . . . latina. 1709. 3. pp. 75–76. – Vgl. weiteres und Korrektur bei Dietrich BLAUFUSS, Zeitalter des Pietismus. In: ZBayerKG 48 (1979), S. 185–195, hier S. 191 Anm. 9.

74 Spener hat darüber sehr genau berichtet. Siehe BLAUFUSS (wie Anm. 46) in SPENER, Schriften. 1., wie Anm. 17, S. 50–52.

75 BLAUFUSS, Reichsstadt und Pietismus, wie Anm. 21, S. 54; Zitat aus dem Lateinischen frei übertragen (siehe ebd., S. 54, Anm. 186).

76 In Kempten folgten hier einige Hinweise zum Pietismus als einer weltgestaltenden Kraft, zur Bedeutung des Zinzendorfschen und des württembergischen Pietismus für unser Thema und auf stadt- und universitätsgeschichtliche Probleme in unserem Zusammenhang. Vgl. oben Anm. 3 und 6 sowie unten, S. 182 (RÜCKLEBEN).

Kirche und Arbeiterschaft in Augsburg im 19. Jahrhundert

VON PANKRAZ FRIED

Kirche und städtische Arbeiterschaft im 19. Jahrhundert, speziell in der Zeit der anlaufenden Industrialisierungsphase, ist ein Thema, das man im Grunde nur angehen sollte, wenn man als Kirchen-, Sozial- oder Wirtschaftshistoriker sich damit eingehend beschäftigt oder wenigstens als Stadthistoriker versucht hat, für diese Problematik etwas beizutragen[1]. Ich muß vorweg um Ihre Nachsicht bitten, daß ich das Thema nur vom landesgeschichtlichen Ansatz her behandeln werde, selbstverständlich unter städtegeschichtlichem Aspekt: Die Geschichte der frühen Industrialisierung und Arbeiterschaft ist ja wesentlich ein Teil der Stadtgeschichte des 19. Jahrhunderts.

Das Anliegen des gemeinsamen Referates mit meinem Schüler Peter Fassl ist es, am Beispiel Augsburgs aufgrund neuer Quellenforschungen einen bescheidenen Beitrag zur Tagungsthematik »Kirche und Bürgerschaft« zu liefern. Dabei möchte ich zunächst in einigen allgemein gehaltenen Bemerkungen etwas zur Forschungsproblematik, zum Forschungsprojekt sagen, während anschließend Peter Fassl direkt über das Beispiel Augsburg berichten wird.

Das Thema »Kirche und städtische Arbeiterschaft« im 19. Jahrhundert ist zeitlich das letzte im Themenzyklus dieser Tagung. Wir haben davon auszugehen, daß die Umwälzungen zu Beginn des 19. Jahrhunderts das Gesicht der Stadt in verfassungsgeschichtlicher Hinsicht tief umgeformt haben. Staatliche Kommunalgesetze haben die differenzierte, vielgestaltige Städtelandschaft des Ancien Regime beseitigt und nivelliert. Auch die bisherigen rechtlichen Differenzierungen innerhalb des Stadtkörpers haben eine Vereinheitlichung erfahren.

Bis ins 20. Jahrhundert hinein (1919) gab es jedoch noch die Unterscheidung zwischen dem politisch handlungsberechtigten Gemeindebürger und dem bloßen Gemeindeangehörigen, der nur das Heimat- oder Aufenthaltsrecht besaß. Nur der Inhaber des Bürgerrechts, das seit 1868 »in Bayern jeder volljährige, selbständige Mann erwerben konnte, der sich im Besitz des bayerischen Indigenats befindet, in der Gemeinde wohnt und daselbst mit einer direkten Steuer angelegt ist«[2], war zur Ausübung der gemeinde-

1 Zur allgemeinen Thematik vgl. Handbuch der Kirchengeschichte, hgg. v. Hubert JEDIN, IV/2, 1973; Franz Josef STEGMANN, Der soziale Katholizismus und die Mitbestimmung in Deutschland (Beitr. z. Katholizismusforschung, hgg. v. Anton RAUSCHER), 1974.

2 Wilhelm IMHOF, Die geschichtliche Entwicklung des Gemeinderechts im rechtsrheinischen Bayern seit dem Jahre 1818 (Diss. Erlangen 1927); FISCHER (wie S. 132), Industrialisierung 222.

politischen Rechte befugt. In der Frühzeit der Industrialisierung haben wir davon auszugehen, daß die städtischen Fabrikarbeiter weder das Bürger- noch das Heimatrecht besaßen. Die unterste Schicht in den Städten – Fabrikarbeiter, Gesellen, Dienstboten – konnten sich daher an der Wahl der Gemeindevertreter weder aktiv noch passiv beteiligen.

Wenn wir im strengen Sinne des Generalthemas unsere Problematik abhandeln wollten, so hätten wir also eher das Verhältnis von Kirche und städtischem Besitzbürgertum (einschließlich der selbständigen Handwerkerschaft) zu untersuchen. Daß zumindest im bayerischen Bereich und speziell in Augsburg zwischen dieser Schicht und den Kirchen keine allzu großen Spannungen bestanden, sondern das traditionelle ständisch-patriarchalische Denken sich weitgehend fortsetzte, ist bekannt. Der Liberalismus des Besitzbürgertums äußerte sich nur sehr bedingt antikirchlich. Im übrigen wissen wir bis jetzt noch wenig über Zusammensetzung und öffentliche Funktionen dieser Schicht; für Augsburg wird im Rahmen einer Zulassungsarbeit versucht, diese Thematik für die bayerische Zeit näher zu erforschen[3].

Wenn wir uns im folgenden trotzdem mit der »unterbürgerlichen« Schicht, also der städtischen Arbeiterschaft des 19. Jahrhunderts und ihrem Verhältnis zur Kirche beschäftigen, so hat dies seinen besonderen persönlichen Grund.

In früheren Arbeiten habe ich mich mit der Sozialentwicklung der ländlichen Bevölkerungsschichten vom 16. bis 18. Jahrhundert in Altbayern und dann für Gesamtbayern im 19. und 20. Jahrhundert befaßt[4]. Die mehr nach der quantitativen Methode betriebenen Studien brachten ans Licht, daß es beispielsweise in Oberbayern, das gewöhnlich als das Land der behäbigen Alpenbauernhöfe gilt, um 1800 ein Vielfaches mehr an Söldneranwesen und Leerhäusern in den Dörfern gab als Hof- und Hufenbauern!

Diese dörfliche Unterschicht der Söldner und Häusler, die sich nicht mehr von der eigenen Scholle ernähren konnte und auch deswegen auf das Taglöhnern angewiesen war, erwies sich als die eigentlich »dynamische« Schicht auf dem Lande: ihr Wachstum läßt sich kontinuierlich seit dem Spätmittelalter bis in die erste Hälfte des 19. Jahrhunderts verfolgen, wo es seinen Höhepunkt erreicht zu haben scheint. Der Bevölkerungsdruck dieser ländlichen Schicht staute sich auf den Dörfern in den dreißiger und vierziger Jahren des vorigen Jahrhunderts auch in Bayern oft derart stark an, daß es bisweilen zu einem Dauerkonflikt zwischen der besitzenden und unvermögenden Dorfbevölkerung kam, was nicht zuletzt auch zu den Ereignissen von 1848 in Franken und Schwaben beitrug. Das einzige Ventil war zunächst die Auswanderung, wenn man das Leben in Not und Armut zu Hause nicht mehr ertragen wollte[5]. Erst nach der Jahrhundertmitte

3 Ingrid SCHNABEL, Der Augsburger Stadtrat und seine politische Zuordnung im 19. Jahrhundert, Unveröffentl. Ms.

4 Pankraz FRIED, Historisch-statistische Beiträge zur Geschichte des Kleinbauerntums (Söldnertum) im westlichen Altbayern (Mitt. d. geogr. Gesellschaft in München 51) 1966, S. 5–39; DERS., Die Sozialentwicklung im Bauerntum und Landvolk (SPINDLER, Handbuch der bayer. Geschichte, IV/2), 1975, S. 781 ff.

5 Vgl. Wolfgang ZORN, Bayerns Gewerbe, Handel und Verkehr 1806–1970 (SPINDLER, Handbuch der bayer. Geschichte, IV/2), 1975, S. 781 ff.

öffnete sich langsam durch die Abwanderung in die Industrie ein Ventil für den ländlichen Bevölkerungsüberschuß, der allerdings zunächst noch häufig saisonal zwischen Stadt und Land hin und her fluktuierte. In der zweiten Hälfte des 19. Jahrhunderts beginnen die Klagen der landbesitzenden Bauern über die »Landflucht« ihrer Ehalten und Tagwerker, die im Grunde erst mit dem Aussterben dieses Standes in den letzten Jahrzehnten verstummt sind. Landflucht und gelegentliche Rückkehr von Industriearbeitern in ihre ländliche Heimatorte brachten zwar hie und da Unruhe in die überkommene sittliche Ordnung der Dörfer; die Ortskirche vermochte hier jedoch meist die sogenannte »Sittenverderbnis« einiger Arbeiter, die aus der Stadt zurückgekehrt waren, als solche zu brandmarken und durch die konservative örtliche Honoratiorenschicht wieder abstellen zu lassen[6].

Ein Berührungspunkt der ländlichen mit der städtischen Sozialgeschichte des 19. Jahrhunderts ergab sich im Phänomen der »Landflucht«. Die ländliche Sozialgeschichtsforschung steht hier vielfach noch vor der ungelösten Frage, auf welche Weise und in welchem Ausmaß im Zuge der Frühindustrialisierung Angehörige der ländlichen Unterschichten von den Dörfern in die städtischen Fabriken abgewandert sind. Die Stadtgeschichte des 19. Jahrhunderts fragt ihrerseits im Rahmen der frühen Industrialisierungsgeschichte nach der Herkunft der frühen städtischen Fabrikarbeiterschaft. In den allgemeinen Darstellungen, aber auch in den Lokal- und Firmen-Monographien finden sich darüber meist nur pauschale Angaben, entweder Herkunft aus dem städtischen Handwerk oder Zuwanderung vom umliegenden Lande. Im Rahmen eines Forschungsprojektes »Bayerisch-Schwaben im Wandel vom Agrarland zum Industriestaat« habe ich versucht, dieses Problem durch gezielte Fallstudien über die Geschichte der frühen Augsburger Fabriken zu erhellen. Die Arbeiten sind noch im Gange; ein Ergebnis zeichnet sich jetzt schon ab, da in Einzelfällen noch Herkunftslisten Augsburger Fabrikarbeiter aus der Mitte des 19. Jahrhunderts vorhanden sind, die die Zuwanderung genau feststellen lassen[7].

Das weitere Augenmerk der Forschung galt neben dem quantitativen Umfang und Anwachsen der Augsburger Fabrikarbeiterschaft vor allem der sozialen Lage. Eine Zulassungsarbeit hat hierfür insbesonders Augsburger Firmenarchive ausgewertet[8]. Auch wenn es dabei teilweise zu einer geringen Überschneidung mit der 1977 erschienenen Erlanger Dissertation von Ilse Fischer über »Industrialisierung, sozialer Konflikt und politische Willensbildung in der Stadtgemeinde. Ein Beitrag zur Sozialgeschichte Augsburgs 1840 bis 1914« gekommen ist, so erweist sich gerade diese partielle Überschneidung als interessant: Sie läßt bereits jetzt einige inhaltliche und methodische Korrekturen zu, die die teilweise sehr einseitigen Urteile und Wertungen der Arbeit von I. Fischer richtigstellen.

6 Fintan Michael PHAYER, Religion und das Gewöhnliche Volk in Bayern in der Zeit von 1750–1850, 1970.

7 Carmen RIEDER, Die Herkunft der Augsburger Fabrikarbeiterschaft, unter besonderer Berücksichtigung der Augsburger Vororte, Unveröffentl. Ms. (Seminararbeit).

8 Wolfgang WÜST, Soziale Probleme in Augsburg zur Zeit der Frühindustrialisierung, Unveröffentl. Ms. Druck als Aufsatz geplant.

Durch die innerkirchliche Diskussion über das angebliche Versagen der Kirchen in der Arbeiterfrage angeregt, erschien die Bearbeitung einer Fallstudie am Beispiel der frühen Industriestadt Augsburg immer mehr angezeigt, da bisherige Arbeiten, auch die von I. Fischer, kaum darauf eingegangen sind. Die konkrete Fragestellung war: Wurden die Sozialprobleme – sofern es sie gab – der frühen Industrialisierung in den betroffenen Pfarreien Augsburgs von den Kirchenleitungen überhaupt gesehen? Wenn ja, welche Maßnahmen wurden zu ihrer Überwindung ergriffen? Eine Antwort darauf zu finden, hieß in den Pfarr-, Diözesan- und Kirchenarchiven Quellenmaterial zu recherchieren, das darüber nähere Auskunft gibt. Mein Schüler, Dipl.-Theologe cand. phil. Peter Fassl MA., der über die Ergebnisse seiner Forschungen im Anschluß berichten wird, hat seinerzeit diese Aufgabe übernommen. Mit einer diesbezüglichen Seminararbeit hat er sich bereits die Ehre einer Fußnote im Aufsatz »Katholische Kirche und Arbeiterschaft im 19. Jahrhundert« des Augsburger Kirchenhistorikers Walter Brandmüller erworben, der erstmals 1975 in den »Stimmen der Zeit« und 1977 nach einer Kritik durch den katholischen Sozialwissenschaftler Oswald von Nell-Breuning in überarbeiteter und erweiterter Form nochmals erschienen ist[9]. W. Brandmüller stimmt im Grunde mit meinem Forschungsansatz überein, wenn er sagt, daß zur Beurteilung des Einsatzes katholischer Laien und Priester zur Abstellung der ärgsten Not die Auswertung der Pfarr- und Bistumsarchive nötig sei. Neu im Beitrag von Brandmüller ist der lokalgeschichtliche Ansatz, indem er das Anwachsen der Fabrikarbeiterschaft in den drei Städten Nürnberg, Augsburg und München mit der Ausgestaltung der kirchlichen Pfarreiorganisation konfrontiert und dabei zum Ergebnis kommt, daß letztere mehr oder weniger unzulänglich war. Die Ursache hierfür lag seiner Ansicht nach im bayerischen Staatskirchentum, das die Errichtung neuer Pfarreien außerordentlich erschwerte.

Es würde total den Rahmen des Referates sprengen, auf die Kontroversdiskussion des Problembereiches »Kirche und Arbeiterschaft« einzugehen; es sei deswegen nur das Fazit Brandmüllers wörtlich wiedergegeben[10]: »Das wichtigste Ergebnis dürfte dieses sein, daß von einer geschlossenen Auswanderung der Arbeiterschaft aus der Kirche nur der sprechen kann, wer die historischen Tatsachen ignoriert. Außerdem ist zu sagen, daß es, vom Beginn des Jahrhunderts an, an theoretischen und praktischen Bemühungen um die Lösung der sozialen Frage und um die kirchliche Integration der Arbeiterschaft keineswegs gefehlt hat. Vielmehr sind auf beiden Sektoren eindrucksvolle Leistungen erbracht worden. Daß es dennoch nicht gelang, den Siegeszug des atheistischen Sozialismus zum Stehen zu bringen, ist das Ergebnis des Zusammenwirkens vieler Faktoren gewesen: Die Probleme einer neuen gesellschaftlichen Schicht, im rapiden Tempo der Industrialisierung Deutschlands entstanden, überforderten sowohl Nationalökonomen als auch Politiker und nicht zuletzt die in ihren Möglichkeiten aufs engste eingeschränkte Kirche.«

9 Walter BRANDMÜLLER, Katholische Kirche und Arbeiterschaft im 19. Jahrhundert (Stimmen der Zeit 193) 1975, S. 228–236; Neudruck in: Damals geschehen – heute diskutiert (1978/57 f., S. 82, Anm. 36a); Oswald v. NELL-BREUNING, (Stimmen der Zeit 193) 1975, 339–352.
10 BRANDMÜLLER (wie Anm. 9) S. 91

Nell-Breuning hat seinerzeit mit nicht wegzudiskutierenden Argumenten der Ansicht Brandmüllers widersprochen und der Kirche doch ein gerüttelt Maß an Schuld am Auszug der städtischen Arbeiterschaft aus der Kirche gegeben. Wie auch immer diese Kontroverse fortgeführt werden wird, auf sicheren historischen Boden kann sie erst geführt werden, wenn eine Reihe von stadtgeschichtlichen Einzelstudien zu dieser Frage vorliegen.

Herr Peter Fassl hat in der Zwischenzeit neben dem Diözesanarchiv eine Reihe Augsburger Pfarrarchiven durchgearbeitet und ist eben daran, eine erste Auswertung im Rahmen einer Magisterarbeit zu versuchen[11]. Ich habe ihn deswegen gebeten, selbst, sozusagen aus erster Hand, darüber zu berichten.

11 Die Arbeit ist in der Zwischenzeit abgeschlossen und wird derzeit zum Druck vorbereitet.

Kirche und Arbeiterschaft in Augsburg während des 19. Jahrhunderts

von Peter Fassl

Die wissenschaftliche Diskussion um das Problemfeld Kirche und Arbeiterschaft hat ihren Schwerpunkt bei der Erforschung der »großen Männer«, ihrer Ideen und Initiativen. Die Entwicklung der katholischen Soziallehre wird an ihnen, nicht ohne ein gewisses apologetisches Interesse[1], dargestellt, und je nach wissenschaftstheoretischem Ausgangspunkt mehr positiv oder mehr negativ beurteilt. Weniger Interesse hat bis jetzt die Untersuchung des Verhältnisses Kirche – Arbeiterschaft vor Ort gefunden[2], obwohl doch gerade die regionalen Unterschiede, sowohl was die Industrialisierung, als auch die kirchliche Entwicklung betrifft, dazu anregen müßten. Gerade in Ortsstudien kann geprüft werden, in wie weit die sozialen Ideen eines Ketteler oder der ab 1868 in Aachen erscheinenden »Christlich-socialen Blätter« auf Widerhall stießen, und wie sich die Beziehung zur Arbeiterschaft konkret gestaltete. Das Wort Pius' XI. vom »Skandal«[3], das in der Würzburger Synodenvorlage »Kirche und Arbeiterschaft«[4] stand, zeigt das Bemühen kirchlicherseits um eine Aufarbeitung dieser Problematik; die daran sich knüpfende heftige Auseinandersetzung zeigt, daß man noch weit davon entfernt ist, diese Thematik rein vom »wissenschaftlichen« Standpunkt aus zu betrachten.

Der vorliegende Aufsatz soll die Schwierigkeiten, Möglichkeiten und Reaktionen der katholischen Kirche auf die Industrialisierung und die sich daraus ergebenden Probleme in Augsburg umreißen.

1 Vgl. Walter Brandmüller, Kirche und Arbeiterschaft im 19. Jahrhundert. In: Stimmen der Zeit 193 (1975), 228–236; und die Entgegnung auf diesen apologetisch gefärbten Aufsatz von Oskar v. Nell-Breuning, Kirche und Arbeiterschaft, ebd. S. 339–352.

2 Für Bayern liegen m. W. zu dieser Problematik keine speziellen Untersuchungen vor. Die Arbeiten von Fintan Michael Phayer, Religion und das Gewöhnliche Volk in Bayern in der Zeit von 1750–1850. 1970; und Hermann Hörger, Kirche, Dorfreligion und bäuerliche Gesellschaft. 1978, berühren nur zum geringen Teil die städtischen Verhältnisse; die Arbeit von Marianne Möhring, Hundert Jahre unterwegs. 1874/1974 Arbeiterverein Augsburg. 1974, ist eine Überblick gebende Chronik des katholischen Arbeitervereins. Für Aachen vgl. die sehr interessante Quellenedition: Herbert Lepper (Hg.), Sozialer Katholizismus in Aachen. Quellen zur Geschichte des Arbeitervereins zum hl. Paulus für Aachen und Burtscheid 1869–1878(88). 1977.

3 Vgl. Norbert Greinacher, Kirche und Arbeiterschaft. Ein Briefwechsel Cardijn – Greinacher. In: Stimmen der Zeit 197 (1979), S. 344–46; Pius XI. hatte zu Cardijn, bei dessen erster Privataudienz 1925, folgenden Satz gesagt: »Le grand scandale de l'Église au XIXe siecle c'est qu'elle a perdu la classe ouvrière.«

4 Würzburger Synodenvorlage, Kirche und Arbeiterschaft, zweite Lesung. In: Synode. Amtliche Mitteilungen der gemeinsamen Synoden der Bistümer in der Bundesrepublik Deutschland 4 (1975), S. 33–59.

1. *Kurzer Überblick über die wirtschaftliche Entwicklung Augsburgs vom Ende des 30jährigen Kriegs bis zum Beginn des 20. Jahrhunderts*[5]

Augsburg, im 15. und 16. Jahrhundert eine reiche und mächtige Handelsstadt, deren führende Geschlechter in ganz Europa, ja sogar in der Neuen Welt, Besitz und Geschäftsverbindungen hatten, war durch den 30jährigen Krieg so schwer geschädigt worden, daß es seine einstige Weltbedeutung nie mehr wiedererlangen sollte. Das 17. und 18. Jahrhundert ist in Augsburg geprägt vom Kunsthandwerk, wie Gold- und Silberschmiede, Kupferstecherei, Herstellung kostbarer Schränke, Seidenhandel, dem Bankwesen und einer im 18. Jahrhundert aufblühenden Kattunherstellung und -druckerei, die jedoch durch die Revolutionskriege schwer beeinträchtigt wurde. Nach der Eingliederung in das Königreich Bayern war es zunächst das Bankwesen, das aus der unruhigen politischen Lage noch Profit ziehen konnte und von der ungebrochenen Finanzkraft der alten Reichsstadt zeugte. Wegen des großen Finanzbedarfs in den Kriegsjahren stieg die Augsburger Börse zum ersten Kreditplatz Bayerns auf. Die Bankhäuser der Schäzler, Carli, Froelich, Wohnlich, Süsskind – 1830 waren es insgesamt 24[6] – handelten mit bayerischen und ausländischen Staatsanleihen, waren Kreditgeber des Königs von Bayern und gelangten so zu beträchtlichem Reichtum. Ungünstiger war die Entwicklung in Handel und Gewerbe. Die Kattunherstellung hatte während der Kriege an den Ausfuhrsperren nach Österreich, Italien und Frankreich, nach den Kriegen unter den billigen englischen Importen zu leiden. Die Gold- und Silberschmiede scheiterte an den hohen Rohstoffpreisen und an der wachsenden Beliebtheit des Porzellans. Die Weber wiederum konnten den Rohkattunbedarf weder qualitativ noch quantitativ decken. Der große Umschwung in der Textilindustrie kam erst mit dem Fall der innerdeutschen Zollschranken. Reichlich vorhandenes Kapital, billige Wasserkraft, Arbeitskräfte, zum Teil aus der ländlichen Umgebung, zudem ein gewisser Rückgang im Wechselgeschäft – Augsburg hatte 1830 in der Münchner Börse eine Konkurrenz bekommen – waren für die beginnende Industrialisierung die Hauptvoraussetzungen. Die Gründungswelle eröffnete die Kammgarnspinnerei von Fr. Merz & Comp. 1836, der die große mechanische Baumwollspinnerei und -weberei folgte, die bei ihrer Inbetriebnahme 1840 bereits über 700 Arbeiter beschäftigte. Die Initiative zu ihrer Gründung ging von dem Bankier Ferd. v. Schaezler aus, der die Kattunindustrie von teueren sächsischen Importen unabhängig machen wollte. Innerhalb von knapp 30 Jahren entstanden in Augsburg neun Baumwollspinnereien und -webereien, zwei

5 Grundlegend für die Wirtschafts- und Sozialgeschichte Augsburgs sind die Arbeiten von Wolfgng ZORN, Handels- und Industriegeschichte Bayerisch-Schwabens 1648–1870. Wirtschafts-, Sozial- und Kulturgeschichte des schwäbischen Unternehmertums. 1961; und Ilse FISCHER, Industrialisierung, sozialer Konflikt und politische Willensbildung in der Stadtgemeinde. Ein Beitrag zur Sozialgeschichte Augsburgs 1840–1914. 1977. Die Zulassungsarbeit für das Lehramt an Gymnasien von Wolfgang WÜST, Die »soziale Frage« in der Zeit der Früh- und Hochindustrialisierung 1844–1914. Ein Beitrag zur Sozialgeschichte mit besonderer Berücksichtigung der Verhältnisse in der Augsburger Textil- und Metallindustrie, 1978, wertet, ergänzend zu den beiden genannten Arbeiten, das Werkarchiv der Textilfabrik Martini & Co. aus.

6 ZORN, a. a. O. S. 133.

Bleichereien, eine Kammgarnspinnerei und zwei größere Maschinenfabriken[7]. Die Zahl der Fabrikarbeiter stieg gemäß der Zollvereinsstatistik von 4717 im Jahre 1847 auf 7346 im Jahre 1861[8], das waren 17% der Stadtbevölkerung. Getragen wurde diese wirtschaftliche Entwicklung hauptsächlich von der Finanzkraft der führenden Familien Augburgs. Der sprunghaften Entwicklung in der Frühphase der Industrialisierung folgt eine Stagnation gegen Ende des Jahrhunderts, wovon vor allem die importabhängige Textilindustrie, die in Augsburg die meisten Arbeiter beschäftigte, betroffen war. Während bis Mitte der siebziger Jahre in allen Industriezweigen ein stetiger Aufwärtstrend zu verzeichnen war, der auch durch die großen Wirtschaftskrisen dieser Zeit, auf Grund vorsichtiger Unternehmerpolitik, nur wenig gestört war, verlangsamte sich die Entwicklung in der Textilindustrie in Folge hoher Rohstoff- und Energiepreise und der starken Konkurrenz aus dem Elsaß und aus England. 1895 wurde Augsburg sogar von der Universitätsstadt Würzburg im Industriewachstum übertroffen· Gegen Ende des Jahrhunderts (1895) arbeiteten in Industrie und Handel 29241 Personen, knapp ein Drittel der Stadtbevölkerung (81896 E.)[10]. Parallel zur Industrieentwicklung lief das Bevölkerungswachstum, das weitgehend aus Wandergewinnen resultierte. 1900 standen 56207 Zuwanderer 32963 Ortsgebürtigen gegenüber[11].

2. *Die Augsburger Unternehmer und die Lage der Arbeiterschaft*

Auf welche Weise fand nun die Integration und soziale Absicherung dieser meist aus Schwaben und Oberbayern zugewanderten Arbeiter statt? Wie oben schon erwähnt, wurde die Industrialisierung weitgehend von den alteingesessenen führenden Augsburger Familien bestimmt, die als Träger kommunaler Verantwortung seit jeher die soziale Fürsorgepflicht gegenüber den Armen hatten. Wohltätigkeitseinrichtungen in den neu erbauten Fabriken, entstanden aus einem patriarchalischen Verantwortungsgefühl, waren in den größeren Betrieben von Anfang an vorhanden. Homogenität der Fabrikherren, Standesdenken, patriarchalische Verantwortung, Religiosität und Erwerbstüchtigkeit kennzeichnen die Unternehmerschicht bis zu Beginn des 20. Jahrhunderts. C. Forster setzte unter die Beschreibung seines Fabrikneubaus folgenden Wunsch: *So möge Gottes Segen walten über diesem Hause und seinen Besitzern, zu seiner Ehre und Verherrlichung sowie zum Vorbild und Ruhme der Industrie*[12]. Noch 1890 war zum Beispiel ein Fabrikdirektor genau über die Familienverhältnisse seiner Arbeiter unterrichtet und konnte die heranwachsenden Söhne als Lehrlinge anfordern[13].

7 Wolfgang Zorn, Leonhard Hillenbrand, Sechs Jahrhunderte schwäbische Wirtschaft. Beiträge zur Geschichte der Wirtschaft im bayerischen Regierungbezirk Schwaben. 125 Jahre Industrie und Handelskammer Augsburg. 1969. S. 105 f. Allein die 6 größten Fabriken Augsburgs beschäftigten 4605 Arbeiter.

8 Ebd. S. 103.

9 Fischer, a. a.O. S. 51.

10 Ebd. S. 51.63

11 Ebd. S. 83.

12 Zorn, a. a. O. S. 308.

13 Ludwig Hubert Mai, Die Entwicklung der Augsburger Industrie in den Jahren 1890 bis 1914. Frankfurt/Main (Masch.) 1924. S. 116.

Als 1905 der »Centralverband deutscher Industrieller« von den Augsburger Textilindustriellen die Zurücknahme eines Beschlusses zur Arbeitszeitverkürzung von 11 auf 10 Stunden bei gleichzeitiger Lohnerhöhung verlangte, schrieb ihm ein Augsburger Textilunternehmer: *Verkennen Sie nicht, daß solche tiefgreifenden Fragen einer kommenden Entwicklung nicht durch ein beharrliches Nein, sondern nur durch aktive Mitarbeit gelöst zu werden vermögen.* Die Aussperrung hielt er nur dann für geboten, wenn man unbedingt im Recht sei. *Diese Überzeugung hatten wir nicht..., denn die fortschreitende Teuerung auch der einfachsten Lebensführung bedingt dringend eine Erhöhung des Einkommens*[14]. Dieses Selbstverständnis, das sich auch in den ansonsten sehr strengen Fabrikordnungen zeigt, nämlich Hüter und Förderer des sittlich-moralischen und leiblichen Wohls zu sein, wird besonders in den betrieblichen Wohlfahrtseinrichtungen deutlich, die bereits 1873/74 97,4 % aller Fabrikarbeiter zugute kamen[15]. Sie umfaßten Kranken-, Unterstützungs- und Pensionskassen, Werkswohnungen und verbilligten Lebensmittelverkauf, um nur die wichtigsten zu nennen. Dieses umfangreiche System sozialer Sicherungen war bestimmt nicht nur Zweckrationalismus, um zu einem gefügigen Arbeiterstamm zu gelangen. Es läßt sich auch nicht allein auf die mit der Konzessionserteilung verbundenen Vepflichtungen zurückführen. Trotz dieser vielfältigen Wohlfahrtstätigkeit, auf die in der älteren Forschung, nicht ohne Absicht, das Schwergewicht bei der Beurteilung der sozialen Lage gelegt wurde[16], kam es auch in Augsburg zu krassen sozialen Mißständen.

Augsburg lag unter vergleichbaren Städten in Deutschland auf einem der ersten drei Plätze bezüglich der Sterblichkeit [17]. Hierbei wiederum läßt die Verteilung der Sterblichkeit auf Wohnviertel eine genauere Beurteilung zu. In den reinen Arbeitervierteln der Wertachvorstadt war sie mehr als viermal so hoch wie in den bürgerlichen Wohnvierteln der Innenstadt. Diese ungewöhnlich hohe Sterblichkeit – 55,3 auf 1000 E. (1881) – wiederum beruhte in erster Linie auf der Kindersterblichkeit. In der Wertachvorstadt trafen auf 1000 Einwohner 33,5 Sterbefälle von Kindern im Alter bis zu einem

14 Ferdinand Gross an den Generalsekretär des Centraverbandes Deutscher Industrieller, H. A. Bueck. 27. 9. 1905, zit, nach Axel Schnorbus, Arbeit und Sozialordnung in Bayern vor dem Ersten Weltkrieg (1890–1914). 1969, S. 66.

15 Fischer, a. a. O. S. 194.

16 Von der älteren Forschung zur Sozial- und Wirtschaftsgeschichte Augsburgs, um nur Josef Grassmann, Die Entwicklung der Augsburger Industrie im 19. Jahrhundert. 1894; und L. H. Mai (wie Anm. 13) zu nennen, wurde der Reichtum und die Vielfalt der Wohlfahrtseinrichtungen besonders betont, die Arbeitsverhältnisse als patriarchalisch geprägt, im ganzen als gut bis sehr gut bezeichnet. Diesen Eindruck bekräftigten auch die Arbeiten von Zorn, a. a. O. und Zorn/Hillenbrand, a. a. O. Der Gegenschlag erfolgte durch die Dissertation von Fischer, a. a. O., welche die Lage in Augsburg vor dem 1. Weltkrieg als »sozial-ökonomische(n) Hexenkessel« (293) bezeichnete. Ihre umfangreiche Arbeit vermittelt ein detailliertes Bild über die Lage der Arbeiterschaft, jedoch entsprechen ihre Beurteilungen, die oftmals mit denen, der damals konsequent revolutionären Augsburger Sozialdemokratie (vgl. 245 ff., 273 ff., 331 ff., 396 und Heinrich Hirschfelder, Die bayerische Sozialdemokratie. 1979) übereinstimmen, sicher nicht der Sicht des größeren Teils der Arbeiterschaft, außerdem führen sie zu Überzeichnungen, da sie eben die Interdependenz der Parteien in ihren Äußerungen nicht genügend berücksichtigen.

17 Fischer, a. a. O. S. 66.

Jahr, während es im bürgerlichen Bezirk D nur 2,1 Sterbefälle waren[18]. Die Kindersterblichkeit lag bei unehelichen Kindern, die immerhin von 1876 bis 1909 ca. 18% aller Neugeborenen betrugen[19], um 25% höher als bei ehelichen[20]. Bei den ledigen Müttern handelte es sich laut Visitationsbericht großteils um Arbeiterinnen[21]. Gründe für die hohe Kindersterblichkeit sind die schlechten und ungesunden Wohnbedingungen in den Arbeitervierteln und die niedrigen Löhne, welche auch Arbeiterfrauen zum Mitverdienst zwangen. 1899 gaben bei einer Umfrage 46,1% der Frauen als Grund für ihre Arbeit den ungenügenden Verdienst ihres Mannes an[22]. Ungesunde Arbeitsbedingungen, überlange Arbeitszeit, die in Hochkunjunkturphasen noch durch Überstunden erhöht wurde, überfüllte Mietswohnungen erklären weiterhin, warum die Tuberkulose mit 22,7% aller Todesfälle in den Arbeitervierteln an der Wertach im Jahre 1894 die häufigste Todesursache war[23]. Man muß sich fragen, wie dieses soziale Elend mit dem oben beschriebenen Wohltätigkeitssinn in Einklang zu bringen ist. Die Löhne in den verschiedenen Industriebranchen waren sehr verschieden hoch. In der Textilindustrie, in welcher 1882 38,9% (=6783 Arbeiter) und 1907 32,2% (=11213 Arbeiter) aller Arbeiter beschäftigt waren[24], und welche sich aus einem hohen Anteil gering bezahlter Frauen und Jugendlicher zusammensetzten, waren sie im Vergleich zur Maschinenindustrie sehr niedrig[25]. Zudem war das innerbetriebliche Lohngefälle beträchtlich; zehnfacher und noch größerer Lohnunterschied zwischen Fach- und Hilfsarbeitern war üblich. Diese Lohndifferenzen scheinen gemäß einer vergleichenden Lohnstatistik des süddeutschen Verbandes katholischer Arbeitervereine von 1906 in Augsburg ausgeprägter gewesen zu sein als etwa in München oder Regensburg[26]. Zu dem kam, daß die Löhne, besonders in der Textilindustrie, nicht an dem wirtschaftlichen Aufschwung teilhatten, wie ein Blick auf das Privatkonto zweier Textilfabrikanten zeigt, das innerhalb von 20 Jahren auf das sechsfache stieg (von 10000fl auf über 50000M), während der Durchschnittslohn in derselben Fabrik leicht sank[27]. Es zeigt sich also, daß die Fabrikarbeiterschaft selbst in verschiedene Gruppen zerfiel, wobei die hochbezahlten Facharbeiter, die auch in erster

18 Ebd. S. 112.
19 Ebd. S. 72.
20 Berechnet nach PfA St. Georg-Augsburg, Akt: Seelenbeschrieb.
21 PfA St. Georg-Augsburg Akt: Visitationsberichte. Visitationsbericht von 1907: *Illegitime Geburten meist bei Fabrikarbeiterinnen.* Auf Anordnung von Bischof Pankratius von Dinkel (1811–1894, Bischof von Augsburg seit 1858) wurden in der ganzen Diözese zunächst im dreijährigen Turnus Pfarrvisitationen durchgeführt, und zwar erstmals wieder seit Ende des 18. Jahrhunderts (Generale Nr. 23 v. 21. 11. 1859). Vor der Visitation hatte der Pfarrer der betreffenden Pfarrei zwei vorgedruckte Fragebogen ausgefüllt an das bischöfliche Ordinariat zu senden.
22 FISCHER, a. a. O. S. 139. Weitere 40,3 % begründen ihre Arbeit mit materiellen Gründen im weiteren Sinn.
23 Ebd. S. 112.
24 Ebd. S. 53, 55.
25 1881 war der durchschnittliche Jahreslohn in der Bleicherei Martini 529,5 M, in der mechanischen Baumwollspinnerei und -weberei 635 M und in der Maschinenfabrik Augsburg (1881/82) 1173 M; Zahlen nach WÜST, a. a. O. S. 47 u. FISCHER, a. a. O. S. 180 f.
26 MÖHRING, a. a. O. S. 60.
27 WÜST, a. a. O. S. 28.

Linie in den Genuß der betrieblichen Sozialleistungen kamen, eine unternehmerfreundliche Haltung einnahmen[28]. Zusammenfassend wird man sagen müssen, daß der betriebliche Wohlfahrtssinn, »Bibel und Kattun«[29], wie Zorn die Haltung der Augsburger Unternehmer beschreibt, nicht über den Geschäftssinn dominierte. Das statistisch erfaßte Elend bleibt als Vorwurf bestehen.

3. Die Industrialisierung und ihre Konsequenzen für das kirchliche Leben

Zunächst erweckte die Arbeiterschaft die Aufmerksamkeit der Kirche durch die in fast allen Fabriken übliche Sonn- und Feiertagsarbeit. Ein Schreiben vom 20. 12. 1838 des Pfarrers[30] von Lechhausen (Augsburger Vorort) an das bischöfliche Ordinariat, auf dessen Anfrage *Arbeiten an Sonn- und Feiertagen betr.*, vom 5. 12. 1838, zeigt ziemlich deutlich die prekäre Lage der Arbeiter: *Die Arbeitsleute in der Fabrik des Herren Forster*[31] *– Herr von Froelich*[32] *läßt an Sonntagen nie arbeiten, ebenso ließ Herr Dingler*[33] *den Herbst und Winter hindurch bisher nicht arbeiten – gehen jetzt morgens sechs dahin, wenn es früher Tag wird, schon um fünf Uhr, und müssen bis zur Nachtzeit bleiben – und müssen ununterbrochen fortarbeiten, ... dürfen jedoch das Fabrikgelände nicht verlassen –. Wenn es Nacht wird, kommen sie müde und hungrig nach Hause, denn mittags haben sie nichts zu essen als ein Stück Brot oder eine Nudel, die sie morgens vom Hause mitnehmen, und (sie) müssen die Arbeit stehend verrichten, insbesondere aber 36 christenlehre- und sonntagspflichtige teils Knaben, teils Mädchen*[34]. Am 3. August 1839

28 Die Heterogenität der Arbeiterschaft sowohl innerbetrieblich wie branchenspezifisch als auch das gut ausgebaute Wohlfahrtssystem waren die wichtigsten Gründe für die Schwierigkeiten, mit denen die Gewerkschaftsbewegung in Augsburg anfangs zu ringen hatte. 1912 waren von ca. 42 000 Arbeitern nur 47,5 % organisiert (19 960), von denen wiederum 22,57 % zu den gelben Gewerkschaften gehörten, also zu den wirtschaftsfriedlichen, die von den Unternehmern iniziiert und unterstützt wurden (Max HENGGE, Die Gewerkschaftsbewegung in Augsburg, Diss. München 1913, Tab. III ff.). Zu den Gelben vgl. Klaus MATTHEIER, Die Gelben. Nationale Arbeiter zwischen Wirtschaftsfrieden und Streik. Düsseldorf 1973; bes. 65–71 und FISCHER. a. a. O. S. 303–320. Die Beschreibung der Gelben bei Fischer ist überspitzt negativ und wird dem patriarchalischen Milieu gerade in der MAN nicht gerecht. Ausgewogener dagegen ist die Darstellung von Mattheier. Die Stellungnahme und die Beziehungen der katholischen Arbeitervereine zu den Gelben und den christlichen Gewerkschaften ist bei Fischer zu undifferenziert dargestellt. Vgl. dazu demnächst Peter FASSL, Kirche und Arbeiterschaft in Augsburg vom Beginn der Industrialisierung im 19. Jahrhundert bis zum 1. Weltkrieg. 1981.

29 ZORN, a. a. O. S. 308.

30 Die Anfrage erfolgte aufgrund eines Berichtes des Pfarrers vom 29. 11. 1838; PfA Lechhausen, Akt: Pfarrer.

31 Gemeint ist C. Forster, der seit 1807 die Kattunfabrik Schoeppler & Hartmann leitete. In ihr waren 1825/26 250–280 Arbeiter beschäftigt. Vgl. ZORN, a. a. O. S. 124, 134.

32 Die Kattunfabrik von Froelich und Wohnlich war seit 1829 im Alleinbesitz von C. v. Froelich und seines Sohnes Carl Eduard. ZORN, a. a. O. S. 134.

33 Dr. Joh. Gottfr. Dinkler hatte 1827 eine Kattunfabrik gegründet. Vgl. ZORN, a. a. O. S. 133. Die drei genannten Kattunfabriken waren zusammen mit der von J. M. Schüle u. Comp. die wichtigsten Industriebetriebe Augsburgs.

34 PfA Lechhausen, Akt: Pfarrer.

gab das Ordinariat das königliche Reskript vom 15. Juni des Jahres an den Pfarrklerus weiter, worin es hieß, die Polizeibehörden seien mit der Abstellung des Unfugs der Sonn- und Feiertagsarbeit beauftragt[35]. Erfolg hatte dieser Vorstoß wenigstens bei der Sonntagsarbeit Jugendlicher. Die Klagen von Pfarrvorständen über die entheiligende Sonn- und Feiertagsarbeit reichen jedoch schon in die vorindustrielle Zeit zurück. In einem über 65 Seiten umfassenden Bericht *über Mängel in der Seelsorge* vom 18. Februar 1789 werden 65 *Visitationsmonita* aufgezählt, in denen in nuce die ganzen sozialen Mißstände der kommenden Industrialisierung, soweit sie den kirchlichen Bereich betrafen, vorweggenommen waren. U. a. wird dort beklagt: *(Es) werden die Sonn- und Feyertage durch ... Arbeiten, Kauf und Verkauf entheiligt. Leute, welche gegen die Aufhebung der überzähligen Feyertage meistens geeifert und diese nun, wie sie glauben, zum Trotze halten, müssen selbst gestehen, daß sie die noch wirklich bestehenden, unter allen Katholiken am schlechtesten heiligen. – Insbesondere wird in Fabriquen an diesen Tagen ganz ungescheut, durchgängig mit Hintansetzung des gemeiniglich diesen Leuten nötigen Predigtunterrichts, nicht selten auch mit Weglassung der heiligen Messe ... gearbeitet, obschon diese Arbeitsleute ganze Wochen hindurch ohne Arbeit und Verdienst gelassen, mithin der vorgeblichen Not zu arbeiten andere Einteilung gegeben werden könnte*[36].

Erwachsene aber pflegten in den meisten Fabriken Reparatur- und Wartungsarbeiten an Sonntagen auszuführen, während sie an etlichen Feiertagen arbeiten mußten. Dieser Zustand änderte sich bis zum Anfang des 20. Jahrhunderts nicht, worüber man sich in den oberhirtlichen Visitationsberichten stets beklagte[37].

Von einer weiteren Schwierigkeit durch die überlangen Arbeitszeiten berichtet der Pfarrer von Oberhausen (Vorort von Augsburg). Gemäß des Generale vom 22. 12. 1841 sollte die christenlehrpflichtige Jugend am Samstag geschlossen zur Beichte gehen. Pfarrer Völker bittet das bischöfliche Ordinariat am 5. 3. 1861 um Dispens, wegen folgender Gründe: *Ich habe jetzt 246 christenlehrpflichtige Schüler ... dahier, davon arbeiten 200 in den verschiedenen Fabriken und von den übrigen ist die Hälfte ebenfalls in ... ähnlichen Verhältnissen und (sie kommen) ..., wie die Fabrikarbeiter, noch am Morgen der Communion, das ist des Sonntags zu(m) Beichten, um ihre Arbeit nicht unterbrechen zu müssen.* Für zwei Geistliche sei es beim *besten Willen unmöglich*, alle 200 Jugendlichen zusammen mit *müden, schlaftrunkenen, an Leib und Seele matten Fabrikarbeiter(n)*, welche zwischen 6 und 7 Uhr kamen, die Beichte zu hören. Wie der Pfarrer und die Bevölkerung von Oberhausen die Fabrikarbeit empfand, zeigt folgender Passus: *Ich habe durch die Forderung, daß wenigstens zur Osterzeit die Beicht und Communion der Jugend nach kirchlicher und speziell oberhirtlicher Vorschrift gemeinsam und soweit als möglich erbaulich stattfinde, nur dem Verlangen vieler Eltern und selbst vieler in der Fabrik arbeitenden Schüler etwa entsprochen, die klagen, daß man*

35 Generale Nr. 25 vom 3. 8. 1839.
36 DiA Augsburg, BO 3394.
37 Fragepunkt 24 des Formulars II des Visitationsberichtes lautete folgendermaßen: *Ob das Gebot, Sonn- und Festtage zu heiligen, nicht verletzt werde?* Den Antworten gemäß wurde an den Feiertagen fast durchwegs gearbeitet, an den Sonntagen zum Teil halbtags.

ihnen nicht einmal einen halben Tag im Jahr gestatte, von ihrer Sklavenarbeit zu lassen[38]. Das bischöfliche Ordinariat gewährte daraufhin die Dispens, um so mehr *als Handwerkmeister, Fabrikbesitzer auf gesetzlichem Wege nicht belangt werden können* und fügte hinzu: *Wir beklagen nicht minder die arge Entwürdigung der Feiertage, wie dieselbe namentlich durch das Fabrikarbeiten veranlaßt wurde, aber in vorliegendem Fall handelt es sich nicht um eine Heiligung der Feiertage, sondern um die Vollziehung eines religiösen Aktes an Werktagen*[39]. Ob man kirchlicherseits mehr Druck auf die Fabrikherren ausüben hätte können, ist schwer zu beurteilen. Immerhin schrieb Generalvikar Dr. Gratz am 7.3.1861 an Pfarrer Völker: … *so sehen wir uns doch in Anbetracht der Verhältnisse, wie sie Herr Gerant Frommel anher auseinandergesetzt hat, veranlaßt auszusprechen, daß der in den Fabriken arbeitenden Jugend zu gestatten sei, an Communionstagen selbst … ihre Beichte abzulegen*[40].

Die Absicht der Unternehmer, wie sie von der Industrie- und Handelskammer vertreten wurde[41], war es, 300 Arbeitstage im Jahr zur Verfügung zu haben, weswegen Patrozinienfeste und sonstige regionale Festtage jeweils auf den folgenden Sonntag verlegt werden mußten. Begründet wurde das Bemühen um Beschränkung der Feiertage von seiten der Industriellen neben der Vorgabe von wirtschaftlichen Gründen auch folgendermaßen: Die Feiertage seien *sowohl in percuniärer als auch in moralischer Beziehung schädlich. Wenn derselbe* (der Arbeiter) *auch an solchen Feiertagen eine Stunde dem Kirchgang widmet, so gibt er sich während des größten Theil des Tages dem Müßiggang und den daraus entspringenden Lastern hin*[42]. Diese Störungen der Sonn- und Feiertage hatten zweierlei zur Folge. Einmal verkümmerte das reiche, lebensfrohe kirchliche Brauchtum und Leben, wie aus dem Schreiben des Pfarrers Martin von Lechhausen vom 18. 9. 1847 an das bischöfliche Ordinariat, betreff der abgewürdigten Feiertage, hervorgeht: *Der Schulbesuch bleibt sich gleich, indem hierorts von solchen Feiertagen niemand mehr Kenntnis nimmt, ja selbst die gebotenen Feiertage großentheils nicht mehr gehalten werden. Prozessionen mit Vortragen des Kreuzes finden außer den ordnungsmäßig erlaubten … keine statt. Von Privatwallfahrten ist ja keine Rede, indem der größte Theil dahir Fabrikarbeiter oder Handwerker sind*[43].

Zum anderen kann man eine langsame Entfremdung der Arbeiterschaft von der Kirche feststellen. Im Visitationsbericht von 1888 der Pfarrei Pfersee schreibt der Pfarrer

38 DiA Augsburg, BO 3976.
39 Ebd.
40 Ebd.
41 ZORN/HILLENBRAND, a. a. O. S. 204. Vgl. FISCHER, a. a. O. S. 136–138.
42 StadtA Augsburg, Nachlaß Haßler, K 3; im Jahresbericht der Handels- und Gewerbekammer 1870, 22 f., heißt es: *Erfahrungsgemäß hat der Arbeiter an Feiertagen einen erhöhten Geldbedarf, welcher sehr häufig mehr zu Körper und Geist schwächenden Unterhaltungen, als zur Erholung angewendet wird. Ausschreitungen gegen die Gesetze der Ordnung ereignen sich meistens an Feiertagen, während andererseits dieselben, zur Tätigkeit benützt, den Arbeiter in gewohnter Ordnung erhalten, und ihm eine jährliche Ersparnis von 20–30 fl ermöglichen würden.* Zit. nach FISCHER, a. a. O. S. 138.
43 PfA Lechhausen, Akt: Pfarrer.

bezüglich des gläubigen Sinns[44] der Gemeinde: *Ein großer Theil der Parochianen zeigt viel religiösen Sinn und besucht fleißig den Gottesdienst. Doch gibt es viele, besonders unter der Fabrikbevölkerung, welche in religiöser Beziehung recht lau und gleichgültig sind*[45]. 1862 beurteilte der Pfarrer den Zustand seiner Gemeinde noch folgendermaßen: *Im allgemeinen und ganzen herrscht gläubig religiöser Sinn, Einzelne jedoch verraten Gleichgültigkeit und Nachläßigkeit im Gottesdienst und viele sind saumselig und treffen nicht rechtzeitig zum Gottesdienst ein*[46].

In Pfersee, einem Augsburger Vorort, begann mit der Gründung der Baumwollspinnerei und -weberei J. G. Kraus & Sohn 1866 die Industrialisierung Fuß zu fassen[47]. Innerhalb von 22 Jahren entstanden 10 Fabriken, die Bevölkerung wuchs von ca. 800 Einwohnern 1860, 1854 Einwohnern 1871, 3370 Einwohnern 1880 auf 5333 Einwohner 1890. Diese Entfremdung von der Kirche war durchaus schichten- und pfarreispezifisch, wie Vergleiche zeigen. Der Pfarrer der Stadtpfarrei St. Georg, zu deren Pfarrsprengel zunächst die Arbeitervorstädte links und rechts der Wertach gehörten, bis erstere 1872 zur Expositur und 1904 zur eigenen Pfarrei erhoben wurden, beklagt 1868 die im Vergleich zur Seelenzahl geringe Zahl der Gottesdienstbesucher[48]. 1907 schreibt er kurz: *Im Ganzen keine Klage*[49]. Ebenso war der gläubige Sinn der Parochianen in der Stadtpfarrei St. Moritz, welche die bürgerlichen Wohngebiete der inneren Stadt umfaßte, *durchaus befriedigend*[50]. Nämliche Beobachtung macht man auch bei der Frage nach Gehorsam und Ehrfurcht der Gemeindemitglieder dem Geistlichen gegenüber[51]. Wurde sie in der Musterpfarrei St. Moritz 1868 und 1906 nur schlicht mit *Ja*[51] beantwortet, so heißt es im Visitationsbericht von St. Georg: *An betreffender Ehrfurcht und Gehorsam bleibt manches zu wünschen übrig*[53]. Oft klingt aus diesen Antworten eine gewisse Resignation und Ratlosigkeit.

Ein weiteres Problem war die Frage der Kindererziehung bzw. überhaupt der Kinderversorgung, welches sich aus der Fabrikarbeit vieler Frauen ergab. In einem Bittgesuch an die Regierung von Oberbayern vom 13. 9. 1847 um die Stelle einer Lehrerin führt der Pfarrer von Lechhausen folgende Gründe für eine Einstellung an:

1) Der immer mehr überhandnehmende sittliche Verfall im häuslichen Leben – unterstützt durch Anhäufung von Fabrikarbeitern, welche den ganzen Tag ihre Kinder ohne Aufsicht lassen – dieselben soweit an Geist und Leib verwahrlosen – macht es für

44 Fragepunkt 21 des Visitationsformulars II lautete: *Wie es um den gläubigen Sinn der Pfarrgemeinde stehe? Ob unter den Parochianen nicht irrtümliche Glaubensrichtung vorhanden sei? Ob dieselben fleißig, rechtzeitig und erbaulich den Gottesdienst besuchen?*
45 PfA Pfersee, Akt: Visitationen.
46 Ebd.
47 ZORN, a. a. O. S. 172 und Andreas MÜLLER, Kurze Ortsgeschichte von Pfersee. Pfersee o. J. (1911?). Die Ortsgeschichte befindet sich im PfA Pfersee.
48 PfA St. Georg Augsburg, Akt: Visitationen.
49 Ebd.
50 PfA St. Moritz Augsburg, Akt: Visitationen; diese Antwort wurde 1868 und 1906 gegeben.
51 Fragepunkt 22 von Formular II lautete: *Ob man dem Geistlichen und auch der weltlichen Obrigkeit Ehrfurcht und Gehorsam erzeige? . . .*
52 PfA St. Moritz Augsburg, Akt: Visitationen.
53 PfA St. Georg Augsburg, Akt: Visitationen.

die Mädchen zum dringendsten Bedürfnis, eine bessere Erziehung und Beschäftigung in und außerhalb der Schule ... zu erhalten.

2) Die Frechheit, Widerspenstigkeit – oftmals Unreinlichkeit von seiten der Mädchen, die jedem ... Beobachter auffallen muß, zwingt ihn zugleich zu jedem erbarmungsvollen Ausrufe und zur Überzeugung, daß dieser Zustand unmöglich fortbestehen könnte ...

3) Die Überhandnahme der unehelichen Kinder – die jedes Jahr trauriger wird, welche in eine fremde Kost und Wohnung gehen ... von fremden Leuten auferzogen (werden) ... eine schlechte Pflege und Erziehung genießen.

4) Und dies sei um so mehr nötig, da ihre (sc. der Arbeiter) Frauen nicht einmal die nothwendigsten häuslichen Arbeiten (verrichten können), wodurch der Unfriede von selbst gegeben und zugleich der häusliche Kain[54]

Auch in den Visitationsberichten liest man die Klagen um die mangelnde Kindererziehung bei Fabrikarbeitern[55]. Kirchlicherseits versuchte man durch Gründung von Kindergärten und Kinderkrippen (1853–1892:13) dieser Not abzuhelfen[56]. Trotzdem waren noch 1894 1281 Kinder bei Pflegemüttern untergebracht, »schmutzige, grobe, alte Weiber ..., die ihren Schutzbefohlenen ungeeignete, oft unzulängliche Nahrung zukommen und sie den ganzen Tag in Schmutz und Unrat liegen lassen«[57]. »Der Augsburger Magistrat betrachtete gerade diese Form der Pflege als eine wesentliche Ursache für die hohe Kindersterblichkeit in der Stadt«[58]. Erst gegen Ende des Jahrhunderts entstanden auch in einzelnen Fabriken Kindergärten. 1889 waren es vier.

Ein dritter, oben schon angesprochener pastoraler Mißstand war die große Zahl unehelicher Geburten. Sie betrugen 1844/45 31,8%, 1876 17,4%, 1900 17,6%, 1909 18,0%[59]. Diese Zahlenangaben lassen sich nach Pfarreien noch genauer differenzieren. In der Pfarrei St. Georg lag der Prozentsatz unehelicher Geburten zwischen 1858 und 1868 bei 35,9%[60]. In Pfersee waren 1862, also vor dem Beginn der Industrialisierung, von 29 Geburten 2 unehelich (6,8%), zwischen 1879/80 und 1889/90 waren es 23,3%, zwischen 1890/91 und 1900/01 19,1%[61]. Die Industrialisierung ließ die einst agrarisch geprägte Gemeinde Pfersee an den Stadtdurchschnitt »Anschluß« gewinnen. In der Pfarrei St. Georg, die, mit den entstehenden Wertachvorstädten, die Hauptlast der Industrialisierung zu tragen hatte, schlugen deren negative Konsequenzen voll durch.

Die hohen Zahlen unehelicher Geburten, welche aus der restriktiven Handhabung

54 PfA Lechhausen, Akt: Pfarrer.

55 Fragepunkt 26 des Formulars II lautete: *Wie die häusliche Erziehung und Mitwirkung mit der Schule beschaffen sei?* 1868 heißt es dazu im Bericht von St. Georg: *Teils gut, teils mangelhaft. Letzteres besonders in jenen armen Familien, die des Broterwerbs wegen eingewandert sind* (PfA St. Georg Augsburg, Akt: Visitationen). Ähnlich schreibt der Pfarrvorstand von Pfersee 1888: *Die häusliche Erziehung bei der Fabrikbevölkerung läßt manches zu wünschen übrig, weshalb auch eine Kinderbewahranstalt unter Leitung von Klosterfrauen OSFr errichtet wurde seit 9. Februar 1887.*

56 Johannes Nar, Kleine Geschichte der Caritas im Bistum Augsburg 1920–1960. Zum 40jährigen Bestehen des Diözesan-Caritasverbandes Augsburg. 1960. 36; und PfA Pfersee, Akt: Vereine

57 Karl Martini, Zur Lage der Augsburger Fabrikarbeiter (Diss. Freiburg), Augsburg o. J. (1902), S. 50.

58 Fischer, a. a. O. S. 142.

59 Ebd. S. 72.

60 Berechnet nach PfA St. Georg Augsburg, Akt: Seelenbeschriebe.

61 Berechnet nach PfA Pfersee, Akt: Seelenbeschriebe.

der Ehegenehmigungen seitens der dafür zuständigen Gemeinden resultierten, waren für die Kirche ein Ärgernis sondersgleichen. Im Generale Nr. 73 vom 3.1.1863, *die unehelichen Geburten betr.*, gibt Bischof Dinkel detaillierte Anweisungen bezüglich der *sog. gefallenen Personen*, um sie *von ihrem Falle aufzurichten und zu einer gründlichen Besserung anzuleiten.* Er mahnt darin die Seelsorger, *nicht im Geiste und Tone eines Richters, vielmehr in dem eines wohlmeinenden, liebfreundlichen Vaters* auf die Frauen einzuwirken. Das Generale, das die bisherigen diesbezüglichen Anordnungen vom 8.1.1836 und 23.1.1841 außer Kraft setzte, ist im Ton äußerst milde, und in der Sache so nachgiebig wie nur möglich – von einer Exkommunikation ist praktisch nicht mehr die Rede.

Hinzu kam, daß die Anzahl der Geistlichen nicht im selben Maße anstieg wie die der Bevölkerung, so daß in einzelnen Gemeinden die Pfarrvorstände oft restlos überlastet waren. Dies gilt insbesondere für die Arbeitervorstädte, die zahlenmäßig seelsorgerlich weit schlechter betreut wurden als die Bezirke der Innenstadt[62]. Als Erklärung für diese

62 Der katholische Bevölkerungsanteil der Stadt stieg in Folge der ländlichen Zuwanderung von 60,1 % (17 721) 1811 auf 76,2 % (93 716) im Jahre 1910 (FISCHER, a. a. O. S. 86). Zwischen 1875 und 1910 betrug das Bevölkerungswachstum der Altstadt innerhalb der ehemaligen Befestigungsanlagen 4432 Einwohner (= 7,7 %), das der Vorstädte innerhalb des Stadtgebietes 40 359 E. (= 271,7 %) und das der 1910/16 eingemeindeten Vororte (Siebenbrunn, Oberhausen, Pfersee, Lechhausen, Hochzoll, Kriegshaber) 28 433 E. (166,8 %), vgl. FISCHER, a. a. O. S. 115 f. Von den 5 Stadtpfarreien (Dom, St. Ulrich und Afra, St. Moritz, St. Georg, St. Maximilian) waren es besonders St. Georg und St. Maximilian, welche an dem Bevölkerungswachstum der zum Stadtgebiet gehörigen Vorstädte teilhatten (die Pfarreiarchive vom Dom und von St. Maximilian sind während des 2. Weltkriegs ausgebrannt). Dennoch wuchs in den Vorortspfarreien die Bevölkerung ab 1873 prozentual in einem höheren Maße als die der Stadtpfarreien. Das unterschiedliche zahlenmäßige Verhältnis zwischen Priestern und Gemeindemitgliedern in den einzelnen Pfarreien sei an einem Beispiel verdeutlicht. In der Pfarrei St. Joseph, die aus den reinen Arbeitervierteln links der Wertach bestand, kamen 1897 auf einen Priester 3076 Katholiken, in den Vororten Lechhausen und Oberhausen waren es 2500 bzw. 2033, in den Stadtpfarreien St. Georg und St. Maximilian 3581 bzw. 2186, in St. Moritz und der Dompfarrei hingegen waren es 1785 bzw. 777 Katholiken (Schematismus für die Diözese Augsburg 1897). Diese ungleiche Verteilung hatte ihre Ursache u. a. in den verschieden hohen Pfründe- und Stiftungsvermögen der einzelnen Pfarreien (vgl. Jakob HOPP, Pfründestatistik der Diözese Augsburg, Augsburg 1906[2], 34 ff.). Die Errichtung einer neuen Seelsorgestelle hing letztlich vom Geld ab, um den entsprechenden Geistlichen die »Ermöglichung« eines »standesgemäßen Lebensunterhaltes« zu verschaffen (Franz Seraph v. PICHLER, Errichtung einer neuen Pfarrei. In: Theologisch-praktische Monatsschrift 2 [1892], 517–525, 670–676, 518; Pichler schrieb in genannter Zeitschrift einen dreiteiligen Aufsatz – Gründe zur Teilung einer Pfarrei, die Teilung einer Pfarrei, Errichtung einer neuen Pfarrei –, in welchem er die einschlägigen staats- und kirchengesetzlichen Voraussetzungen zur Gründung einer Pfarrei behandelte.). Gewöhnlich erfolgte die Dotation auf Grund der zu erwartenden Stolbeträge, auf Grund von Spenden, Stiftungen, Kollekten u. ä. Der in Bayern »übliche Brauch« (PICHLER, a. a. O. S. 675), daß vermögende Kirchenstiftungen zur Dotation von Seelsorgestellen in ärmeren Gemeinden etwas beisteuern, begegnet in Augsburg nicht. Ein weiterer Grund für die Schwierigkeiten in der seelsorgerlichen Betreuung der Katholiken ist in der rückläufigen Zahl der neu geweihten Priester zu sehen, welche gerade in den Jahren 1850 bis 1874 deutlich abnahm. Vgl. Franz Xaver HARTMANN, Die zeitliche, örtliche und soziale Herkunft der Geistlichen der Diözese Augsburg von der Säkularisation bis zur Gegenwart 1804–1917. 1918, Tab. I. Erst mit der Errichtung des bischöflichen Knabenseminars in Dillingen 1862 besserte sich dieser Zustand (vgl. Ebd., Tab. III).

ganze Entwicklung, der man hilflos gegenüber stand, sah man den *Zeitgeist* und den *Modernismus*. Das Wort *Zeitgeist* ist eine sehr häufig gebrauchte, schillernde Vokabel; von allen Schichten des Klerus verwendet, begegnet es in Briefen, Berichten, Visitationsprotokollen und bischöflichen Fastenbriefen. Der *Zeitgeist* ist *von Hoffahrt aufgeblasen, Gott entfremdet, in nichts als sinnlichen Bestrebungen versunken*[63]. *Der Zeitgeist der Verflachung*[64] hat sich sogar bei den Pastoral- und Capitelskonferenzen eingeschlichen, er ist überall präsent. Alles was bös, schlecht und verwerflich ist, wird unter dem Begriff *Zeitgeist* subsummiert, dessen letzte Ursache der Teufel ist. *Eine derartige Gott und der Kirche abgekehrte Denk- und Handlungsweise (sc. Hingebung an materiellen Gewinn und Genuß) wird ja in unseren Tagen durch eine nicht kleine Zahl heilloser Bücher und Tagesblätter, durch die Zuflüsterungen Bösgesinnter, endlich durch die vom Teufel eingeflößte Hoffahrt, die es so schmeichelnd macht, um den Namen eines Aufgeklärten unserer Zeit zu buhlen, lebhaft genährt, und... sogar das Familienleben der Gegenwart droht unter dem kalten frostigen Scheine des modernen Zeitgeistes auch dem nachwachsenden Geschlechte mehr und mehr an Glaubensinnigkeit und frommem religiösem Sinne Einbuße zu bringen*[65].

4. *Die praktischen Lösungsversuche der Kirche*[66]

Die Antwort der Kirche auf die soziale Frage war die Gründung einer großen Zahl religiöser, karitativer und sozialer Vereine unter wohlwollender Förderung und Empfehlung des Bischofs. Rein karitative Vereine waren die ab 1841 entstandenen Elisabethvereine für Krankenbesuch und Krankenunterstützung[67]. Diese Vereine arbeiteten mit den ab 1848 in Augsburg entstandenen Vinzenzvereinen, welche bald in allen Pfarreien eigene Sektionen bildeten, und mit den zum Teil schon bestehenden älteren Frauenvereinen zusammen[68]. Nach dem Rechenschaftsbericht von 1876/77 betrugen die Ausgaben für diese Zwecke im selben Jahr 11974 M[69].

63 Oberhirtliche Ermahnung zur Fastendispens 1860, Generale Nr. 25 vom 18. 1. 1860.
64 Generale Nr. 54 vom 8. 1. 1862.
65 Oberhirtliche Ermahnung zum Fastenpatent für 1863, Generale Nr. 76 vom 1. 2. 1863.
66 Der Begriff Kirche ist nicht unproblematisch. Hier wurde er stets auf die Amtskirche bzw. auf einzelne Glieder des Klerus angewendet. Nach katholischer Lehre *ex divina institutione sunt in Ecclesia clerici a laicis distincti* (C. I. C. can. 107). Erstere sind von den Laien durch Ordination (can. 948) und Jurisdiktion (can. 118) herausgehoben, sie konstituieren sich *sacra ordinatione* (can. 110). Trotz dieser Hervorhebung bilden eben beide zusammen die Ecclesia. Die gegenseitige geistig-religiöse Beeinflussung ist zwar sicherlich gegeben, im Einzelfall aber schwer nachzuweisen. Nicht nur das stärkere Hervortreten einzelner Laien im 19. Jahrhundert, sondern auch die priesterliche Glaubensverkündigung und ihre Aufnahme in den verschiedenen Gesellschaftsschichten, das daraus resultierende Glaubensbewußtsein und seine Umsetzung im konkreten Lebensvollzug wäre hier näher zu untersuchen.
67 Vgl. Ingo TORNOW, Das Münchner Vereinswesen in der ersten Hälfte des 19. Jahrhunderts, mit einem Ausblick auf die zweite Jahrhunderthälfte, München 1977, S. 142, zur Entwicklung in München.
68 Nach den Unterlagen im PfA St. Ulrich und Afra, Akt: Vereine, wurde der St. Notburga-Frauenverein bereits 1807 zur *Unterstützung armer Kranker mit Kost, Geld und Brennmaterial* gegründet; vgl. NAR, a. a. O. S. 38 f., Helmut WITETSCHEK, Studien zur kirchlichen Erneuerung im Bistum Augsburg in der ersten Hälfte des 19. Jahrhunderts. 1965, S. 318.
69 PfA St. Ulrich und Afra, Akt: Vereine.

Schon bald nach der Gründung des St. Johannisvereins in München durch König Maximilian II. am 17. 12. 1853[70] bildeten sich in den Augsburger Pfarreien Zweigvereine (Pfersee 1859, Lechhausen 1884, Ulrich und Afra 1854, Georg 1854)[71]. Zweck dieser Vereine war gemäß der Centralstatuten *Begründung und Verbreitung einer geregelten freiwilligen Pflege und Vorsorge für die Armut nach deren verschiedenen Abstufungen*[72]. In Augsburg bemühten sich die Zweigvereine um die Kinderfürsorge und -aufsicht[73]. Diese Vereine standen dem Armenpflegschaftsrat ergänzend zur Seite, die Geschäftsleitung übernahm der Pfarrer. In den mit diesen Vereinen verbundenen Kinderbewahrungsanstalten waren Schulkinder im Alter von 6 bis 13 Jahren untergebracht. Sie erhielten nach der Schule Verpflegung und wurden abends von den Eltern abgeholt[74]. Nach einer Aufstellung der Bewahrungsanstalt von St. Ursula von 1875 waren über 70 % der Eltern Arbeiter[75]. Vor dem Entstehen der Johanniszweigvereine gab es in Augsburg nur drei paritätische Kinderbewahrungsanstalten, welche 1846 von über 340 Kindern besucht wurden[76].

Daneben entstanden bis 1892 noch weitere vier Kindergärten bzw. Kinderhorte. Besondere Erwähnung verdient dabei die Gründung der Krippenanstalt Augsburg St. Joseph 1872 in der Arbeitervorstadt Hettenbach, auf Anregung des Kaplans Gutbrod von St. Georg. Diese Krippenanstalt war zunächst für Kleinkinder und Babys gedacht. Gutbrod fuhr, um sich über die Einrichtung einer solchen Anstalt zu unterrichten, nach Paris (3. 12. 1871). Den Anstoß zur Gründung gab ihm folgendes Erlebnis: *Als Seelsorger in diese(r) Vorstadt ... sah ich eines Tages von meiner Wohnung aus, wie ein böhmischer Arbeiterknabe Gras zupfte, es zu einem Knäuel formte und seinem kleinen Brüderchen in den Mund stopfte, um den Schreihals zum Schweigen zu bringen. Ich kam gerade recht, um den Knirps vor dem Erstickungstode zu retten*[77].

70 Günther MÜLLER, König Max II. und die soziale Frage, München 1964 (= Beiheft 1 der Zweimonatsschrift Politische Studien), S. 60–62.

71 Vgl. NAR, a. a. O. S. 36 und Vereinakten der entsprechenden PfA.

72 Zit. nach MÜLLER, a. a. O. S. 61.

73 Die Statuten der einzelnen Zweigvereine sind durchaus verschieden. So gibt der Verein in der Stadtpfarrei St. Ulrich und Afra als Zweck an: *»§ 1 ... die Rettung armer, verwahrloster d. i. religiös, sittlich bereits verdorbener oder der sittlichen Verderbnis bereits preisgegebener Kinder beiderlei Geschlechts katholischer Religion ... § 4 ... eine Zufluchtstätte zur Rettung, Besserung und religiös-sittlichen Erziehung zu gewähren, und ihnen je nach Verhältnissen die Begründung eines redlichen Erwerbes und (den) Eintritt in die ehrbare bürgerliche Gesellschaft zu ermöglichen und zu erleichtern.«* (PfA St. Ulrich und Afra Augsburg, Akt: Vereine) Im Zweigverein von Pfersee heißt es: *»1) ... arme, verlassene Kinder in wohlgeordneten christlichen Familien, oder 2) in vorgeschrittenem Alter bedürftigen Gewerbsmeistern oder 3) bereits verwahrloste Kinder in den diesbezüglichen Kreisrettungshäusern Ottobeuern und Wörrishofen unterzubringen und 4) Gemeinden des Distrikts in besonders unverschuldeten und außerordentlichen Notfällen tunlichst zu Hilfe zu kommen.«*

74 PfA Lechhausen, Akt: Vereine.

75 PfA St. Ulrich und Afra Augsburg, Akt: Vereine.

76 FISCHER, a. a. O. S. 141 f. und DiA Augsburg, BO 3678.

77 XXV. Jahresbericht des Krippenvereins Augsburg (. . .) pro 1876/77; zur Geschichte des Krippenvereins vgl. Protokollbuch und Jahresberichte ab 1903 im PfA St. Joseph, Augsburg.

Der Verein erfreute sich bald der Gönnerschaft wohlhabender Augsburger Bürgerfrauen. Unterstützungen kamen von der Stadt, dem Landat und dem Klerus. Die Zahl der untergebrachten Kinder stieg von 1878/79 79 Kinder (11731 Verpflegungstage), 1888/89 131 Kinder, (15413 V.), 1896/97 269 Kinder (31548 V.) auf 377 Kinder (36680 V.) im Jahre 1910[78]. Neben diesen karitativen Vereinen entstanden die sogenannten Standesvereine. 1852 gründete Dr. Ludwig Lang den katholischen Gesellenverein[79], Domkapitular und Dompfarrer J. G. Dreer 1859 die »Marienanstalt für katholische weibliche Dienstboten«[80], am 19. 3. 1871 Benefiziat Anton Hauser den »christlicheen Mütterverein«[81], von dem nach der Empfehlung Bischofs Dinkel vom 28. 12. 1872[82] schnell in allen Vorortspfarreien und Stadtpfarreien Sektionen entstanden. 1874 wurde auf Initiative Anton Hausers der »christlich soziale Arbeiterverein« gegründet[83]. 1886 entstand der »katholische kaufmännische Verein«[84], in den neunziger Jahren entstanden katholische kaufmännische Lehrlingsvereine, katholische Arbeiterinnenvereine (1898 Pfersee) und katholische Arbeiterinnenpatronagen[85], die Jugendorganisationen der ersteren. Weiter zu erwähnen ist die im Jahre 1857 gegründete Anna-Anstalt, ein Heim für alleinstehende und »sittlich gefährdete« Fabrikarbeiterinnen in der Stadtpfarrei St. Maximilian[86].

Alle diese Vereine haben bei allen spezifischen Unterschieden zwei herausgehobene Ziele gemeinsam, die meist auch an erster Stelle in den Vereinsstatuten vermerkt sind:

78 Zusammengestellt nach den Jahresberichten des Krippenvereins, ebd.

79 Witetschek, a. a. O. S. 318, Fischer, a. a. O. S. 243, Der katholische Gesellenverein in Augsburg. Sein Entstehen, Wachstum und Wirken. Festschrift zu dessen 25jähriger Stiftungsfeier den 29. Juli 1877. Augsburg (1877).

80 Die Marienanstalt für katholische weibliche Dienstboten in Augsburg. Festschrift zum fünfzigjährigen Jubiläum der Anstalt, gefeiert am 12. 9. 1909. Augsburg 1909.

81 KlA Englisches Institut Augsburg, Klosterchronik.

82 Generale o. Nr. vom 28. 12. 1872.

83 Der »Christlich sociale Arbeiterverein« war von allen Vereinsgründungen, soweit sie Standesvereine betrafen, die bedeutendste. 1876 nannte man sich in »Christlicher Arbeiterverein« um, da, wie Vorstand Beh ausführte, das Wort »social« zur Verwechslung mit den Sozialdemokraten Anlaß gegeben hatte. *Er müsse diesen Ansichten entgegentreten. Der christlich sociale Arbeiterverein habe mit den Sozialdemokraten nicht ein einziges Prinzip gemein.* (StadtA Augsburg E IV 3/258.) Seit 4. 2. 1889 heißt der nunmehr »anerkannte Verein« »Katholischer Arbeiterverein Augsburg« (Jahresbericht pro 1888/89). Die Mitgliederzahl (auf die Mitgliederstruktur kann hier nicht eingegangen werden, vgl. P. Fassl, a. a. O. A. 28) und Vermögensverhältnisse gestalten sich seit 1877 sehr günstig, zumal beträchtliche Zuschüsse von Ehrenmitgliedern zuflossen: 1877: 424 Mitglieder, 3051 M Vermögen; 1882: 501 Mitglieder, 9526 M; 1887: 491 Mitglieder, 13142 M; 1892: 709 Mitglieder, 15674 M; 1892: 1021 Mitglieder, 22314 M.

84 Festschrift zum 25. Gründungsfeste des katholischen kaufmännischen Vereins »Laetitia« Augsburg. 1886–1911, Augsburg o. J. und Bericht des katholischen kaufmännischen Vereins »Lätitia« (A. V.) in Augsburg (1886–88), Augsburg o. J.

85 KlA Englisches Institut Augsburg, Klosterchronik. Die erste Vorstandsdame der Patronage war die Baronin von der Haid. 1901 gab es in Augsburg drei Patronagen mit insgesamt 270 Mitgliedern (K. Martini, a. a. O. S. 101).

86 Fischer, a. a. O. S. 243.

1. Förderung des kirchlichen, sittlichen und religiösen Lebens bzw. Sinnes der Einzelnen.
2. Förderung bzw. Absicherung des materiellen Wohles durch Kranken-, Hilfs-, Unterstützungs-, Pensionskassen oder ähnlichem.

Den Charakter als Standesverein zu sehr zu betonen[87], also als Arbeiter- oder Dienstbotenverein, empfiehlt sich nicht, denn meist sind Inhalt und Thematik der Vorträge in den einzelnen Vereinen identisch. Einzelne Redner halten ihre Vorträge öfters in verschiedenen Pfarreien und Vereinen. Dennoch sind sie in einem anderen Sinn doch wieder echte Standesvereine, indem sie gerade sozial Schwachen, Dienstboten, Arbeitern, Arbeiterinnen, Gesellen, die, sowohl was Wohnort, Arbeitszeit, Arbeitslohn, Überlebenschancen betrifft, die Zurückgebliebenen und Benachteiligten sind, welche gesellschaftlich eben nicht integriert sind, eine Integrationsmöglichkeit, eine »Heimat«, einen Ort des Angenommenseins vermitteln. Außerdem trugen sie nicht unwesentlich zur Stärkung des Selbstbewußtseins bei, ein Ergebnis, das man bei einzelnen Mitgliedern des Arbeitervereins von den neunziger Jahren an feststellen kann.

Es wären hier als letztes noch die politischen und religiösen Vereinigungen zu erwähnen, wie Piusvereine, katholische Männervereine, katholische Casinos, Bruderschaften, dritter Orden, die ganze marianische Vereinsbewegung, die besonders von Anton Hauser gefördert wurde, von denen aber nur einzelne Sektionen des dritten Ordens[88] sozial karitativ tätig waren und nicht zuletzt die besonders in der Arbeiterseelsorge tätigen Kapuziner[89]. Der Versuch der Katholischen Kirche zur Lösung der sozialen Frage kann folgendermaßen zuammengefaßt werden: Die verschiedenen Gründungen sozial karitativer Vereine waren Reaktionen einzelner eifriger Geistlicher, welche in ihrem Seelsorgebezirk auf gravierende Mängel gestoßen waren. Ihr Ziel war, die Mitglieder vor Entfremdung von der Kirche zu bewahren und materiell durch Hilfskassen, die bei den meisten Vereinen durch Spenden und Legate von Ehrenmitgliedern fundiert und am Leben erhalten wurden, vor der schlimmsten Not zu bewahren. Das Urteil von I. Fischer: »Insgesamt gesehen hatten die Bemühungen verschiedener bürgerlicher und kirchlicher Kreise in Augsburg, die Not der Arbeiterbevölkerung durch Anleitung zur Selbsthilfe oder caritative Maßnahmen zu lindern, nur wenig Erfolg«[90], erscheint unter Würdigung aller kirchlicher Bemühungen – die ›Anstrengungen‹ von seiten des liberalen Bürgertums sind nicht erwähnenswert[91] – als überzogen, auch wenn man zugestehen muß, daß eine Lösung der sozialen Frage auf diesem Weg nicht möglich war.

87 Möhring, a. a. O. S. 30.
88 KlA St. Sebastian Augsburg, Abt. I Fach 12, Jahresberichte des Kapuzinersuperiorats.
89 Das ehemals außerhalb der Stadtmauern gelegene Kapuzinerkloster St. Sebastian wurde nach der Säkularisation 1843 wiedereröffnet und stand nun inmitten der neu entstehenden Fabriken. Zur sozial karitativen Tätigkeit der Kapuziner und ihrer Arbeiterpastoral vgl. P. Fassl, a. a. O. A. 28.
90 Fischer, a. a. O. S. 244.
91 Fischer, a. a. O. S. 237 ff.

5. *Die theoretischen Lösungsversuche der Kirche*

Dieser Frage soll nachgegangen werden an Hand der Entwicklung des »christlich-socialen Arbeitervereins«, seiner Bemühungen und Diskussionen bezüglich der sozialen Frage, und der oberhirtlichen Generalien. Bei den Generalien – in Frage kommen in erster Linie die Hirtenbriefe zur Fastenzeit – fällt zunächst auf, daß die Arbeiterfrage praktisch nicht erwähnt wird. Bischof Dinkel steht in dieser Abstinenz nicht allein. Blickt man in die »christlich-socialen Blätter«, das »katholisch-sociale Zentralorgan«, welche jedes bischöfliche »soziale« Wort sofort in ihre Zeitschrift aufnahmen, so wird man außer Ketteler und Zitationen belgischer Bischöfe in den ersten Jahrgängen fast nichts finden. Nach dem Referat Kettelers auf der Bischofskonferenz zu Fulda im September 1868 über die »socialcaritative Fürsorge der Kirche für die Arbeiterschaft«[92], welches 1869 in Nr. 10 der »christlich-socialen Blätter« veröffentlicht und damit einer breiten Öffentlichkeit zugänglich gemacht wurde, hat man sich erst 1890 auf der Bischofskonferenz zu Fulda wieder mit der Arbeiterfrage beschäftigt. Die Anregung dazu ging von den Februarerlassen Wilhelms II. und einer Aufforderung Leos XIII. vom 20. 4. 1890[93] an die deutschen Bischöfe aus, das Anliegen Wilhelms II. zu unterstützen[94].

Obwohl in Augsburg im Jahr 1861 jeder siebente Einwohner Fabrikarbeiter war[95], begegnete erst im Fastenpatent für 1862 der Terminus *Lohnarbeiter*[96]. Eigenartigerweise verschwindet er aber später wieder, und es heißt nur noch: *Dienstboten, Handwerker, Gesellen und Lehrlinge, Taglöhner sowie alle, welche ihre Kost nicht nach Belieben wählen können, dispensieren wir*[97].

Im Hirtenbrief zur Fastenzeit 1885[98] erinnert Dinkel an jene *außerordentlichen Hilfsmittel*, welche *gegenüber den Übeln der Zeit katholische Gesinnung und katholisches Leben zu fördern* geeignet sind. Er denkt dabei an die *religiösen Bruderschaften und Congregationen, ... (die) Verbindungen des sog. dritten Ordens des heiligen Franziskus, ... (die) Müttervereine; dann an die zahlreich bestehenden Vereine und Anstalten zum religiösen und sittlichen Schutz der weiblichen Jugend, die katholischen Gesellen- und*

92 Jetzt am leichtesten erreichbar in: Texte zur katholischen Soziallehre II, 1. Dokumente zur Geschichte des Verhältnisses von Kirche und Arbeiterschaft am Beispiel der KAB, hrsg. v. Bundesverband der Katholischen Arbeitnehmer-Bewegung (KAB) Deutschlands, Kevelaer 1976.

93 Akten der Fuldaer Bischofskonferenz II 1888–1890, bearbeitet v. Erwin GATZ, Mainz 1979 (= Veröffentlichungen der Kommission für Zeitgeschehen, hrsg. v. R. Morsey, Reihe A: Quellen Bd. 27), Dok. 530.

94 Das daraufhin angefertigte Hirtenschreiben zur sozialen Frage (ebd. Dok. 549) war von dem Mainzer Domdekan Heinrich entworfen und von dem Breslauer Fürstbischof Kopp überarbeitet worden (ebd. XXIX). Zur bischöflichen Resonanz auf das Schreiben Leo XIII. schreibt Gatz: »Die bischöflichen Diskussionsbeiträge sind daneben (Konzept M. Brandts für die Arbeitsweise des Karitas) kümmerlich. Soweit die Oberhirten überhaupt zu dem päpstlichen Schreiben Stellung nahmen, wiesen sie auf die in ihren Sprengeln bestehenden Wohlfahrtseinrichtungen bzw. auf Gesellen- und Arbeitervereine hin. Ihr Interesse galt in viel höherem Maße der von Leo XIII. vorgeschlagenen Gründung eines deutchen Missionshauses in Afrika . . .« (ebd. XXV f.).

95 ZORN/HILLENBRAND, a. a. O. S. 103.

96 Generale Nr. 57 vom 16. 2. 1862.

97 Generale Nr. 5 vom 20. 2. 1859, Nr. 24 vom 18. 1. 1860, Nr. 44 vom 27. 1. 1861 u. a.

98 Generale Nr. 342 vom 1. 2. 1885.

Josephsvereine, die christlichen Arbeitervereine, die katholischen Männervereine und Casinos sowie die seit drei Decenien in Deutschland bestehenden Generalversammlungen der Katholiken[99].

Der Sinn all dieser Vereine – die rein religiösen haben hier zweifellos einen qualitativen Vorrang – wird in der Bewahrung und Förderung des religiösen Lebens gesehen.

Im Fastenbrief vom 26. 1. 1891[100], also noch vor »Rerum novarum«, bespricht Dinkel dann ausführlicher die Arbeiterfrage. *Das Ziel, welches diese Bewegung (sc. Arbeiterbewegung) verfolgt, ist auf eine Verbesserung der Stellung des Arbeiters innerhalb der bürgerlichen Gesellschaft gerichtet. Verbesserung des materiellen und zeitlichen Wohles ist also der Zweck, welche diese sociale Bewegung im Auge hat. Nach Erreichung eines solchen Zwecks zu ringen, ist an sich vollkommen zulässig, solange nicht die Grenze der Billigkeit und Gerechtigkeit überschritten und die bestehende ganze Staatsordnung in Gefahr gezogen wird... In dieser materiellen Abhilfe sind auch schon die ersten Schritte geschehen und wünschen Wir von Herzen, daß zu diesen und weiteren die Liebe Gottes seinen Segen geben möge.*

Er wendet sich dann gegen die Führer der Arbeiterbewegung, welche sich zum Atheismus bekennen, *d.i. ein Leben ohne Glauben an Gott, ohne Hoffnung eines jenseitigen Himmels, ein Leben in möglichster Ausbeutung sinnlichen Wohlseins mit Hintansetzung des göttlichen Gesetzes über Eigentumsrecht, Heiligkeit der Ehe und Elternpflicht*[101], und warnt vor ihren *Verheißungen eines besseren zeitlichen Loses.* Als *Lösungsmittel* für staatliche Ordnung und Wohlfahrt sieht er unter Berufung auf das Schreiben Leos XIII. an den Erzbischof von Köln[102] die *Pflege echter Religiosität und christlicher Tugend. Denn nur die göttliche Kraft der Religion durchdringt innerlich Herz und Geist der Menschen und leitet und neiget sie dahin, daß sie freiwillig den rechten und guten Weg einschlagen... Ohne die Grundlage von Tugend und Sittlichkeit ist alles Streben und Ringen nach Wohlfahrt eitel...*[103] weil selbst bei Erfolg der Himmel und das ewige Leben verloren gingen.

Die Arbeiterfrage und ihre Lösung lassen sich also letztlich auf die Religiosität des Einzelnen und der Gesellschaft zurückführen. Ziel ist die Restituierung der christlich-patriarchalischen Gesellschaft, in welcher jeder an seinem Platz, in seinem Stand steht, der eine als Diener, der andere als Herr, alle sich aber einem letzten Richter verpflichtet fühlen, der sie an ihren Taten messen wird. *Der dienende Arbeiter, der die Liebe und Fürsorge seines Herrn gewiß ist, fühlt sich zufrieden mit seinem oft bitteren und schweren Lose; und dem wohlhabenden Herrn und Gebieter trägt die christlich freundliche und gütige Rücksichtnahme auf seine Arbeiter den inneren süßen Lohn ein, welcher aus dem Bewußtsein, wohl getan zu haben, quillt, und erfüllt ihn mit Zuversicht auf weiteren himmlischen Segen für seine Unternehmungen*[104].

99 Ebd.
100 Generale 433 vom 26. 1. 1891.
101 Ebd.
102 Vgl. A. 93.
103 Generale Nr. 433 vom 26. 1. 1891.
104 Ebd.

Die Betonung der Religiosität und Sittlichkeit hat also sehr wohl auch materielle Konsequenzen für den Arbeiter, und birgt Verpflichtungen für den Herrn.

Nicht angetastet jedoch wird das Gesellschaftsbild von oben und unten, eine Auflehnung dagegen ist Sünde, sie führt zum Untergang des Staates, und damit letztlich des Einzelnen. Die gottgesetzte *rechtmäßige* Obrigkeit zu achten, ihr mit *musterhafter Untertanentreue*[105] zu dienen, wird so eine religiöse Pflicht. Wenn Domprediger Max Steigenberger im katholischen Arbeiterverein 1883 erklärte: *Die sociale Frage sei eine Herzensfrage, der sociale Friede werde eintreten, sobald der Vorgesetzte Vater seiner Untergebenen sein werde und letztere ihm Kinderherzen entgegenbrächten ... er begrüße den christlichen Arbeiterverein, dessen Mitglieder, während andere über Vorgesetzte lästern, ihre Pflicht gegen die Vorgesetzten möglichst zu erfüllen strebten, ihre Vorgesetzten als Stellvertreter Gottes ansähen und ihnen nach dem Willen Gottes dienten, so daß der Arbeitgeber mit Vaterfreuden auf den christlichen Arbeiter schauen könne*[106], dann wendet er nur das christliche Gesellschaftsbild auf die konkreten Lebensbedingungen der Arbeiter an, genauso wie es bei Gesellen, Dienstboten und anderen »dienenden Ständen« geschah, und wie es sogar ausdrücklich im Katechismus vermerkt war. Bei der Behandlung des vierten Gebotes lautet die Frage 90: *Welches sind die Vorgesetzten, denen man nebst den Eltern* (d. i. den Stellvertretern Gottes auf Erden für die Kinder) *Ehre, Liebe und Gehorsam zu erweisen hat? Antwort: Die Pflegeeltern, Lehrer, Meister, Herrschaften und alle geistlichen und weltlichen Obrigkeiten*[107]. Im Rahmen dieses Gesellschaftsbildes, welches mit den bekannten Bibelstellen – Röm. 13 und 1 Petr. 2, 13ff. – begründet wurde, bewegen sich auch die Vorträge der Geistlichen und das Vereinsleben im katholischen Arbeiterverein. Der Vereinspräses – seit 1875 war der Initiator der Vereinsgründung Benefiziat Anton Hauser Präses des Vereins, welchem er bis 1909 vorstand – hatte eine absolut dominierende Rolle. In den ersten 20 Jahren sind die Mitglieder rein rezeptiv, gelegentliche Wortmeldungen aus der Vorstandschaft oder dem Ausschuß beschränken sich auf bestätigende Unterstützung des Gesagten, Mahnung zur religiösen und kirchlichen Pflichterfüllung, Warnung vor sozialdemokratischen Zeitungen und Empfehlung katholischer Zeitungen[108].

Die weitgespannte Vortragspalette umfaßte, um nur das Wichtigste zu nennen, die Gegnerschaft zu Liberalismus und Sozialismus, historische Vorträge mit apologetischem bzw. polemischem Schwerpunkt, und als variiertes Thema die Lösung der sozialen

105 Generale Nr. 93 vom 4. 4. 1848, den Schwindel einer falschen Freiheit betr.

106 StadtA Augsburg E IV 3/258.

107 Katechismus der katholischen Religion für die Volksschulen im Bistume Augsburg, Augsburg 1901, S. 68. Der Katechismus wurde 1858 in großer und kleiner Ausgabe in ganz Bayern eingeführt (Witetschek, a. a. O. S. 241–245).

108 Gegen Ende des Jahrhunderts, besonders seit der Gründung des »Süddeutschen Verbandes katholischer Arbeitervereine« 1891 in München und verstärkt seit etwa 1900 tritt der Verein und einzelne seiner Mitglieder aktiver hervor. Man beginnt nebst der Selbstreform auch an der Reform der äußeren Zustände zu arbeiten: Teilnahme an den Gewerbegerichtswahlen, Abschaffung des Prämiensystems in der Textilindustrie, sozialpolitische Schulungskurse u. a. (vgl. P. Fassl, a. a. O. A. 28).

Frage. Die von Kaplan Aubele angebrachte Kritik am Wirtschaftssystem stand allein und verschwand auch mit ihm – sein letzter Vortrag im Verein war am 14. 10. 1877[109].

Die Lösungsvorschläge waren *Rückkehr von Arbeiter und Arbeitgeber zur religiösen Grundsätzen*[110]; *Rückkehr zur alten Ständeordnung*[111]; *Sparsamkeit und Widerstand gegen Genußsucht*[112]; *ehrliche, redliche, mäßige, ordentliche und christliche Lebensweise*[113] und schließlich Abkehr von der Trunksucht, der *Hauptquelle der Not der Arbeiter*[114].

Die gesellschaftspolitische Ausrichtung des Vereins, wie sie noch in den ersten Statuten zum Ausdruck kommt, wo als Vereinszweck *Förderung der geistigen und materiellen Interessen des Arbeiterstandes* angegeben ist, wird durch die auf Antrag Hausers durchgeführte Statutenänderung am 14. 1. 1877 aufgegeben. Vereinszweck ist nun: *Die Mitglieder schließen sich zu einer Genossenschaft zusammen, innerhalb welcher die christlichen Grundsätze bezüglich der Arbeiterfrage gewahrt und alle unchristlichen Bestrebungen abgewehrt werden sollen. Der Verein strebt geistige und materielle Förderung der Beteiligten an. Im ersten Sinn soll allseitige Aufklärung über die brennende sociale Frage, über die Interessen, die Rechte, Pflichten und Tugenden des christlichen Arbeiters, die Anschauungen richtigstellen – sodann sollen die guten Beispiele vieler die moralische Kraft des Einzelnen verstärken. Um aber die materiellen Interessen nicht außer acht zu lassen, so sucht der Verein die christliche Opferliebe anzuregen, damit durch die Leistungen derselben ein Fond zusammenkommen aus welchem in den von den Statuten festgelegten Fällen die Mitglieder Unterstützung empfangen*[115].

Den Endpunkt dieser Entwicklung bildet 1887 der Ausschluß von *Politik und Erörterung öffentlicher Angelegenheiten* durch Statutenänderung aus dem Verein[116]. Dies geschah auf Anregung eines von Fr. Hitze gehaltenen Referats auf dem Amberger Katholikentag 1884[117]; außerdem konnte man als nicht-politischer Verein auch Jugendliche aufnehmen[118]. Der Abwendung von der Gesellschaftspolitik entsprach eine stärkere Betonung der Förderung des religiösen Lebens. Am 1. 1. 1887 wurde folgende Resolution Hausers angenommen: *Die Generalversammlung des christlichen Arbeitervereins Augsburg 1. sieht seine Hauptaufgabe in der Förderung des Familienlebens und der christlichen Erziehung der Jugend...*[119]. Diese hier skizzierte Entwicklung des

109 StadtA Augsburg E IV 3/258.
110 Ebd., Hauser am 12. 12. 1875.
111 Ebd., Gutbrod am 16. 1. 1876.
112 Ebd., Hauser am 18. 6. 1876. Dieses Motiv begegnet in den Versammlungen oft, daß es allerdings ein »Leitmotiv« (so FISCHER, a. a. O. S. 270 A. 100) des Arbeitervereins geworden wäre, ist übertrieben.
113 Ebd., Hauser am 20. 8. 1876.
114 Ebd., Kapl. Dr. Braunsberger am 19. 8. 1877.
115 Ebd.
116 Ebd., Beschluß der Generalversammlung vom 1. 1. 1887. Nur ein Mitglied sprach sich wegen der daraus zu erwartenden Behinderung bei der Wahlagitation dagegen aus.
117 MÖHRING, a. a. O. S. 41 f.
118 StadtA Augsburg E IV 3/258. Dieses Motiv wurde besonders in den Vereinsversammlungen betont.
119 Ebd.

Arbeitervereins resultiert letztlich aus den patriarchalischen Gesellschaftsvorstellungen der damaligen Kirche und ist deshalb auch von dorther zu beurteilen.

Versucht man die praktischen und theoretischen Lösungsversuche der Kirche zusammenzufassen, so läßt sich folgendes sagen: Die Stärke der Kirche lag zweifellos in ihrer praktischen Tätigkeit. Das umfangreiche sozial-karitative Vereinswesen hat zur Linderung der Not der Arbeiter beigetragen. Es gab den Vereinsmitgliedern in einer Zeit, wo sich die alten patriarchalischen Bindungen auflösten bzw. aufgelöst hatten, einen neuen Halt und Stand, zumal für die große Zahl der ihrem ursprünglichen Heimatverband entrissenen Zuwanderer. Außerdem spendete das in den Vereinsversammlungen oft vorgebrachte Argument der *göttlichen Vergeltung* für die Mühen des bitteren irdischen Loses Mut und Trost; – nur bei »Verkennung« der Bedeutung religiöser Phänomene im Leben kann man dieses Argument rein negativ interpretieren.

Trotz allem wurde in dem hier beschriebenen Zeitraum – gegen Ende des Jahrhunderts bahnt sich wie gesagt eine Wende an – kein gangbarer Weg zur Lösung der sozialen Frage beschritten. Die Kirche, hier zunächst die von Augsburg, hatte sich, das kommt in den oberhirtlichen Generalien deutlich zum Ausdruck, kaum theoretisch mit der sozialen Frage beschäftigt, bzw. erkannte sie nicht als eine Folge der Industrialisierung, sondern primär als eine Folge mangelnder Religiosität und schlechter Sitten. Ihr Stellenwert rangierte weit hinter den kirchenpolitischen Auseinandersetzungen seit dem vatikanischen Konzil, der Simultanschulfrage, der Frage der Jugenderziehung; sie war nur ein Annex der Frage nach Sitte und Religion. Dieser bischöflichen Sicht entsprach die des Vereinspräses und der anderen im Verein tätigen Geistlichen. Die Forderung Kettelers nach höherem Lohn und kürzerer Arbeitszeit, seine Befürwortung der englischen Gewerkschaften und, implizit, auch des Streikes als Mittel zur Durchsetzung besserer Arbeitsbedingungen[120], wurden im Arbeiterverein kein einziges Mal vorgetragen, obwohl Präses Hauser und andere Geistliche die »Christlich-socialen Blätter« und später »Arbeiterwohl« (ab 1881) abonniert hatten und von diesen Überlegungen und Bestrebungen, welche ja gerade von den »Christlich-socialen Blättern« sehr engagiert vertreten wurden, Kenntnis hatten. Die theoretischen Versuche in Augsburg mußten letztlich deswegen scheitern, weil das vorgestellte Gesellschaftsbild nicht der Wirklichkeit entsprach, dessen Auslegung in der konkreten Vereinspraxis aber zur sozialpolitischen Passivität zur duldsam ertragenen Konservierung der äußeren Umstände und zum Rückzug in die Religiosität führte. Dies gilt sogar, wenn man bedenkt, daß »fortschrittlichere Ideen« an der konkreten Lage der Arbeiter wohl zunächst nicht viel geändert hätten.

120 Ebd., schon genannter Kapl. Aubele hielt eine Arbeitseinstellung in gewissen Fällen als »äußerstes Mittel« für angebracht (Vortrag vom 27. 5. 1874); W. E. v. KETTELER, Die Arbeiterbewegung und ihr Streben im Verhältnis zu Religion und Sittlichkeit. Eine Ansprache, gehalten auf der Liebfrauen-Heide bei Offenbach am 25. 6. 1869, in: Texte zur katholischen Soziallehre II, 1, 241–262; vgl. A. 92.

ABKÜRZUNGSVERZEICHNIS

DiA	Diözesanarchiv
Fischer	Ilse FISCHER, Industrialisierung, sozialer Konflikt und politische Willensbildung in der Stadtgemeinde. Ein Beitrag zur Sozialgechichte Augsburgs 1840–1914. AbhandlungenzGeschdStAugs SchriftreihStArchAugs B 24. 1977.
KlA	Klosterarchiv
Möhring	Marianne MÖHRING, Hundert Jahre unterwegs. 1874–1974 Arbeiterverein Augsburg. 1974.
Martini	Karl MARTINI, Zur Lage der Augsburger Fabrikarbeiter. Diss. Freiburg. Augsburg o. J. (1902).
Nar	Johannes NAR, Kleine Geschichte der Caritas im Bistum Augsburg. 1920–1960. Zum 40jährigen Bestehen des Diözesan-Caritasverbandes Augsburg. 1960.
PfA	Pfarrarchiv
Witetschek	Helmut WITETSCHEK, Studien zur kirchlichen Erneuerung im Bistum Augsburg in der ersten Hälfte des 19. Jahrhunderts. SchwäbGQForsch. SchriftreihHistVerSchwab B 7. 1965.
Wüst	Wolfgang WÜST, Die »Soziale Frage« in der Zeit der Früh- und Hochindustrialisierung 1844–1914. Ein Beitrag zur Sozialgeschichte mit besonderer Berücksichtigung der Verhältnisse in der Augsburger Textil- und Maschinenbauindustrie. Zulassungsarbeit für das Lehramt an Gymnasien. Augsburg 1978.
Zorn	Wolfgang ZORN, Handels- und Industriegeschichte Bayerisch-Schwabens 1648–1870. Wirtschafts-, Sozial- und Kulturgeschichte des schwäbischen Unternehmertums. VeröffSchwäbForschgemKommBayLandgesch R 1 StudGeschBaySchwab B 6. 1961.
Zorn/Hillenbrand	Wolfgang ZORN, Leonhard HILLENBRAND, Sechs Jahrhunderte Schwäbische Wirtschaft. Beiträge zur Geschichte der Wirtschaft im Regierungsbezirk Schwaben. 125 Jahre Industrie- und Handelskammer Augsburg. 1969.

Beiträge aus der Diskussion

Zum Referat Sydow

Kirchgässner: Wenn ich recht sehe, ist in Nieder- wie in Oberschwaben in mehreren Reichsstädten in den 1360er Jahren ein Vorstoß des Bischofs von Konstanz erfolgt, die Exemption geistlicher Institutionen von der Stadtsteuer durchzusetzen. Eine zweite Welle solcher nochmaliger Versuche kommt in den 1440er/50er Jahren. Es würde mich interessieren, ob das ein Vorgang ist, der sich weit über Süddeutschland hin erstreckt. Was mich dabei besonders fasziniert, ist die etwas einseitige Formulierung der Stadträte, daß etwa die Klosterfrauen der Samnung in Konstanz auch »von ihres Begehrens wegen« ins Bürgerrecht endgültig aufgenommen seien, und sie werden auch endgültig zugelassen. Interessant ist dabei, daß die Steuerzahlung selbst oft lächerlich gering ist; es geht also gar nicht so um den finanziellen Ertrag, sondern darum, daß der Rat der Stadt zum Teil gegen Intervention des Bischofs durchsetzt, daß diese geistlichen Korporationen jetzt völlig in das Corpus der gesamten Bürgerschaft integriert werden. Meine Frage also: Ist der Sachverhalt als solcher, und ist die Periodisierung im weiteren Umfange im Untersuchungsgebiet unseres Arbeitskreises festzustellen?

Koller: Es wäre noch zu überlegen, ob nicht auch die Religiosität durch Seuchen gesteigert wurde, die in den großen Orten besonders wüteten. Auch wäre der Wandel in den Aufgaben der Orden mehr zu beachten. So kümmern sich zum Beispiel die Augustiner-Eremiten in Wien zunächst offensichtlich um die Unterschichten, da sie in der Rossau angesiedelt werden. Doch wird das Kloster noch im frühen 14. Jh. in die Stadt, und zwar in unmittelbare Nachbarschaft der herzoglichen Burg verlegt, so daß die Augustiner-Eremiten nunmehr ein Hoforden werden. Diese Entwicklung ist übrigens auch in München gut zu beobachten.

Leiser: »Bürgerschaft und Kirche« oder »Stadt und Kirche« kann unzulässig modernes Trennungsdenken suggerieren; die Trennung der Bereiche ist der früheren Zeit jedoch unangemessen. Das ist auch für das Institutionelle zu beachten. Ich bezweifle, daß man die Pfarrorganisation und die städtischen Klöster auf einer Ebene behandeln darf. Kirchenrechtlich ist die Pfarrei und ihr Rektor die Institution, welche der säkularen Institution »Stadt« zugeordnet ist. Zugeordnet, aber nicht gegenübergestellt: Noch bis weit ins 19. Jh. wurde versucht, den Grundsatz der Einheit von kirchlicher und weltlicher Gemeinde durchzuhalten. Der übrige, oft zahlreiche Weltklerus und die städtischen Klöster, die meist ebenfalls Seelsorge betrieben, liegen auf einer völlig anderen Ebene. Herr Sydow hat darauf hingewiesen, daß die städtische Mittel- und Oberschicht, die sich gern in Bettelordenklöstern bestatten läßt, diese zwar dotiert, aber nicht selbst dort eintritt. Das gilt nur mit Einschränkungen, denn es ist an die Existenz der Dritten Orden zu erinnern. Angehörige der Mittel- und Oberschicht sind Mitglieder des Dritten Ordens, treten im Alter in den Konvent ein oder, wenn sie in den Sielen sterben, lassen sich als Tertiarier in »ihrer« Kirche bestatten. Denken Sie an die Franziskanerkirche zu Ingolstadt: Ihre berühmten Epitaphien geben einen Querschnitt durch das Ingolstädter Patriziat und die dortige Professorenschaft!

Wunder, G.: Wir müssen unterscheiden zwischen Begräbniskirche und Zugehörigkeit zum Orden. Es ist in Schwäbisch Hall z. B. offenbar so, daß ein Teil der Oberschicht sich bei den

Franziskanern begraben läßt, daß aber keine Mitglieder ihrer Familien bei den Franziskanern eintreten. Der andere Teil der Oberschicht läßt sich bei den Johannitern begraben und dort gibt es auch Mitglieder dieser Oberschicht im Orden.
Zu den Steuern möchte ich bemerken, daß in vielen Städten in Franken und Schwaben, in Windsheim z. B., die Franziskaner oder Augustiner nicht in den städtischen Steuerlisten enthalten sind, wohl aber sehr häufig das Schwesternhaus oder die Frauen der Sammlung, wobei man meistens wohl an die Dritten Orden denken muß. Gelegentlich findet sich auch in Steuerlisten der Vermerk, daß irgendein steuerbares Gut oder Haus auch von den Ordensbrüdern versteuert werden muß. Aber im allgemeinen werden anscheinend bei der Übergabe z. B. an die Franziskaner solche Güter von der Steuer abgelöst. Dagegen sind die Frauen immer wieder in den Steuerlisten anzutreffen bis tief ins 16. Jh. hinein.

Ennen: Ich möchte auf die Differenzierung der Verhältnisse eingehen. Diese Differenzierung kommt durch das unterschiedliche Alter einer Stadt zustande. In einer so alten Stadt wie Köln haben wir eine Reihe von Frauenstiftern, die zwar alle seit 1106 im Mauerring der Stadt liegen, in die aber nie eine noch so reiche Patrizierin eintreten konnte. Nie hat eine Kölnerin, wenn sie noch so reich war und der Oberschicht angehörte, im Chorgestühl der nur dem Hochadel vorbehaltenen Stifter St. Ursula, St. Maria im Kapitol und St. Cäcilien gestanden. Eine Möglichkeit für bürgerliche Frauen, ein religiöses Leben zu führen, beginnt in Köln mit Beginen-Gemeinschaften und Dominikanerinnen. Ich erinnere hier an Dinge, die Grundmann hervorgehoben hat in seinen Arbeiten für die religiöse Frauenbewegung im Mittelalter. Aus einer Beginen-Gemeinschaft erwächst dann das berühmte Dominikanerinnenkloster, in Köln nicht in Randlage, sondern am Neumarkt, so wie in Köln und auch in Bonn die Minoriten mitten in der Stadt sitzen. Auch da gibt es sehr große regionale Unterschiede. Dieses Dominikanerinnenkloster wird in der Geschichte der deutschen Mystik sehr bedeutend. Aus seinen Nekrologen geht hervor, daß die Mitglieder aus dem Patriziat der Stadt Köln und aus dem niederen Landadel der Umgebung in der Frühzeit dieses Klosters stammten.
Das Beginenwesen ist in Köln sehr früh und dann sehr reich entfaltet. Es sind durchweg kleine Konvente, vielfach von Patriziern gestiftet, offensichtlich doch auch aus dem Wunsch heraus, hier Frauen ihrer Schicht eine Möglichkeit religiösen Lebens zu schaffen. Die älteren Beginen in Köln scheinen, soweit man es urkundenmäßig feststellen kann, noch relativ begütert gewesen zu sein. Daß diese Beginengemeinschaften arm sind, ist dann etwas, was durchaus dem 14./15. Jh., dem späten Mittelalter, angehört. Da machen sie mitunter auch dem zünftigen Gewerbe eine unerwünschte Konkurenz. Das ist oft bei Tertiarerinnen sehr wichtig. Es war also für die bürgerliche Frau sehr schwer, eine Möglichkeit für ein religiöses Leben zu finden.
Andererseits sind die Stifter in die Pfarrseelsorge insofern eingeschaltet, als sie alte Pfarrbezirke sind und im allgemeinen zu diesen alten Stiftern dann eine Annex-Pfarrkirche gehört. Köln ist ja auch ein berühmtes Beispiel für die enge Verflechtung von Sondergemeinde und Pfarrei. Das ist auch wieder ein großes Thema, wie weit die Unterbezirke in der Stadt auf kirchliche Einteilung zurückgehen. Es ist gerade für Köln in letzter Zeit mehrfach darauf hingewiesen worden, daß der Pfarrzwang sehr stark bezirksbildend wirkte.
Zu dem Thema Pfarrkirche bei Gründungsstädten: wichtig ist dabei das Alter der Städte. Einen interessanten Fall behandelt Rudolf Feld, Das Städtewesen des Hunsrück-Naheraumes im Spätmittelalter und in der Frühneuzeit. Phil. Diss. Mainz, Trier 1972. Die Hunsrückstädte sind späte landesherrliche Gründungsstädte. Als sie entstanden, war das Pfarrnetz im Hunsrück längst vollkommen ausgebildet, so daß diese kleinen landesherrlichen Gründungen zunächst ohne Pfarrkirchen waren, sie waren in ländlichen Pfarreien eingepfarrt. Sehr viel später hat sich das mitunter geändert.

Rausch: In Beantwortung der Frage, ob und warum die Bettelorden im Bereich der Mauer liegen, beschränke ich mich auf den österreichischen Raum. Hier ist festzustellen, daß die Minoriten ihre Klöster alle im Mauerbereich haben. Warum ist dies der Fall? Weil die Bettelorden in jener Zeit nach Österreich kamen, in der das Städtewesen gerade seine Ausbildung erfuhr. Damals wurde die erste

Stadterweiterung festgelegt, war in der Stadt selbst schon der gesamte Raum auf die Bürgerschaft aufgeteilt. In der Regel hat der Stadtherr die Orden im 13. Jh. in die Stadt hereingerufen, und da gab es keinen anderen Platz mehr für ihre Ansiedlung als das öffentliche Gut im Mauerbereich, welches ja nicht verbaut werden durfte. Das ist der eine Grund, warum die Bettelorden dort zu finden sind. Ein anderer Grund ist, daß die Bettelorden anfangs keinen Besitz haben durften und daher auf Ansiedlung im öffentlichen Gut angewiesen waren. Das änderte sich allerdings sehr bald. Schon im 14. Jh. sehen wir dann, daß die Franziskaner beispielsweise in Linz nahezu ein Drittel des alten Stadtbereiches durch Schenkungen besitzen und aus den Renten davon hervorragende Einnahmen beziehen.

Es ist also sehr wesentlich, wann die Orden in eine Stadt kamen, ob dies in die Ausbildungzeit der Stadt fiel oder ob die Stadt um diese Zeit schon voll ausgebildet war. Ein Indiz dafür ist auch, daß die Ordenskirchen stets für die Öffentlichkeit verfügbar waren. Ich glaube, es gibt mehrere Beispiele aus dem süddeutschen Raum, die zeigen, daß die Kirchen der Bettelorden (Franziskaner wie Dominikaner) für öffentliche Veranstaltungen jederzeit zugänglich waren. Man hat in ihnen Gemeindesitzungen abgehalten, Schiedsgerichte oder große Versammlungen. Mir ist nicht bekannt, daß dies bei den Pfarrkirchen auch üblich war.

Fügedi: Wenn wir die sozialgeschichtlichen Aspekte in bezug auf Kirche und Bürgerschaft hervorheben möchten, dann kommt es immer zu einer Doppelseitigkeit. Auf der einen Seite ist die Kirche mit ihren Institutionen und mit ihrer Geistlichkeit und auf der anderen Seite ist das Bürgertum, das hauptsächlich in der bisherigen Literatur verfassungsrechtlich und wirtschaftlich erforscht wurde. Ich möchte hier zwei Fälle erwähnen, in denen ich weitere Möglichkeiten sehe. Wirtschaftlich kennen wir das Bürgertum meistens durch die Steuerlisten, dort, wo sie erhalten geblieben sind. Dadurch bekommen wir verschiedene Schichten, Vermögensschichten, und wir können einen Unterschied zwischen Vermögenden und ganz Unvermögenden, zwischen Reichen und Armen finden, aber in der Mitte bricht alles zusammen. Man kann eigentlich keine Ordnung schaffen. Es bestand eine Zeitlang die Auffassung, daß die materielle Lage auch die soziale Lage bestimmt oder wenigstens im Grunde genommen bestimmt, was auf Max Weber zurückgeht. Aber jetzt wird diese These schon ein wenig angefochten, und ich möchte hier an Gerd Wunders Aufsatz Die Sozialstruktur der Reichsstadt Schwäbisch Hall im späten Mittelalter, in: Untersuchungen zur gesellschaftlichen Struktur der mittelalterlichen Städte in Europa, Konstanz 1966 (VortrrForsch XI), S. 25–52 erinnern, wo er sich mit dieser These auseinandersetzt und zu differenzieren versucht, in welchem Falle sie sich nicht durchsetzen kann. Ich glaube, hier könnten wir aber mit Hilfe der Steuerlisten und durch eine Kombination von religiösen Daten und Steuerlisten eben das fassen, was uns die Steuerlisten allein nicht ermöglichen, nämlich die Gruppen und die Gruppenbildung im soziologischen Sinne in einer Stadt. Wenn wir bestimmen können, wie vermögend oder unvermögend ein Bürger war, wie und wo er gewohnt hat und zu welcher Bruderschaft er gehört hat, dann bekommen wir eine Kombination, in der sich Gruppen bilden und wir vielleicht erkennen können, warum einer, der viel weniger vermögend war, doch eine sehr große Rolle gespielt hat, weil er der Anführer einer Gruppe war, die sich über mehrere wirtschaftliche Schichten und soziale Gruppen erstreckt hat.

Übrigens wurde hier auch die Fronleichnamsbruderschaft von Regensburg angesprochen. Das finden wir bei uns in Ungarn nur in den Fernhandelsstädten, und es ist ein Klub der Fernhändler für alle reichen Leute. Mitgliederlisten haben sie zwar nicht, aber wir wissen, wer dort anwesend war. Das deckt sich mit der höchsten materiellen Schicht der Stadt.

Eine andere ausgezeichnete Idee war die Bearbeitung der Predigten. Das hat bei uns in Ungarn für das 18. Jh. ein ausgezeichnetes Ergebnis gebracht. 1739 war die letzte große Pest in Ungarn, und es war auffallend, daß in einem Gebiet, das calvinistisch ist, die Zahl der Opfer äußerst hoch war, viel höher als der Durchschnitt in den anderen Landesteilen. Wir konnten nicht herausfinden, warum. Die Konditionen waren dieselben. Es hat sich dann aus den Analysen der calvinistischen Predigten herausgestellt, daß der Pfarrer überall gepredigt hat, »du sollst hier bleiben, fliehe nicht, du kannst deinem Los nicht entfliehen«. Die ganze Bevölkerung ist daher dort geblieben und war der Pest ausgeliefert.

Es handelt sich hier augenscheinlich um ein Gebiet, das zwischen Frankreich und Ostmitteleuropa liegt. In Frankreich behauptet man nämlich, daß die Bettelorden immer in den Vorstädten sich niederlassen und eigentlich die Fürsorge jener Bauern übernehmen, die wegen der wirtschaftlichen Depression in die Stadt ziehen. Ich kann es nicht überprüfen, ob das wahr ist oder nicht. In Ungarn dagegen sind die Bettelordenkirchen, die sehr früh gegründet wurden, ebenfalls an der Stadtmauer. Meistens bilden sie einen Teil der Stadtbefestigung.
Der zweite Aufschwung der Franziskaner war bei uns die Observanz. Sie hat sich aber nicht an die Städte gebunden, sondern an die Landbevölkerung. Es waren die observanten Franziskaner, die in dem Bauernkrieg 1514 mit den Bauern zusammen gekämpft haben. Danach wurde dann eine große Inquisition eingeführt. Auffallend ist auch, daß es bei uns ausschließlich Franziskaner gibt, Dominikaner sehr wenig, daß Augustinereremiten in einer verschwindenden Zahl und Karmeliten überhaupt nicht anzutreffen sind.

Fuchs (Straßburg): Die Dominikaner oder Predigerbrüder siedelten sich um 1224 in Straßburg außerhalb der Stadtmauern an, während die Franziskaner bereits einige Jahre früher mitten in der Stadt, am heutigen Kleberplatz, ein Kloster errichteten. 1248 erwarben die Dominikaner ein in der Nähe der Franziskaner gelegenes Anwesen, um ein neues Kloster zu errichten. Sie rechneten jedoch nicht mit dem Widerstand des Weltklerus, der mit Besorgnis dem wachsenden Einfluß der Predigerbrüder auf die Bevölkerung zusah. Erst nach einem längeren Prozeß an der Kurie in Rom konnten sie mit dem Bau des Klosters beginnen. Viele andere Klöster ließen sich in der Folge am Rande der Stadt nieder. Erst im 15. Jh., um 1474–75, während der Burgunderkriege, wurden mehrere davon abgerissen, um freies Schießgelände zu haben, und die Insassen wurden innerhalb der Stadtmauern untergebracht.
Die Klöster bezahlten keine städtischen Steuern und waren von den Gemeindelasten befreit. Jedoch gewissermaßen als »Ersatz« waren sie dem Schirmgeld unterworfen, ungefähr 10 Pfund pro Jahr. Nach der Einführung der Reformation forderte der städtische Rat das »Schirmgeld« von jedem einzelnen Klosterinsassen. Diese Verpflichtung scheint aber nur kurze Zeit in Kraft geblieben zu sein.
Die Bettelorden waren unbequeme Konkurrenten für die städtische Pfarrgeistlichkeit, da das Volk gern in den Klöstern zur Beichte ging und sich dort auch oft begraben ließ. Deshalb entstand um die Mitte des 15. Jhs. zwischen dem Weltklerus und den Bettelorden der sogenannte Streit des Ultimum vale, d. h. ob weiterhin den Bürgern gestattet werden sollte, sich in den Klosterkirchen begraben zu lassen. Erst nach langen Kontroversen wurde eine zufriedenstellende Lösung gefunden: die Erben eines Verstorbenen, der in einem Kloster begraben sein wollte, mußten dem Pfarrer des Pfarreisprengels, auf dem der Verstorbene gewohnt hatte, eine »Abfindungssumme«, sozusagen einen »Schadenersatz«, bezahlen. Dieser betrug etwa 30 Schilling um 1480.

Fuchs (Villingen): Wir haben in den letzten Jahren in der Franziskanerkirche in Villingen gegraben und haben dabei festgestellt, daß in diesem Bereich 5 Hausgruppen gewesen sind. Das Kloster ist ja 1268 gegründet worden. Damals mußten etwa 5 Häuser beseitigt werden, wahrscheinlich waren es sogar mehr, um am westlichen Rand der Stadtmauer das Franziskanerkloster, das sehr umfänglich ist, erbauen zu können.
Wir haben einen interessanten Fall in Villingen, was die Steuer angeht. Im Jahre 1480, als die Äbtissin Ursula Heider von Valduna in die Stadt ziehen wollte und sollte, hat der Rat der Stadt der Äbtissin mit ihrer Begleitung eine Delegation entgegengeschickt und ihr gesagt, sie müsse einen Vertrag unterschreiben, nach dem das Kloster nun in Zukunft Steuer an die Stadt zu entrichten habe, ansonsten dürfe die Äbtissin nicht in die Stadt einziehen, könne also nicht Äbtissin der Klarissen in Villingen werden.
Solange wir in Villingen wissen, jedenfalls schon ab dem 14. Jh., hat die Wahl des Bürgermeisters und des Rates der Stadt jährlich zur Sommersonnenwende in der Franziskanerkirche stattgefunden.

Kauß: Zum Themenbereich Bürger, Kirche, Kunst wird in der Festschrift für das Ulmer Münster Aussagekräftiges vorgelegt (600 Jahre Ulmer Münster. Hrsg. H. E. Specker u. R. Wortmann, Ulm 1977).

Zum Thema Kaplanei: Die Kaplanei ist ein vielfältiger Ansatz für das Bürgertum sowohl in der Frage der Verfassung als auch in der Frage der Seelsorge. Vgl. Wolfgang Müller, Die Kaplaneistiftung als spätmittelalterliche Institution, in: Von Konstanz nach Trient, München/Paderborn/Wien 1972, S. 301–315.
Zur Frage Kirche und Kunst: Ist irgendwo etwas bekannt über das Verhalten der bürgerlichen Frömmigkeit in der Wende der Reformation, also von 1550 etwa bis knapp 1600? Gibt es irgendwie detaillierte Untersuchungen über Epitaphien in Stadtpfarrkirchen und deren Aussehen oder ikonographisches Programm?

Kirchgässner: Ich möchte ausdrücklich darauf hinweisen, daß die Steuerzahlung eben nicht für die soziale Klassifizierung charakteristisch sein kann. Soweit ich weiß, zahlt jedenfalls im Bereich des Bistums Konstanz kein Kloster Normalsteuer, sondern es wird oft durch eine lächerlich kleine Abschlagszahlung, die meistens nicht einmal in den Steuerlisten auftaucht, abgegolten und damit gekennzeichnet, daß es sich um diese Integration in das Corpus der Stadt handelt. Für die Beurteilung ist der Zeitpunkt wirklich wichtig, wann das durchgesetzt werden kann.

Schattenhofer: Ich kann hinsichtlich der Beginenhäuser – in München hießen sie Seelhäuser, die Frauen hießen Seelfrauen und Seelschwestern – das bestätigen, was Frau Ennen für Köln sagte. In München gehörte es zum Splendor der reicheren und besitzenden Familien, ein Seelhaus zu gründen. Die Seelhäuser standen zwischen geistlicher und weltlicher Einrichtung und wurden auch nicht säkularisiert. Man kümmerte sich um Krankenpflege, um die Betreuung der Leichen. Die Leichenfrauen hießen in München im 19. Jh. auch Seelnonnen. Aus einigen dieser Seelhäuser wurden Drittordensklöster bereits im 14. Jh.
Nicht zur Sprache gekommen ist die Amortisationsgesetzgebung. In München haben die Seelgerätsstiftungen im 14. Jh. bereits einen solchen Umfang angenommen, daß man die Kirche zwang, binnen Jahr und Tag die Stiftungen der Bürgerschaft wieder zum Kauf anzubieten. Das zieht sich dann bis ins Ende des 15. Jhs. fort.
Das, was über die Beliebtheit der Beerdigung bei den Franziskanern gesagt wurde, trifft auch für München zu. Man hat dann folgende Regelung bereits im 14. Jh. gefunden. Einer, der sich bei den Franziskanern beerdigen lassen wollte (das war die Oberschicht, die Adelsschicht), dessen Leiche mußte zuerst in die Pfarrkirche gebracht werden. Dort vollzog man die Segnung, und dann durfte sie in feierlicher Prozession ins Franziskanerkloster gebracht werden.
Besteuert wurden die Klöster in München nicht. Sie erwarben auch nicht das Bürgerrecht, aber auswärtige Klöster erwarben für ihren Hausbesitz in München das Bürgerrecht und zahlten eine gewisse Steuer für diese Häuser.

Wesoly: Ich möchte die Bettelklöster, die im Vortrag und in den Diskussionsbeiträgen so sehr an den Rand der Städte gedrängt worden sind – für den österreichischen Bereich und einige andere Gegenden mag dies vielleicht mit Recht geschehen sein –, doch wieder ein wenig in das Zentrum rücken. Frau Ennen hat schon darauf hingewiesen, daß die Bettelorden in Köln und Bonn keineswegs im Schatten der Mauer sich ansiedeln. Für Mainz, Frankfurt und andere Städte am Mittelrhein kann man auf ähnliche Verhältnisse hinweisen. Die Lage der Bettelordensklöster innerhalb der Städte ist von den Historikern um Le Goff komputermäßig für ganz Frankreich festgestellt worden. Der junge Geschichtswissenschaftler Jean-Claude Schmitt berichtete auf einem Colloquium des Forschungsprojektsschwerpunktes »Vergleichende Ordensforschung« an der Freien Universität Berlin Anfang 1977 über erste Ergebnisse (das Referat erscheint in: Ordensstudien 1, Beiträge zur Geschichte des Konversentums im Mittelalter, Berlin 1979). Nach diesen Ermittlungen muß man davon ausgehen, daß es einen Trend aller Bettelorden gegeben hat, in der Mitte der Stadt zu bauen, doch war dies durchaus nicht immer möglich, da »die schönen Plätze schon besetzt waren«. Zudem war der innerstädtische Grund und Boden teuer. Wo die Klöster nur eine periphere Lage einnehmen konnten, blieb dennoch das Stadtzentrum das Ziel für die Orden. So ergeben alle späteren Klosterverlegungen eine größere Nähe zur Mitte der Städte.

Zum angesprochenen Problem der Besteuerung der Geistlichkeit möchte ich noch darauf hinweisen, daß der Stadtklerus und die Bettelorden durchaus unterschiedlich behandelt werden konnten. In einer Stadt wie Frankfurt, wo der Stadtrat bei der Ansiedlung der Bettelorden die volle Steuergerechtigkeit besitzt, werden die Klöster (nicht die einzelnen Insassen) ganz selbstverständlich mit Steuern bzw. einem Schirmgeld belegt, während die Weltgeistlichkeit sich nur in besonderen Notsituationen zu freiwilligen, nicht präjudizierenden Zahlungen herabließ. Die Bettelorden waren auch hier nicht von den für die Stadt nicht unwichtigen indirekten Steuern, wie dem Mahl- und Weinungeld, befreit. Der Stadtklerus konnte dagegen – trotz verschiedentlicher Versuche des Rates, die Steuergerechtigkeit auf diese Gruppe auszudehnen – seinen Eigenbedarf und sein Eigengewachs frei von Abgaben halten.

Sydow: Einige Fragen passen m. E. zu der Themenstellung, so wie ich sie aufgefaßt habe, eigentlich nicht richtig hinein und würden jetzt etwas von dem abführen, was mich bewegt hat. Eine Frage, der ich mich aber stellen muß, ist diejenige nach der Lage der Klöster. Ich möchte nicht behaupten, daß nun jedes Bettelordenskloster am Rande der Stadt liegt, aber man kann meine Bemerkung auch nicht so herunterspielen, wie es hier getan wurde. Es gibt zwar auch in Süddeutschland Beispiele einer Innenstadtlage. Nur ist das, worauf Herr Rausch hinwies, zu beachten, daß schon das Armutsgebot der Bettelorden es wohl erleichtert hat, wenn die Klöster am Stadtrand auf öffentlichem Grund lagen. Ich darf außerdem daran erinnern, daß auch ein typisch mittelalterlicher Gedanke dabei eine Rolle spielt. Bei der Ansiedlung der Regensburger Dominikanerinnen, diesmal übrigens in einer Vorstadt, die erst später in den Mauerring einbezogen wird (im Westen der Stadt), heißt es in der Gründungsurkunde, daß man dieses Kloster dorthin lege, damit so, wie die Klarissen im Osten der Stadt für das Wohl und den Schutz der Stadt beten – denn die Klarissen haben die Stadt sicher nicht von der Mauer aus verteidigt –, in Zukunft die Dominikanerinnen im Westen der Stadt den Schutz der Stadt übernehmen sollten. Also ein typisch mittelalterlicher Gedanke einer Verbindung des Weltlichen und Geistlichen, das hier ineinander übergeht.
Für die öffentlichen Veranstaltungen in südwestdeutschen und Schweizer Bettelordensklöstern verweise ich auf die Arbeit von Bernhard E. J. Stüdeli, Minoritenniederlassungen und mittelalterliche Stadt, Werl 1969, die das ja im einzelnen nachweist.
Bei der Frage, wer nun in die Klöster eingetreten ist, also einerseits der Wahl des Beerdigungsplatzes bei diesen Klöstern und andererseits des Klostereintritts, ist in der Diskussion nicht klar unterschieden worden. Man hat immer von »den« Orden gesprochen und dann genannt Franziskaner, Dominikaner usw., und in einem Atemzuge hat man auch gleich noch die Frauenorden mit hineingezogen. Hier muß man, glaube ich, unterscheiden. Die Männer treten anderswo ein als die Frauen, und wieder anders sieht es bei den Beginen, bei den Begarden und den Drittordensgemeinschaften, vor allem den weiblichen, aus. Bei Klarissen und Dominikanerinnen des 2. Ordens, also den streng klausurierten Ordenszweigen, ist es von Anfang an so, daß dort ausgesprochen Angehörige der Oberschicht eintreten. Ich erinnere nur an Söflingen bei Ulm oder an die Nürnberger Klöster. Ich wehre mich etwas dagegen, mit einem einzigen Schlagwort die Frauen- und Männergemeinschaften der einzelnen Orden sozusagen erfassen zu wollen. Das kann man in dieser Weise nicht machen.
Die Kaplanei habe ich bewußt ausgelassen, weil sie so, wie ich mir mein Thema vorgestellt hatte, nicht ganz hineinpaßt. Die Kaplanei ist sowohl eine Frage der Seelsorge als auch eine der Organisation, und die Organisation sollte von vornherein hier nicht behandelt werden.

Zum Referat Czacharowski

Wesoly: Ich muß gestehen, daß ich ein wenig enttäuscht bin, weil in dem Vortrag nicht auch die Gesellenbruderschaften angesprochen wurden, obwohl nach der grundlegenden Arbeit von Schanz (Georg Schanz, Zur Geschichte der deutschen Gesellen-Verbände, Leipzig 1877, Neudr. Glashütten 1973) vor über hundert Jahren so gut wie nichts zu diesem Thema erschienen ist. Da ich selbst an einer Untersuchung über das Gesellenwesen am Mittelrhein arbeite, möchte ich fragen, ob hierzu

kein Material vorgelegen hat oder ob das sicher nicht nur mich interessierende Gebiet bewußt vom Referenten ausgeklammert worden ist.
Außerdem hätte ich gerne gewußt, ob man Aussagen darüber machen kann, wie weit die Bruderschaften bei einer Mitgliedschaft aus verschiedenen Schichten sozial-integrativ wirkten.
Noch ein Wort zu den Elendenbruderschaften. In dem Vortrag wurden als Mitglieder der Elendenbruderschaften vornehmlich Angehörige der unteren Schichten angenommen. Nun sind meiner Erfahrung nach (zumindest gilt dies für den Mittelrhein) gerade in diesen Bruderschaften, die ja mit »Elend« nichts zu tun haben, sondern durch das mittelhochdeutsche Wort für Ausland, Fremde ihren Namen erhielten, durchaus wohlhabende Bürger zu finden. Die Hauptaufgabe der Vereinigungen war die Beherbergung von »im ellende« befindlichen Pilgern, die in den von den Bruderschaften unterhaltenen Elendenherbergen Unterkunft fanden. Obwohl der Status eines Pilgers jenseits der Kategorien von Armut und Reichtum liegt, kann man sagen, daß in den Herbergen zunehmend Arme versorgt wurden, die sich auf dem Weg nach den Heiligen Stätten befanden, da adlige Pilger nicht mehr im härenen Gewand wallfahrten, sondern hoch zu Roß St. Jakob in Compostela oder andere Heiligtümer besuchten. Unter den Mitgliedern der in der Stadt ansässigen Bruderschaft bleiben jedoch, so z. B. in Frankfurt, Angehörige angesehener Familien nachweisbar. Das für die Beköstigten und Beherbergten vorgeschriebene Gebet und die Fürbitte waren anscheinend eine ausreichende Entschädigung für die finanziellen Aufwendungen der Mitglieder und testamentarischen Förderer.

Czacharowski: Die Gesellenbruderschaften sind ein Thema für sich. Ich habe es aus zwei Gründen ausgelassen:
1. Weil eben die gegenwärtigen polnischen Forschungen in dieser Richtung noch zu wenig Neues gebracht haben.
2. Weil es doch ein Problem für sich ist. Mir gefällt sehr die Unterteilung der Bruderschaften, die Hanna Zaremska vorgeschlagen hat. Sie hat sich mit Absicht nur mit einer Gruppe der religiösen Bruderschaften beschäftigt, die mit der Kirche in Verbindung standen. Wenn wir hier alle anderen Bruderschaften betrachten wollen, die Kłoczowski aufgestellt hat und auch Kumor, müßten wir ein paar solcher Vorträge vorbereiten, die sich aber nicht auf Forschungen stützen können, da darüber nur wenige vorliegen.
Ein anderes Problem ist das der sozialen Strukturen und der Integration der Bruderschaften. Darüber hat Zaremska viel geschrieben. Sie hat gesagt, daß es diese Integration dort gab, wo die Bruderschaften eng mit der Pfarrkirche in Verbindung standen. Alle Bruderschaften, die im Bereich eines Pfarrbezirks existierten, waren praktisch sozial integriert. Es gab einfach keine andere Möglichkeit. Man mußte zu der Bruderschaft gehören, die in dem Pfarrbezirk war, und das war nur eine einzige. Ich meine, das müßte man erst noch erforschen, ob es da eine entsprechende Selektion gab. Da mußten eine Mitgliedergebühr und noch verschiedene andere Gebühren gezahlt werden, und das konnte nicht jeder. Diejenigen, die mehr beitragen konnten, hatten meistens mehr zu sagen in der Bruderschaft. Auf diese Weise waren alle Brüder in der Bruderschaft wohl doch nicht gleich.
Es ist wahr, daß vielfach die Elendenbruderschaft die Fremden betreuen soll. Es waren Leute, die sozial eine Vorrangstellung hatten und deshalb zu caritativen Arbeiten fähig waren. Aber die Elendenbruderschaft in Thorn war wirklich eine Bruderschaft, die für die Ärmsten eingerichtet war. Zu dieser Bruderschaft gehörten die wohlhabenden Bürger, aber auch die Armen. Sie haben sich mit den Kranken beschäftigt. Es gab ein Siechenhaus in Thorn, und mit diesem Siechenhaus hat sich die Elendenbruderschaft beschäftigt. Es ist ein Problem, herauszufinden, wie das innerlich eingerichtet war, aber wir haben zu wenig Quellen, um das genauer zu erforschen. Vielleicht findet sich bei uns eine Stadt, in der mehr Quellen gerade für dieses Thema zu finden wären.

Remling: In zahlreichen fränkischen Kleinstädten findet sich im Spätmittelalter die Unterscheidung von »Großer« und »Kleiner« Bruderschaft. Soweit aus den Mitgliederlisten ersichtlich, sind in der »Großen Bruderschaft« vor allem der Klerus, der niedere Adel und die städtische Oberschicht vertreten; eine eindeutige Zuordnung auf eine bestimmte soziale Gruppe ist allerdings ohne genaue prosopographische Untersuchung nicht möglich.

Zur Frage nach der sozialen Zusammensetzung folgende grundsätzliche Überlegungen: Bruderschaften sind eine Form der Frömmigkeit, die in Gemeinschaft geschieht. Ausgangspunkt dafür kann sowohl eine sozial homogene Gruppe sein (etwa in ständischer oder berufsspezifischer Hinsicht) wie auch eine Gemeinschaft von Menschen aus sozial unterschiedlichen Gruppen, deren Bezugspunkt gemeinsame Bedürfnisse, Erfahrungen oder Wertvorstellungen sind. Für die weitere Entwicklung der sozialen Zusammensetzung spielen in beiden Fällen eine wichtige Rolle: die soziale Differenzierung der Gesellschaft und die soziale Distanz zwischen den einzelnen Schichten, das Sozialprestige einer Gemeinschaft in ihrer Umwelt, das Selbstverständnis und die Aufnahmepraxis einer Gemeinschaft. So ist für die Aufnahme eines Bewerbers bisweilen die Empfehlung eines Mitglieds notwendig, oder sie kann nur am Bruderschaftsfest mit Zustimmung der Mehrheit erfolgen, vor allem in Klerus-Bruderschaften ist die Zahl der Laien-Mitglieder häufig begrenzt.
Im übrigen darf aus der gemeinsamen Mitgliedschaft verschiedener Stände in einer Bruderschaft nicht automatisch auf sozial-integrative Funktionen geschlossen werden. Dafür ist erst der Nachweis einer tatsächlichen Gleichberechtigung erforderlich (etwa aus Statuten und Rechnungen). In der ständisch gegliederten Welt des Spätmittelalters bedürfen ständisch-gemischte Gemeinschaften einer besonderen Erklärung.
Die Betonung des städtischen Charakters der bruderschaftlichen Frömmigkeit sollte nicht den Blick versperren auf das Bruderschaftswesen in den Dorfpfarreien und die eventuellen Unterschiede zwischen städtischen und ländlichen Bruderschaften.

Czacharowski: Ich meine, man sollte nicht nach dem sozialen Kreis forschen, der bestimmte Heilige verehrt, sondern mehr nach dem beruflichen Kreis. Die Klerusbruderschaften wirkten überall zusammen. Wenn es eine Priesterbruderschaft gab, war es nicht eine Bruderschaft, in der nur Priester waren, sondern ihr gehörten auch andere Leute an.
Zu dem Problem Land- und Stadtbruderschaften haben wir, soweit ich weiß, keine Arbeit, so daß dieses Problem noch offen steht.

Leiser: Bei dem hier des öfteren verwendeten Begriff »Bruderschaft« ist die Gefahr groß, daß man unvermerkt in die Kirchengeschichte abgleitet: »Bruderschaft« meint dann die Aktivierung der Laien in der mittelalterlichen Kirche. Der Städtehistoriker hat insoweit nur zu fragen, ob die Stadt mit eigenen vorgegebenen oder neugeschaffenen Organisationen an diesem Prozeß beteiligt ist. Ursprünglich nicht-religiöse Gemeinschaften – man sollte bei der Übersetzung von »fraternitas« vorsichtig sein! – wurden nur kurz erwähnt, durchweg war die Rede von Bruderschaften, die zu karitativen Zwecken neu gegründet wurden. Eine Reihe von Fragen blieb dabei ohne Antwort: Wie sind diese Bruderschaften entstanden? Von wem ging die Initiative aus? Hatte, wie später in der Gegenreformation, der Klerus die Initiative ergriffen? Oder war es eine spontane Selbstorganisation der Mitglieder? Sind es Organisationen, die Laien und Kleriker umfassen, oder blieben die Laien unter sich? Wie ist die organisatorische Anlehnung an die Kirche? Es wurde gesagt, die Bruderschaften seien i. a. auf eine Pfarrei bezogen gewesen; das wundert nicht, denn sie brauchten ja einen Kultraum. Wie ist nun aber die organisatorische Verbindung von Bruderschaft und Pfarrei? – Eine weitere Frage ist die Sozialstruktur der Bruderschaft (Zusammensetzung nach Berufs- oder Sozialgruppen).

Czacharowski: Der Blick auf die Kirchengeschichte war hier sicherlich stärker als die Besinnung auf die Stadtgeschichte. Wenn wir uns mit der beruflichen, also der Standesbruderschaft, beschäftigen würden, wäre es etwas anderes. Aber, wie ich schon gesagt habe, habe ich dieses Thema aufgegeben, weil die Forschung noch nicht so weit ist.
In Krakau war der Gründer der Bruderschaft immer der Bischof und die Kirche. Das waren diejenigen, die die größten Initiativen entwickelten. Sie haben dann auch seinen sehr starken Einfluß auf den Charakter der Bruderschaften gehabt. In Thorn steht es im Statut, daß die Marienbruderschaft oder die Frauenbruderschaft bei der Jakobikirche gleichzeitig vom Pfarrer und dem Rat der Neustadt bestätigt worden ist. Da ist nicht der Initiator aufgezeigt worden. Vermutlich war der Pfarrer der Initiator der Organisation, und die Stadt war damit einverstanden. Das hatte zur Folge,

daß die Bruderschaft ziemlich selbständig war. Trotz des religiös-offiziellen Charakters hatte sie mehr einen gesellschaftlichen Charakter. Das war eine Organisation, die eine Gelegenheit zu geselligem Beisammensein bot, da hat meistens nicht der Pfarrer die Aufsicht gehabt, sondern die 4 Ältesten, die die Bruderschaft leiteten. Sie haben sich in den Geschäften zusammengetan, sie traten als die Organisation hervor usw. Diese selbständige Bruderschaft hat sich bei betimmten Gelegenheiten in der Kirche versammelt, meistens bei Bestattungen, aber auch bei feierlichen Festen, und sie hat sich auch im kirchlichen Zusammenhang getroffen bei Prozessionen. Das ist alles, was wir davon erfahren.
Wir wissen nur, daß sie sich viermal im Jahr versammelt haben, aber im Statut wird nur vom Biertrinken gesprochen und von keiner Andacht. Das war mehr ein gesellschaftlicher Verein, nicht ein religiöser.
Über die Struktur der Organisation der Bruderschaften haben wir einige Quellen, sie sind ziemlich schematisch und typisch. An der Spitze steht eine Gruppe der Ältesten. Die Ältesten sind 2–6 Personen, außerdem ist da noch ein Schreiber und ein Bote. Sie haben eine Kasse, meistens ein eigenes Vermögen. Das Geld stammt von ewigen Renten. Es kommt auch von den Strafen. Wir haben ziemlich genaue Register – das wird in Kürze veröffentlicht – sämtlicher Kassen der Marienbruderschaft in Thorn, und deswegen wissen wir, woher die Einkünfte kamen und was sie dann damit machen sollten. Das sind keine caritativen Spenden; das meiste haben die Ältesten für das sogenannte Bruderbier gegeben, einen kleinen Teil davon für den Kaplan, für das sogenannte Seelgerät. Die Quellen sind nicht gut erhalten in den polnischen Städten für diese Thematik, soweit wir das bis jetzt durchgeforscht haben. Aber wir haben noch verschiedene Möglichkeiten. Da sind die kirchlichen Archive, die nicht immer alle offenstehen und nicht gut vorbereitet zur Forschung sind, wo sich noch manches finden wird. Deshalb hoffen wir, daß eine weitere Forschung nach den Quellen uns neue Möglichkeiten zu dieser Thematik gibt.

Leiser: Die Städte, die Sie behandelten, lebten zumeist nach deutschem Recht. Ich gehe wohl nicht fehl, wenn ich diese Bruderschaften als Genossenschaften im Sinne des deutschen Rechts auffasse. Nach deutschem Recht galt der Grundsatz der freien Verbandsbildung. Die Genossenschaften konnten sich also spontan bilden. Bedurfte nach polnischem Recht die Gründung einer solchen Bruderschaft einer Genehmigung, sei es der weltlichen, sei es der geistlichen Obrigkeit? Wurden die Bruderschaften von irgend einer Seite beaufsichtigt? Hatten die Organe Rechenschaft abzulegen nicht nur gegenüber den eigenen Mitgliedern, sondern dem städtischen Rat oder einer geistlichen Behörde?

Czacharowski: Was die Genehmigung betrifft, war das in Thorn nur ein Beschluß des Rats und des Pfarrers. In Krakau hat es fast immer der Bischof getan, und im ersten Fall der ersten Organisation haben wir noch dazu eine päpstliche Bulle, die diese Organisation bestätigt.
Soweit die Quellen zu erforschen erlauben, was die Rechenschaft betrifft, war das nur die Rechenschaft vor dem eigenen Vorstand. Sie hatten finanzielle Selbständigkeit.

Ennen: Ich möchte nur ein Beispiel nennen, das auf einige, nicht alle Fragen, eine Antwort gibt. Ich gehe von den Bonner Verhältnissen aus. Es hat mich sehr interessiert, daß es auch in Polen die Priesterbruderschaften gibt. Wir haben in Bonn an der Stiftskirche St. Cassius eine Priesterbruderschaft St. Johann Evangelist, an der auch Laien als Mitglieder beteiligt sind. Wir haben Mitgliederlisten. Sie wird im ausgehenden 14. Jh. gegründet, besteht bis tief in die Mitte des 16. Jhs. Die Listen werden bis dahin geführt. Sie wird gegründet von einem reichen Kanoniker des Bonner Stiftes St. Cassius, an das sie auch angegliedert ist, wo sie auch ihren Altar usw. hat, und zwar zu einem zunächst rein kirchlich-klerikalen Zweck, nämlich, um ein würdiges Begräbnis, und zwar für die armen Vikare, sicherzustellen. Dahinter steht auch ein soziales Problem, aber ein soziales Problem des Klerus. Wir haben an demselben Münster auch äußerst reiche Kanoniker. Der Gründungskanoniker Johann von Bonn ist irgendwie verwandt mit dem Kölner Erzbischof Heinrich von Virneburg. Wir haben die vielen Altaristen, die auf Grund von ein paar Meßstiftungen sehr armselig leben. Es ist nun doch interessant, daß trotz dieses begrenzten, sich nur auf den Klerus beziehenden

Zweckes auch weltliche Mitglieder mit hineinkommen. Es ist ein ganz interessantes Beispiel, wie sich Kleriker und Bürger in einer Stadt zusammenfanden; die Bruderschaft erhielt auch päpstliche Privilegien. Ich wüßte nicht, daß sich der Rat sonderlich um sie gekümmert hätte. Dazu kann ich im einzelnen nicht viel sagen, auch nicht zur sozialen Stellung der bürgerlichen, der Laienmitglieder, aber es sind wohl doch im allgemeinen Laien aus den höheren und mittleren Schichten gewesen. Dann haben wir in sehr viel späterer Zeit, im 16. Jh., die Erscheinung einer Sakramentsbruderschaft, die nun einen ausgeprochen höfischen Charakter und einen gewissen gegenreformatorischen Akzent hat, und in der der Kurfürst und Stadtherr selbst Mitglied ist, vor allem sehr viele Hofbeamte, aber auch Bürger, natürlich aus der Schicht der Schöffenfamilien usw. Ich habe den Eindruck, daß diese Bruderschaften eigentlich sehr freie Zusammenschlüsse waren. Sie sind auch nicht von irgendeiner Seite gegängelt worden. Das ist ein sehr differenziertes Thema. Man darf es nicht vorschnell einengen auf eine bestimmte soziale Fragestellung, sondern da sind die verschiedensten Kombinationen zu finden. Die Art, wie sich Kleriker und Laien zusammenfanden, ist schließlich auch ein soziales Problem. Es spielen dann auch immer die besonderen Strukturen einer Stadt, wenn sie etwa Residenzstadt wird oder dergleichen, eine Rolle in diesen Organisationen. Das Berufsspezifische an Bruderschaften sind in Bonn jene Bruderschaften, aus denen die Zünfte hervorgehen. Wir haben eine Liebfrauenbruderschaft, auch aus dem Mittelalter, im späten 15. Jh. gegründet, mit einer bestimmten Verfassung, einem Siebener-Ausschuß. Es sind da Ehepaare beteiligt und auch kleine Schöffenfamilien aus der Nachbarschaft. Im Schoß dieser frommen Bruderschaft entwickelt sich die Bonner Schuhmacherzunft. Sie nimmt dann die spezifischen Schusterheiligen Crispinus und Crispinianus dazu, und man unterscheidet dann die Mitglieder der Bruderschaft von denjenigen, die dazu noch die Amtsgerechtigkeit gebrauchen. Diese haben zwei Amtsvorsteher. Es bleibt aber trotzdem daneben der alte Siebenerausschuß bestehen. In der Bruderschaft sind dann sogar Ratsmitglieder und dergleichen, also ausgesprochen Leute aus der oberen Schicht dieser Stadt. Aber der Kern, das Amt, ist im Grunde eine Zunft, und die Bruderschaft besteht darum herum. Um in das Amt zu kommen, muß man natürlich die üblichen Bedingungen erfüllen, also die Lehre nachweisen, Meisterstück machen usw. Die Mitgliedschaft in der Liebfrauenbruderschaft andererseits gewinnt man durch eine Wachsabgabe. Da sieht man in einem so kleinen Städtchen, wie es Bonn in dieser Zeit mit seinen 4000 Einwohnern noch war, schon wieder drei völlig verschiedene Arten solcher Bruderschaften, teils ganz religiöser, teils gemischter Art.

Wunder, G.: Wir müssen auch mit der Veränderung einer Bruderschaft in der Zeit rechnen. Ich habe da ein Beispiel: 1465 stiftet der reichste Mann der Stadt Leonberg eine Bruderschaft Unserer lieben Frauen mit ganz bestimmten sozialen Zwecken unter Zustimmung des Pfarrers und des Rats, und die Genossen verpflichten sich, einmal im Jahr nach einer festlichen Messe zu einem Mahl zusammenzukommen. Das Mahl soll aber bescheiden gehalten werden. Sie verpflichten sich, Dienstboten und Gesellen sich nicht gegenseitig abzuwerben, sie werden sich bei Beerdigungen helfen usw. Es steht aber in dem ganzen Stiftungsbrief überhaupt nichts davon, daß die Bruderschaft auf einen bestimmten Beruf beschränkt sei. 70 Jahre später wird sie bei der Reformation aufgelöst, das Vermögen der Bruderschaft einem wohltätigen Zweck zugeführt, und da heißt sie die Beckenbruderschaft. Ich kann nicht feststellen, daß unter den Gründern ein Bäcker war.

Czacharowski: In den Arbeiten, die ich hier zitiert habe, wird immer darauf abgehoben, daß man die Bruderschaften vor der Reformation bzw. vor dem Tridentinum behandelt. Ganz anders muß man schon die Bruderschaften nach dem Trienter Konzil betrachten. Da gab es eine große Anzahl von Bruderschaften. Es war eine völlig neue Situation, die man von neuem erforschen muß. Ich beschäftige mich nur mit den Bruderschaften des Mittelalters.

Bischoff: Die Gesellenbruderschaften, nach denen gefragt wurde, gehören nach meiner Erfahrung nicht ins Mittelalter. In Mittel- und Norddeutschland gibt es diesen Begriff im 16. und 17. Jh. Ich habe in den Blättern für Fränkische Familienkunde, Nürnberg, 14. Jg. 1939, S. 167–191, »Das Büchlein der Erbaren Brüderschaft der Rotgerbergesellen in Coburg, 1678–1718« veröffentlicht.

Hier handelte es sich um eine reine handwerklich-zünftische Organisation, die u. a. auch die wandernden Handwerksburschen ihres Handwerks durch besondere Gesellen betreuen ließ und im Bedarfsfall mit Geldern aus der Gesellenlade unterstützte. Hier waren keinerlei kirchliche oder religiöse Bindungen vorhanden. Gegen diese Gesellenbruderschaften richtete sich die bekannte Reichshandwerksordnung von 1731, welche sie generell verbot, allerdings nur mit geringem Erfolg. Die Veröffentlichung von Verzeichnissen solcher Bruderschaften sind auch besonders interessant zum Nachweis der Wanderwege der Handwerksgesellen im deutschen Sprachraum.

Zum Referat Naujoks

Fuchs (Straßburg): Es wundert mich, daß der Ausdruck Simultaneum schon so früh in den schwäbischen Reichsstädten gebraucht wird. Im Elsaß bzw. in Straßburg tritt der Ausdruck erst während des 30jährigen Krieges auf, und zwar in den durch Herzog Bernhard von Sachsen-Weimar eroberten Gebieten. Dieser Fürst führte den protestantischen Kultus neben dem katholischen in den neu erworbenen Ortschaften ein. Beide Kulte fanden in derselben Kirche statt. Nach 1681 führte Ludwig XIV. dieselbe Regelung in Straßburg ein: Die Katholiken durften sich des Chors der protestantischen Kirchen bedienen, sobald 6 katholische Familien vorhanden waren. Auch heute besteht das Simultaneum im Elsaß noch in einigen Ortschaften.
Das Interim wurde auch in Straßburg für 10 Jahre eingeführt, hat aber zu keinem Erfolg des Katholizismus geführt. Lediglich in drei Frauenklöstern und in drei Männerklöstern wurde der katholische Kultus weitergeduldet. Es fanden ständig Schikanen seitens des Rates und des Kirchenkonvents statt.
Um das Jahr 1570 versuchte der Kirchenkonvent auch den Katholizismus in den genannten Klöstern abzuschaffen. Der Stadtrat holte sich diesbezüglich Gutachten bei drei bekannten Juristen und auch bei Theologen ein. Letztere hatten keine Bedenken: für sie galt der Katholizismus offiziell seit 1529 als abgeschafft. Einer der drei Juristen brachte jedoch mehrere Einwände ein: man müsse sich an die Abmachungen des Religionsfriedens vom Jahre 1555 halten. Dem Religionsfrieden zufolge dürfe aber der Katholizismus in den genannten Klöstern nicht abgeschafft werden, weil er in denselben im Jahre 1555 ausgeübt wurde. Deshalb konnte der katholische Glaube mit gewissen Einschränkungen (z. B. Personen, die nicht zur Klostergemeinde gehörten, durften den Gottesdiensten nicht beiwohnen) in den betreffenden Klöstern weiter ausgeübt werden.
Der gregorianische Kalender wurde in Straßburg erst nach der Angliederung der Stadt an Frankreich im Jahre 1681 eingeführt. Deshalb findet man in den ersten darauffolgenden Jahren in den Kirchenbüchern stets beide Daten.

Diemer: Es hat geheißen, die Parität sei für Biberach eine Quelle des Streits gewesen. Das war sie sicher auch; doch sie war mehr. Seit 1648 waren nun einmal beide Konfessionen in ihrem Besitzstand anerkannt, und man mußte aufhören mit dem Versuch, die jeweils andere aus der Stadt hinauszudrängen. Das trug natürlich auch zur Beruhigung innerhalb der Stadt bei; die Auseinandersetzungen drehten sich nunmehr nicht mehr um das Grundsätzliche, sondern um die Auslegung der Rezesse von 1649 und 1668. Die ungewöhnliche kulturelle Blüte Biberachs im 17. und 18. Jh. kann ich mir nur so erklären, daß eben hier, in der konfessionell gespaltenen Stadt, sich die kulturellen Einflüsse beider Seiten begegneten, überlagerten und gegenseitig befruchteten.
Das Zusammenleben der beiden Konfessionen in der paritätischen Stadt war sicher viel enger, als man bis jetzt gesehen hat. Chroniken und Akten überliefern das Außer-Ordentliche, berichten von Spannungen oder sind Niederschlag von Streitigkeiten; sie bringen aber nicht das Normale, das Übliche. Sicher gab es in Biberach zwei Lager, die sich immer wieder befehdeten; aber das Normale war bei allen Gegensätzlichkeiten schon damals nicht das Gegeneinander, sondern das Miteinander. Einige Beispiele mögen das illustrieren. 1612 fertigte so der Biberacher Goldschmied Johann Baptist Schönfeld, später einer der Führer der evangelischen Partei, für die Katholiken die heute noch in Gebrauch stehende Große Monstranz, zu deren Kosten alle städtischen Amtungen beitrugen. Die bekannte Anfechtung der Wahl Christoph Martin Wielands zum Biberacher Kanzleiverwalter

(1760) durch die Katholiken hatte keinen eigentlichen konfessionellen Hintergrund; da Wieland – modern gesagt – die Laufbahnvoraussetzungen (Nobilitierung oder Doktorat) für die Bekleidung der Senatorenstelle nicht erfüllte, sah die katholische Seite eine günstige Gelegenheit, das um ein Drittel niedrigere Gehalt des Stadtadvokaten dem des Kanzleiverwalters anzugleichen. Und als sich der gleiche Wieland – für ihn als Sohn des evangelischen Seniors eine Unmöglichkeit – in eine Katholikin verliebte, holte er sich in seiner Bedrängnis Zuspruch beim Abt von Rot.

Wenn man sieht, wie heftig nach 1648 innerhalb der evangelischen Konfession zwischen dem neu gebildeten Patriziat und der Gemeinde gestritten wurde, so überwiegen diese Streitigkeiten gegenüber denen zwischen den beiden Konfessionen. Ein abschließendes Urteil wird aber erst möglich sein, wenn mindestens die Reichshofrats-Akten im Haus-, Hof- und Staatsarchiv Wien aufgearbeitet worden sind; sie sind bisher noch kaum benützt.

Die Frage nach der Entstehung des Simultaneums ist für Biberach leicht zu beantworten: zwei Konfessionen, eine Kirche. In Biberach hat sich das Miteinander so eingespielt, daß in der Stadtpfarrkirche heute ein für beide Konfessionen gemeinsamer Altar und Taufstein steht. So hat sich aus der Konfessionsverschiedenheit, die einst so starke Spannungen in die Stadt gebracht hat, ein Modell für das Zusammenleben der beiden Konfessionen entwickelt.

Kirchgässner: Mir macht die Einordnung in die große Entwicklung ein wenig Schwierigkeiten. Ich erinnere mich an die imponierende These von Bernd Moeller über »Reichsstadt und Reformation«, wie sich die Stadt, in diesem Falle die Reichsstadt, in der 2. Hälfte des 15. Jhs. als Corpus insgesamt empfindet und natürlich jede Verschiebung, auch des religiösen Kräfteverhältnisses, als Angriff gegen ihre Integrität selbst auffaßte und auffassen mußte. Als Grundthese scheint mir das doch immerhin sehr beachtenswert. Man kann das, was gesagt würde, von der rein politischen Seite auffassen. Eine solche Manifestation, eine Aufspaltung, wie sie für Dinkelsbühl hier geschildert wurde, muß ja das politische Gewicht nicht nur innerhalb der einzelnen Reichsstadt, sondern der Reichsstadt insgesamt schon beinahe dem Nullpunkt annähern. War, wenn man so argumentieren kann, nicht die Bemühung um das Simultaneum doch auch ein Versuch, dieses politische Gewicht irgendwie zu retten, indem man die Gemeinsamkeit reichsstädtischer Interessen wenigstens im Minimalkonsens durchzuhalten versuchte? Das gilt um so mehr, als manche dieser Städte (etwa Augsburg durch Bayern, Esslingen durch Württemberg) sich dem immer mächtigeren und erdrückenderen Umgriff eines Territorialstaates ausgesetzt sahen. Immerhin scheint mir dieser rapide Machtverfall der Reichsstädte doch ganz deutlich unterstrichen worden zu sein.

Fuchs (Straßburg): Straßburg ist eine sehr lebendige protestantische Stadt gewesen, die mit ihrem Rat und ihren Bischöfen nicht viel Federlesens gemacht hat. Es gibt Schilderungen, wie Straßburger Bürger – evangelischer Konfession – in die katholischen Predigten und Messen gegangen sind und durch die Massivität ihres Auftretens nichts zu wünschen übrig gelassen haben. Die Stadt ist auch erst durch die französische Besetzung wenigstens kalendermäßig katholisch geworden. Im Jahre 1681 wird nicht die französische Uhr, sondern die katholische Uhr, d. h. der gregorianische Kalender eingeführt.

Naujoks: Der Ausdruck Simultaneum ist im 16. Jh. nicht gebraucht worden. Ich habe den Begriff aus Pfeiffers Aufsatz über das Ringen um Parität übernommen. Die Verwendung von Ausdrücken wie Pluralität oder Koexistenz für das Nebeneinander der Konfessionen in einer Stadt schien mir zu modern und der Sache nicht angemessen. Mit dem Wort Simultaneum verbindet sich auch für uns eine Fülle von Vorstellungen für das Nebeneinander zweier Bekenntnisse. Deshalb wollte ich den Zeitabschnitt von 1555–1648 als Simultaneum charakterisieren.

Was Herr Diemer einschränkend über die paritätischen Verhältnisse ausführte, ist im Einzelfall sicher richtig. Ich habe zum Schluß meines Vortrags besonders kritische Urteile über die Parität angeführt, um eine Diskussion auch darüber zu provozieren. Das gilt auch für die Äußerungen, die wir von Nicolai kennen. Nicolai war Protestant, für den die katholische Religion offenbar etwas Fernes und vermutlich Feindliches war. Wenn der Berliner Aufklärer die Augsburger Katholiken »finsterer« und die dortigen Protestanten als »gesprächiger« bezeichnet, so erkennt man, wie auf

den norddeutschen Protestanten die Vertreter der beiden Augsburger Konfessionen gewirkt haben. Hinsichtlich der inneren Verhältnisse bedeutete die Parität zumindest für den evangelischen Bevölkerungsteil eine Verbesserung, aber keine vollkommen befriedigende Lösung. Das Problem der Parität ist noch nicht vollkommen erforscht und deshalb auch nicht ausdiskutiert. Das sollte auch in diesem Zusammenhang ausdrücklich betont werden. Vor allem die Stadt Dinkelsbühl, über die wir eine interessante protestantische Monographie für das 16. und 17. Jh. besitzen, bleibt ein – für das Problem der Parität – besonders aufschlußreicher Fall. Die Gegensätze sind hier in exemplarischer Weise aufeinandergeprallt.
Die kirchliche Einheit bleibt auch in den 70er und 80er Jahren des 16. Jhs. das Ziel beider Bekenntnisse. Von protestantischer Seite wünschte man in der Zeit des Kalenderstreits die katholische Minderheit Augsburgs niederzuhalten oder zu vertreiben. Das Gewicht der Mehrheit spiegelte der Augsburger Protestantismus auch beim Aufstand vom 4. Juni 1584 gegen die konfessionelle Minderheit aus.

Blaufuß: Es ist so, daß das Verhältnis bis 1:9 zugunsten der Neugläubigen sein konnte, und von daher stellt sich die Frage, ob man von Parität oder Scheinparität reden muß. Selbstverständlich war es schon wirtschaftlich undenkbar, hier an die Möglichkeit einer Auswanderung oder eines Auswanderungszwanges zu denken. Ich möchte aber doch darauf hinweisen, daß der Protest gegen den Augsburger Religionsfrieden von Truchseß Otto von Waldburg natürlich bereits das Ferment gewesen ist, das ungeahnte Wirkungen hatte bis hinein in die 20er Jahre des 17. Jhs., wo die Jesuiten in Dillingen ausführlich immer wieder darauf zu sprechen kamen und dem Restitutionsedikt von 1629 die theoretische Grundlegung mit geliefert haben.
Die Religionsparteien standen sich schon am Anfang des 30jährigen Krieges viel näher, als uns in Einzelheiten oft bekannt ist. In Augsburg hat man sich gegenseitig Warnungen zugespielt. Man hat den evangelischen Kantor gebeten und geraten, er möge das Lied »Erhalt uns Herr bei Deinem Wort und steu'r des Papsts und Türken Mord« nicht mehr anstimmen, aber darüber solle man nicht eine Vereinbarung treffen, sondern das stillschweigend von der Bühne verschwinden lassen für die nächsten Jahre. Das ist nicht gelungen wegen des Einspruchs von evangelischen Theologen, die meinten, hier stünde die Wahrheit auf dem Spiel (status confessionis).
Die Toleranz in Augsburg konnte im 18. Jh. so weit gehen, daß ein dienstverhinderter protestantischer Geistlicher seinen katholischen Amtsbruder um Gottesdienstvertretung gebeten hat.
Man muß wohl ab und zu eine Lanze für die Aufklärer brechen. Es schlägt im Augenblick die Neueinschätzung und die Höherbewertung des Barocks voll durch. Aber die Aufklärer, die selbstverständlich nicht unsere Kenntnis und unser Wissen vom Barock haben konnten, wußten etwas davon und haben es auch praktiziert, daß man das Gleiche nicht dadurch erhalten kann, indem man es immer wieder gleich sagt, sondern daß man das Gleiche nur dadurch erhalten kann, indem man es vielleicht einmal anders sagt und anders tut.
Über Dinkelsbühl und die Parität liegen folgende neuere Arbeiten vor: Anton ERNSTBERGER: Eine deutsche Stadt zwischen den Fronten von Reformation und Gegenreformation (Dinkelsbühl 1634/35). In: Jahrbuch f. Fränk. Landesforschg. 27, 1967, S. 15–30. – Josef SEUBERT: Untersuchungen zur Geschichte der Reformation in der ehemaligen freien Reichsstadt Dinkelsbühl (= Hist. Studien 420), Lübeck/Hamburg 1971 (v. a. S. 56–59).

Leiser: Die Ausführungen von Herrn Naujoks unterstreichen noch einmal den juristischen Aspekt. Es wurde sehr deutlich, wie das Problem der Landeshoheit der Städte in der Reformation hochgespielt wird, wie die altgläubige Partei, vor allem König Ferdinand mit seinem Ausspruch «Gleich hat über Gleich keine Gewalt«, eine außerordentlich politische Entscheidung traf. Wenn man die Äußerung des Königs allein auf die Emigrationsfrage bezieht, mag sie noch einleuchten. Ihre Tragweite ist aber größer, erreicht z. B. auch den Patronat und die Kirchenpflegschaft des Rates. Hier erfolgt eindeutig eine Umbildung dieser Rechtsinstitute zu Lasten der Städte.
Bekanntlich gibt es Städte mit eigenem Territorium. Gilt auch für sie der Grundsatz, daß Gleich über Gleich keine Gewalt hat? Ist der Stadtmagistrat Landesherr wenigstens für die Untertanen im Territorium? Diese Frage wurde bis ins 18. Jh. von der Publizistik erörtert, ich nenne v. a.

J. J. Moser. – Nürnberg hat in seinem Landgebiet ohne weiteres reformiert. Es war eben eine aristokratische Stadt, wo man die Dinge wahrscheinlich anders und mit einem anderen Selbstverständnis betrachtete. – Der ganze Komplex scheint mir noch weiterer Vertiefung bedürftig. Ich wage nicht zu entscheiden, ob der Ausspruch König Ferdinands eher eine konfessionspolitische oder eine gegen die Städte gerichtete Bedeutung hatte.
Herr Naujoks hat das Jahr 1555 angesprochen. Die Frage der Hoheit des Rates über die Bürger mußte zu Beginn der Reformation in den Städten zwangsläufig eine große Rolle in den Diskussionen spielen. Ich kenne aber kaum einschlägige Forschungen, hier sind wohl noch wichtige Einsichten zu erwarten.

Warmbrunn: In der von Herrn Naujoks angeführten Reichsstadt Kaufbeuren ist m. W. die zahlenmäßige Parität im Westfälischen Friedensinstrument (IPO § 5 Art. 3) nicht eingeführt worden. Dort stellten die Katholiken nach 1648 nur zwei der insgesamt 12 Mitglieder des Kleinen Rats, was in etwa dem Zahlenverhältnis der beiden Konfessionen in dieser Stadt entspricht (dort standen am Ende des 30jährigen Krieges 320 evangelischen Familien nur 80 katholische gegenüber). Übrigens gab es auch in Kaufbeuren mit St. Martin eine Simultankirche. Es hat aber Versuche der katholischen Minderheit gegeben, die St. Martinskirche ganz für sich zu beanspruchen, z. B. 1602 und im 30jährigen Krieg.
Zu klären wäre noch die Frage, wo und in welchen Bevölkerungsschichten die Evangelischen, in welchen die Katholiken überproportional vertreten waren. Im Patriziat, das aufgrund der Karolinischen Verfassungsreform von 1548/51 den entscheidenden Einfluß im Stadtregiment besaß, waren die Katholiken generell überrepräsentiert, wenn auch nicht überall in der Mehrheit. Sie majorisierten in der Stadtverfassung die evangelische Bevölkerungsmajorität (besonders deutlich ausgeprägt in Dinkelsbühl und in Biberach).
Ein weiterer interessanter Aspekt des Themas wäre die Frage nach dem Einfluß der Gegenreformation und der verbliebenen oder neu gegründeten katholischen Klöster und Gemeinschaften auf die Konfessionsstruktur und auf das Zusammenleben der Konfessionen.

Naujoks: Man kann nur bestätigen, daß die Zahlenverhältnisse der verschiedenen Konfessionen noch präziser untersucht werden sollten, da die eine Partei oft dazu neigt, der Gegenseite ein geringeres numerisches Gewicht zuzuteilen. Gerade in Augsburg sind die Probleme einer – vom modernen Standpunkt aus gesehen – »Scheinparität« deutlich hervorgetreten. Naturgemäß wurde bei derartigen innerstädtischen Differenzen das Verhältnis der beiden Konfessionen im Reich in Betracht gezogen. Vereinfachend kann man sagen, daß der Katholizismus auch in den 70er Jahren des 16. Jhs., also bis zur Gegenreformation, das konservative Element repräsentiert. Die soziale Propaganda der Reformation hatte früh dazu beigetragen, daß bei den breiten Schichten der Bevölkerung die Botschaft Luthers bzw. Zwinglis Fuß faßte. Bei dem Übergewicht des theologischen Moments bedeuteten die sozialen Verhältnisse nicht generell auch das Kriterium für eine konfessionelle Entscheidung. Immerhin empfindet man in den Reichsstädten, in welchem Maße die Bürgerschaft und speziell die ärmeren Schichten in den Reihen der Evangelischen zu finden sind. Daß es dennoch zahlreiche evangelische Patrizier in den Reichsstädten gibt, zeigt nur zu sehr, daß die Untersuchung der Zahlenverhältnisse der Konfessionen ein echtes Forschungsanliegen bleibt. Auch die wirtschaftlichen Momente erschwerten es – nach dem Religionsfrieden – dem Einzelnen, seine Werkstatt oder sein Geschäft zu verlassen. Auch die Augsburger Exulanten suchten nicht nur aus Liebe zu ihrem »Vaterland« – so wird damals ausdrücklich die Heimatstadt genannt –, sondern aus wirtschaftlichen Gründen zurückzukehren.
Der juristische Aspekt der Landeshoheit der Reichsstädte blieb eine vieldiskutierte Frage, da jene immer bestritten wurde. Ob man für die städtischen Territorien wie etwa für die der Geistlichkeit ohne weiteres sagen kann: »Unter dem Krummstab läßt sich gut wohnen«, weiß ich nicht. Bisher habe ich nur das Ulmer Territorium als größeres Beispiel kennengelernt. Der Ulmer Rat hat gelegentlich auch dort hart durchgegriffen. Ebensowenig weiß ich zu entscheiden, ob die behördliche Praxis in solchen evangelischen Territorien härter war als in katholischen. Allerdings gibt es in der frühen Reformationszeit im Bereich des Ulmer Territoriums Ansätze, für die Bauern in

dem seit dem Bauernkrieg besonders stark aufgewühlten Gebiet die Frage der Leibeigenschaft und ihrer Aufhebung anzupacken. Manches bedarf jedoch einer weiteren Klärung.
Die Stadt ist in ihrem Territorium Herrin. Ob der Rat die gleiche Autorität dort besaß wie ein Landesfürst, blieb die Frage. Wahrscheinlich war das Prestige des Fürsten größer. Die Bürokratisierung des Territoriums ist auch in Ulm durchgeführt worden. Aus den Ulmer Ratsprotokollen ist zu entnehmen, daß die Behörden den Grundsatz verfolgten, die Amtsgebäude so billig wie möglich zu bauen und wenigstens generell der Auffassung waren, es sollten die Ämter und nicht die Leute versorgt werden.
Man kann sogar fragen: Wie stand es vor dem Jahr 1555 mit der Parität der Bekenntnisse? Wir wissen vom Nürnberger Rat, daß er gegen katholische Elemente der Patrizier sehr entschieden vorging, daß er sich aber auch mit Osiander und der evangelischen Volksbewegung auseinanderzusetzen hat. In Nürnberg hatten die Geschlechter und damit die aristokratische Verfassung den bestimmten Einfluß auch in den Religionskämpfen. Aber auch in Augsburg ist der Einfluß des Patriziats – vor allem seit dem Sturz der Zunftverfassung – bis zum Ende der Reichsfreiheit sehr groß gewesen. Schon vor 1555 taucht das Problem auf, wie man sich mit der konfessionellen Minderheit auseinanderzusetzen habe. Eine Reihe von Städten – gerade die sogenannten kaisertreuen – hat aus obrigkeitlichen Gründen trotz überwiegender Majorität der protestantischen Seite die katholischen Ratsherrn und die altgläubige Minderheit in der Stadt behauptet. Es konnte wie etwa in Schwäbisch Gmünd zu sehr heiklen Situationen in der Stadt kommen. Obwohl der dortige Rat – auch angesichts der evangelischen Haltung der Meisterschaft – in den frühen Jahren der Reformation durchaus konservativ die Politik des Schwäbischen Bundes unterstützte, mußte er bald wieder mit dem Protestantismus kooperieren und sogar über die Jahrhundertmitte hinaus noch die evangelische Predigt in den eigenen Mauern dulden. Erst in den 70er Jahren wagte man es, auch mit Gewalt die Vorherrschaft des katholischen Bekenntnisses durchzusetzen. Eine analoge Kompromißpolitik der städtischen Magistrate und das Dilemma der Differenzen mehrerer Bekenntnisse innerhalb der Stadt blieb ein reichsstädtisches Problem im gesamten 16. Jh.
Über die einzelnen paritätischen Verhältnisse in Kaufbeuren weiß man noch relativ wenig. Es ist bekannt, daß der Rat aus zwanzig Herren entschieden kaisertreu auch gegen die evangelische Bürgerschaft auftrat. Bisher sieht man noch nicht völlig klar, wie es schon vor 1624 zu einer quasi endgültigen Entscheidung für das evangelische Bekenntnis gekommen ist. Das starke Gewicht der katholischen Minderheit in Ulm vor und nach dem Religionsfrieden resultiert daher, daß verhältnismäßig viele altgläubige Ratsherrn im Magistrat sitzen. Auch deshalb wird die katholische Minderheit durch Auswanderung oder gar Ausweisung nicht bedroht; die katholischen Ratsherrn haben sofort die Möglichkeit wahrgenommen, sich an den Kaiser zu wenden, wenn sie konfessionell durch Entscheidungen der evangelischen Ratsmajorität bedroht wurden.
Oft ist die Frage aufgeworfen worden: Was ist in Ulm aus dem großen Stiftungsvermögen des Patriziats geworden? Bedeutete nicht Säkularisation dieses Besitztums gleichzeitig eine Halbierung der geistlichen Macht? Denken Sie an die Kassierung der katholischen Stifte usw. durch die evangelischen Landesfürsten! Immerhin ist zu überlegen, daß auch der protestantische Geistliche den Einfluß der Kirche und damit die Position der Religion als solche nicht unbedingt zu mindern wünschte.

Zum Referat Schindling

Lang: Zur Frage der Säkularisierung von Kirchengut kann ich aus dem Ulmer Raum einiges anführen. Einmal die Reduzierung der Klosterhöfe: Im 16. Jh. waren es neun, im 18. Jh. waren es noch vier. Der Besitz wurde von der Stadt aufgekauft und an Ulmer Bürger weiterveräußert. Das Wengenstift in Ulm hatte einigen Grundbesitz an Immobilien in der Stadt. Diese Häuser wurden ebenfalls von der Stadt erworben, und zwar hat man diese Gebäude durch enge Auslegung von Bauvorschriften an sich gebracht. Sie gingen dann auch in Bürgerhände über.

Ay: Wenn es in den Städten riskant ist, Kirchengut in seinem rechtlichen Bestand zu entfremden oder aufzuheben, weil das Reichskammergericht die betroffenen Immunitäten womöglich schützen würde, so scheint dasselbe auch für Flächenstaaten zu gelten. Es wurde angedeutet, warum in Württemberg die Stifte und in Hannover die Klosterkammer erhalten blieben: sie konservierten die fiktive Fortexistenz geistlicher Immunitäten über ihre Säkularisation hinaus. Auf die gleiche juristisch vorsichtige Weise verfügten übrigens auch katholische Fürsten über Kirchengut. Zwischen 1568 und 1599 nahm der bayerische Herzog den Klöstern Biburg, Ebersberg und Münchsmünster ihren alten Orden ab und fundierte damit die Kollegien der Gesellschaft Jesu. Es machte also weder den Mitteln noch dem Ziel nach einen großen Unterschied, ob katholische oder evangelische Landesherren die Hand auf Kirchengut legten.

Koller: Wenn man die Unterschiede zwischen Straßburg und Nürnberg herausstreichen will – und sie sind auf dem Gebiet des Schulwesens nicht zu leugnen, das in Nürnberg relativ wenig gepflegt wurde –, dann könnten vielleicht Forschungen zur Geschichte des Buchdrucks Aufschluß geben. Es wäre einfach zu fragen: Was wurde in Nürnberg und was in Straßburg gedruckt? Daraus wäre das unterschiedliche Interessengebiet der Bevölkerung zu erschließen.

Rieber: Die Stellung des Patriziats in Ulm war auch vor der Verfassungsänderung durch Kaiser Karl V. so stark, daß das Patriziat gewisse Vorrechte durchgesetzt hat auch gegenüber den Reformatoren. Es wurden zwar die Altäre beseitigt, aber es wurden nicht die Totenschilde des Patriziats beseitigt und die Grabsteine, weil diese unerläßlich waren, um den adligen Rang des Patiziats auch weiterhin beweisen zu können. Die Begräbnisse wurden vor die Stadt verlegt (Albrecht Rieber, Totenschilde im Ulmer Münster, in: 600 Jahre Ulmer Münster, Festschrift, Ulm 1977, S. 350 f.). Die Altäre wurden beseitigt. Die Altar-Stiftungen gingen nun in die Verfügungsgewalt der einzelnen Stifterfamilien über, und sie waren für soziale Zwecke zu verwenden, d. h. es wurden nun bedürftige Angehörige der Nachkommen der Stifter davon unterstützt. Das lag aber völlig im Belieben des Seniors der Familie, der darüber zu entscheiden hatte. Wir wissen über diese Vorgänge nur deshalb Bescheid, weil nach dem Aussterben solcher Familien der Magistrat diese Stiftungen in die Obhut des Rats gezogen hat und sie dann den Pfarrkirchen zuwies. Von diesen Stiftungen sind die Akten komplett erhalten. Von anderen, die in Privatbesitz blieben, wurden sie dann in der Säkularisationszeit ganz erheblich aufgeteilt und verändert. Durch den Wechsel der bayerischen Herrschaft und der württembergischen Herrschaft in Ulm ist noch weiter aufgeteilt worden, so daß es außerordentlich schwer ist, diesen Vorgängen auf die Spur zu kommen. Zum Teil liegen die Akten dann im Stadtarchiv aufgrund der Stiftungsverwaltung, zum Teil liegen sie im Familienbesitz, in einigen Fällen bis heute, und zum anderen Teil kamen die Akten dann in den Besitz kirchlicher Stellen. Es ist hier noch eine ganze Menge aufzuarbeiten. Die starke Stellung des Patriziats hat diese Stiftungen für die private Verwendung der Familien gerettet. Weil die Familie Neithardt in der Reformationszeit einen katholischen Senioren hatte, sind die Altäre rechtzeitig vor dem Bildersturm gerettet worden und sind bis heute erhalten geblieben.

Richter: Wenn wir uns mit der Frage des Kirchenguts beschäftigen wollen, müssen wir noch eine tiefere Schicht anlegen. Es ist zu prüfen, ob das für Schulzwecke oder für caritative Anliegen bestimmte Gut nach der Reformation auch wirklich dafür verwendet worden ist. Unter den Flächenstaaten ist das Beispiel Württemberg zu nennen gewesen. Dort sind u. a. aus dem Kirchengut die Klosterschulen und das Tübinger Stift fundiert worden, was sich in der Gegenwart noch in den Staatsleistungen auswirkt. Man darf dabei nicht vergessen, daß daneben das württembergische Kirchengut ein Drittel der Landessteuern aufzubringen gehabt hat und daß man unter vorgeblichen kirchlichen Verpflichtungen das Hofballett aus dem Kirchengut hat bezahlen lassen; wie ja das Ludwigsburger Schloß auf einstigem Bebenhäuser Klosterland steht. Man hat sich von landesherrlicher Seite sehr großzügig gezeigt, wenn es darum ging, das sogenannte Remanet zu verteilen, das, was nicht für Schulen und für die Besoldung der kirchlichen Amtsträger verwendet werden mußte.

Bei der Behandlung des Kirchenguts sollte man auch nach den Pfründen und den Kirchenfabriken fragen. Herr Schindling hat gezeigt, wie in Nürnberg die Pfründgüter der Pfarreien mit verwaltet worden sind. Wie ist das anderswo gewesen? Auch dazu das württembergische Beispiel: Sämtliche

Pfründen sind eingezogen worden, so daß neben den Klosterämtern Geistliche Verwaltungen entstanden, die fast reine Pfründverwaltungen gewesen sind.
Säkularisation oder Nichtsäkularisation in der Reformationszeit? Sicher tritt auch damals eine Teilsäkularisation ein. Man braucht nur an die Verwendung für das »allgemeine Beste« in Württemberg zu denken. Aber es ist eben doch der kirchliche Charakter stärker erhalten geblieben, als in der Säkularisation am Beginn des 19. Jhs. Erst diese erfaßte dann auch das in ein Stiftungsvermögen umgewandelte Kirchengut aus der Reformationszeit, als in Württemberg das gesamte evangelische altwürttembergische Kirchengut 1806 ebenso verstaatlicht wurde, wie das Vermögen, das aus der Säkularisation der katholischen Klöster angefallen ist. Der Teilsäkularisation aus dem 16. Jh. folgte die Totalsäkularisation.

Wunder, B.: Einige Bemerkungen zu den Auswirkungen der Reformation auf das Verhältnis von Staat und Kirche: Durch die Reformation hat sich dieses Verhältnis auf dem Sektor des Bildungs- und Sozialwesens zugunsten der weltlichen Obrigkeit verschoben und mit der Erwerbung von Kontrollrechten auf diesem Gebiet den Beginn einer staatlichen Bildungs- und Sozialpolitik eingeleitet, der allerdings erst nach den Säkularisierungen um 1800 voll zum Durchbruch kam. In anderer Beziehung aufschlußreich ist die Umwandlung von Pfründen in mehr oder weniger fixe und gleiche Pfarrgehälter: Eine derartige Vereinheitlichung ist eine entscheidende Voraussetzung jeder Rationalisierung und damit auch einer bürokratischen Organisation von Herrschaft, die ihrerseits ein Kennzeichen des absolutistischen Staates ist. Hat hier die Reformation und speziell die Reformation in den Städten, deren Rechnungswesen ja schon früher rationelle Elemente aufwies als das der Territorialstaaten, Verwaltungsformen ausgebildet oder freigesetzt, die dann vom Absolutismus aufgenommen wurden? Und schließlich drittens: In wieweit lassen sich bei den reformatorischen Predigern – etwa im Namen eines christlichen Regiments – unmittelbar Forderungen nach Änderungen in der Herrschaftspraxis bis hin zu Verwaltungsreformen feststellen wie z. B. die scheinbar nur moralische Verurteilung privater Nutzung von Herrschaftsrechten durch Adel und Amtsinhaber als Korruption, was im Endeffekt zu einer rationelleren Ausübung von Herrschaftsrechten beitrug (vgl. N. Domeisen, Bürgermeister Johann Heinrich Waser [1600–1669] als Politiker, phil. Diss. Zürich 1975, S. 32 f.)?

Diemer: In Biberach wurde das Vermögen der kirchlichen Stiftungen mit Ausnahme des Pfarrsatzes in die hier so genannte Betteltruhe (später Almuskasten) »gestoßen«; es gelang aber z. B. den Lamparter von Greifenstein und dem mit der Biberacher Patrizierstochter Barbara Schad verheirateten tirolischen Kanzler Dr. Beat Widmann, mit Jahrtagsstiftungen wenigstens einen Teil der Familienstiftungen wieder ausgefolgt zu bekommen.
Die Stadt nutzte auch die Möglichkeit, über den Heilig-Geist-Spital – der offiziell immer als Gotteshaus Spital bezeichnet, also als Kirchengut betrachtet wurde, in Wirklichkeit aber eine »beliebig verwendbare Milchkuh« (V. Ernst) der Stadt war – die Reformation ins Land hinauszutragen. Über ihn als den Besitzer von Patronats- und Vogteirechten versuchte die Stadt mit wechselndem Erfolg, umliegende Gemeinden wie Attenweiler, Baltringen, Bergerhausen, Birkendorf, Burgrieden, Ingerkingen, Mittelbiberach, Muttensweiler, Röhrwangen, Stafflangen, Winterreute zu reformieren; und als der Spital 1544 in Oberholzheim neben anderen Rechten auch die Vogtei und das Patronatsrecht erwerben konnte, besetzte der Rat die Pfarrei alsbald mit einem evangelischen Geistlichen. So erklärt es sich, daß es um Biberach Ortschaften mit einem starken evangelischen Bevölkerungsteil gibt: hier hatte der Spital die Obrigkeit.

Blendinger: In Augsburg wurde 1531 im Bereich des säkularisierten Karmeliterklosters St. Anna das humanistische Gymnasium St. Anna und im Anschluß daran 1537 die Stadtbibliothek vorzüglich aus Beständen aufgehobener Klöster errichtet. Sie erhielt im Jahre 1803 bei der Säkularisation der bedeutendsten Augsburger Klöster durch den bayerischen Staat aus deren Besitz wertvolle Handschriften und Bücher, die im Staatsbesitz verblieben. Deshalb erhielt die alte Stadtbibliothek nunmehr die Benennung »Staats- und Stadtbibliothek«.

Mit der Niederlassung des Jesuitenordens in Augsburg im Jahre 1580 erhielten die Katholiken ein eigenes Gymnasium, das nach dem von Kaiser Rudolf II. bestätigten Vertrag zwischen der Reichsstadt und dem Jesuitenkolleg nicht zu einer Universität ausgebaut werden durfte. Diese Klausel wurde durch den Widerstand der Bürger, aber auch des Domkapitels veranlaßt. Psychologische Gründe waren dafür wohl maßgebend, da Patrizier und Kaufleute in ihrer Stadt nicht gerne Universitätsprofessoren haben wollten, um ihr Prestige zu wahren. Typische Beispiele für diese Einstellung sind die Rivalitäten zwischen dem Bürgermeister und Städtehauptmann Ulrich Arzt und dem berühmten Humanisten und Stadtschreiber Dr. Konrad Peutinger sowie zwischen dem Arzt und Diplomaten Dr. Gereon Sailer und dem Augsburger Stadthauptmann Sebastian Schertlin von Burtenbach, die auf offener Straße miteinander rauften.
Das säkularisierte Kirchengut wurde in Augsburg zur Reformationszeit für schulische und soziale Zwecke verwendet. Die liegenden Güter des Karmeliterklosters wurden dem Hospital zum Heiligen Geist übergeben. Die Stiftungen der Patrizier blieben erhalten und wurden von der Stadt selbständig verwaltet.
Die Stadt Augsburg, die kein eigenes Territorium besaß, führte nur zögernd in zwei der Hospitalstiftung gehörigen Pfarreien die Reformation durch. Während des Kalenderstreites der Jahre 1583–1586 wurden diese beiden evangelischen Pfarrer entlassen und dafür katholische Priester eingesetzt.

Hofer: Es wurde gesagt, es habe in den deutschen Städten und vor allem in den Reichsstädten eine Kombination zwischen Ratsreformation und sogenannter Volksreformation gegeben. Diese Aussage scheint mir von Franz Lau über Martin Heckel durch Eugen Trostel auch bis nach Ulm etwas unkritisch weitergetragen worden zu sein. Es gab in Ulm keine Volksreformation. Der Ulmer Rat konnte auch eine Volksreformation überhaupt nicht erlauben. Es handelte sich eindeutig um eine Ratsreformation. Eine Volksreformation hätte massiv das Selbstverständnis des Ulmer Rates als landesherrliche Obrigkeit untergraben. Man versuchte seitens des Rates lediglich die Bevölkerung auf die kommenden Ereignisse vorzubereiten und schickte die drei Reformatoren Bucer, Blarer und Oekolampad drei Tage auf das Landgebiet. Sie haben dort an drei verschiedenen Orten die Bevölkerung in Predigten auf die kirchliche Umgestaltung vorbereitet, und damit war die Reformation auf dem Land etabliert. Dabei muß gesagt werden, daß ein wesentlich größerer Konservativismus in bezug auf die Reformation auf seiten der patrizischen Ratsmitglieder vorherrschte. Progressiver waren die zünftischen Vertreter. Bernhard Besserer sagte: Wir haben nicht genug Obrigkeit zur Einführung der Reformation und in diesem Zusammenhang auch zur Übernahme der Kirchengüter. Hier beginnt nun das flatterhafte Bestreben, seitens des Rates Legitimation für das eigene Vorgehen nachzuschieben. Wie kann man das vor Kaiser und Reich legitimieren, was wir 1530 in Ulm getan haben? Zur Rechtfertigung der obrigkeitlichen Handlungsweise werden Gutachten erstellt, welche das vom Kaiser versprochene und nicht durchgeführte Nationalkonzil als Begründung für die Durchführung der Reformation vorschieben. »Wir haben zu wenig Obrigkeit«, sagt also Bernhard Besserer und sagt dann im Anschluß an die Tätigkeit der drei oberdeutschen Reformatoren: »Die haben den Brei eingebrockt, und wir müssen ihn ausfressen.«
In Ulm bietet die Tatsache der Übernahme des Kirchenguts durch die Reformation gleichzeitig die Möglichkeit, die landesherrliche Obrigkeit zu konsolidieren. Vor allem an der Peripherie des Ulmer Landgebietes versucht man über die Patrizier, die hier Kirchengut oder Stiftungen besaßen, in außerulmisches Territorium einzugreifen, indem man diese Leute zur Reformation bewegt. Auf diese Weise bemühte sich der Rat, die Landesherrschaft auszuweiten.

Schindling: Zur Frage der Ratsreformation oder Volksreformation möchte ich an meiner Kompromißformel festhalten; denn »Volksreformation« meint ja nicht, daß das Volk souverän die Reformation einführen würde. Es ist ja keine Gemeindereformation, die etwa Franz Lau hier meint, sondern dieser Begriff bedeutet in der Literatur nichts anderes, als daß unter dem Druck des Volkes der Rat reformatorische Maßnahmen ergreift; und das ist sicher auch in Ulm der Fall, selbst wenn es in der Stadt keinen Druck des Volkes gegeben haben sollte. Ich möchte aber annehmen, daß es diesen Druck gegeben hat. Selbst wenn das nicht der Fall wäre, dann hätte der Druck des

Bauernkrieges gereicht, um den Ulmer Magistrat zu reformatorischen Maßnahmen zu bewegen; denn der Bauernkrieg hat sich ja rings um Ulm abgespielt. Die Verbindung von Bauernkrieg und populärem »Pfaffenhaß« ist ganz sicher gegeben. Das hat gerade für Straßburg Francis Rapp in seiner großen Studie nachweisen können, und ähnliches ist für Schwaben doch wohl auch anzunehmen. Ich meine, daß man diese Verbindung von Ratsreformation und Volksreformation wohl in allen Städten findet. Ich würde abstreiten, daß es eine reine Ratsreformation irgendwo gegeben hat, genausowenig, wie es eine reine Volksreformation irgendwo gegeben hat.

Zur Terminologie möchte ich noch anmerken: Ebenso wie ich mich gegen den Begriff Säkularisation im 16. Jh. sträube, sträube ich mich auch dagegen, die religiösen Fronten des 16. Jhs. mit den Etiketten »konservativ« und »progressiv« zu bezeichnen. Ist etwa Überlingen eine konservative Stadt und das benachbarte Lindau eine progressive Stadt? Ich glaube, das Beispiel dieser beiden gleichstrukturierten Bodenseestädte, die sich unterschiedlich religiös orientieren, weist doch auf die Fragwürdigkeit solcher moderner Etikette hin.

In Straßburg oder in Nürnberg war der Hospitalbesitz zur Verbreitung der Reformation nicht so entscheidend wichtig, weil beide Städte ein eigenes Landgebiet hatten. Die Landgebiete der elsässischen wie der fränkischen Reichsstadt umfaßten jeweils mehrere Ämter und reichten damit an die Größenordnung kleinerer Territorien heran. Die Reformation war sicher vielfach eine Verwaltungsreform im Sinne einer Rationalisierung. In Nürnberg liegt das auf der Hand, da der Nürnberger Rat im Sinne einer frühmodernen Bürokratisierung und Rationalisierung die Organisation des kirchlichen Vermögens vereinheitlicht und rationell gestaltet hat, wobei ich die Initiative in Nürnberg beim Rat sehe und nicht bei den Predigern.

Die Prediger sind eher retardierend, während die rationellen Überlegungen mehr aus der Mitte des patrizischen Rates kommen, der sich ganz ähnlich wie manche Fürsten verhält. Man kann, glaube ich, den Nürnberger Rat sehr gut mit manchen Fürsten der Zeit vergleichen, etwa dem Landgrafen von Hessen, der gleichzeitig auch sein Territorium in großzügiger Weise und mit großen Konzeptionen neu organisiert hat.

Daß der staatliche Einfluß verstärkt worden ist, das ist selbstverständlich. Allerdings ist die Frage, die ich hierzu stellen würde: Bedeutet Verstärkung des staatlichen Einflusses »Säkularisation«? Da sind wir bei der Begriffsklärung, und ich würde meinen, daß auch der »frühmoderne« Territorialstaat des 16. Jhs. noch kein säkularisierter Staat ist, sondern gerade in den evangelischen Territorien ist ja der Landesfürst Summus Episcopus. Insofern bedeutet Verstärkung des staatlichen Einflusses eigentlich keine Säkularisation. In Nürnberg wurde ganz ohne Frage eine Verstärkung des obrigkeitlichen Einflusses durch die Reformation angestrebt und auch erreicht. Das würde ich aber nicht als Säkularisation bezeichnen, weil der Rat seinem eigenen Selbstverständnis nach sich nicht als säkular versteht und auch nicht säkular aufgefaßt wird im Horizont der Zeit.

Der große, grundlegende Unterschied zwischen dem, was sich 1802/03 ereignet und dem, was sich im 16. Jh. ereignet, ist der Ausgangspunkt für meine Überlegungen gewesen. Es wird immer relativ ungeprüft von der »Säkularisation« der Reformation gesprochen und dann von der großen Säkularisation des Jahres 1803, und durch diese begriffliche Unschärfe wird vielfach verwischt, daß es sich um ganz unterschiedliche Vorgänge handelt sowohl in der Absicht der handelnden Menschen wie auch in den Konsequenzen, die sie bewirkt haben. Das kann man auch am Beispiel Württemberg illustrieren. Daß der Landesherr großzügig mit dem Kirchengut umgeht, steht auf einem anderen Blatt. Es ist ganz sicher zu beobachten, daß die evangelischen Obrigkeiten das Kirchengut dann vor allem im 17. und 18. Jh. relativ freizügig für profane Zwecke verwenden. Ich habe auch das Nürnberger Beispiel gebracht, wo der Magistrat in großzügigem Stil seit dem 30jährigen Krieg Anleihen bei dem Landalmosen nimmt, die er nie zurückzahlt, auch die Zinsen zahlt er nicht, so daß hier eine schleichende Säkularisation erfolgt. Zumindest im 16. Jh. ist das noch nicht ausgeprägt, und man kann doch hier eigentlich nur von einer langfristigen Konsequenz sprechen, die sich aus der Neuverwendung des Kirchengutes ergeben hat. Es haben sich da sicher die Verhaltensweisen allmählich geändert; denn zwischen dem 16. Jh. und der Säkularisation von 1803 liegen ja nun auch zwei Jahrhunderte.

Zur Nürnberger Schulpolitik: Es gibt den großartigen Beginn 1526 zur Gründung eines Gymnasiums im Ägidienkloster, wo Melanchthon eine programmatische Rede hält. Es werden vier profilierte Humanisten als Lehrer angestellt, 10 Jahre später spielt sich dann schon wieder nichts mehr ab in diesem Ägidienkloster. Das ist sehr merkwürdig, und ich kann es nur vermuten, was die Gründe für dieses bildungspolitische Versagen der Nürnberger gewesen sind. Geld genug hatten sie sicher gehabt. Sie hatten andererseits aber kein Schulvermögen bereitgestellt. Daß der Nürnberger Humanismus und das Nürnberger Gymnasium naturwissenschaftlich interessiert gewesen sind, ist sicher richtig. Man darf das aber auch nicht zu stark akzentuieren; denn es gibt daneben auch philosophisch und philologisch ausgerichtete Persönlichkeiten, etwa Joachim Camerarius, der für Nürnberg ganz wichtig gewesen ist. Selbst dann, als er Professor in Leipzig war, hat er immer wieder mitgeredet in Nürnberg und wurde um Gutachten angegangen. Man darf auch nicht vergessen, daß Philipp Melanchthon in Nürnberg von großem Einfluß war und auch aus der Ferne immer wieder den Rat mit Gutachten unterstützt hat. Ich glaube, dieses naturwissenschaftliche Gymnasium spezifisch Nürnberger Orientierung ist für die Nicht-Gründung einer Schule oder Hochschule in der Reformation nicht so entscheidend. Wichtiger scheint mir ein anderer Punkt zu sein, auf den uns die beiden Namen Melanchthon und Camerarius hinweisen. Nämlich die ganz enge Verbindung der Stadt Nürnberg mit Kursachsen und mit den sächsischen Universitäten in Leipzig und Wittenberg. Es war wohl aus der Perspektive des Nürnberger Rates im 16. Jh. eine Schul- und Hochschulgründung nicht so entscheidend wichtig, weil man eben in enger Korrespondenz mit den sächsischen Universitäten stand. Man hat die jungen Patrizier und die Nürnbergischen Studenten zu Camerarius nach Leipzig oder zu Melanchthon nach Wittenberg geschickt. Das geht gut bis zum Tode des Melanchthon, und bezeichnenderweise äußern sich gleich nach seinem Tode die Stimmen, die auf eine größere Schuleinrichtung in der eigenen Stadt drängen. Als in Kursachsen der Philippismus gestürzt wird und das orthodoxe Luthertum sich durchsetzt, da gründen die Nürnberger als Reaktion darauf ihre Altdorfer Hochschule. Es gibt bildungspolitisch ganz sicher eine enge Verbindung zwischen der Entwicklung in Sachsen und in Nürnberg. Altdorf ist u. a. eine philippistische Gegengründung gegen die nun orthodox lutherisch gewordenen Universitäten in Leipzig und Wittenberg. Weshalb die Hochschule schließlich in Altdorf auf dem Lande liegt und nicht in der Reichsstadt selbst, das hat ganz praktische Gründe, nämlich disziplinarische Gründe. Der Nürnberger Rat hat die »böswilligen« und unruhestiftenden Studenten in der Stadt gefürchtet, und man wollte sie in dieses kleine Landstädtchen verlegen, weil man sie da besser unter Kontrolle hatte. Ähnliche Gedanken gibt es auch in Straßburg. Das zieht sich durch die Ratsakten hindurch. Nur hatte der Straßburger Rat ein sehr viel kleineres Landgebiet. Diese kleinen Städte, die Straßburg beherrscht hat, hätten sich nicht geeignet für die Aufnahme einer Universität, während das große geschlossene Landgebiet bei Nürnberg vorzüglich geeignet war für eine Universität. Der Pfleger von Altdorf z. B. hat mit den Nürnberger Stadtknechten, die ihm dort zur Verfügung standen, die Studenten unter Kuratel halten können.

Die Entscheidungen in den Städten haben teilweise Vorbildcharakter für die Territorien gehabt. Das Reichsrecht spielt eine ganz entscheidende Rolle. Das gilt im Falle Württemberg, im Falle der Welfenlande, als frühestes und wichtigstes Beispiel wäre die Landgrafschaft Hessen zu nennen. Die Neuverwendung der hessischen Kirchengüter durch Philipp den Großmütigen einmal für die neugegründete Universität Marburg und zum anderen für die vier berühmten Landeshospitäler geschieht ganz ohne Frage auch mit einem Seitenblick auf den Kaiser und den Reichstag. Man will sich rechtfertigen können gegenüber dem altgläubigen Kaiser, damit man hier keine Angriffsflächen bietet und als Kirchenräuber nicht vor das Reichskammergericht zitiert werden kann.

In den katholischen Territorien ist die Situation etwas anders; denn der Herzog von Bayern, der alte Klöster aufhebt, um sie den Jesuiten zu geben – ähnliches tut auch der Fürstbischof von Würzburg –, holt sich dafür ja päpstliche Dispens. Insofern tritt das Reichsrecht hier gar nicht erst als Bedrohung auf, weil die altgläubigen Obrigkeiten diese Maßnahmen immer mit päpstlicher Dispens unternehmen. Das steht in einer alten Tradition. Das haben schon die vorreformatorischen Obrigkeiten getan. Die Universität Tübingen z. B. ist mit geistlichem Gut gegründet worden, auch zahlreiche andere Universitäten sind mit geistlichen Gütern gegründet worden, aber eben jeweils mit päpstlicher Dispens. Insofern ist die rechtliche Situation hier anders, wenngleich wichtig ist, daß man diese Parallele zieht; denn die katholischen Obrigkeiten verhalten sich in diesem Punkt ähnlich wie ihre protestantischen Kollegen, und ich würde auch hinzufügen, nach dem Vorbild der

protestantischen Kollegen. Wenn etwa Fürstbischof Julius Echter in Würzburg Klöster aufhebt, um sein großes Spital zu dotieren und um seine Universität zu dotieren, dann ist das nach protestantischem Vorbild durchgeführt worden.
Zur Frage der Teilsäkularisation oder der vollen Säkularisation ist zu sagen, daß das zunächst einmal eine methodische Frage ist, inwieweit man solche Begriffsklärungen einer historischen Analyse vorschaltet oder nicht. Ich meine, man sollte sie vorschalten. Hier müssen wir mit langfristig säkularisierenden Wirkungen rechnen; das Bewußtsein für die Eigenständigkeit der geistlichen Güter schwindet, indem sie in der normalen fürstlichen Verwaltung mehr oder weniger integriert sind. Für das 16. Jh. möchte ich aber doch sagen, daß es keine Säkularisation ist, was sich da abspielt, und zwar weil die Intentionen nicht auf Säkularisation hinlaufen. Ich meine, man muß die Intentionen der handelnden Personen ernst nehmen. Man hat aber weder bei den Ratspolitikern noch bei den Reformatoren die Vorstellung einer Säkularisation, sondern es bleibt in einem kirchlich verstandenen Rahmen, was mit den Kirchengütern geschehen soll. Die kurzfristigen Wirkungen sind nicht säkularisierend; denn es ist doch der überwältigende Teil der Kirchengüter im caritativen oder im schulischen Bereich verwendet worden; wenn einzelne Klosterhöfe, wie etwa in Ulm, vielleicht auch in Laienhände übergegangen sind. Ähnliche Beispiele könnte ich auch aus Straßburg und Nürnberg nennen, so daß man Klöster abgerissen hat, um neue Bastionen für die Stadtmauer zu errichten. Aber das war doch die Ausnahme, nicht die Regel.

Zum Referat Lang

Wunder, B.: Durch die fast ausnahmslos in Ulm stattfindenden Konvente des schwäbischen Kreises kam regelmäßig eine große Anzahl von katholischen Gesandten für längere Zeit nach Ulm. Nur 1698–1700 kam es in der Frage der Religionsausübung zu einem Konflikt, worauf der Konvent nach Memmingen verlegt wurde (J. A. Vann, The Swabian Kreis. Institutional Growth in the Holy Roman Empire 1648–1715, Brüssel 1975, S. 122–126). Konnten die Ulmer Katholiken das Kapellenrecht der katholischen Gesandten nutzen?

Lang: Für gelegentliche Gottesdienste in den Klosterhöfen gilt dasselbe wie für die Gesandtschaften. Der Rat versuchte auf polizeilichem Wege zu unterbinden, daß Leute aus der Stadt an solchen Gottesdiensten teilnahmen. Sie fanden ohnehin nicht allzuoft statt, wie aus einem Verhörprotokoll über die Gottesdienste in einem Klosterhof zu ersehen ist (StadtA Ulm U 6115/5–9), demzufolge über einem Zeitraum von 10 Jahren hinweg höchstens zwei- oder dreimal pro Jahr Gottesdienste abgehalten wurden.

Naujoks: Der anfänglich große Anteil von Katholiken im Ulmer Magistrat erklärt sich aus der Regimentsordnung Kaiser Karls V., der im August 1548 am liebsten nur katholische Geschlechter eingesetzt hätte. Wenn es nicht genügend altgläubige Vertreter gab, wurden auch evangelische Patrizier zugelassen. Der bestimmende Grundsatz des neuen Magistrats blieb, ein solides, von Handwerkerwahlen unabhängiges kaisertreues Regiment zu schaffen. Die klare Scheidung der Bekenntnisse war um die Jahrhundertmitte noch nicht erfolgt. Das Reichsoberhaupt konstatierte selbst, daß »die Religion im Zwiespalt« stand. Die Bevorzugung der altgläubigen Patrizier war Karl V. vermutlich mehr eine Garantie der politischen Zuverlässigkeit als ein konfessionelles Anliegen. In Augsburg war es ähnlich. Im allgemeinen gilt die Regel, daß in den Reichsstädten, in denen Karl V. die Zunftverfassung abschaffte, der katholische Ratsteil einen Vorsprung erhielt. Im eigenen Referat könnte noch dargestellt werden, wieweit die altgläubige Ratsmehrheit durch die carolinische Wahlordnung gestützt wurde oder ob in Ulm der anfängliche Vorsprung der Katholiken im Magistrat zurückgedrängt wurde, bis sie eine Minderheit darstellten.

Fuchs (Straßburg): Ich habe festgestellt, daß man in Ulm viel toleranter gewesen ist als in Straßburg. Hier findet sich keine Spur von der carolinischen Reformation. Es gab keine katholischen Ratsherrn mehr nach der Einführung der Reformation. Es kommt zwar im Jahre 1547 vor, daß man es bedauert, daß es noch einige Ratsherren gibt, die auswärts zu den Sakramenten gehen oder die Messe besuchen bei den Johannitern oder den Kartäusern. Es gibt in Straßburg keine Statistiken über die katholisch gebliebene Bevölkerung und es gibt vor 1681 keine katholischen Kirchenbücher. Gibt es solche in Ulm?

Wer katholisch taufen lassen wollte, mußte möglichst im Geheimen nach auswärts gehen oder sich an katholische Priester, oft Jesuiten, die ab und zu meist incognito in die Stadt kamen, wenden. Es kam auch zu einigen geheimen katholischen Eheschließungen. Katholiken konnten das Bürgerrecht nicht kaufen.

Im 17. Jh. war man in Straßburg gegenüber den Calvinisten ebenso intolerant wie vordem den Katholiken gegenüber. Als um die Jahre 1633/34 die Stadtkassen leer waren, wird in einem Ratsprotokoll der Wunsch geäußert: man mag sich toleranter zeigen den Calvinisten gegenüber, denn diese bringen der Stadt Geld ein. In Frankfurt und in Nürnberg habe man den Calvinisten gegenüber nicht dieselben Skrupel.

Im Jahre 1608 wurde ein Adam Mechler, der, weil er seine Kinder im geheimen katholisch taufen ließ, zu 5 Pfund Strafe verurteilt. Der Priester, der die Taufe erteilt hat, soll auch 5 Pfund Strafe bezahlen. Findet man ihn nicht, muß Mechler 10 Pfund entrichten.

Leiser: Die jeweiligen Minderheiten, gleich ob Katholiken oder Protestanten, hatten in diesen Orten natürlich keine Pfarrechte. Das bedeutet nicht unbedingt eine Einschränkung des religiösen Lebens: Die Toleranz äußert sich zu dieser Zeit darin, daß (auswärtigen) Geistlichen des Minderheitsbekenntnisses die Vornahme von Kasualien gestattet wird. Die Kasualien sind pfarramtlich bei der Mehrheitskonfession zu registrieren, der alte Pfarrzwang wird in diesen Fällen der Stolgebühren wegen aufrecht erhalten.

In der Frage der Mischehe weiß ich nicht, wie das »impedimentum mixtae religionis« von den beiden Konfessionen praktisch gehandhabt wurde. Herr Fuchs hat nur den Fall genannt, daß katholische Männer protestantische Frauen heirateten, vermutlich nach katholischem Ritus. Wie haben sich vice versa protestantische Männer verhalten? Hat sich jeweils die herrschende Konfession durchgesetzt, hatte die Minderheitskonfession eine Chance?

Rieber: Das Haupt der Altgläubigen in Ulm war Ulrich Ehinger. Dieser Ulrich Ehinger war ein Neffe Jakob Fuggers des Reichen. Bei ihm hat Kaiser Karl V. mehrfach gewohnt. Dadurch war natürlich von vornherein das Vertrauensverhältnis zum Kaiserhaus gegeben. Andere Ulmer waren geschäftlich mit den Habsburgern liiert. Erasmus Rauchschnabel z. B. war der Weinlieferant des Erzherzogs Ferdinand in Innsbruck. Durch ihn lief dann mit seiner geschäftlichen Korrespondenz der ganze Briefwechsel der katholischen Partei, den die Ratsherren nicht kontrollieren sollten. Man hat darauf gesehen, daß solche Leute dann nicht mehr in den Rat gewählt wurden. Das Mißtrauen war begreiflich, weil man bei Haussuchungen herausgefunden hat, daß geheime Ratsbeschlüsse auf dem Schleichweg nach Innsbruck mitgeteilt worden sind (A. RIEBER u. K. SCHWAIGER, Erasmus Rauchschnabel, ein Ulmer Ratsherr der Reformationszeit, in: Mitteilungen Ulm und Oberschwaben 31, 1941, S. 171 ff., insbes. S. 178 f.). So hat die protestantische Mehrheit des Rats darauf gesehen, daß ganz allmählich die Katholiken auf ein Mindestmaß beschränkt wurden. Man hat die Rechte der altangestammten Patriziergeschlechter möglichst lange bewahrt, daß immer einer davon wenigstens noch vertreten war. Aber die Dinge haben sich doch verschlechtert in dem Moment, als das Wirken der Jesuiten in der Ulmer Umgebung sehr spürbar wurde. Vor allem von Dillingen her wurde nun rekatholisiert. Die Wirklichkeit war vorher so, daß Familienbeziehungen zwischen den Evangelischen in Ulm und Familien im katholischen Umland nach wie vor weitergingen, u. a. auch nach Weißenhorn. In Weißenhorn besuchte man den katholischen Gottesdienst und in Ulm den evangelischen. Die Ehen gingen hin und her. Dieses hört mit dem Wirken der Jesuiten in den Jahren um 1580 auf bis auf ganz bestimmte seltene Fälle. Es kam durchaus vor, daß ein katholischer Handwerksbursche in Ulm hängenblieb und eine protestantische Bürgerstochter geheiratet hat. Er wurde dann eben protestantisch. Es kamen die seltenen Fälle vor, daß Ulmer Bürgerssöhne zum Katholizismus konvertiert sind gerade unter dem Einfluß der Jesuitenmissionierung. Das wurde sehr unfreundlich vermerkt, und sie konnten sich dann nicht sehr lange halten. Es kam aber auch vor, daß alte Familienbeziehungen eine Rolle spielten. Es war in einer Familie der Brauch, daß sie die Klosterhofmeisterstellen besetzten. Was sollten diese Leute nun tun? Sie mußten sich protestantisch trauen lassen. Die Kinder mußten protestantisch getauft werden. Ihrem Arbeitgeber gegenüber mußten sie selbstverständlich Katholiken sein. So war da eine Zwischenstellung gerade dieser Schicht der Klosterhofmeister gegeben, die zwangsläufig war. Diese Klosterhöfe und die wirtschaftliche Abhängigkeit von den auswärtigen Klöstern war für viele Ulmer und auch sonstige reichsstädtischen Familien sehr wichtig und das war mit der Grund, warum die Patrizier immer gezögert haben, sich der Reformation anzuschließen, weil sie ja damit ihre eigenen Rechte und Möglichkeiten in der Beziehung mit den Klöstern des Umlandes sich selbst geschmälert hätten. Die Familien der Klosterhofmeister hatten es ganz besonders schwer. Im Ulmer Münster ist 1574 von einem protestantischen Geistlichen Ludwig Bauser getauft worden, später Lic. iur. u. Kastner im Salmannsweiler Klosterhof in Ulm. Sein 1629 geborener Sohn Anselm Bauser war dann 1657–1685 Abt des Reichsstifts Elchingen. Jetzt hatten die Ulmer einen Ulmer Bürgerssohn als katholischen Abt vor der Stadt, der natürlich alle Unfreundlichkeiten, die er erlebt hat von seiten der protestantischen Mehrheit in Ulm, heimzuzahlen bestrebt war. Nach dem 30jährigen Krieg hat sich das alles eingespielt. Man war genötigt, die Klosterfrauen von Söflingen in den Kriegswirren aufzunehmen. Sie haben den Krieg dort gut überstanden innerhalb der Festungsmauern. Man hat umgekehrt die Fürsprache dieser Klarissen von Söflingen recht gut gebrauchen können, als dann die katholische Vorherrschaft kam. So hat man im 30jährigen Krieg langsam gelernt, daß man in den Mauern einer Stadt zwar streng getrennt, aber doch ganz gut zusammenleben konnte. Im Totenbuch des Wengenstifts ist 1790 der protestantische Ulmer Geheime Ratsherr Theodor August Schad von Mittelbiberach als »guter Freund» eingetragen, offenbar, weil er als Pfleger die Aufsicht über das Wengenstift tolerant gehandhabt hat. Eine große Störung bedeutete die bayerische Besetzung zu Beginn des Spanischen Erbfolgekrieges. Das hat einen ziemlichen Aufruhr in der Bürgerschaft hervorgerufen; denn jetzt kam natürlich der Propst und sagte, in der ehemaligen Dominikanerkirche, der jetzigen evangelischen Dreifaltigkeitskirche, liege der selige Suso begraben. Nun mußten seine Reliquien ausgegraben werden, und man hat die ganze Kirche umgegraben bis in jeden Winkel, um die Gebeine des seligen Suso zu finden, aber der Selige war nicht zu finden. Das Ergebnis ist, daß man heute an der Stelle, wo man begründete Vermutungen haben könnte, nur noch ein völliges Durcheinander vorfindet (A. RIEBER, Auf der Suche nach dem Grab Heinrich Seuses, in: Seuse-Studien, Köln 1966, S. 457–477).

Ehmer: Die Ulmer Kirchengeschichte seit der Reformation weist einen beträchtlichen Anteil nebenkirchlicher Strömungen auf. Während Kaspar Schwenckfeld vor allem beim Patriziat Einfluß gewann – man wird den Bürgermeister Bernhard Besserer wohl als Schwenckfelder bezeichnen dürfen –, ist die separatistische und pietistische Bewegung wahrscheinlich vor allem bei der Unterschicht feststellbar. Können Sie aus Ihrer Arbeit diese Vermutung verifizieren und möglicherweise quantifizierende Angaben machen?

Lang: Die Formulierung »katholische Ratsmehrheit« ist etwas unglücklich gewählt, denn 35 % sind trotz überproportionaler Repräsentation keine Mehrheit. In den Ulmer Rat kam man de facto nur als Nachfolger für einen ausgeschiedenen Ratsherrn. Anhand der erhaltenen Stimmzettel zu den Ratswahlen (in: StadtA Ulm A 3463 ff.) läßt sich feststellen, daß die Katholiken unter den Neu-Kandidaten im Laufe der Zeit zusehends weniger Stimmen erhielten.
Über Calvinisten habe ich in den Ulmer Quellen keine Aussagen gefunden. Sie werden sich wohl höchstens kurzfristig in der Stadt aufgehalten haben, als Kaufleute etwa. Insgesamt ist zu sagen, daß die Ulmer Protestanten die Calvinisten für wesentlich schlechter und gefährlicher hielten als die Katholiken (StadtA Ulm G 1 1617 f., 58; G 1 1619, S. 231) – es handelt sich hierbei um eine überregionale Erscheinung (vgl. E. W. ZEEDEN, Das Zeitalter der Gegenreformation, 1967, S. 237).
Die Präferenzen der Ulmer Katholiken bei der Wahl ihrer Ehepartner habe ich bis zur Mitte des 17. Jhs. genau untersucht. Dabei ergab sich, daß der prozentuale Anteil der Mischehen an den Eheschließungen insgesamt ungefähr gleich bleibt, daß aber etwa ab 1600 die Zahl der von auswärts

kommenden katholischen Ehepartner sprunghaft ansteigt. Ich habe mir das damit erklärt, daß es in der ständig schrumpfenden katholischen Gemeinde immer schwerer wurde, einen geeigneten Partner aus dem gleichen konfessionellen Lager zu finden, weshalb man immer häufiger gezwungen wurde, jemand von außerhalb zu ehelichen, wodurch die eigene Religionspartei vergrößert wurde (P. LANG, Die Ulmer Katholiken, 1977, S. 147).
Es war im großen und ganzen üblich, die männlichen Nachkommen nach der Konfession des Vaters, die weiblichen Nachkommen nach der Konfession der Mutter zu erziehen – eine Regelung, der man häufig in gemischt konfessionellen Gebieten begegnet (für Ulm ein Erlaß aus der bayerischen Regierungszeit: StadtA Ulm U 8694; in Nordirland wird das noch heute so gehandhabt: Radiosendung des SWF 3 am 7. 6. 1976, 12.07 Uhr).
Mit dem Trauritus habe ich mich nicht näher befaßt. Da katholische Kinder nach dem evangelischen Ritus getauft wurden, ist anzunehmen, daß auch bei der Trauung der evangelische Ritus Anwendung fand.
Nicht nur Kaspar Schwenckfeldt hat im Ulmer Gebiet Anhänger gehabt, sondern auch Sebastian Franck; dies ist den Ulmer Visitationsprotokollen zu entnehmen (vgl. vor allem: J. ENDRISS, Die Ulmer Synoden und Visitationen der Jahre 1531–1547, 1935; DERS., Die Ulmer Kirchenvisitationen der Jahre 1557–1615, 1937). Daneben gab es jedoch noch verschiedene diffuse Glaubensauffassungen, die sich nicht unbedingt einer bestimmten Richtung zuordnen lassen. In der zweiten Hälfte des 16. Jhs. scheinen Sonderströmungen solcher Art immer mehr zu verschwinden.

Zum Referat Katzinger

Remling: Die Spende für eine Bruderschaft im Testament muß nicht auf eine Mitgliedschaft zu Lebzeiten hinweisen. Es gibt bereits vor der Reformation den Brauch, sich am Lebensende durch eine Spende in eine Bruderschaft aufnehmen zu lassen. In vielen Statuten findet sich dafür eine eigene Regelung. Solche Legate an Bruderschaften sind aber deshalb durchaus nicht ohne Bedeutung, es lassen sich damit Schlüsse ziehen auf das Ansehen und die Beliebtheit einer Bruderschaft. – Für die soziale Differenzierung in den nachreformatorischen Bruderschaften sind verschiedene sich gegenseitig beeinflussende Faktoren verantwortlich.
Die Mitgliedschaft in den Bruderschaften wurde von der Kirchenleitung sehr stark propagiert, die Eintrittsbedingungen werden erleichtert, die Mitgliederzahlen sind wesentlich höher als früher. Die sich daraus ergebende geringere Bindung der Mitglieder untereinander führt zu einem Rückgang des Zusammengehörigkeitsgefühls, ermöglicht aber gleichzeitig die gemeinsame Mitgliedschaft verschiedener Stände und Schichten. Eine Untersuchung des nachreformatorischen Bruderschaftswesens sollte auch die kirchliche Gesetzgebung des 16. Jhs. berücksichtigen. Es finden sich hier präzise Angaben für die Bruderschaften bezüglich Organisation und Aufsicht durch den Ortspfarrer. Es darf nur eine Bruderschaft der gleichen Art an einem Ort errichtet werden, die Bruderschaften sollen möglichst an Erzbruderschaften in Rom angeschlossen sein.

Katzinger: In den zu der Untersuchung herangezogenen Bürgertestamenten ist in sehr vielen Fällen ausdrücklich darauf verwiesen, daß der Erblasser bei jenen Bruderschaften, die er bedacht hat, auch Mitglied gewesen ist.

Kauß: Ich möchte auf die Veröffentlichungen der mittelbadischen Chroniken über die Jesuiten in Baden-Baden hinweisen (Augustin KAST, Mittelbadische Chronik für die Jahre 1622–1770, Bühl 1934; dazu Dieter KAUSS, Kolleg und Residenz. Die Jesuiten in Baden-Baden und Offersweier, in: Die Klöster der Ortenau. Hg. von Wolfgang Müller, Kehl 1978, S. 530–544). Gerade bei diesen Aufzeichnungen wird deutlich, wie nun die Bruderschaften sehr stark von den Jesuiten im Sinne der Seelsorge angelegt wurden. Außerdem zeigt sich, wie in diesen Bruderschaften auch alle Stände vertreten sind, aber nun in diesen Bruderschaften getrennt nach den einzelnen Geschlechtern. Das sind alles Neuerungen gegenüber den Bruderschaften des Mittelalters. Sie entspringen aus dem großen Anliegen der Seelsorge und der bewußten Durchführung der Gegenreformation, wie wir sie auch in den Statuten der Jesuiten finden. Die interessante Quelle der mittelbadischen Chronik der Jesuiten in Baden-Baden läßt noch weiter erkennen, wie stark diese Bruderschaften von der Obrigkeit gefördert werden; denn gerade die Markgrafen und die Markgräfinnen haben nun diese einzelnen Bruderschaften mit großen Schenkungen unterstützt. Für diese Bruderschaften wird jetzt vielleicht weniger eine Kapelle als vielmehr eine gestiftete Statue zum Mittelpunkt ihres Lebens an einer Kirche.

Schindling: Die frühe Phase der Gegenreformation in Oberösterreich zu Beginn des 30jährigen Krieges zeigt offenbar, daß die Bruderschaften etwa in Linz in den Jahren um 1620 einen sehr großen Anhang hatten und sich einer breiten Zustimmung erfreuten. Das nun in einer Situation, wo der Protestantismus mehr oder weniger doch wohl die Mehrheit der oberösterreichischen Bevölkerung geprägt hat und wo doch die gegenreformatorische Offensive gerade erst im Anlaufen begriffen war. Hier wird ein Zug der habsburgischen Gegenreformation deutlich, der im allgemeinen so in den Handbüchern nicht vorkommt; denn diese Gegenreformation wird ja immer als obrigkeitlich, vom Landesfürsten oktroyiert geschildert, während es doch hier mindestens Züge einer breiten Zustimmung, etwa in der Stadtbevölkerung von Linz, gegeben zu haben scheint.
Wie muß man das nun deuten, wenn in Linz so viele Lichtträger den Priester beim Versehgang begleiten? Man muß doch annehmen, daß eine positive Absicht und Gesinnung dabei eine Rolle spielten. Reicht die Angst vor dem Fegefeuer aus, die Menschen zu bewegen, sich diesen Bruderschaften anzuschließen; gerade auch in einer Situation, wo es ja immer noch Prädikanten lutherischer Konfession im Lande gibt, die gegen die Werkgerechtigkeit und für die Rechtfertigung allein aus dem Glauben predigen? Spielt nicht doch neben der Angst vor dem Fegefeuer eine wichtige Rolle oder sogar in der frühen Phase die entscheidende Rolle, daß die seelsorgerische Betreuung dieser Bruderschaften von seiten der Jesuiten, von seiten der Kapuziner, aber eben doch auch von seiten des im tridentinischen Sinne reformierten Weltklerus attraktiv und pastoral überlegen war? Die Leute, die 100 Jahre vorher den lutherischen Prädikanten nachgelaufen sind, weil sie besser predigen konnten, sehen jetzt gar keine Notwendigkeit mehr, zu den lutherischen Prädikanten zu gehen, weil die katholischen Geistlichen jetzt auf einmal auch gelernt haben zu predigen. Kann man das nicht hier auch als eine Erklärung anführen, die es verständlich machen würde, weshalb die alte Kirche doch sehr schnell nicht nur äußerlich die Menschen gewonnen hat, sondern auch innerlich wieder zu gewinnen verstand? Es war eben doch im Zusammenhang mit der Gegenreformation auch eine qualitative Verbesserung der Seelsorge inzwischen möglich geworden, so daß die Protestanten da eine überlegene Konkurrenz bekommen hatten. Überlegen deshalb, weil natürlich diese katholische Reform bzw. Gegenreformation vom Landesfürsten nachdrücklich gefördert worden ist. Weiß man etwas über die Predigten, die im Zusammenhang mit solchen Bruderschaftswallfahrten oder Jahrtagen gehalten wurden und wie kann man diese auswerten?

Lang: In seiner Studie über die religiöse Lage in der Champagne während des Reformationsjahrhunderts beschäftigt sich der Amerikaner A. N. Galpern unter anderem auch mit den Bruderschaften (The Religions of the People of Sixteenth-Century Champagne. Cambridge, Mass. und London, Engl. 1976. = Harvard Historial Studies 92). Er stellt fest, daß in der zweiten Hälfte des 16. Jhs. die Bruderschaften stark zurückgehen mit Ausnahme solcher, die Heilige verehren, welchen Hilfe bei häufig grassierenden Krankheiten zugeschrieben wird. Können Sie diese Beobachtung von Ihrem Blickfeld aus bestätigen?

Schulz: Gestatten Sie mir zwei kurze Fragen oder Bemerkungen zu dem einleitenden Teil dieses interessanten Vortrages.
1. Die in der Forschungsdiskussion mehrfach erörterte und hier aufgegriffene Frage nach dem höheren Alter von Bruderschaft oder Zeche, Bruderschaft oder Zunft ist m. E. unglücklich gestellt. Wenn man etwa auf die frühesten bekannten Beispiele von Zunfteinrichtungen zurückgreift, nämlich im Kölner Bereich, also auf die in den Jahren 1149 und 1180 erfolgte Gründung der Bettlakenweber- und der Drechslerzunft, dann werden diese als »fraternitates« errichtet und treten somit von vornherein gleichzeitig als Zunft und Bruderschaft in Erscheinung. Gewiß muß man

voraussetzen, daß organisatorische Formen schon vorher vorhanden waren, dann aber natürlich auf beiden Ebenen, also sowohl auf der gewerbepolitischen wie auch auf der bruderschaftlichen. Entscheidend ist m. E. nicht die Frage des höheren Alters der beiden Bestandteile, die hier vereinigt erscheinen, sondern tatsächlich des Termins der Anerkennung als Zwangsverband, mit der die Gewerbeausübung von der Zugehörigkeit zur Bruderschaft abhängig gemacht wurde. Damit erhält die Bruderschaft das Recht zugesprochen, das man als Zunftzwang bezeichnet.
2. Das Nebeneinander von Bruderschaft und Zeche oder Bruderschaft und Zunft, je nach den regionalen Begrifflichkeiten, das sei, so wurde gesagt, ein Pleonasmus. Ist das wirklich ein Pleonasmus oder nicht gerade eine interessante Entwicklung, die sich in dieser begrifflichen Differenzierung widerspiegelt? Denn so wird die funktionale Aufgliederung dieser teilweise miteinander gekoppelten Elemente sichtbar, indem die Bruderschaft mit den religiösen und sozialpolitischen Aufgaben (Krankenfürsorge usw.) und die Zeche oder Zunft mit den gewerbepolitischen und überhaupt politischen Funktionen im Rahmen des Verfassungslebens der Stadt verbunden erscheint. Diese Unterscheidung wird dann am klarsten greifbar, wenn derselbe Verband über gesonderte Zunft- und Bruderschaftsstatuten verfügt. In den Fällen, in denen nur die Organisationsform als Bruderschaft anzutreffen ist, umfassen die Statuten der Bruderschaft häufig auch für den Aufgabenbereich der Zunft einschlägige Bestimmungen. Dort wo man den Zünften keinen eigenen Entfaltungsspielraum gewähren wollte, der Bruderschaft aber die Anerkennung schlecht verwehren konnte, übernahm diese vielfach zugleich Zunftfunktionen. Treten aber beide Elemente nebeneinander auf, so zeugt dies in der Regel von größerer politischer Bedeutung und Selbständigkeit des entsprechenden Verbandes. Von einem Pleonasmus würde ich deshalb nicht sprechen wollen.

Katzinger: Bruderschaften der Reformationszeit, die mit der Medizin oder dem Sanitätswesen insgesamt in Zusammenhang stehen, sind mir aus dem Raume Oberösterreich nicht bekannt. Ich glaube das um so sicherer sagen zu können, weil ich mich zur Zeit sehr intensiv mit der Geschichte des Medizinalwesens in diesem Lande auseinandersetze.
Zur nächsten Frage, ob man eher eine bessere seelsorgliche Beratung in den Vordergrund der Überlegungen stellen soll und weniger die Angst vor dem Fegefeuer, meine ich, daß dies eher in den Bereich einer Religionssoziologie tendiert, und ich muß gestehen, daß ich Überlegungen dieser Art nicht angestellt habe.
Es gibt zweifellos auch in Oberösterreich eine Predigtliteratur, doch habe ich diese nicht berücksichtigt. Vielfach sind selbst die gedruckten Predigten in Verlust geraten. Aus den »litterae annuae« der Jesuiten ist z. B. zu erfahren, daß beim Gründungsakt der Aloisiusbruderschaft einer ihrer Patres eine so hinreißende Predigt gehalten hat, daß ihn alle bestürmt haben, sie doch drucken zu lassen, was auch geschehen ist. Ich konnte aber kein Exemplar mehr auffinden. Nun muß ich freilich zugeben, daß möglicherweise in den sehr umfangreichen Klosterbibliotheken von St. Florian, Kremsmünster und Schlägl noch einiges zu finden sein könnte, das aufarbeitenswert wäre.
Die Frage, was im Mittelalter zuerst dagewesen sein mag, die Bruderschaft oder die Handwerksvereinigung, also das religiöse oder wirtschaftliche Moment des Zusammenschlusses, berührt das Thema meines Referates kaum, da ich lediglich die Zäsur zum jüngeren Bruderschaftswesen herauszuarbeiten versuchte. Zu dieser Frage geben die Arbeiten von Bauer, Lentze, Zatschek und Jontes (alle in den Anmerkungen) Auskunft.
Warum es ein Pleonasmus sei, wenn von Bruderschaft *und* Zeche gesprochen wird? Weil beide Begriffe die gleiche Vereinigung bezeichnen, d. h. es würde ein Begriff zur Benennung der Vereinigung genügen.

Rieber: Zur Geschichte der Bruderschaften, die in jüngster Zeit sehr gefördert wird, nur ein kurzer Quellenhinweis. Noch vor 20 Jahren konnte man in den einzelnen Kirchen Bruderschaftsstangen sehen. Neuerdings müssen sie vor Diebstahl gesichert werden. Damit entschwinden sie aus dem Bewußtsein der Bevölkerung. Gibt es an Wallfahrtsorten Votivbilder, aus denen zur Geschichte der Bruderschaften noch einiges zu entnehmen ist?

Koller: Zwei Einwände habe ich vorzubringen. Man soll die Ordensfeindlichkeit nicht unterschätzen, die gewiß auch für die Entwicklung der Bruderschaften ungünstig war. Auch glaube ich nicht, daß Todeserwartungen und Todesangst für den Aufstieg der Bruderschaften ausschlaggebend waren. Ich würde die Wirkung des Willens, eine Gemeinschaft zu bilden, höher einschätzen.

Zum Referat Blaufuß

Ay: Vor einiger Zeit hob Ernst Benz in einem Rundfunkvortrag über Pietismus und Erfahrung sehr hervor, wie offen der Pietismus für jederlei Erfahrung sei. Benz konnte zeigen, daß diese pietistische Bereitschaft und Offenheit gegenüber der Erfahrung den Erfahrungswissenschaften nicht weniger die Tür öffnete als der Bereitschaft, Erfahrungen auch anzuwenden; insofern führt ein direkter Weg vom Pietismus zur modernen Industriegesellschaft.

Peyer: Es wurde hervorgehoben, daß die Reichsstädte einen besonders guten Boden für den Pietismus bilden könnten. Was hat man sich damals überlegt? Nirgends hat der Pietismus bei uns so angesprochen wie in Basel, und zwar in den obersten Schichten. Die Gründung der pietistischen Anstalten ist ja eine Herabneigung der Großen zu den Kleinen. Rothenburg ob der Tauber wäre dann wieder etwas völlig anderes. Frankfurt, Basel oder Rothenburg sind wahrscheinlich verschiedene Welten. Haben die Pietisten selbst Überlegungen angestellt, wo sie besonderen Anklang finden würden?

Blaufuß: Spener hätte es eigentlich am liebsten gehabt, einem frommen, gottesfürchtigen Fürsten den Summepiskopat über die Kirche anzuvertrauen. Wenn er also vor der Alternative steht, einen absolutistischen, selbstherrlichen Fürsten zu haben oder das Stadtregiment einer Reichsstadt, dann sagt Spener ausdrücklich, die Reichsstadt sei so etwas wie das kleinere Übel. Die Reichsstadt ist der Ort, wo ich mit weniger Widerständen etwas erreichen kann als gegen einen absolutistischen Fürsten, der für die Fragen der Religion und des Glaubens überhaupt nichts übrig hat. Ernst der Fromme ist für Spener immer ein leuchtendes Beispiel (aber auch eine Ausnahme) gewesen (D. BLAUFUSS, Reichsstadt und Pietismus [usw.], 1977, 55 f.). Man könnte auch fragen, welche Wirkung hat der Pietismus auf die Reichsstädte gehabt? Aber diese Frage ist für die Frühzeit und für den süddeutschen Raum, um den wir hier uns besonders bemühen, nicht zu beantworten, weil das die Konsolidierungsphase des Pietismus ist. 25 Jahre später wäre dazu in Hamburg ganz Erhebliches zu sagen. In Hamburg kippt über pietistisch-orthodoxe Auseinandersetzungen nahezu das Stadtregiment. Die Untersuchung von Rückleben möchte ich dazu nennen (Hermann RÜCKLEBEN, Die Niederwerfung der hamburgischen Ratsgewalt. Kirchliche Bewegungen und bürgerliche Unruhen im ausgehenden 17. Jahrhundert. = Beitr. zur Geschichte Hamburgs Bd. 2, Hamburg 1970). In Halle hat natürlich der Pietismus auch verfassungsmäßig ganz erhebliche Auswirkungen auf das Leben in der Stadt. Es war für die Zünfte in Halle eine Herausforderung, wenn August Hermann Francke Lehrlinge ausbildete zu einem Handwerk. Diese Frage wäre in der Frühzeit kaum, aber ab 1962/93 in Hamburg und Halle ganz radikal zu stellen.
Ich kenne den Vortrag von Ernst Benz »Pietismus und Erfahrung« nicht. Ich kann mir aber denken, was er etwa gemeint hat. Die Erfahrung ist im Pietismus, nicht theoretisch, aber frömmigkeitlich hoffähig geworden. Man durfte über seinen Glauben reden, ohne gegen die guten Sitten zu verstoßen. So etwas wurde in der Orthodoxie kaum gepflogen. Im Pietismus, wo August Hermann Francke eine ganze Systematik des Bekehrungsvorgangs entwirft mit verschiedenen Stufen, ist selbstverständlich die Kontrollierung meines derzeitigen Glaubens oder Frömmigkeitsstandes ein ganz wichtiges Element, und worauf anders soll dann zurückgegriffen werden als auf Glaubenserfahrungen, als auf Gebetserfahrungen, als auf beglückende Erlebnisse des bruderschaftlichen gemeinschaftlichen Zusammenlebens. In der Arbeit von Hans Walter Erbe über Zinzendorf und den hohen Adel seiner Zeit (Hans-Walter ERBE, Zinzendorf und der fromme hohe Adel seiner Zeit. In: Nikol. Ludw. v. Zinzendorf: Materialien und Dokumente Reihe 2. Bd. XII. Hildesheim–New York 1975 [Reprint d. Ausg. 1928], S. 373–634) sind ja tolle Berichte zu lesen, was auf diesen

Grafenhöfen zum Teil los war, wenn sie pietistisch erweckt waren. Nur ist das eine andere soziologische Schicht. Selbstverständlich hat der Pietismus zur Erfahrung entscheidende Möglichkeiten eröffnet, bis hinein in das Realschulwesen. Die Realien spielen ja in der medizinischen, aber auch in der schulischen Unterweisung in Halle eine ganz große Rolle. Halles Krankenanstalten sind in der Medizingeschichte von ganz hohem Ansehen auch in diesem Punkt.

Durch die Impulse von Spener und Francke und ihre späteren Realisierungen berufen sich Pietisten vom 19. Jh. bis in die Gegenwart auf diese Bewegung. Ob zu Recht oder zu Unrecht, das wird der Historiker sehr scharf untersuchen müssen. Ich bin der Meinung, daß mancher, der sich heute Pietist nennt, im 17. Jh. auf der orthodoxen Seite gestanden hätte, weil es (bei manchen heutigen »Pietisten«) um die wahre und rechte Lehre sehr viel schärfer geht als um das plausible christliche Leben im 20. Jh. Ich kann nicht ganz zustimmen, wenn man Spener und Francke als die großen theoretischen Anreger bezeichnet. Spener hat in Frankfurt entschieden soziale Einrichtungen nicht nur gefordert, sondern auch durchgesetzt und eingerichtet. Ich kenne die These, die sagt, Spener wäre der Anreger, Francke wäre der Durchführer. Dies dürfte eine schiefe These sein: denn Spener war Franke darin weit voraus, daß er nicht das Almosenwesen ausgebaut hat, sondern daß er von einem Anspruch des Bedürftigen an die ›Gesamtgesellschaft‹ um Hilfe etwas wußte und im Frankfurter Magistrat durchzusetzen wußte. Bei Francke ist die Sache insofern wieder ein wenig anders, als Francke seine Stiftungen sehr stark auf Einzelstiftungen des hohen Adels aufgebaut hat. Man hat dies sogar als einen Rückschritt gegenüber der Erkenntnis und Praxis von Spener bezeichnet (Willi GRÜN, Speners soziale Leistungen u. Gedanken [usw.]. Diss. phil. Frankfurt/M. 1934). Aber beide, Francke wie Spener, waren ganz entschieden auch an der sozialen Praxis engagiert und beteiligt. Spener hat auch in Berlin ein Arbeitshaus errichtet.

Das, was man im 19. Jh. Erweckungsbewegung nennt, ist vielfach wahrscheinlich durch unterirdische Ströme aus dem Pietismus des 18. Jhs. gespeist worden. Diese Anknüpfungsversuche sind manchmal in einer Weise geschehen, die historisch nicht sehr glaubwürdig gewesen sind. Aber im Selbstverständnis der Pietisten im 19. und 20. Jh. ist dieser Anknüpfungsversuch ganz klar vorhanden.

Zu den Referaten Fried und Faßl

Ennen: Augsburg ist in gewisser Weise ein süddeutsches Gegenbeispiel zu Barmen-Elberfeld, das wir aus den Forschungen Köllmanns genau kennen. Aber nicht alle Städte werden in diesem Ausmaß von der Industrialisierung damals schon im 19. Jh. erfaßt in der Form, daß sich Fabriken und eine große Fabrikarbeiterschaft bilden. Wir müssen auch an die Städte denken, bei denen nach wie vor Handwerk, Einzelhandel u. a. ein Kleinbürgertum bilden, das aber nun, vor allem das Handwerk, durch die Industrialisierung sehr bedroht wird in seiner wirtschaftlichen Existenz und in seinem Selbstbewußtsein. Hier möchte ich einmal auf diese Städte hinweisen. Es ist kein Zufall, daß ein Bonner, Gottfried Kinkel, seine Schrift »Handwerk errette dich« an den Sozialausschuß der Paulskirche, den es immerhin gegeben hat – die Stellung des Staates sehe ich sehr viel positiver –, leitete und sich in seiner Bonner Zeitung auseinandersetzte mit Karl Marx, der ja damals in Köln die Rheinische Zeitung redigierte. Gottfried Kinkel forderte z. B. ein Arbeitsministerium. Er wollte nichts wissen vom Ausdruck Proletarier für diese Schichten, sondern wollte eine selbstbewußte stadtbürgerliche Schicht.

Da hat ja doch die christliche katholische Soziallehre etwas sehr Wichtiges geschaffen, was auch im Rahmen unserer Tagung insofern interessant ist, als es wegen der Diskontinuitäten, die heute zum Ausdruck kamen, auch gewisse Kontinuitäten aufweist, die Kolpingsfamilie, die doch dem Handwerker wieder ein Selbstbewußtsein gab und eine Organisationsform, die durchaus konservative Züge aufgreift und bis heute, gerade in Städten, wo diese Schichten immer noch dominieren, wie etwa in Bonn, soweit sich nicht der tertiäre Sektor auch vorgedrängt hat, blühen. Es ist also heute in Bonn noch so, daß die Kolpingsfamilie einer der Hauptträger einer sehr wichtigen lokalpolitischen Organisation ist, nämlich des Rosenmontagszuges. – Der rheinische Karneval ist auch eine politische Institution. Das ist nicht umsonst von den Franzosen in der Revolutionszeit und von den

Preußen sehr häufig verboten worden. – Der Rosenmontagszug bietet Kritik gerade auch an kommunalpolitischen Mißständen, und da spielt z. B. in Bonn die Kolpingsfamilie nach wie vor eine wichtige Rolle; denn diese Kolpingsfamilien sind auch sehr stark ortsgebunden.

Man kann hier auch auf die Existenz christlicher Gewerkschaften hinweisen. Ich mache darauf aufmerksam, daß im schwerindustriellen Gebiet der Saar die christlichen Gewerkschaften sowie das Zentrum dominiert haben, und zwar bis zum Beginn der nationalsozialistischen Ära an der Saar, die bekanntlich erst 1935 einsetzt bei der Wiederangliederung (vgl. dazu: Maria ZENNER, Parteien und Politik im Saargebiet unter dem Völkerbundsregime. Saarbrücken 1966 = Ver. d. Komm. f. saarl. Landesgesch. 3). Die christlichen Gewerkschaften sind ja nicht mehr in dem Sinne lokal gebunden. Und wenn wir von Stadt und sozialer Frage im 19. Jh. sprechen und auch kirchlichen Organisationen und Stadt, dann ist einmal die Frage wichtig, wieweit sind neue, mitunter alte Formen aufgreifende Organisationen noch lokal gebunden und wirken sich in der Stadt aus; denn an sich wird ja diese soziale Frage in weit übergreifenden überregionalen Organisationen ausgetragen, insofern ja sowohl die Arbeitgeber wie die Arbeitnehmer dann in großen Verbänden organisiert sind.

Ich glaube, auch beim Innungswesen gilt dasselbe, daß die alte Bindung an die Stadt noch existiert. Die Bonner Innungen beginnen heute noch ihren Innungstag mit einem feierlichen Hochamt im Bonner Münster, wo die ganze Innung mit den Standarten und Abzeichen des Handwerks, die Metzger z. B. mit aufgereckten Beilen, einzieht. Man sieht da, wie traditionelle Elemente sich gehalten haben.

Eine weitere Institution, die sich auch gehalten hat, sind die Schützenbruderschaften, die auch vielfach überwiegend den Mittelstand umfassen, viel stärker als die Oberschicht.

Es gehört nicht in das Thema Stadt und Kirche, aber es muß auch einmal gesagt werden, daß eine Schwierigkeit für die Entwicklung der Bewältigung gewisser sozialer Fragen in den Städten darin liegt, daß seit dem letzten Drittel des 19. Jhs. die Stadtverordneten im Grunde nicht mehr aus den wirtschaftlich führenden Schichten genommen werden. Im Mittelalter war es im allgemeinen für eine Reihe von Familien in einer Stadt eine Ehrensache, ein Mitglied in den Rat entsenden zu können. Diese Einstellung zum kommunalen Leben hatten dann die oberen industriellen Schichten nicht mehr. Wir finden seit dem letzten Drittel des Jahrhunderts die großen Fabrikantenfamilien, die großen Industriellenfamilien, die praktisch beim preußischen Dreiklassenwahlrecht in den Kommunen (das gilt etwa für Krupp) oft zwar ein Drittel der Stadtverordneten wählen, im Stadtrat nicht vertreten. Die Stadtparlamente sind ja dort, wo das Dreiklassenwahlrecht besteht, vor allem in Industriegemeinden, absolut keine Repräsentation der gesamten Einwohnerschaft mehr. Da ist ja allerdings die Arbeiterschaft absolut unterrepräsentiert. Die Kölner schicken einen sozialdemokratischen Abgeordneten in den Reichstag, wo das allgemeine Wahlrecht gilt, und die Zusammensetzung des kommunalen Parlaments ist bis 1918 eine ganze andere, eben die unteren Schichten weitgehend ausschließende. Helmut Croon (Helmut CROON, Die gesellschaftlichen Auswirkungen des Gemeindewahlrechts in den Gemeinden und Kreisen des Rheinlandes und Westfalens im 19. Jh., 1960) hat immer wieder darauf hingewiesen, daß die Stadtverordneten nicht mehr aus den wirtschaftlich führenden Schichten kommen. Sie gehen, wenn sie Ehrenämter übernehmen, wenn sie verbandspolitisch tätig sind, in die übergeordneten industriellen Verbände hinein. Das entblößt die Städte auch einer gewissen Führungsschicht. Ich glaube, das muß man auch bei der Betrachtung der Entwicklung der Stadt im 19. Jh. sehr mitbedenken.

Den Staat darf man eigentlich so schlecht nicht sehen. Die preußische Regierung hat in den 30er oder frühen 40er Jahren, aber noch vor 1848, doch schon immerhin aus dem Kultusministerium einen Regierungsrat losgeschickt, der in allen rheinischen Gemeinden die Frage des Schulbesuches der Arbeiterkinder eruieren sollte und dessen Bericht (J. KUCZYNSKI, Geschichte der Kinderarbeit in Deutschland, Berlin 1958) – Kuczynski hat diese Berichte benutzt – hat deutlich hervorgehoben, daß die Kinder Arbeiten leisten mußten und dann gar nicht mehr in die Schule geschickt werden konnten, allenfalls in den Religionsunterricht. Man muß auch eines bedenken, daß die wenigsten Streiks und sozialen Auseinandersetzungen z. B. im Saargebiet stattfanden, wo der Staat der größte Arbeitgeber war, im Bergbau. Die Saar-Gruben sind ja im Gegensatz zum Ruhrgebiet Staatsbesitz. Heute ist das allerdings eine AG zwischen Bund und Land geworden, aber bis 1945 waren die

Gruben im französischen und preußischen Staatsbesitz. Der preußische Staat hat im Saargebiet als Arbeitgeber sehr ordentlich gewirkt dadurch auch, daß er den Bergarbeitern die Möglichkeit schuf, sich in Dörfern anzusiedeln, wo sie einen kleinen landwirtschaftlichen Nebenbetrieb hatten. Das hat funktioniert bis zur modernen Sozialbrache.
Etwas ist auch immer zu bedenken. In der christlichen Soziallehre lebt doch immerhin noch ein bißchen weiter der christliche Armutsbegriff, der den Armen viel stärker in die Gesellschaft integriert hat als der polizeilich geprägte Arbeitsbegriff, wie er sich ja schon im Absolutismus ausgebildet hat. Man muß der Bedeutung der christlichen Soziallehre und auch solcher Organisationen wie der Kolpingsfamilien einen entschiedenen Stellenwert zuerkennen. (Jetzt ist auch die vorzügliche Arbeit von Herbert ZIPPER, Sozialer Katholizismus in Aachen, Mönchengladbach 1977, heranzuziehen.) Man darf auch nicht übersehen, daß der Staat sich doch bemüht hat, die soziale Frage zu sehen und den allergröbsten Mißständen, vor allem in der Kinderarbeit, gesetzgeberisch entgegenzuwirken.

Naujoks: Wir haben im vorigen Jahr – 1977 – des hundertjährigen Todesjahres von Bischof Ketteler gedacht. Sein christlicher Sozialismus hat allerdings Augsburg kaum erfaßt. Es handelt sich bei dieser Bewegung zunächst um Initiativen dieses sogenannten sozialen Bischofs, der vor allem seit den 60er Jahren ein besonderes politisches Profil gewann. Die Ausbreitung seiner Anregungen und Ideen blieb jedoch begrenzt, weil er im deutschen Episkopat nahezu isoliert blieb, vielleicht weil er der politisch aktivste und pointierteste Kopf in diesem Kreise war. Bezeichnenderweise ist Ketteler nicht Erzbischof geworden. Man hat ihn auf seinem Mainzer Bischofsstuhle gelassen, ihn aber mit einer gewissen Vorsicht betrachtet.
Es läßt sich zeigen, daß Ketteler schon in seinen Münchner Studentenjahren das soziale Problem als eine Frage der Zukunft erkannte, aber selbst in seinen Predigten während der Revolution von 1848 mit theologischen Argumenten und denen der kirchlichen Caritas an die sozialen Nöte herangetreten ist. Das galt sogar für sein Buch über die Arbeiterfrage und das Christentum vom Jahre 1864, in dem er sich zum ersten Mal auch mit dem Sozialismus befaßte. Anlaß war die Gründung des Allgemeinen Deutschen Arbeitervereins von Ferdinand Lassalle und dessen Agitation; sie hatte auch in konservativen Kreisen große Sensation hervorgerufen, weil sich diese – vor allem katholischen – Kreise freuten, daß ein Sozialist mit vorzüglicher Bildung der bisher dominierenden Fortschrittspartei durch eine neuartige Erörterung der sozialen Frage quasi in den Rücken fiel. Lassalle machte Leuten wie Schulze-Delitzsch und seinen Anhängern im Kreis der Fortschrittspartei klar: »Ihr seid momentan noch führend, aber der dritte Stand wird Euch auf die Dauer Sorgen machen. Mit der Emanzipation der Arbeiterbewegung vom Liberalismus ist bereits der entscheidende Anfang gemacht worden.«
Die christlich-soziale Bewegung wurde bald im Rheinland ein Faktor, vor allem seitdem im Jahre 1868 die Christlich-sozialen Blätter unter Kaplan Schings gegründet wurden.
Wir können in dieser im Geiste Kettelers geleiteten Zeitschrift verfolgen, wo katholische Arbeitervereine in westdeutschen Industrierevieren entstanden. Im Vergleich zu Berichten über solche sozialpolitische Tätigkeit im Ruhrgebiet oder im Raum Aachen, wo die Christlich-Sozialen mit den Lassalleanern und der jungen Sozialdemokratie in Konflikt gerieten und sogar über die Idee der Produktivassoziationen diskutierten, nimmt sich die Tätigkeit des Augsburger Arbeitervereins sehr bescheiden aus. In der Stadt am Lech sorgt der Benefizitat dafür, daß der Arbeiterverein noch ganz in kirchlichen Bahnen gehalten werden kann. In diesem Falle zeigen sich beispielhaft die Unterschiede zwischen dem noch wesentlich agrarisch geprägten Süddeutschland und dem bereits stärker industrialisierten Westen des Reichs.

Eitel: Im Zusammenhang mit den Hinweisen von Frau Ennen auf die Kolpingsfamilie möchte ich auf die Lebenserinnerungen von August Bebel verweisen, der sehr interessant berichtet, was für ihn als jungen wandernden Gesellen die katholischen Gesellenvereine bedeutet haben, die ihm die ersten Bildungserlebnisse vermittelten. Er hatte die Möglichkeit, in diesen katholischen Gesellenvereinen in Freiburg und auch anderswo Zeitungen zu lesen, Bücher zu studieren und mit den Kaplänen zu diskutieren. Er hat ganz wesentliche Bildungsimpulse erhalten – auch wenn sie sich bei ihm dann in

anderer Richtung auswirkten –, und er hat auch später noch als Sozialdemokrat und Reichstagsabgeordneter zu einzelnen dieser Kapläne Kontakt gehalten.
Außerdem möchte ich die Aufmerksamkeit noch auf die Gründung der Arbeiterinnenvereine lenken. In den oberschwäbischen Städten, die keine ausgeprägten Industriestädte waren, gab es sie doch schon im 19. Jh., und zwar auch wieder von der katholischen Kirche initiiert.

Ay: Es ist uns allen bekannt, wie sehr der Lebenswandel der Kleinen Leute die Obrigkeiten seit dem 16. Jh. als Policeyangelegenheit beschäftigte. Erstaunlicherweise aber löst im 18. und 19. Jh. in dieser Hinsicht eine neue Obrigkeit die alte ab: An die Stelle der sich vom Individuum entfernenden hoheitlichen Gewalten tritt der Fabrikherr.
Die Zustände und Lebensbedingungen in den Fabrikationsstätten haben ohne Zweifel jeder Beschreibung gespottet. Wenn die Menschen trotzdem die Arbeit annahmen, muß man nach ihren Alternativen fragen; nachdem ich mich einige Zeit mit Verelendungserscheinungen in der vorindustriellen Zeit beschäftigt habe und daher die Alternativen vergleichen kann, möchte ich behaupten, daß selbst die grausamste Kinderarbeit eher Segen als Fluch war.
Wenn ich mich recht an die Dissertation eines amerikanischen Paters erinnere (Fintan Michael PHAYER, Religion und das gewöhnliche Volk in Bayern in der Zeit von 1750 bis 1850 = Miscellanea Bavarica Monacensia 21, 1970), sank übrigens zumindest in Bayern bereits während der beginnenden Industrialisierung der Einfluß der Kirche auf das einfache Volk gegen Null ab.
In diesem Zusammenhang möchte ich noch auf die Dissertation von Karl MÖCKL (Die Prinzregentenzeit. Gesellschaft und Politik während der Ära des Prinzregenten Luitpold in Bayern, München 1972) hinweisen. Er hat beobachtet, daß die bayerische Zentrumspartei – die spätere BVP – ihre Massenbasis als soziale Protestpartei errang, und zwar gab sie dem Kleinen Mann Rückhalt gegen den großbürgerlich-kapitalistischen Liberalismus, dem er nicht gewachsen war und vor dem er Schutz suchte.
Der Vortrag hat mir einige Gründe aufgewiesen, warum die deutsche Revolution 1918 zuerst in Bayern ausbrach. Wir sollten Bayern eben nicht als harmonisiertes Gebilde betrachten. Eine andere Arbeit von Möckl (demnächst als: Der moderne Bayerische Staat. Eine Verfassungsgeschichte vom Aufgeklärten Absolutismus bis zum Ende der Reformepoche = Dokumente zur Geschichte von Staat und Gesellschaft in Bayern, Abteilung III, Band 1, 1979) zeigt übrigens, daß Bayern sich erst seit Anfang des 19. Jhs. reagrarisiert, d. h. daß an die Stelle der Zustände, die Herr Fried vorgetragen hat, allmählich die Idylle tritt, die wir aus der Tourismuswerbung kennen.

Schindling: In der katholischen Kirchengeschichte des 19. Jhs. springen nicht nur die neugegründeten Pfarreien in den Großstadtbezirken ins Auge, sondern es springen auch ins Auge die zahlreichen neugegründeten Schwesternkongregationen, die meistens caritative Zwecke verfolgen. Inwieweit lassen sich diese Nonnenkongregationen einordnen in den Problemkreis »Kirche und soziale Frage«, speziell vielleicht in Bayerisch-Schwaben?

Remling: Für die Haltung der Kirche gegenüber der Arbeiterschaft sind auch verantwortlich die soziale Herkunft und die Aus- und Fortbildung des Klerus. Über die Stellung des Pfarrklerus zu den Problemen der damaligen Zeit findet sich reichhaltiges Material in den Protokollen der monatlichen Dekanatsversammlungen (meist aufbewahrt in den Bistumsarchiven). Die Arbeitervereine müssen auf dem Hintergrund des blühenden kirchlichen Vereinswesens im 19. Jh. gesehen werden, was ihre Bedeutung als Indikator für die kirchliche Praxis doch etwas relativiert.

Bischoff: In Erlangen wurden in den 1820er Jahren als Folge der »Erweckungsbewegung« von evang.-luth. und deutsch- und französisch-reformierten Kreisen besondere »Bibelvereine« und Missionsvereine gegründet, die sich besonders der Bevölkerung in den Unterschichten annahmen. Diese Vereine riefen »Armetöchter-Anstalten« zur Betreuung und Versorgung des weiblichen Dienstpersonals, ferner »Knabenrettungshäuser« für schwer erziehbare Schulpflichtige, als Vorläufer des heutigen »Jugendheimes Puckenhof« der Inneren Mission in Buckenhof bei Erlangen ins Leben. Der bekannte Erlanger Universitätsprofessor für Mineralogie Dr. Karl von Raumer

(1783–1865) wollte in den 1830er Jahren einen Gesellenverein unter kirchlicher Leitung gründen, erhielt aber vom Ministerium in München dazu keine Genehmigung.
Bahnbrechend von Erlangen aus wirkte der Stadtvikar Julius Schunck (1822–1857) mit seinem 1848 gegründeten »Verein für freiwillige Armenpflege in Erlangen«. Er hat bis zum 1. Weltkrieg auf privater bürgerlicher Initiative alle die Aufgaben durchgeführt, welche nach 1920 den Wohlfahrts- und dann Sozialämtern oblagen. Der Erlanger Armenverein war ein Muster und Vorbild für andere in vielen süd- und mitteldeutschen Städten.
In diesem Geiste lebte und wirkte in Erlangen 1843–1858 auch ein einfacher katholischer Stadtpfarrer, Pankraz Dinkel (1811–1894). Er wurde anerkannt und von Erlangen aus 1858 zum Bischof von Augsburg berufen.
Hinsichtlich der Karnevalsumzüge sei hier nur vermerkt, daß in Erlangen solche schon 1721/22, also 100 Jahre früher als in Köln, veranstaltet wurden (vgl. Johannes E. Bischoff, 250 Jahre Erlanger Karneval, Masken, Fasching und Redouten, Erlangen, Stadtmuseum, Ausstellungskatalog Nr. 15, 1971).

Leiser: Man muß auch an die Arbeitspsychologie jener Zeit erinnern. Sie hängt gewiß mit der sozialen Herkunft der Unternehmer aus der mittelbürgerlichen Schicht zusammen, aber auch mit der Herkunft eines erheblichen Teils des katholischen Pfarrklerus aus dem Bauerntum. Beide Gruppen argumentierten, der Fabrikarbeiter arbeite nicht viel mehr als der Handwerker oder der Bauer und sein Gesinde. Was die Sonn- und Feiertagsproblematik betrifft, ist es jedem Geistlichen bekannt, daß an diesen Tagen auf dem Bauernhof die Arbeit auch nicht ruht, sondern daß meist abwechselnd eines der Familienmitglieder und der Dienstboten zur Kirche geht, die anderen arbeiten. Allenfalls das städtische Gewerbe kann es sich leisten, die Sonn- und Feiertagsheiligung durchzuführen. – Hier gibt es Mentalitätsprobleme, unbewußte Gewohnheiten der maßgeblichen Menschen. Es hat sehr lange gedauert, bis man erkannte, daß weniger die Arbeitszeit als die Arbeitsbedingungen die Menschen belasten, daß es die Sinnentleerung der Fabrikarbeit ist, die vor allem die Unzufriedenheit und Not der Menschen ausmacht. Inzwischen haben wir die Konsequenzen gezogen, heute ist die zeitliche Belastung des Arbeiters geringer als die jeder anderen Berufsgruppe, vom Bauern bis zur Hausfrau.
Man sieht im frühen 19. Jh. durchaus die Not der Arbeiterfamilien, wo beide Eheleute arbeiten müssen, man sieht insbesondere die Not und Verwahrlosung der Arbeiterkinder. Unausgesprochen gehen die meisten Theologen davon aus, daß man in dieser materiellen Lage eigentlich nicht heiraten sollte – die ländlichen Dienstboten verzichteten ja ebenfalls auf die Ehe. Es erschien als das Unglück der Zeit, daß mit der Französischen Revolution die Heiratsbeschränkungen, Vermögensnachweise usw. meist ersatzlos entfielen; darin sieht man eine Hauptwurzel von Pauperismus und anderen sozialen Schäden. Man würde sehr gerne das Rad zurückdrehen zu den alten Verhältnissen, wo der Geselle, der Unbemittelte schlechthin, nicht heiraten durfte. Insoweit ist ein Großteil des Bürgertums durchaus reaktionär. Es hat lange gedauert, bis man die irreversibel veränderte psychologische und politische Lage begriff; das Umdenken wurde wohl erst durch die stürmische Entwicklung der deutschen Industrie im letzten Drittel des 19. Jhs. veranlaßt.

Blendinger: Wir wissen in Augsburg sehr wohl, daß zur Geschichte des 19. und 20. Jhs. weitere Untersuchungen durchgeführt werden müssen. Ich möchte anregen, das Problem Kirche und Arbeiter bis zur Gründung der ersten Manufakturen in den Jahren 1680 durch Neuhofer, 1701 durch Apfel, 1719 durch Gignoux und seit 1745 durch Heinrich und später Matthias Schüle zurückzuverfolgen. In Einzeluntersuchungen wie z.B. von V. Haertel über »Die Augsburger Weberunruhen von 1784 und 1794 und die Struktur der Weberschaft Ende des 18. Jhs.« wurde m.W. obiges Problem noch nicht angeschnitten. Den Kirchen und den führenden Ratsmitgliedern dürfte diese Entwicklung vor allem nach dem Ausbruch der französischen Revolution Anlaß zu Überlegungen über diese neuen Konflikte gegeben haben.

Fried: Mir ging es zunächst einmal darum, neue Quellen zu ermitteln für die Frage des Verhältnisses von katholischer Kirche und Arbeiterschaft, damit die verschiedenen, oft sehr

verhärteten Standpunkte, unter denen diese Frage diskutiert wird, vielleicht entschärft oder geklärt werden können. Daß bereits bei der Auswertung dieser Quellen schon Wertungen miteinfließen, ist m. E. das gute Recht dessen, der sich mit diesen Quellen nicht nur recherchierend, sondern auch interpretierend beschäftigt. Daß hierbei der bayerische Staat etwas schlechter weggekommen ist, was Frau Ennen ja angedeutet hat, das trifft m. E. die Wirklichkeit. Es liegt letzten Endes auch darin begründet, was Herr Leiser auch ausgeführt hat, daß der bayerische Staat damals doch sehr stark agrarisch strukturiert war und von daher diese Fragen beurteilt wurden.
Wir dürfen in Augsburg nicht verallgemeinern. Augsburg mit einem sehr großen agrarischen Hinterland, das eben, wie Herr Naujoks ausgeführt hat, noch nicht so industrialisiert war wie die rheinischen Gebiete, hier werden soziale Konflikte und soziale Zustände ganz anders gewertet, was auch der Hinweis auf die Arbeitspsychologie bestätigt, daß hier noch einige Forschungen zu betreiben sind. Hier steckt noch die bäuerlich-patriarchalische Mentalität in allen diesen Stellungnahmen, wobei aber schon zu berücksichtigen ist, daß es nicht richtig ist, daß die Mehrzahl der Pfarrer in dieser Zeit noch aus dem Bauernstand kamen. Der überwiegende Teil stammt aus der mittleren Handwerkerschicht oder sogar aus der dörflichen Unterschicht. Das trifft auch schon für Bayern zu. Das haben schon einige Statistiken gezeigt.

Faßl: Es mag für andere Städte – vielleicht (!) Kleinstädte – zutreffen, daß die Zünfte im 19. Jh. noch eine bedeutendere Rolle im gesellschaftspolitischen Leben der Stadt gespielt haben, sicherlich aber waren sie nicht mehr fähig, die Entwicklung und die Folgen der Industrialisierung zu kontrollieren und zu steuern. In Augsburg jedenfalls hatten sie im 19. Jh. keine Bedeutung mehr – höchstens man denkt an das erfolglose Bemühen der Weber, die Entwicklung der Textilindustrie zu bremsen. Die einstmals mächtigste Weberinnung hatte 1859 noch 90 Mitglieder und löste sich 1861 auf. Bereits 1854 hatte sich die Kaufleutestube aufgelöst.
Die angesprochene Kolpingsbewegung hatte erstens zahlenmäßig kein größeres Gewicht, zweitens war ihr »Zielobjekt« ledige Handwerksgesellen. Zwar finden sich in den katholischen Gesellenvereinen ab und an auch Fabrikarbeiter, doch nur zum geringen Bruchteil. Gerade zwischen ihnen und den Arbeitervereinen scheint es manchmal gewisse Rivalitäten gegeben zu haben, eben wegen der unscharfen Abgrenzung zueinander. Eine theoretische Diskussion zur Lösung der sozialen Frage gab es in ihnen praktisch nicht.
Kettelers sehr weitreichende Analysen – er hat sich z. B. dafür ausgesprochen, daß einer Zentralisierung des Kapitals auch eine Zentralisierung der Arbeitskraft gegenüberstehen müsse – fanden doch, von den bekannten und großen Männern und ihren Kreisen abgesehen, nur wenig Widerhall im Klerus. Man darf hier nicht die sicher weitverbreitete Hochschätzung und Verehrung Kettelers von seiten des Klerus mit der intellektuellen Rezeption seiner Ideen und ihrer ja darauf abzielenden Umsetzung in die Wirklichkeit verwechseln.
Daß die bayerische Abgeordnetenkammer nicht viel für die Arbeiter getan hat, ist richtig. Man darf dabei aber nicht vergessen, daß Bayern im 19. Jh. ein agrarisch geprägter Staat war, die Industrialisierung sich auf wenige Städte beschränkte. Gerade von König Maximilian II. gingen etliche Initiativen zur Besserung der sozialen Lage der Arbeiterschaft aus.
Die Kirche in Bayern war seit der Säkularisation in eine Abwehrhaltung gedrängt, von der aus sie das ganze Jahrhundert hindurch zu kämpfen hatte – zumindest ihrer eigenen Selbsteinschätzung nach. Die Eckdaten sind bekannt: Kampf um das Religionsedikt, Würzburger Bischofskonferenz von 1848 – hier besonders das Pro Memoria des Kölner Erzbischofs Geissel –, die fünf Anträge Wredes, die Auseinandersetzung um die Simultanschule und die geistliche Schulaufsicht seit 1869 – Bischof Dinkel wies damals in der Kammer der Reichsräte in einem 173 Seiten umfassenden Gegenentwurf den Schulgesetzentwurf Gressers zurück – und schließlich besonders die kirchenpolitischen Auseinandersetzungen seit dem vatikanischen Konzil, welche gerade im Bistum Augsburg durch den Meringer Kirchenstreit um den altkatholischen Pfarrer Renftle voll zur Entfaltung kamen. Besonders Franz Schnabel (Deutsche Geschichte im 19. Jh., 4 Bde., Freiburg 1929–37 u. ö., besonders Bd. 4 Die religiösen Kräfte) weist auf den Tatbestand dieses »sich-an-die-Wand-gedrückt-Fühlens« und der Resignation führender Männer des Katholizismus hin. So wird in bischöflichen Zeitbeurteilungen die Lage oft genug in apokalyptischen Bildern gezeichnet.

Dieses Gefühl – es gleite der Kirche alles aus den Händen – hat sicherlich eine freiere und angemessenere Beurteilung der gesellschaftlichen Lage erschwert.
Kritik an bestimmten kirchlichen Stellungnahmen und Äußerungen betrifft immer auch einen theologischen Hintergrund, letztlich aber das Glaubensbewußtsein dieser Zeit, wie es nämlich zu den Gegebenheiten der konkreten historischen Situation Stellung nimmt. Die Geschichtsaufarbeitung der Kirche, speziell wie sie in der Kirchengeschichte, einer ja theologischen Disziplin, geschieht, hat deswegen eine besondere Problematik, da die Kirche eine lebendige, ihrem eigenen Selbstverständnis nach göttliche Institution ist. Damit ist der Geschichtskritik ein vitaler, existentieller Hintergrund gegeben, welcher in der profanen Geschichtswissenschaft normalerweise fehlt.
Pankratius von Dinkel war zunächst Pfarrer in Erlangen, danach von 1858–94 Bischof von Augsburg, also während der entscheidenden Phase der Industrialisierung in Augsburg. Er hat das katholische Vereinswesen intensiv unterstützt, war bei Stiftungsfeten, Jahresgottesdiensten u. ä. Feierlichkeiten wiederholt in den einzelnen Vereinen. Dem Arbeiterverein vermachte er 500 M. Er war ein gütiger, freundlicher, allseits geschätzter und beliebter Bischof.
Mit dem Fall der innerdeutschen Zollschranken am 1. 1. 1834 begann für Augsburg die Industrialisierung in größerem Umfang. Von größerer Bedeutung waren vor diesem Datum lediglich die vier Kattunfabriken.

Aus der Schlußdiskussion

Bischoff: Die Evangelisch-Reformierten sind ein wichtiger Teil am Gesamtprotestantismus. Man unterscheidet bei ihnen zwei Äste: die Deutsch-Reformierten zwinglianischen Bekenntnisses und die Französisch-Reformierten kalvinistischen Bekenntnisses, auch in der Schweiz, einschließlich Waldenser, Graubündner und die eigentlichen Hugenotten, d. h. jene Franzosen, die noch in Frankreich vor dem Widerruf des Ediktes von Nantes 1685 geboren sind, oder auf der Flucht. In Preußen fand 1817 die »Union« statt zwischen Lutheranern und Reformierten. In Bayern hat man 1920 nach Aufhebung der Staatskirche die Deutsch- und Französisch-Reformierten zu evangelisch-reformierten Kirchengemeinden zusammengeschlossen.
Es bestanden im fränkischen Refuge nicht nur enge Beziehungen zwischen reformierten Kirchengemeinden und ihren Presbytern und der städtischen Bürgerschaft, sondern abgesehen von den Anfangsjahren nach 1686 auch sehr gute Verbindungen zu den Verwaltungen der politischen Gemeinden, in welchen sie in größerem Maße Zuflucht gefunden hatten.
Der Tagungsort als ehemalige Residenz der Fürstäbte von Kempten erlaubt auch einen Verweis zu zwei benachbarten reformierten Gemeinden, die in der Obrigkeit und Summepiskopalbezirk der Fürstäbte lagen. Es handelt sich um Grönenbach und Herbishofen-Theinselberg. Diese zählen zu den ältesten noch bestehenden reformierten Gemeinden auf deutschem Boden überhaupt. Sie wurden 1559 durch die Grafen von Pappenheim begründet. Im 17. bis 19. Jh. waren sie praktisch »Außengemeinden« der reformierten Bürgerschaft der Stadt Zürich und dessen reformiertem Kirchenrat. Das kirchliche Leben in den genannten schwäbischen reformierten Gemeinden wurde von der Stadt Zürich aus geprägt. Von dort aus erhielten sie die meisten ihrer reformierten Pfarrer. Beide Allgäu-Gemeinden benutzten bis 1952 das »Gesangbuch für die evangelisch-reformierte Kirche des Kantons Zürich« und seitdem das »Gesangbuch der Evangelisch-Reformierten Kirche der deutsch-sprachigen Schweiz«.
In der Flüchtlingsgemeinde Erlangen hat der Markgraf von Bayreuth nach dem Widerruf des Ediktes von Nantes 1686 eine eigene Hugenottenstadt in Anklang an eine ältere lutherische Stadt errichten lassen. In einer kürzlich erschienenen Veröffentlichung wird die Frage offen gelassen, warum die Privilegierungs-Urkunde des Markgrafen, die Erstausfertigung, für die Gründung der Hugenottenneustadt nicht im Stadtarchiv Erlangen liegt, sondern in dem Kirchenarchiv der evangelisch-reformierten Pfarrei. Das ist stadtgeschichtlich leicht zu erklären; denn in den ersten elf Jahren dieser Neustadt Erlangen für die Hugenotten haben deren Presbyter die Aufgaben einer Stadtverwaltung selbst wahrgenommen und durchgeführt. Erst nachdem 1697 eine deutsche Kolonie durch Lutheraner und Deutsch-Reformierte entstanden ist, wurde in diese Stadt eine

magistratische Verfassung mit Bürgermeister und Rat eingeführt. Das Zusammenleben war völlig reibungslos. Besonders wichtig war die als Glaubensethos angesehene Arbeitstüchtigkeit der Hugenotten, die sich dadurch zeigte, daß die Hugenotten und die Reformierten viel weniger Feiertage hatten als die Evangelischen im 18. Jh. und noch viel weniger als die Katholiken.
Der jetzige Augsburger Kirchenhistoriker Walter Brandmüller hat ein umfangreiches Werk »Das Wiedererstehen katholischer Gemeinden in den hohenzollerischen und fränkischen Fürstentümern Ansbach und Bayreuth«, München 1963, verfaßt, das darüber sehr viel Auskunft gibt. In Erlangen sind auch gleichzeitig mit den Hugenotten französische Katholiken eingewandert.
In der Altstadt Erlangen wurde nach dem 30jährigen Krieg 1665 das Amt des Stadtschreibers mit dem des Organisten bei der evangelisch-lutherischen Stadtpfarrkirche der Altstadt verbunden. Er war der Stammvater der bekannten evangelischen Musikerfamilie Buchta. Diese Union zwischen Stadtschreiber- und Organisten-Amt hat sich bis 1815 erhalten, obwohl manche Stadtschreiber nicht Orgel spielen konnten.

Lang: Zwischen Pfarrei und Gemeinde beteht eine Wechselwirkung. Einerseits wirkt der Pfarrer auf die Gemeinde und die Kirche auf die Bürgerschaft, andererseits die Bürgerschaft auf die Kirche bzw. die Gemeinde auf den Pfarrer. Die Gemeinde bringt kirchliche Initiativen ein in Form von Frömmigkeitsübungen, Stiftungen, Testamente und Bruderschaften. Weitere Initiativen gehen aus von einer Gruppe, die auf dieser Tagung überhaupt noch nicht erwähnt wurde. Gemeint ist das kirchliche Hilfspersonal, also Lehrer, Küster, Totengräber, Kantor usw. Diese Funktionen wurden teilweise in Personalunion mit den Pfarrern ausgeübt, teilweise aber auch delegiert. Die Funktion dieser Leute müßte sozial-statistisch untersucht werden. Ein weiterer Kreis wären die Sendschöffen, die in manchen Gegenden noch bis weit ins 18. Jh. wirken (A. M. Koeniger, Die Sendgerichte in Deutschland. 1907). Das ist ein Personenkreis, der sich mehr in der Kirche und in der Nähe des Pfarrers bewegt, als es bei normalen Leuten der Fall ist. Um den Posten des Sendschöffen reißt sich niemand; denn das sind praktisch Denunzianten. In einigen Regionen gibt es Aufpasser, die während des Gottesdienstes herumgehen und die Schläfer wieder wachrütteln. Mancherorts gehen Büttel sonntags während der Predigt durch den Ort, um zu sehen, wer zu Hause geblieben ist. Bei den Calvinisten kommen die Ältesten, das Presbyterium, als Gremium hinzu.

Ennen: Die Referate, die das vorindustrielle Zeitalter betrafen, berücksichtigten bei der Bürgerschaft vor allem die führenden und mittleren Schichten. Im 19. Jh. ist eine ganz starke Einseitigkeit geschehen, da ist nämlich das Problem eingeschränkt worden auf das Verhältnis Kirche und Bürger und städtische Unterschicht. Welche Einseitigkeiten und einseitige Bewertungen daraus erwachsen, hat die Diskussion gezeigt. Man muß ja auch bedenken, daß nicht nur Arbeiterschaft aus der Kirche austritt, sondern viel stärker ist die Abwanderung der führenden Schichten aus der Kirche. Z. B.: Der Hausherr ist zwar noch Mitglied einer Kirche, praktiziert aber nicht, und außer zur Hochzeit und ähnlichen Anlässen besucht er überhaupt keine Kirche mehr. Die Ehefrau und die Kinder sind mitunter stark verunsichert in ihrer kirchlich gebundenen Haltung, die ihnen von der Schule her vermittelt wird, durch das väterliche Beispiel. Treu in die Kirche geht das Dienstmädchen. Das ist nur eine Andeutung dessen, was damals an Problematik ansteht bei dem in der Aufklärung beginnenden Auszug der bürgerlichen Bildungsschicht aus der Kirche. So sind notgedrungen durch Auswahl der Themen die Diskontinuitäten zwischen der Zeit vor der Industrialisierung und des Industriezeitalters etwas überbetont worden. Wir dürfen doch die starken Kontinuitätsstränge nicht übersehen.
Im Zeitalter der katholischen Kirchenreform, vor allem dann im 17. Jh., sehen wir im südniederländisch-rheinischen Gebiet eine enorme Zunahme der Marienverehrung, und es entstehen ganz neue Wallfahrtsorte und Wallfahrten, darunter die Kevelaer-Wallfahrt, das ist ein kleiner Ort am linken Niederrhein. Es bilden sich dann auch überall in den Städten des Einzugsbereichs Kevelaer-Bruderschaften, deren Hauptfunktion die jährliche Durchführung einer Wallfahrt nach Kevelaer ist. Diese Kevelaer-Bruderschaften haben sich trotz gewisser Stockungen unter dem aufgeklärten letzten Kölner Kurfürsten Max Franz zum Teil bis heute äußerst lebendig erhalten. Ein weiterer beharrender Strang, bei dem das kirchliche Moment immer sehr stark in Erscheinung tritt, ist die

Fortdauer der Schützenbruderschaften im Rheinland zum Teil aus dem späten Mittelalter bis heute. In den Schützenbruderschaften ist die kirchliche Prägung sehr stark, und auch für die Kommunikation innerhalb der städtischen Bürgerschaft, für die Möglichkeit im modernen Zeitalter des Individualismus, Orte zu finden, wo es noch eine Beheimatung gibt, eine Möglichkeit des gesellschaftlichen Beieinanderseins, sind diese durchgehenden Vereinigungen doch von großem Wert.

Drollinger: Im niederdeutschen Sprachraum gab es die Kalande oder Kalandsbruderschaften, sprachlich hergeleitet von den Kalenden, den Monatsersten, an denen diese Gemeinschaften hauptsächlich des niederen Klerus, denen sich jedoch auch Laien anschließen konnten, zusammentraten.
Diese Gemeinschaften machten sich zur Aufgabe die Anteilnahme beim Begräbnis verstorbener Mitglieder sowie die Unterstützung kranker und notleidender Mitbrüder. Die Blütezeit der Kalandsbruderschaften war das 14. und 15. Jh. Die meisten dieser Kalanden haben die Zeit der Reformation nicht überlebt, an einzelnen Orten bestanden sie jedoch weiter bis in das beginnende 19. Jh. hinein.
Im Hochstift Speyer ist bis zum Anfang des 14. Jhs. die Rede von den Zünften als politischen Verbänden, während dann nach einer Phase der Zurückdrängung im 15. Jh. der Begriff Bruderschaft für die Handwerksorganisationen auftaucht. Das heißt, die Handwerker konnten sich lediglich als kirchliche Gemeinschaften zusammenschließen, hatten aber keinen politischen Einfluß auf die Zusammensetzung von Rat und Gericht. Hier entschied letztlich der Wille des Bischofs und Landesherrn. Die Vorsteher dieser Handwerkerverbände hießen folglich auch nicht Zunft-, sondern Kerzenmeister. Der kirchliche Charakter dieser Handwerkerbruderschaften war dominierend: Ein Teil der Meisteraufnahmegebühren diente der Anschaffung von Kerzen.

Leiser: Was Pietismus ist, hat Herr Blaufuß vorsichtshalber nicht definiert; das Phänomen ist auch zu vielschichtig (vgl. nun den diesen Kenntnisstand beleuchtenden Sammelband »Die Anfänge des Pietismus« = Pietismus und Neuzeit 4, 1979). Ich überlege mir, ob man die Sache für unsere Zwecke ex negativo in den Griff bekommen könnte, indem man fragt, was den Pietisten von den Orthodoxen vorgeworfen wird. Einhellig ist offenbar der Vorwurf der Absonderung; er wird zwar bestritten, bleibt aber haften. Hier muß ein Umstand sein, der das Phänomen kennzeichnet als eine Verlagerung religiösen Lebens aus der organisierten Gemeinde hinaus.
Herr Katzinger hat mir Fotokopien gezeigt, darunter das Statut einer Sakramentsbruderschaft, bestätigt von einem Passauer Bischof des 18. Jhs. Es enthält u. a. einen Ablaß-Tarif: Ablaß für den, der seine Kinder und das Hausgesinde zum Besuch der Messe anhält; Ablaß für den, der seine Kinder und Dienstboten im Glauben unterweist; Ablaß für den, der Kinder aus der Nachbarschaft um sich sammelt und sie im Glauben unterweist. Auch hier sehen wir, daß religiöse Unterweisung an die Laienmitglieder der Bruderschaft delegiert wird. Es sind möglicherweise in beiden Kirchen analoge Erscheinungen, daß außerhalb der organisierten Kirche, wenn auch wohl unter Leitung des Klerus, religiöse Aktivitäten von Laien übernommen, den Laien übertragen werden. Eine eigentümliche Bestimmung der Passauer Bruderschaftsstatuten war übrigens ein recht hoher Ablaß für »Gottesdienste des Herzens«, wohl kein äußerliches Werk (etwa eine Andacht zum hl. Herzen Jesu), sondern eine Art stille Andacht.
Gibt es Beziehungen zwischen Pietismus und katholischem Bruderschaftswesen? Handelt es sich vielleicht um konfessionelle Erscheinungsformen eines allgemeinen religiösen Zeitstils? Vielleicht könnte dieser Aspekt bei der Ausarbeitung der Vorträge berücksichtigt werden. Wir hätten hier einen Punkt, wo die beiden kirchengeschichtlichen Erscheinungen unmittelbar relevant werden für das uns primär interessierende Problem Bürgerschaft und Kirche.

Kauß: Es ist deutlich, daß gerade in der Zeit des 18. Jhs. ein sehr reger Austausch stattfindet in den Frömmigkeitsformen und beide Konfessionen sich gegenseitig öffnen. So wird der Gebrauch des Andachtsbildes etwa auf der evangelischen Seite wieder aufgenommen, und zwar vom Pietismus her. Dabei läßt man die alten evangelischen, lutherischen, zwinglischen Vorbehalte gegen die sakrale Verwendung des Bildes außer acht.

Blendinger: In Augsburg ist die Parität bei der Zunfterhebung von 1368 im weltlichen Bereich vorgeprägt worden. Die siegreichen Zünfte beschlossen, alle führenden Ämter der Stadt jeweils durch einen Angehörigen der Zünfte und ein Mitglied des Patriziats zu besetzen. Kaiser Karl V. hat 1548 wohl das Patriziat in seine vollen Rechte wieder eingesetzt, dennoch aber auch Bürger an der Stadtverwaltung unter Ausschluß politischer Ämter beteiligt.
Nachdem während des Kalenderstreites von 1583–1586 nahezu alle evangelischen Prediger entlassen und vom Rat durch viele mangelhafte Geistliche ersetzt worden waren, wurde 1591 ein Vergleich geschlossen. Künftig sollten die Kirchenpfleger die Pfarrer vorschlagen und der Rat sie dann einsetzen. Damit wahrte er sein Hoheitsrecht.
Bei Beginn der Friedensverhandlungen von Osnabrück und Münster bildeten die evangelischen Bürger, die zu dieser Zeit keinerlei politische Ämter innehatten, zur Vertretung ihrer Interessen unter Führung des ehemaligen Stadtvogtes Johann David Herwart einen Protestantenausschuß mit Duldung des katholischen Rates. In diesem Rahmen wurden die Paritätsbestimmungen, auch mit dem Rate, vorbesprochen. Valentin Heider, der Lindauer Gesandte, vertrat im Namen der Reichsstädte diese Gedanken bei den Friedensverhandlungen und konnte sie erfolgreich durchsetzen.

Dirlmeier: Bei der Frage nach dem Verhalten der Bürgerschaft gegenüber Kirchengütern ist die Reformationszeit zu sehr als Einschnitt hervorgetreten, während die politische Dimension der Auseinandersetzungen etwas zu kurz gekommen ist. Die Konflikte um die Kontrolle des Kirchenbesitzes hängen eng zusammen mit den obrigkeitlichen Tendenzen der Stadtregimente – eine Entwicklung, die spätestens nach der Mitte des 14. Jhs. greifbar wird. Die Ergebnisse der Untersuchungen z. B. von R. Kießling für Augsburg (R. Kiessling, Bürgerliche Gesellschaft und Kirche in Augsburg im Spätmittelalter. Schriftenreihe des Stadtarchivs Augsburg, Bd. 19. 1971) oder von E. Naujoks für Ulm (E. Naujoks, Obrigkeitsgedanke, Zunftverfassung und Reformation. Veröff. d. Komm. f. geschichtl. Landeskunde in Baden-Württemberg, Reihe B, Bd. 3. 1958) zeigen, daß auch im Bereich von Wohlfahrtswesen oder Spitalverwaltung der Konflikt um die Kirchengüter in erster Linie machtpolitisch bedingt ist und kaum etwas mit Säkularisierung zu tun hat. Damit wird zugleich das Mißverständnis ausgeschlossen, die Reformation als eine Art wirtschaftlichen Verteilungskampfes mit anderen Mitteln zu verstehen. Die Reformation ermöglicht den städtischen Obrigkeiten eine erweiterte Argumentation für den Zugriff auf Kirchengüter, sie hat ihn aber sicher nicht veranlaßt. Diese Feststellung kann auch dabei helfen, obrigkeitliche Behauptungen über akute Mißstände als Motiv des Eingreifens zu relativieren. Gerade für das Gebiet des Wohlfahrtswesens wird man recht skeptisch, wenn Quellen, in denen gelegentlich auch die Betroffenen selbst zu Wort kommen, belegen, daß die Almosenempfänger teilweise mit Gewalt zu den neuen städtischen Wohlfahrtseinrichtungen gezwungen werden mußten.

Haberl: Im Zusammenhang mit den Bruderschaften sei in Kempten an den hier um 1376 angenommenen Heinrich Findelkind erinnert, der die Bruderschaft St. Christoph auf dem Arlberg angeregt und 1386 vom Tiroler Landesfürsten Erzherzog Leopold III. einen Schutzbrief erhalten hat. Unter Kaiser Joseph II. wurde die Bruderschaft aufgehoben und erst 1962 erneut ins Leben gerufen. Heute sichert sie acht minderjährigen Kindern, deren Väter beim Bau des Arlbergstraßentunnels tödlich verunglückt sind, die Berufsausbildung. – Neu begründet wurde kürzlich auch die St.-Josefs-Bruderschaft, verbunden mit der Zunftkirche in Bichlbach im Außerfern.

VERZEICHNIS DER VERFASSER UND DISKUSSIONSTEILNEHMER

Dr. Karl-Ludwig Ay, München;
Stadtarchivar i. R. Johannes Bischoff, Uttenreuth;
Dr. theol. Dietrich Blaufuss, Erlangen;
Stadtarchivdirektor i. R. Dr. Friedrich Blendinger, Augsburg;
Univ.-Prof. Dr. Antoni Czacharowski, Toruń (Thorn)/Polen;
Oberkreisarchivrat Dr. Kurt Diemer, Biberach;
Doz. Dr. Ulf Dirlmeier, Mannheim;
Oberarchivrat Dr. Kuno Drollinger, Stuttgart;
Staatarchivrat Dr. Hermann Ehmer, Wertheim;
Stadtoberarchivrat Dr. Peter Eitel, Ravensburg;
Prof. Dr. Edith Ennen, Bonn;
cand. phil. Peter Fassl, Augsburg;
Prof. Dr. Pankraz Fried, Augsburg;
Stadtarchivar Dr. François-Joseph Fuchs, Straßburg;
Stadtarchivar Dr. Josef Fuchs, Villingen;
Prof. Dr. Eric Fügedi, Budapest;
Stadtarchivar Dr. Wolfgang Haberl, Kempten;
Dr. Paul Hofer. z. Zt. Las Palmas de Gran Canaria/Spanien;
Dr. Willibald Katzinger, Linz/Österreich;
Stadtarchivar Dr. Dieter Kauss, Göppingen;
Univ.-Prof. Dr. Bernhard Kirchgässner, Mannheim;
Univ.-Prof. Dr. Heinrich Koller, Salzburg/Österreich;
Dr. Peter Lang, Kusterdingen;
Univ.-Prof. Dr. Wolfgang Leiser, Erlangen;
Univ.-Prof. Dr. Eberhard Naujoks, Tübingen;
Prof. Dr. Hans Conrad Peyer, Zürich/Schweiz;
Senatsrat Prof. Dr. Wilhelm Rausch, Linz/Österreich;
Dr. Ludwig Remling, Münster;
Staatsarchivdirektor Dr. Gregor Richter, Sigmaringen;
Albert Rieber, Ulm;
Oberarchivdirektor Dr. Michael Schattenhofer, München;
Dr. Anton Schindling, Würzburg;
Univ.-Prof. Dr. Knut Schulz, Berlin;
Stadtarchivdirektor Prof. Dr. Jürgen Sydow, Tübingen;
Paul Warmbrunn, Freiburg i. Br.;
Wiss.Ass. Kurt Wesoly, Berlin;
Univ.-Prof. Dr. Bernd Wunder, Konstanz;
Gymn.-Prof. Dr. Gerd Wunder, Schwäbisch Hall.

ORTS- UND PERSONENNAMEN

bearbeitet von Gerd Wunder

Bemerkung: Autorennamen aus den Anmerkungen wurden nicht aufgenommen, soweit sie nicht im Text erscheinen.

Stadt in der Geschichte

Veröffentlichungen des Südwestdeutschen Arbeitskreises für Stadtgeschichtsforschung

Hrsg. von Erich Maschke und Jürgen Sydow. Jeder Band 15 × 23 cm. Kartoniert

1 Zur Geschichte der Industrialisierung in den südwestdeutschen Städten

11. Arbeitstagung in Göppingen 1972

1977. 176 Seiten. ISBN 3-7995-6401-2

M. Akermann: Göppingen – Industriestadt am Fuße des Hohenstaufen; Fr.-F. Wauschkuhn: Staatliche Gewerbepolitik und frühindustrielles Unternehmertum in Württemberg von 1806 bis 1848; H. Hellwig: Heilbronn – Stadt und Umland im 19. Jahrhundert; H. Christmann: Bemerkungen zur Frage der Kinderarbeit in der württembergischen Gewerbsindustrie in der zweiten Hälfte des 19. Jahrhunderts; B. Kirchgässner: Der Aufstieg Mannheims als Bank- und Versicherungsplatz im deutschen Kaiserreich; H.-P. de Longueville: Geschichte des Sparkassenwesens in Württemberg und Baden im 19. Jahrhundert; Beiträge aus der Diskussion; Register.

2 Städtisches Haushalts- und Rechnungswesen

12. Arbeitstagung in Überlingen 1973

1977. 188 Seiten. ISBN 3-7995-6402-0

B. Kirchgässner: Zur Frühgeschichte des modernen Haushalts. Vor allem nach den Quellen der Reichsstädte Esslingen und Konstanz; J. Rosen: Eine mittelalterliche Stadtrechnung – Einnahmen und Ausgaben in Basel 1360–1535; W. Hess: Rechnung Legen auf Linien. Rechenbrett und Zahltisch in der Verwaltungspraxis in Spätmittelalter und Neuzeit; D. Kreil: Zusammensetzung und Entwicklung des Haushalts der Reichsstadt Schwäbisch Hall von 1420 bis 1620; R. Hildebrandt: Zur Frage der reichsstädtischen Finanzen und Haushaltspolitik seit dem Westfälischen Frieden; K. Rothe: Überblick über das städtische Haushaltswesen der Reichsstadt Ulm im 18. Jahrhundert; L. Sigloch: Der Gemeindehaushalt der württembergischen Landstadt Pfullingen von 1656 bis 1874; W. Küchler †: Konstanz a. B. – Beispiel einer finanzschwachen Stadt. Zur Geschichte der kommunalen Finanzen im Bodenseeraum während des 19. Jahrhunderts; H. Vietzen: Das Stuttgarter Haushaltswesen im Zusammenbruch 1945 bis nach der Währungsreform 1948; W. Bühler †: Die Entwicklung des Finanzwesens in der Freien Reichsstadt Überlingen bis zur Mitte des 18. Jahrhunderts; Beiträge aus der Diskussion; Register.

3 Stadt und Universität im Mittelalter und in der früheren Neuzeit

13. Arbeitstagung in Tübingen 1974

1977. 192 Seiten. ISBN 3-7995-6403-9

H. Koller: Stadt und Universität im Spätmittelalter; A.-D. v. den Brincken: Die Stadt Köln und ihre Hohen Schulen; U. Im Hof: Die reformierten Hohen Schulen und ihre schweizerischen Stadtstaaten; A. Schindling: Die reichsstädtische Hochschule in Straßburg 1538–1621; A. Layer: Universität und Stadt in Dillingen an der Donau; H. E. Specker: Das Gymnasium academicum in seiner Bedeutung für die Reichsstadt Ulm; V. Schäfer: Bürgerliche Stipendienstiftung an der Universität Tübingen; W. Dotzauer: Deutsches Studium und deutsche Studenten an europäischen Hochschulen (Frankreich, Italien) und die nachfolgende Tätigkeit in Stadt, Kirche und Territorium in Deutschland; A. Kubinyi: Städt. Bürger und Universitätsstudien in Ungarn am Ende des Mittelalters; Beiträge aus der Diskussion (mit einem Bericht von T. Rosłanowski, Warschau, über Polen); Register.